卓越涉外法治人才培养系列教程

丛书主编 ◎ 苗连营

国际经济法
案例教程

主　编 ◎ 郭德香
副主编 ◎ 李晓楠　朱　丹
　　　　关晓海　白云飞

全国百佳图书出版单位
—北京—

图书在版编目（CIP）数据

国际经济法案例教程 / 郭德香主编；李晓楠等副主编. -- 北京：知识产权出版社，2025.7. --（卓越涉外法治人才培养系列教程 / 苗连营主编）. -- ISBN 978-7-5130-9752-9

Ⅰ.D996

中国国家版本馆CIP数据核字第2025N05G68号

责任编辑：李芸杰　　　　　　　　责任校对：王　岩
封面设计：戴　鹏　　　　　　　　责任印制：刘译文

卓越涉外法治人才培养系列教程

国际经济法案例教程

主　编◎郭德香

副主编◎李晓楠　朱　丹　关晓海　白云飞

出版发行：知识产权出版社有限责任公司		网　　址：http://www.ipph.cn	
社　　址：北京市海淀区气象路50号院		邮　　编：100081	
责编电话：010-82000860转8739		责编邮箱：liyunjie2015@126.com	
发行电话：010-82000860转8101/8102		发行传真：010-82000893/82005070/82000270	
印　　刷：北京建宏印刷有限公司		经　　销：新华书店、各大网上书店及相关专业书店	
开　　本：787mm×1092mm　1/16		印　　张：17.75	
版　　次：2025年7月第1版		印　　次：2025年7月第1次印刷	
字　　数：422千字		定　　价：79.00元	
ISBN 978-7-5130-9752-9			

出版权专有　侵权必究
如有印装质量问题，本社负责调换。

编委会

■ 主 编

 郭德香 郑州大学法学院

■ 副主编

 李晓楠 郑州大学法学院
 朱 丹 河南文丰律师事务所
 关晓海 河南省高级人民法院
 白云飞 河南省贸促会

■ 成 员

 黄洁琼 郑州大学法学院
 李晓豫 郑州大学法学院
 刁梓轩 郑州大学法学院
 王 莹 郑州大学法学院
 王国宇 新乡职业技术学院
 秦振杰 北京中银（郑州）律师事务所
 冯明瑞 北京中伦文德（郑州）律师事务所
 龚静怡 郑州大学法学院
 马冰洁 郑州大学法学院
 崔熔鑫 郑州大学法学院

总　序

习近平总书记指出："加强涉外法治建设既是以中国式现代化全面推进强国建设、民族复兴伟业的长远所需，也是推进高水平对外开放、应对外部风险挑战的当务之急。"涉外法治工作不仅是全面依法治国的重要组成部分，也是统筹"两个大局"在法治领域的具体体现。作为中国特色社会主义法治体系的重要组成部分，涉外法治事关全面依法治国的实现，有利于更好地在法治轨道上全面建设社会主义现代化国家。

涉外法治人才在涉外法治建设中具有源头性、基础性和战略性的地位和作用。涉外法治的建设离不开涉外法治人才的培养。党的二十届三中全会通过的《中共中央关于进一步全面深化改革　推进中国式现代化的决定》更进一步强调，加强涉外法治建设，建立一体推进涉外立法、执法、司法、守法和法律服务、法治人才培养的工作机制，完善以实践为导向的法学院校教育培养机制。教育部高等教育司《关于开展2024年度普通高等学校本科专业设置工作的通知》也支持高校面向涉外法治领域布局相关专业，有的放矢培养国家战略人才和急需紧缺人才。加强涉外法治人才培养是系统工程，高校是人才培养的主阵地，要充分发挥高校在涉外法治人才培养中的"主力军"作用，大力推进涉外法治人才培养的教育改革和要素配置，加强制度设计和资源协同。学科体系、教学体系、课程体系和教材体系是涉外法治人才培养的核心要素，这些要素解决的是培养什么样的涉外法治人才的问题，需要合理配置，统筹考虑。

郑州大学法学院一直以来高度重视涉外法治建设和涉外法治人才培养。特别是2023年12月入选全国首批涉外法治人才协同培养创新基地（培育）名单后，学院打破学科院系壁垒、整合相关校内外资源，重构人才培养方案，联合共建单位的特色涉外法治资源，组织出版这套"卓越涉外法治人才培养系列教程"。该系列教程坚持以实践为导向，以其独特的编纂理念与方法，力争为涉外法治人才培养的困境提供破局之策。该系列教程以精炼的知识要点为引领，化繁为简，有效帮助学生搭建所学知识的思维框架。采用经典案例，通过介绍基本案情，提炼存在的主要法律问题及其法律依据，同时对案例进行理论和实操分析，以针对性地回应所学知识，并设置思考题，鼓励、启发学生持续性学习。一些具有丰富实践经验的涉外实务部门专家也参与了该系列教程的编写，所选案例均改编自司法实践中的真实案例。

当今世界正经历百年未有之大变局，我国正以前所未有的广度和深度参与国际竞争和全球治理。无论是推动贸易和投资自由化、便利化，建设更高水平开放型经济新体制，还是积极参与全球治理体系改革和建设，都对涉外法治人才的实践能力和综合素质提出了更高要求。郑州大学法学院将以该系列教程的出版为契机，致力于培养出一批政治立场坚定、专业素质过硬、通晓国际规则、精通涉外法律实务的涉外法治人才，为中国式现代化的稳健前行筑牢人才基石，为全球法治的进步与发展中的中国智慧、中国方案贡献郑大力量。

需要说明的是，由于编者的能力和水平有限，教程中的错讹之处在所难免，敬请诸位方家批评指正。

是为序。

苗连营

郑州大学法学院院长、教授

2024 年 8 月 23 日

前言

在全球化浪潮席卷世界的今天，国际经济法早已不再是象牙塔中的抽象理论，而是深刻影响国家政策走向、企业跨境经营乃至个人日常生活的现实规则。无论是跨国公司的并购重组、国家间的贸易摩擦，还是新兴的数字经济治理、气候变化背景下的绿色贸易规则，无不彰显着国际经济法的旺盛生命力与实践指导价值。

然而，国际经济法以其规则体系庞杂、法律关系交叉、实践动态性强等特点，常常令学习者感到抽象与疏离。如何弥合理论与实务的鸿沟，让静态的法条在鲜活的国际经贸活动中"活"起来呢？我们认为，案例教学正是破解这一困境的关键钥匙。经典案例如同一个个棱镜，折射出国际经济法规则在真实世界中的适用逻辑、利益博弈与价值权衡，为学生提供沉浸式、批判性思维训练的平台。

本书的编写正是基于上述理念，旨在打造一部以案例为经纬、以问题为导向、以能力培养为核心的国际经济法学实用教程，具体来说：

第一，案例精选，覆盖核心领域。我们精心选取了涵盖国际贸易法、国际投资法、国际金融法、国际税法以及国际经济贸易争端解决的代表性案例。这些案例既包括里程碑式的经典裁判，也包含反映最新发展趋势的热点争议，力求展现学科全貌。

第二，结构清晰，引导深度剖析。每个案例单元基本上包括"基本案情—主要法律问题—主要法律依据—理论分析—实操分析—思考题"等内容。这种设计不仅清晰呈现案件脉络，更着力引导学生穿透现象，把握法律推理的核心，理解规则背后的政策考量与价值冲突。

第三，立足本土，关注中国实践。作为中国的国际经济法教材，我们特别注重选取与中国密切相关的案例，分析中国参与全球经济治理的角色演变、面临的挑战与应对策略，增强学习的现实关切。

第四，注重思辨，培养综合能力。在"理论分析"和"实操分析"环节，我们鼓励学生超越对裁决结论的简单记忆，引导其批判性审视法律解释方法和规则本身的合理性、裁决的政治经济影响以及规则未来可能的演进方向，着力培养法律分析、政策研判和解决复杂实际问题的综合能力。

本书主要面向国际经济法学专业的本科生和研究生，也可作为实务工作者更新知识、提升实践技能的参考读物。我们建议教师在教学中，可灵活运用本书案例作为课堂讨论的基础，鼓励学生课前研读、课堂辩论、课后反思，真正实现从"教为中心"向"学为中心"的转变。

本书的付梓，凝聚了编写团队对国际经济法案例教学的热忱与探索，也得益于众多师友同仁的大力支持，在此特别感谢朱丹、关晓海、白云飞、秦振杰、冯明瑞等实务人员对本书写作提出的宝贵建议，以及李晓楠、黄洁琼、李晓豫、刁梓轩、王莹、龚静怡、马冰洁、崔熔鑫的共同编写（每人编写字数均在两万字以上）。同时，国际经济实践日新月异，规则演进永不停歇，书中疏漏与不足之处在所难免，恳请各位专家、读者不吝指正，以便我们在未来版本中不断修订和完善。

希望这本案例教程能成为您探索国际经济法精彩世界的得力向导。愿您在剖析每一个案例、思考每一个问题的过程中，不仅收获知识与技能，更能深刻体悟法律规则在塑造全球经济秩序、促进合作共赢、维护公平正义中的磅礴力量，并最终将这份理解转化为参与构建更加开放、包容、普惠、平衡、共赢的全球经济治理体系的能力与担当。

编　者

2024 年 11 月

目 录

第一章　国际经济法基础理论 ·· 001

　　案例一　大拇指公司与中华环保公司股东出资纠纷案 / 002
　　案例二　安徽省外经集团公司诉东方置业公司保函欺诈纠纷案 / 005
　　案例三　夏发公司与佰启公司国际货物买卖合同纠纷案 / 008

第二章　国际货物买卖法 ·· 014

　　案例一　中化国际（新加坡）公司诉蒂森克虏伯冶金公司国际货物买卖
　　　　　　合同纠纷案 / 016
　　案例二　河南省光大纺织进出口有限责任公司国际货物买卖合同纠纷案 / 019
　　案例三　匈牙利公司与宁波公司国际货物买卖合同履行纠纷案 / 024
　　案例四　印尼某公司与宁波某公司国际货物买卖合同纠纷案 / 029

第三章　国际服务贸易法 ·· 034

　　案例一　WTO 自由贸易与公共秩序第一案：安提瓜和巴布达诉美国博彩
　　　　　　服务案 / 035
　　案例二　中国天威新能源控股有限公司与达维律师事务所法律服务合同
　　　　　　纠纷案 / 042
　　案例三　美国"围猎"TikTok 违反国际经贸规则 / 048
　　案例四　中美电子支付服务案 / 053

第四章　国际技术贸易管理法 ·· 061

　　第一节　国际技术贸易法概述 ··· 61
　　　　案例一　美国诉中国技术转让案件 / 063
　　　　案例二　法国大酒库股份公司诉慕醍国际贸易（天津）有限公司商标侵
　　　　　　　　权案 / 069

第二节　国际专利许可与专利权行使 ·· 74
案　例　科勒公司诉贝朗（上海）卫浴设备有限公司等侵犯外观设计专利权纠纷案／076

第三节　著作权（版权）、商标权权属 ·· 80
案例一　七大唱片公司状告百度MP3侵权案／082
案例二　本田技研工业株式会社与恒胜鑫泰公司等侵害商标权纠纷案／087

第五章　国际贸易管理与世界贸易组织法 ·· 094
案例一　美国对来自西班牙的成熟橄榄征收反倾销和反补贴税案／096
案例二　土耳其药品案／104
案例三　俄罗斯过境限制措施案／110
案例四　美国关税措施案／117

第六章　国际投资法 ·· 123

第一节　国际投资的法律形式 ·· 123
案例一　卢堡中国有限公司与济南啤酒有限公司、卢堡中国投资有限公司及中国沿海物业发展有限公司中外合资企业股份确权纠纷案／124
案例二　外商投资合伙企业投资股权转让纠纷案／129
案例三　伯灵顿公司诉厄瓜多尔案／134

第二节　国际投资的国内法制 ·· 140
案　例　永辉超市收购中百集团案／141

第三节　保护投资的国际法制 ·· 147
案例一　温特斯豪股份有限公司诉阿根廷案／148
案例二　巴拿马诉阿根廷金融服务案／154

第七章　国际金融法 ·· 164

第一节　国际货币法 ·· 164
案例一　NML Capital 有限公司诉阿根廷案／167
案例二　赵某等人非法经营案／170

第二节　国际银行法 ·· 174
案例一　中国光大对外贸易总公司与中国工商银行青岛市市南区第二支行借款合同纠纷上诉案／177
案例二　深圳发展银行股份有限公司深圳罗湖支行等与佳木斯造纸股份有限公司等借款、担保合同纠纷上诉案／181

第三节　国际证券法 ······ 185
案例一　徐某某诉光大证券股份有限公司期货内幕交易责任纠纷案 / 187
案例二　瑞幸咖啡有限公司财务造假案 / 191

第八章　国际税法 ······ 196

第一节　税收管辖权与避免国际重复征税 ······ 196
案例一　美国泛美卫星国际系统责任有限公司诉北京市国家税务局对外分局第二税务所代扣代缴预提所得税决定案 / 198
案例二　英国内陆税务官员诉德国商业银行案 / 203

第二节　防止国际逃税与避税 ······ 207
案例一　星巴克咖啡公司转让定价避税案 / 209
案例二　仙妮蕾德（中国）有限公司不服黄埔海关追缴税款案 / 214

第三节　国际税收合作与信息交换 ······ 220
案例一　瑞银集团税务欺诈和洗钱案 / 222
案例二　欧盟委员会对爱尔兰政府、苹果公司的补缴税款裁决案 / 226

第九章　国际经济贸易争端解决 ······ 233

第一节　国际商事争端解决方式 ······ 233
案例一　西门子国际贸易（上海）有限公司与上海黄金置地有限公司申请承认和执行外国仲裁裁决案 / 235
案例二　香港锦程投资有限公司与山西省心血管疾病医院、第三人山西寰能科贸有限公司中外合资经营企业合同纠纷案 / 239

第二节　世界贸易组织的争端解决机制 ······ 242
案例一　土耳其药品案 / 243
案例二　中国出版物和视听产品案 / 247
案例三　中国取向电工钢反补贴和反倾销案 / 250

第三节　国家与他国国民间投资争端的解决 ······ 254
案例一　海乐公司诉中国政府案 / 256
案例二　中国平安诉比利时王国投资条约仲裁案 / 259
案例三　新加坡亚化集团有限公司和西北化工公司诉中国政府投资仲裁案 / 262

参考文献 ······ 266

第一章

国际经济法基础理论

 知识要点

国际经济法是调整国际（或跨国）经济关系的法律规范的总称，是一个独立的、综合的法律部门。国际经济法以国际经济关系为主要调整对象，国际经济关系不仅包括平等私主体之间有偿的横向跨国经济关系，而且包含国家对私主体的纵向规制关系。国际经济关系具体包括国际贸易（服务、货物、技术贸易）、国际投资、国际税收等国际经济活动中所形成的关系。同时，国际经济法的主体不仅包括国家、国际组织，也包括分属于不同国家的自然人和法人。国际经济法的渊源不仅包括国际条约，而且包括国际商事惯例等以及国内法中有关涉外经济方面的法律规范。

一、国际经济法的主体

国际经济法的主体包括自然人、法人、国家、单独关税区以及国际经济组织。

自然人是国际经济关系的参与者，能够作为国际经济法主体的自然人，必须是有完全行为能力的人，且应该具有从事国际经济交往的权利能力或资格。

法人是指依法定程序设立，有一定的组织机构和独立的财产，能以自己的名义享有权利和承担义务的社会组织。外国法人想要以主体的"角色"参与国际经济法律关系，必须得到内国的承认，即该法人在内国也被认为是法人，具有法人资格，而非在外国需要重新创设。除传统法人外，随着经济全球化的快速发展，跨国公司在国际经济中的比重也越来越大。跨国公司的各个公司分设在两个或者两个以上的国家，通常情况下跨国公司会存在一个总公司，总公司承担着全球决策、管理各个分公司或子公司的职能。

国家作为主权者也同样具有独立参与国际经济关系的能力，国家与国家或国际组织之间签订的国际协议是国际经济法重要的渊源。同时，国家也可以与另外一个国家的国民签订合同，例如，国际特许开发合同等。

单独关税区是特殊的国际经济法主体，单独关税区依据特殊的国际协定而在对外贸易和国际协议规定的其他事项方面具有与国家相同的自主权。

国际经济组织可以分为政府间以及非政府间的组织。目前，对国际社会影响较大的是政府间经济组织，如世界贸易组织、世界银行集团。国际经济组织的核心是各个国家设立国际经济组织的协定，协定一般主要规定国际经济组织的宗旨、职能等基本内容。

二、国际经济法的渊源

国际经济法因其调整的对象较为广泛，其渊源的范围也较为广泛，既包括国际法方面的规范,又包括国内法中有关涉外经济方面的法律规范。国际法方面,国际条约、习惯国际法、国际商事惯例、一般法律原则、国际组织的决议等都被认为是国际经济法的主要渊源。其中较具特点的是国际商事惯例,其是国际商事活动中由于长期适用而被熟知并经常遵守的规则或规范。国际商事惯例为任意性规范,不同于具有强制约束力的习惯国际法。国内法方面,主要是指国家为调整国际经济关系而制定的国内立法。依据国际经济法的调整对象,国内立法通常涉及宪法、经济法、民商法等部门法。

三、国际经济法的基本原则

1947年《各国经济权力和义务宪章》列举了15项原则以指导各国国际经济法律关系。其中,国际经济主权原则、公平互利原则、国际合作以谋发展原则对国际经济法具有较为重要的指导意义。

国家经济主权是指国家在经济上享有独立自主的权利,这是国家主权在经济活动中的体现,包括国家对自然资源享有永久主权,国家有权对其境内的外国投资以及跨国公司的活动进行监管,国家有权将外国财产征收国有化。公平互利强调各国经济主体在法律地位上一律平等,且有权平等参与影响国际经济决定的决策过程,并公平地享受由此产生的利益。国际合作以谋发展,顾名思义,国际经济法中各主体需要在最大程度上促进合作,可以说国际经济关系缺乏合作将难以有效的维持和发展。同时,国际合作以谋发展原则还包括各个国家都应对发展中国家给予努力的帮助,促进发展中国家的经济发展。

案例一 大拇指公司与中华环保公司股东出资纠纷案①

【基本案情】

大拇指公司系由中华环保公司在中国设立的外商独资企业。2005年9月至今,大拇指公司的股东为中华环保公司。2008年6月30日,大拇指公司经批准注册资本增至3.8亿元,增资部分分期至2010年8月3日缴清。至2013年7月25日,中华环保公司对大拇指公司尚有出资款未到位。中华环保公司于2001年在新加坡注册成立,2010年6月4日,新加坡高等法院应中华环保公司的申请作出法庭命令,裁定中华环保公司进入司法管理程序。

2011年1月20日,中华环保公司的司法管理人作出书面决议,将大拇指公司的法定代表人田某变更为何某,将董事田某、潘某、陈某变更为余某等3人。2012年3月30日,中华环保公司的司法管理人再次作出书面决议和任免书,免去何某的大拇指公司董事长及法定代表人职务,委派保某为大拇指公司董事长和法定代表人,免去余某等3人的董事职务,委派保某等3人为董事,任期均为3年。

2010年8月18日,大拇指公司向福州市中级人民法院提起诉讼,诉请判令中华环保公司履行股东出资义务。中华环保公司提出管辖权异议,福州市中级人民法院裁定

---

① 中华人民共和国最高人民法院公报:《大拇指环保科技集团(福建)有限公司与中华环保科技集团有限公司股东出资纠纷案》,http://gongbao.court.gov.cn/Details/7f487bb61c8c587ca9dfd61c9f3c2c.html,2024年8月28日最后访问。

驳回其异议。之后，中华环保公司不服，提起上诉。中华环保公司提出保某为大拇指公司合法的现任董事长，而大拇指公司的起诉状和授权委托书是无权人员盗用公司公章而为，未经合法的法定代表人同意，不能代表大拇指公司的真实意思，起诉无效。

【主要法律问题】

作为典型案例，本案的主要争议焦点在于：大拇指公司提起本案诉讼的意思表示是否真实，即工商登记的法定代表人与股东任命的法定代表人谁能代表公司的意志。

二审法院认为，大拇指公司是中华环保公司在中国境内设立的外商独资企业，按照我国《公司法》（2005）和《外资企业法》及其实施细则的有关规定，大拇指公司属于一人公司，其内部组织机构包括董事和法定代表人的任免权均由其唯一股东中华环保公司享有。中华环保公司进入司法管理程序后，司法管理人作出了变更大拇指公司董事及法定代表人的任免决议。根据新加坡公司法 227G 的规定，在司法管理期间，公司董事基于公司法及公司章程而获得的权力及职责均由司法管理人行使及履行。因此，中华环保公司司法管理人作出的变更大拇指公司董事及法定代表人的任免决议有效。

由于大拇指公司董事会未执行唯一股东中华环保公司的决议，造成了工商登记的法定代表人与股东任命的法定代表人不一致的情形。根据我国《公司法》（2005）的规定，工商登记的法定代表人对外具有公示效力，如涉及公司以外的第三人因公司代表权而产生的外部争议，应以工商登记为准；而对于公司与股东之间因法定代表人任免产生的内部争议，则应以有效的股东大会任免决议为准，并在公司内部产生法定代表人变更的法律效果。因此，本案起诉不能代表大拇指公司的真实意思，裁定撤销原判，驳回大拇指公司的起诉。

【主要法律依据】

1. 《涉外民事关系法律适用法》

第 14 条 法人及其分支机构的民事权利能力、民事行为能力、组织机构、股东权利义务等事项，适用登记地法律。

法人的主营业地与登记地不一致的，可以适用主营业地法律。法人的经常居所地，为其主营业地。

2. 《公司法》（2005）

第 13 条 公司法定代表人依照公司章程的规定，由董事长、执行董事或者经理担任，并依法登记。公司法定代表人变更，应当办理变更登记。

第 47 条 董事会对股东会负责，行使下列职权：

（一）召集股东会会议，并向股东会报告工作；

（二）执行股东会的决议；

（三）决定公司的经营计划和投资方案；

（四）制订公司的年度财务预算方案、决算方案；

（五）制订公司的利润分配方案和弥补亏损方案；

（六）制订公司增加或者减少注册资本以及发行公司债券的方案；

（七）制订公司合并、分立、解散或者变更公司形式的方案；

（八）决定公司内部管理机构的设置；

（九）决定聘任或者解聘公司经理及其报酬事项，并根据经理的提名决定聘任或者解聘公司副经理、财务负责人及其报酬事项；

（十）制定公司的基本管理制度；

（十一）公司章程规定的其他职权。

【理论分析】

习近平总书记指出，我们观察和规划改革发展，必须统筹考虑和综合运用国际国内两个市场、国际国内两种资源、国际国内两类规则。具体来说，统筹与协调思维的法治要义，要求我们要坚持统筹推进国内法治和涉外法治。要加快涉外法治工作战略布局，协调推进国内治理和国际治理，更好维护国家主权、安全、发展利益。要强化法治思维，运用法治方式，有效应对挑战、防范风险，综合利用立法、执法、司法等手段开展斗争，坚决维护国家主权、尊严和核心利益。

在我国，宪法、法律、行政法规、地方性法规、部门规章以及地方政府规章等都是基本的法律渊源。改革开放后，我国由于处于经济转轨阶段，采取了涉内涉外分别立法的做法。如今，随着我国市场经济的发展和法治的完善，已逐步实行涉内和涉外法律的并轨。例如，我国在2007年以前一直对内资企业和外商投资企业及外国企业分别适用不同的企业所得税法，2007年3月通过的《企业所得税法》已统一适用于境内企业。又如《中外合资经营企业法》《中外合作经营企业法》《外资企业法》均已经为《外商投资法》所取代。随着法治的进一步完善，专门适用于调整涉外经济关系的法律范围也将逐步缩小。

在本案中，大拇指公司与中华环保公司之间是因股东出资而引发的争端，争议的焦点是大拇指公司提起本案诉讼的意思表示是否真实，即工商登记的法定代表人与股东任命的法定代表人谁能代表公司的意志，两者发生矛盾的根源也是出于维护本公司的安全和发展利益。

在判决中，二审法院认为，大拇指公司是中华环保公司在中国境内设立的外商独资企业，按照《公司法》（2005）和《外资企业法》（2000）及其实施细则的有关规定，最终认定中华环保公司司法管理人作出的变更大拇指公司董事及法定代表人的任免决议有效，本案起诉不能代表大拇指公司的真实意思，裁定撤销原判，驳回大拇指公司的起诉。

二审法院以我国法律为依据，参考了《涉外民事关系法律适用法》第14条第1款和《公司法》（2005）第13条、第47条第2款，由此来判定纠纷公司的性质，以及最后认定在大拇指公司内部产生法定代表人变更的法律效果。这反映了一国在涉外经济活动中的法律规范和管制措施真正起到了关键作用。在经济纠纷的法律适用问题上，当确定了案件的性质和管辖权后，就需要根据案件中的法律关系，确定适用的相关法律。国内法是由一国立法机关制定的成文法，其可以直接成为国际经济法的表现形式而具有约束力。本案的判决为国内法在国际经济纠纷中的运用提供了良好的典型示范，进一步激活了国内法作为国际经济法渊源的价值,也为法院日后的裁判提供了有效的参考。

【实操分析】

在实际案件中,需要注意的问题包括以下几个方面:一是需要对案件相关主体的国籍、住所、所在地、行为地等进行分析来确定案件是国内案件还是涉外案件;二是需要解决案件的管辖权问题;三是需要根据相关法律关系确定案件的法律适用问题,即确定案件的准据法。如在本案中,中华环保公司是在新加坡注册成立的外国法人,大拇指公司是其在中国注册的外商独资企业,属于中国法人,因此本案是属于涉外民商事案件。本案纠纷的发生地是在福州,因此中国的法院对本案有管辖权。在确定了案件的性质和管辖权后,需要根据案件中的法律关系确定适用的相关法律。在本案中,主要法律关系是股东出资纠纷,根据《涉外民事关系法律适用法》第14条第1款的规定,法人及其分支机构的民事权利能力、民事行为能力、组织机构、股东权利义务等事项,适用登记地法律。因此关于中华环保公司的民事权利能力和民事行为能力等事项,应当适用中华环保公司的登记地的法律,即适用新加坡的法律来进行判断。大拇指公司在本案中的意思表示以及股东出资义务的判断则需要适用中国的法律。

【思考题】

(1) 国际经济法的渊源有哪些?
(2) 国内法和国际法的关系是怎样的?

案例二　安徽省外经集团公司诉东方置业公司保函欺诈纠纷案①

【基本案情】

2010年1月16日,作为开发方的东方置业公司,与作为承包方的安徽省外经集团公司、作为施工方的外经中美洲公司在哥斯达黎加共和国圣何塞市签订了《哥斯达黎加湖畔华府项目施工合同》(以下简称《施工合同》),约定承包方负责三栋商住楼的施工。

2010年5月26日,安徽省外经集团公司向建行安徽省分行提出申请,以哥斯达黎加银行为转开行、东方置业公司为受益人,开立履约保函,保证事项为上述项目。2010年5月28日,哥斯达黎加银行开立编号为G051225的履约保函,担保人为建行安徽省分行,委托人为安徽省外经集团公司,受益人为东方置业公司,担保金额为2008000美元,有效期至2011年10月12日,后延期至2012年2月12日。该保函为无条件、不可撤销、见索即付的保函。执行此保函需要受益人向哥斯达黎加银行提交证明文件,指明执行保函的理由。另外由受益人出具公证过的声明,指出通知外经中美

---

① 中华人民共和国最高人民法院:《指导案例109号:安徽省外经建设(集团)有限公司诉东方置业房地产有限公司保函欺诈纠纷案》,https://www.court.gov.cn/shenpan/xiangqing/143392.html,2024年8月24日最后访问。

洲公司因违约产生此请求的日期,并附上保函证明原件和已经出具过的修改件。建行安徽省分行同时向哥斯达黎加银行开具编号为 34147020000289 的反担保函,承诺自收到哥斯达黎加银行通知后 20 日内支付保函项下的款项。反担保函是无条件、不可撤销、随时要求支付的,并约定"遵守国际商会出版的第 458 号出版物《见索即付保函统一规则》"。

2012 年 1 月 23 日,建筑师出具《项目工程检验报告》并认定:施工项目存在"施工不良""品质低劣"且需要修改或修理的情形。2012 年 2 月 7 日,外经中美洲公司以东方置业公司为被申请人向哥斯达黎加建筑师和工程师联合协会争议解决中心提交仲裁请求,认为东方置业公司拖欠应支付的已完成施工量的工程款及相应利息,请求解除合同并裁决东方置业公司赔偿损失。同年 2 月 8 日,东方置业公司向哥斯达黎加银行提交索赔声明、违约通知书、违约声明、《项目工程检验报告》等保函兑付文件,要求执行保函。同年 2 月 23 日,外经集团公司向安徽省合肥市中级人民法院提起保函欺诈纠纷诉讼,同时申请中止支付 G051225 号保函、34147020000289 号反担保函项下款项。

【主要法律问题】

作为典型案例,本案在实体部分的争议焦点在于:独立保函受益人基础合同项下的违约情形,是否必然构成独立保函项下的欺诈索款问题。

安徽省外经集团公司认为,根据《最高人民法院关于审理独立保函纠纷案件若干问题的规定》(以下简称《独立保函司法解释》)第 12 条第 3 项、第 4 项、第 5 项,应认定东方置业公司构成独立保函欺诈。结合该项主张,最高人民法院对《独立保函司法解释》的相关问题作出进一步阐释。

独立保函独立于委托人和受益人之间的基础交易,即出具独立保函的银行只负责审查受益人提交的单据是否符合保函条款的规定,并有权决定是否付款,担保行的付款义务不受委托人与受益人之间基础交易项下抗辩权的影响。本案中,尽管基础合同法律关系处于仲裁程序之中,但是只要相关争议解决程序尚未作出债务人没有付款或者赔偿责任的最终认定,就不影响受益人保函权利的实现。保函担保的事项是施工质量和其他违约行为,而受益人未支付工程款项的违约事实与工程质量出现问题不存在逻辑上的因果关系,东方置业公司作为受益人,其自身在基础合同履行中存在的违约情形,并不必然构成独立保函项下的欺诈索款。根据《独立保函司法解释》第 12 条第 3 项的规定,独立保函欺诈的认定条件应限定为"法院判决或仲裁裁决认定基础交易债务人没有付款或赔偿责任的"。因此,除非保函另有约定,否则对基础合同的审查应当限定在保函担保范围内的履约事项,将受益人自身在基础合同中是否存在违约行为纳入保函欺诈审查范围的做法应当十分审慎。虽然哥斯达黎加建筑师和工程师联合协会争议解决中心作出仲裁裁决,认定东方置业公司在履行合同过程中违约,但并未认定安徽省外经集团公司因对方违约行为的存在而免除付款或者赔偿责任。因此,不能依据上述仲裁裁决的内容认定东方置业公司构成《独立保函司法解释》第 12 条第 3 项规定的保函欺诈。

另外,双方对工程质量发生争议的事实以及哥斯达黎加建筑师和工程师联合协会争议解决中心作出的仲裁裁决书中涉及工程质量问题部分的表述能够佐证,外经中美洲公司在《施工合同》项下的义务尚未完全履行,本案并不存在东方置业公司确认基础交易债务已经完全履行或者付款到期事件并未发生的情形。现有证据亦不能证明东方置业公司明知其没有付款请求权仍滥用权利。

综上,东方置业公司作为受益人,其自身在基础合同履行中存在的违约情形,虽经仲裁裁决确认但并未因此免除安徽省外经集团公司的付款或者赔偿责任。因此,即使按照安徽省外经集团公司的主张适用《独立保函司法解释》,本案情形亦不构成保函欺诈。

【主要法律依据】

《最高人民法院关于审理独立保函纠纷案件若干问题的规定》
第12条　具有下列情形之一的,人民法院应当认定构成独立保函欺诈:
(一)受益人与保函申请人或其他人串通,虚构基础交易的;
(二)受益人提交的第三方单据系伪造或内容虚假的;
(三)法院判决或仲裁裁决认定基础交易债务人没有付款或赔偿责任的;
(四)受益人确认基础交易债务已得到完全履行或者确认独立保函载明的付款到期事件并未发生的;
(五)受益人明知其没有付款请求权仍滥用该权利的其他情形。

【理论分析】

国际经济法的法律渊源包括国际法律渊源和国内法律渊源,其中国际法律渊源以国际经济条约为主,同时辅之以一般法律原则、国际习惯、国际裁决。国际商事惯例则是国际习惯的重要组成部分,也是国际经济法的重要法律渊源,而国际商事惯例的适用需要当事人约定。

本案中,为了保证约定义务的顺利履行,当事人便向建行安徽省分行申请开立保函,保函中约定适用《见索即付保函统一规则》这一国际商事惯例。因此,在发生争议时,争议解决机构和当事人应以《见索即付保函统一规则》为法律依据确定当事人的权利义务。值得注意的是,这一国际商事惯例并未对保函欺诈的认定条件作出具体规定,保函欺诈的认定需要以我国国内法作为法律依据,其他部分则以《见索即付保函统一规则》作为法律依据。根据《见索即付保函统一规则》第5条的规定,保函就其性质而言,独立于基础关系和申请,担保人完全不受这些关系的影响或约束。因此,保函独立于委托人和受益人之间的基础交易,这也是解决本案争议焦点的关键。

综上,作为国际经济法重要的法律渊源,国际商事惯例是明确当事人权利义务、进行国际经贸活动、解决国际法律纠纷的重要法律依据,对于维护国际经济秩序稳定具有重要的意义。

【实操分析】

在实际案件中,需要注意的问题主要包含以下几个方面:一是需要对案件的法律性质进行识别。在本案中,当事方东方置业公司及哥斯达黎加银行的经常居所地位于我国领域外,因此本案属于涉外商事纠纷。只有先确定本案的涉外性质,才能根据

《涉外民事关系法律适用法》第 8 条"涉外民事关系的定性,适用法院地法律"的规定,选择准据法。二是需要确定案件的管辖权问题。在本案中,被请求止付的独立反担保函由建行安徽省分行开具,该分行所在地应当认定为安徽省外经集团公司主张的侵权结果发生地,所以一审法院作为侵权行为地法院对本案具有管辖权。三是需要根据法律关系的性质确定案件的法律适用问题。在本案中,管辖法院确定后,就可以解决此案件的法律适用问题。但涉案保函载明适用《见索即付保函统一规则》,因此保函争议部分应当适用此规则,而根据《涉外民事关系法律适用法》第 44 条"侵权责任,适用侵权行为地法律"的规定,《见索即付保函统一规则》未予涉及的保函欺诈之认定标准应适用中华人民共和国法律。需要注意的是,我国没有加入《联合国独立担保与备用信用证公约》,国际商会《见索即付保函统一规则》可以作为国际商事惯例适用,但是《见索即付保函统一规则》没有强制适用的效力,必须经当事人的选择才能适用。

【思考题】

(1)国际商事惯例是否可以作为国际经济法的渊源?
(2)当出现合同约定中的法律未涉及的问题时,可以适用哪些法律进行裁判?

案例三　夏发公司与佰启公司国际货物买卖合同纠纷案①

【基本案情】

夏发公司系依美国法注册成立的企业,其业务涵盖全球范围内的货物贸易,包括中国市场。佰启公司是一家在中国北京注册成立的法人实体,其经营范围包括医疗用具的批发及零售。2020 年 4 月 3 日,夏发公司与佰启公司签订了一份买卖合同,标的物为手套。

鉴于当时新冠疫情背景下全球丁腈手套产能紧张,中国生产商为满足国内外市场对一次性丁腈手套的迫切需求而进行大规模扩产。根据夏发公司与佰启公司之间的买卖合同,夏发公司作为买受人,负有按照合同条款向佰启公司购买 60 万盒手套并支付含税总价款 630 万美元的义务,其中 94.5 万美元作为预付款项,专用于支付前 3 个集装箱货物的价款。佰启公司作为出卖人,承担在 2021 年 2 月 5 日至 2021 年 3 月 24 日分 9 批次发运共计 20 个集装箱的货物,并保证所交付货物的质量符合合同约定,包括符合 SGS 标准检验及提供 FDA/510K 资质。

在合同履行过程中,夏发公司依约支付了预付款,但佰启公司在交付首个集装箱货物时已出现严重迟延,直至 2021 年 3 月 1 日方完成第一批货物的发运。夏发公司为加速收货流程,未对首批货物进行质量检验。随着合同履行的持续,夏发公司多次催促佰启公司按期交付剩余货物,佰启公司虽承诺继续履约,但实际上未发出后续货物。夏发公司在 2021 年 4 月收到货物后进行了质量检验,并在同年 5 月与佰启公司就质量

---

① 中华人民共和国最高人民法院:《最高法发布涉外民商事案件适用国际条约和国际惯例典型案例》,https://www.court.gov.cn/zixun/xiangqing/421932.html,2024 年 8 月 24 日最后访问。

问题举行了视频会议。其后,夏发公司曾经多次催促,但佰启公司均搪塞延迟履行。2021年5月20日,夏发公司通过律师函向佰启公司发出解除合同的通知,并要求返还已支付的全部货款。在2021年6月1日举行的第二次视频会议中,佰启公司承认了质量问题并承诺退款,但之后继续以各种理由拖延,未履行其义务。

2022年,夏发公司向法院提起诉讼,主张佰启公司存在瑕疵履行和迟延履行等违约行为,请求法院宣告合同无效,判令佰启公司返还货款及利息,并赔偿因佰启公司违约行为而给夏发公司造成的损失。夏发公司在诉讼中应提出充分的证据证明佰启公司的违约事实,包括但不限于合同文本、付款凭证、货物检验报告、双方通信记录以及视频会议记录等,以支持其诉讼请求。

【主要法律问题】

作为典型案例,本案的主要争议焦点在于:(1)法律适用问题;(2)被告是否构成根本违反合同;(3)是否符合宣告合同无效。

1. 法律适用问题

在本案审理中,法院依据我国《民事诉讼法》(2021)第266条之规定,确定本案程序法适用我国《民事诉讼法》(2021)第4编关于涉外民事诉讼程序的特别规定,以及该法其他相关规定。针对准据法的适用问题,鉴于当事人未在合同中明确约定适用的法律,且双方当事人的营业地分别位于美国和中国,均为《联合国国际货物销售合同公约》(以下简称《公约》)的缔约国,且不存在《公约》规定的不适用情形,双方亦未排除《公约》的适用。根据《涉外民事关系法律适用法》第41条的规定,当事人未选择合同适用的法律时,应适用履行义务最能体现该合同特征的一方当事人经常居所地法律或其他与该合同有最密切联系的法律。在本案审理过程中,夏发公司明确表示选择适用《公约》作为确定其权利义务的依据。因此,本案应适用《公约》的规定。

《公约》第4条明确规定,《公约》不适用于合同的效力、合同条款的效力以及货物所有权的转移问题。对于这些问题,应适用相关国内法进行判定。案涉买卖合同的内容未违反我国现行法律法规的强制性规定,应被认定为合法有效,双方当事人均应依约履行各自的义务。鉴于被告佰启公司的住所地位于中国境内,根据属地管辖原则,应适用中华人民共和国法律。同时,《最高人民法院关于适用〈中华人民共和国民法典〉时间效力的若干规定》第1条第1款规定:"民法典施行后的法律事实引起的民事纠纷案件,适用民法典的规定。"因本案法律事实发生在2021年我国《民法典》施行之后,故本案应适用我国《民法典》的相关规定。

2. 被告是否构成根本违反合同

法院基于案件事实和背景进行审理认为,首先,双方当事人约定交付商品为一次性丁腈医用检查手套。但从合同履行事实看,佰启公司交付的手套质量不符合约定,且不合规货物占已交付货物的一半以上,部分手套撕拉即破,完全不适用同一规格医用手套通常的使用目的。夏发公司发现后,及时向佰启公司提出了质量异议。另外,佰启公司至诉讼时仍未交付剩余货物,已经严重超过合同约定的交货时间。佰启公司的上述行为,均已构成违反合同的基本要件。其次,法院认为本案合同的签订、履行处于全球新冠疫情期间，此为衡量佰启公司上述违约行为是否构成根本违反合同不能忽略的背景因素。案涉货物属于该特殊时期大量急需、紧缺的医用消耗品，夏发公司从我国购买向其本国客户售卖属于商机，但佰启公司的违约行为足以使夏发公司通过案涉合同赚取利润的目的落空，这一点从夏发公司对于已收到的货物最终被客户或退回或销毁、客户又另行购买了其他手套的陈述中能够得到印证。因此，综合考量本案情况，根据《公约》第25条的规定，一方当事人违反合同的结果，使另一方当事人蒙受损害，以至于实际上剥夺了他根据合同规定有权期待得到的东西，即为根本违反合同。法院认为被告佰启公司的行为，已经构成根本违反合同。

3. 是否符合宣告合同无效

涉案买卖合同第6.5.2条约定，在双方沟通并证明质量问题时，甲方应在当场向乙方提出，乙方将于10个工作日之内向甲方免费更换损坏或有质量问题的商品；如果换货周期超过10个工作日或者换货后仍然无法达到质量标准，则双方协商解决，协商不成，甲方有权取消合同，乙方按合同约定进行退款。本案中，佰启公司对于有质量问题的手套，客观上至诉讼时仍未做换货处理。在此情形下，依据上述合同约定，同时根据《公约》第45条及第51条第（2）项之规定，买方只有在完全不交付货物或不按照合同规定交付货物等于根本违反合同时，才可以宣告整个合同无效。同时《公约》第73条第（3）项对于分批交付货物的合同进一步规定，买方宣告合同对任何一批货物的交付为无效时，可以同时宣告合同对已交付的或今后交付的各批货物均为无效，如果各批货物是互相依存的，不能单独用于双方当事人在订立合同时所设想的目的。因此夏发公司有权主张取消合同即宣告合同无效。此外，《公约》第26条对宣告的形式要件作出了规定，即"宣告合同无效的声明，必须向另一方当事人发出通知，方始有效。"本案中，夏发公司于2021年5月20日向佰启公司发出律师函，通知其解除涉案买卖合同，该函件虽然于5月22日才被佰启公司签收，但是《公约》对此种通知并不采用"到达生效原则"，而是"投邮主义生效"原则。因此，法院认为夏发公司提出的关于宣告整个涉案买卖合同于发出函件之日无效的诉讼请求，符合双方之间的约定和《公约》的规定，应予支持。

【主要法律依据】

1.《联合国国际货物销售合同公约》

第1条 （1）本公约适用于营业地在不同国家的当事人之间所订立的货物销售合同：

（a）如果这些国家是缔约国；或

（b）如果国际私法规则导致适用某一缔约国的法律。

（2）当事人营业地在不同国家的事实，如果从合同或从订立合同前任何时候或订立合同时，当事人之间的任何交易或当事人透露的情报均看不出，应不予考虑。

（3）在确定本公约的适用时，当事人的国籍和当事人或合同的民事或商业性质，应不予考虑。

第25条 一方当事人违反合同的结果，如使另一方当事人蒙受损害，以至于实际上剥夺了他根据合同规定有权期待得到的东西，即为根本违反合同，除非违反合同一方并不预知而且一个同等资格、通情达理的人处于相同情况中也没有理由预知会发生这种结果。

第26条 宣告合同无效的声明，必须向另一方当事人发出通知，方始有效。

第27条 除非公约本部分另有明文规定，当事人按照本部分的规定，以适合情况的方法发出任何通知、要求或其他通知后，这种通知如在传递上发生耽搁或错误，或者未能到达，并不使该当事人丧失依靠该项通知的权利。

2.《民法典》

第143条 具备下列条件的民事法律行为有效：

（一）行为人具有相应的民事行为能力；

（二）意思表示真实；

（三）不违反法律、行政法规的强制性规定，不违背公序良俗。

3.《涉外民事关系法律适用法》

第41条 当事人可以协议选择合同适用的法律。当事人没有选择的，适用履行义务最能体现该合同特征的一方当事人经常居所地法律或者其他与该合同有最密切联系的法律。

4.《民事诉讼法》（2021）

第266条 在中华人民共和国领域内进行涉外民事诉讼，适用本编规定。本编没有规定的，适用本法其他有关规定。

5.《最高人民法院关于适用〈中华人民共和国民事诉讼法〉的解释》

第90条 当事人对自己提出的诉讼请求所依据的事实或者反驳对方诉讼请求所依据的事实，应当提供证据加以证明，但法律另有规定的除外。

在作出判决前，当事人未能提供证据或者证据不足以证明其事实主张的，由负有举证证明责任的当事人承担不利的后果。

【理论分析】

1.《公约》的适用问题

本案中的夏发公司的营业地位于美国，而佰启公司位于中国北京，双方基于跨国买卖合同的签订产生权利义务。因此本案属于涉外民商事纠纷案件，双方当事人是基于我国《合同法》（已失效）签订的合同，且属于实际履行期间，因此法院需要明确关于本案的具体法律适用。

在国际货物买卖合同中，如果双方当事人已经明确约定了发生纠纷时适用的法律，那么通常情况下应当优先适用双方约定的法律。《公约》作为一种国际条约，其适用通常是基于合同双方当事人的明示选择或者在没有选择的情况下，根据国际私法规则确定适用的法律。如果当事人已经通过合同条款排除了《公约》的适用，那么不应该再适用《公约》。

对于适用《公约》的情形也可进行相应的情况讨论，《公约》第1章第1~6条规定了《公约》的适用范围，而其中第1条主要规定了《公约》作为准据法加以适用的情形。《公约》第1条规定："（1）本公约适用于营业地在不同国家的当事人之间所订立的货物销售合同：（a）如果这些国家是缔约国；或（b）如果国际私法规则导致适用某一缔约国的法律。（2）当事人营业地在不同国家的事实，如果从合同或从订立合同前任何时候或订立合同时，当事人之间的任何交易或当事人透露的情报均看不出，应不予考虑。（3）在确定本公约的适用时，当事人的国籍和当事人或合同的民事或商业性质，应不予考虑。"故对《公约》进行适用时，首先应判断双方当事人营业地是否位于不同缔约国。

当事人均为《公约》缔约国时，如本案当事人营业地所在国中国和美国均为《公约》缔约国，且不存在该公约规定的不适用情形，双方当事人亦未排除该公约的适用，则应当适用《公约》（除该国声明保留的条款外）的规定。本案满足《公约》第1条（1）（a）款之规定，缔约国法院如美国和中国均可径直适用《公约》，而无须诉诸法院所在地的冲突规则或国际私法规则。

然而，需要注意的是，即使当事人约定了适用某一国的法律，如果该国家是《公约》的缔约国，且当事人没有明确排除《公约》的适用，那么在某些情况下，《公约》仍然可能自动适用。当双方当事人营业地并非位于《公约》缔约国，可依据《公约》第1条（1）（b）款之规定，如果法院地法律指向《公约》缔约国法律，仍可适用《公约》。此种情形包括在法院地国私法规则允许当事人选择适用法的情形下，当事人选择适用《公约》缔约国法为合同准据法之时，即便未提及《公约》，《公约》仍可适用。即双方当事人虽均非《公约》缔约国，但是当事人在订立合同时可以主动选择适用《公约》。

但是对于《公约》存在着例外的不适用条款，如各国声明保留的条款。我国依据《公约》第95条对该款规定作出了保留，故当本地法院冲突规则指向《公约》缔约国法律时，在我国并不会直接适用《公约》。[①] 本案中，法院认为国际货物买卖合同的当事各方所在国为《公约》的缔约国，符合《公约》的相关规定，因此应优先适用《公约》的规定，《公约》没有规定的内容，适用合同中约定适用的法律。

如若当事人未选择合同争议应适用的法律，应当适用与合同有最密切联系的国家或者地区的法律。根据合同的特殊性质，以及某一方当事人履行的义务最能体现合同的本质特性等因素，确定与合同有最密切联系的国家或者地区的法律作为合同的准据法。

2. 合同的解除

在国际货物买卖合同中，合同解除权的行使是一项重大权利，它能够消灭合同的效力，从而打破已有的交易秩序，并对双方当事人的权利义务产生深远的影响。《公约》作为一项国际条约，其规定在合同解除方面具有重要理论和实践指导意义。

根据《公约》的规定，合同的宣告无效制度是合同解除的一种形式，它对解除权的行使和时间都设定了明确的条件。《公约》在合同订立和货物销售的相关规定中，对

---

① 赵珂、马蓓蓓：《〈中化国际（新加坡）有限公司诉蒂森克虏伯冶金产品有限责任公司国际货物买卖合同纠纷案〉的理解与参照——〈联合国国际货物销售合同公约〉与约定准据法的适用及根本违约的认定》，载《人民司法》2021年第32期，第4-7页。

通知的效力采用了不同的生效原则。具体来说，要约和承诺的生效、撤回和撤销均遵循"送达生效"原则，即通知必须送达对方当事人才产生法律效力。这种原则确保了通知的实际接收，从而保障了交易的确定性和可预见性。

然而，《公约》第27条对于合同宣告无效的通知有特别规定，即宣告无效的声明只需"以适合情况的方法"发出即视为生效，而无须等待通知实际到达对方。这种规定减轻了解除权人对于通知传递过程中风险的承担，提高了解除权行使的效率和确定性。《公约》第26条对宣告的形式要件作出规定，即"宣告合同无效的声明，必须向另一方当事人发出通知，方始有效"。本案中，夏发公司于2021年5月20日向佰启公司发出律师函，通知其解除涉案买卖合同。该函件虽然于2021年5月22日才被佰启公司签收，但是《公约》对此种通知并不采用"到达生效原则"，而是"投邮主义生效"原则。因此，夏发公司提出的关于宣告整个涉案买卖合同于发出函件之日无效的诉讼请求，符合双方之间的约定和上述《公约》的规定，应予支持。

需要注意与《公约》的规定相对照的是，我国《民法典》第565条采用了"到达生效"原则，即通知（包括解除合同通知）必须实际送达对方当事人才产生法律效力。这种差异在国际货物买卖合同中尤为重要，因为它关系到合同解除权的行使时机和效力。在审理国际货物买卖合同纠纷案件时，如果我国缔结的国际条约与中华人民共和国法律存在不同规定，根据国际法的原则和我国法律规定，应当优先适用国际条约的规定。这一做法体现我国法院在适用国际条约方面的全面性和精确性，确保公正合理地保护国际货物买卖合同当事人的合法权益。

【实操分析】

在实际案件中，需要注意的问题有：一是需要判断案件的法律性质是国内案件还是涉外案件。在本案中，法院查明合同的双方中一方的营业地位于美国，因此认为本案属于涉外案件。此案属于国际货物买卖合同纠纷，就不能直接适用国内的法律进行裁判。二是需要根据法律关系确定案件应该适用的法律。国际经济法的渊源有国内法、国际法、国际条约等，因此法院在选择适用的法律时，必须根据案件当事方的约定和国际条约的规定进行选择。在本案中，买卖双方当事人未在合同中明确约定发生纠纷时应适用的法律，但是国际货物买卖双方的当事人所在国属于《公约》的缔约国，因此根据《公约》的相关规定可以直接适用《公约》，而且应优先适用。对于未在《公约》中规定的内容，鉴于涉案合同基于我国《合同法》订立，可以适用我国《民法典》中的相关规定。

【思考题】

（1）国际货物买卖合同的双方当事人未在合同中明确约定所适用的法律，应如何适用法律？

（2）国际货物买卖合同的双方当事人在合同中明确约定了所适用的法律，是否还可以直接适用《公约》？

（3）国际货物买卖合同的双方当事人在合同中明确约定了所适用的多个法律，《公约》是否可以优先适用？

第二章
国际货物买卖法

 知识要点

一、国际货物买卖合同

国际货物买卖合同与国内货物买卖合同不同,国际货物买卖合同具有国际性,或称具有"涉外因素"。是否具有国际性或"涉外因素"有许多标准来划分,例如,以当事人的国籍为标准、以当事人营业所在地为标准、以行为发生地为标准、以货物是否跨越国境为标准等。《联合国国际货物销售合同公约》采用了当事人营业所在地标准,该公约规定,国际货物买卖合同是指营业地位于不同国家的当事人之间订立的转移货物所有权的协议。国际货物买卖合同具有以下几方面的特征:第一,营业地位于不同国家;第二,合同内容的复杂性;第三,货物所有权的转移;第四,合同是确立当事人权利义务的依据。

二、《联合国国际货物销售合同公约》

《联合国国际货物销售合同公约》是联合国国际贸易法委员会制定的一部国际商法条约,旨在统一国际货物买卖合同的法律规定。该公约于1980年通过,自1988年起对中国生效。该公约以建立新的国际经济秩序为目标,在平等互利的基础上发展国际贸易,促进各国之间的友好关系。该公约分为四部分共101条,第一部分、第四部分规定适用范围和最后条款;第二部分和第三部分规定合同的成立与货物买卖。该公约适用条件包括:(1)缔约国中营业地分处不同国家的当事人之间的买卖;(2)由国际私法规则导致适用某一缔约国法律;(3)货物买卖。此外,该公约排除了几种不适用的货物买卖:(1)股票、债券、票据、货币、其他投资证券的交易;(2)船舶、飞机、气垫船的买卖;(3)电力的买卖;(4)卖方的主要义务在于提供劳务或其他服务的买卖;(5)仅供私人、家人或家庭使用的货物买卖;(6)以拍卖方式进行的销售;(7)根据法律执行令状或其他令状的销售。

三、国际货物买卖合同的订立

国际货物买卖合同的订立大致包括以下几方面的要点:(1)国际货物买卖合同的当事人具有签订合同的资格。其一,国际货物买卖合同的当事人应是完全民事行为能力人;其二,需要看国内法是否有特殊规定,如中国在2004年之后取消了对自然人对外签订贸易合同的规定的限制。(2)要约与承诺,要约是向一个人或一个以上特定人提出的订立合同的建议,合同的内容需要明确、肯定,要约一经对方接受,合同即能成立,要约在送达受要约人时生效。承诺是受要约人对要约表示无条件接受的意思表示。承诺需要由受要约人作出才生效,承诺与要约的条件要保持一致,承诺应在有效的时间内作出，且必须通知要约人才生效。合同在承诺生效之日起成立。(3) 合同的形式与内容。《联合国国际货物销售合同公约》规定，买卖合同，包括其更改、终止、要约或承诺，或者其他条件的限制，可以使用包括证人在内的任何方法证明。但实践中，为了保护合同当事人的利益，涉外经济合同的所有条款一般都是书面的，书面形式的合同具有以下几方面的作用：①使合同具有确定性、公开性和告诫性；②是确定合同效力的实质条件；③证据的作用。合同的内容一般由约首、正文与约尾三部分组成，约首包括合同的名称、编号、缔约日期、缔约地点、缔约双方的名称、地址及合同序言等。正文包括各项交易的条件和相关条款，是合同的主体部分。约尾包括合同的份数、附件、使用文字及其效力、合同签订的日期和合同当事人的签字等。

四、违约及其补救方法

卖方违约是指卖方不交付货物或单据或交付迟延，交付不符合约定及第三方对交付货物存在权利或权利主张。当发生上述违约情形时，买方可以通过要求卖方实际履行、减少价金、宣告合同无效、损害赔偿等方式获得救济。买方违约包括买方不按合同约定支付货款和不按合同约定收取货物。卖方可以通过实际履行、损害赔偿、宣告合同无效等方式获得救济。先期违约是指在合同订立以后，履行期到来之前，一方表示拒绝履行合同的意图。先期违约可以由违约方明确表示，也可以由对方从其行动中判断出来。《联合国国际货物销售合同公约》规定，如果订立合同后，由于一方当事人在履行义务的能力或信用方面有严重的缺陷，即在准备履行合同或履行合同的行为中，在约定的合同到期前，明显看出来一方当事人将根本违反合同，另一方当事人可以宣告合同无效。或者一方当事人显然将不履行其大部分重要义务时，另一方当事人可以暂时中止合同的履行。

五、提单

提单是一种用以证明海上运输合同和货物已由承运人接管或装船，以及承运人保证凭以交付货物的单据。提单是托运人与承运人之间订立合同的凭证，是承运人从托运人处收到货物的凭证，是代表货物权利的凭证。提单以货物是否装船分为已装船提单和收货待运提单，以提单上是否有批注分为清洁提单和不清洁提单，按收货人抬头分为记名提单和不记名提单、指示提单，按运输方式分为直达提单、转船提单或联运提单、多式联运提单或联合运输单据。实践中可能出现提单欺诈、无单放货等情形。

六、国际货物保险合同

国际货物保险合同是指进出口商对进出口货物按照一定的保险类别向保险公司投保、缴纳保险费用，当货物在国际运输途中遇到风险时，由保险公司对进出口商遭受保险事故造成的货物损失及产生的责任予以赔偿的约定。国际海上货物运输保险条款分为一般保险条款和特殊保险条款，一般保险条款包括平安险、水渍险、一切险；特殊保险条款包括一般附加险、特别附加险和特殊附加险。[1]

---

[1] 余劲松、吴志攀：《国际经济法》（第四版），北京大学出版社、高等教育出版社2014年版，第86页。

案例一　中化国际（新加坡）公司诉蒂森克虏伯冶金公司国际货物买卖合同纠纷案①

【基本案情】

2008年4月11日，中化国际（新加坡）公司向蒂森克虏伯冶金公司购买石油焦，双方签订了《采购合同》，约定《采购合同》应当根据美国纽约州当时有效的法律规定来订立、管辖和解释。按照合同约定，中化国际（新加坡）公司支付了货物价款，但蒂森克虏伯冶金公司交付的石油焦却不符合合同约定。合同中约定，石油焦的HGI指数为36~46，而蒂森克虏伯冶金公司交付的石油焦HGI指数仅为32。中化国际（新加坡）公司认为蒂森克虏伯冶金公司构成根本违约，请求法院判令解除合同，并要求蒂森克虏伯冶金公司返还货款、赔偿损失。

某省高级人民法院一审认为，蒂森克虏伯冶金公司的行为构成根本违约。根据《联合国国际货物销售合同公约》的相关规定，蒂森克虏伯冶金公司提供的石油焦HGI指数远低于合同约定的标准，致使该石油焦很难在国内市场销售，双方签订《采购合同》时的预期目标难以实现，因此，法院认为蒂森克虏伯冶金公司的行为构成根本违约。该法院判定：宣告双方当事人签订的《采购合同》无效，蒂森克虏伯冶金公司应在判决生效日起30日内返还中化国际（新加坡）公司货款2684302.9美元，并支付自2008年9月25日至本判决确定的给付之日的利息，赔偿中化国际（新加坡）公司损失520339.77美元。

宣判后，蒂森克虏伯冶金公司不服一审判决，提起上诉，认为一审判决适用法律认定错误。最高人民法院认为一审判决认定事实基本清楚，但部分法律适用错误，责任认定不当，应当予以纠正。最高人民法院于2014年6月30日作出民事判决：（1）撤销某省高级人民法院的民事判决第一项。（2）变更某省高级人民法院的民事判决第2项为蒂森克虏伯冶金公司于本判决生效之日起30日内赔偿中化国际（新加坡）公司货款损失1610581.74美元，并支付自2008年9月25日至本判决确定的给付之日的利息。（3）变更某省高级人民法院的民事判决第3项为蒂森克虏伯冶金公司于本判决生效之日起30日内赔偿中化国际（新加坡）公司堆存费损失98442.79美元。（4）驳回中化国际（新加坡）公司的其他诉讼请求。

【主要法律问题】

1. 本案应适用何种法律

本案的焦点问题之一就是蒂森克虏伯冶金公司认为一审判决适用法律认定错误，由此需要确定该案的法律适用问题。本案属于国际货物买卖合同纠纷，双方当事人均是外国公司，案件具有涉外因素，因此，应适用有关涉外案件判决的有关规定。《最高人民法院关于适用〈中华人民共和国涉外民事关系法律适用法〉若干问题的解释

---

① 中国法院网：《中化国际（新加坡）有限公司诉蒂森克虏伯冶金产品有限责任公司国际货物买卖合同纠纷案》，https://www.chinacourt.org/article/detail/2021/10/id/6328856.shtml，2024年8月27日最后访问。

(一)》[以下简称《涉外民事关系法律适用法》司法解释(一)]第 2 条规定,涉外民事关系发生在《涉外民事关系法律适用法》实施之前的,人民法院应当适用该涉外民事关系发生时的有关法律规定确定应当适用的法律,当时法律没有规定的,可以参照《涉外民事关系法律适用法》的规定确定。本案的《采购合同》在 2008 年 4 月 11 日签订,此时《涉外民事关系法律适用法》尚未实施,应适用当事人签订《采购合同》时我国的法律,即《民法通则》,《民法通则》第 145 条规定:"涉外合同的当事人可以选择处理合同争议所适用的法律,法律另有规定的除外。涉外合同的当事人没有选择的,适用与合同有最密切联系的国家的法律。"本案中,双方当事人在合同中约定应当根据美国纽约州当时有效的法律来订立、管辖和解释,该约定有效。但是,由于本案双方当事人的营业地所在国为新加坡和德国,两国均为《联合国国际货物销售合同公约》的缔约国,美国亦为《联合国国际货物销售合同公约》的缔约国,此外,在一审审理期间,本案双方当事人一致同意选择适用《联合国国际货物销售合同公约》,将《联合国国际货物销售合同公约》作为确定双方权利义务的依据,且双方当事人并未排除《联合国国际货物销售合同公约》的适用,因此,本案应当适用《联合国国际货物销售合同公约》处理当事双方的纠纷。对于案件中涉及的问题,倘若在《联合国国际货物销售合同公约》中没有规定,应当适用当事人选择的美国纽约州法律处理。

2. 蒂森克虏伯冶金公司的行为是否构成根本违约

首先,双方当事人在合同中对石油焦需要符合的化学和物理特性、规格进行了约定,从双方约定的内容看,硬度(HGI 指数)只是石油焦的受潮率、硫含量、灰含量、挥发物含量、尺寸、热值等诸多规格中的一个方面。从目前事实看,蒂森克虏伯冶金公司交付的石油焦仅有 HGI 指数这一项指标不符合合同约定,对于其他 6 项指标,中化国际(新加坡)公司并未提出异议。HGI 指数实际上是指石油焦的研磨指数,指数越低,石油焦的硬度越大,研磨难度越大。但中化国际(新加坡)公司一方提交的某大学材料科学与工程学院出具的说明也指出 HGI 指数为 32 的石油焦用途有限但并不否认该种石油焦可以使用。因此,可以认定虽然涉案的石油焦 HGI 指数与合同约定的不符,但该批石油焦仍然有其使用价值,可以使用或转卖。

其次,在本案一审审理期间,中化国际(新加坡)公司为了减少损失,已经将涉案的石油焦予以转卖,且中化国际(新加坡)公司在就相关问题致蒂森克虏伯冶金公司的函件中明确表示该批石油焦转售的价格"未低于市场合理价格"。这说明涉案石油焦可以以合理价格予以转售。

最后,经过对其他国家裁判中有关《联合国国际货物销售合同公约》中根本违约条款适用的考察,如果买方经过合理努力就能使用货物或转售货物,甚至打折转售,那么,质量不符也不能视为根本违约。本案中蒂森克虏伯冶金公司交付的石油焦可以经过合理努力进行转售,因此其行为不能视为根本违约。

【主要法律依据】

1.《民法通则》(已失效)

第 145 条 涉外合同的当事人可以选择处理合同争议所适用的法律,法律另有规定的除外。

涉外合同的当事人没有选择的，适用与合同有最密切联系的国家的法律。

2.《联合国国际货物销售合同公约》

第1条 （1）本公约适用于营业地在不同国家的当事人之间所订立的货物销售合同：

（a）如果这些国家是缔约国；或

（b）如果国际私法规则导致适用某一缔约国的法律。

（2）当事人营业地在不同国家的事实，如果从合同或从订立合同前任何时候或订立合同时，当事人之间的任何交易或当事人透露的情报均看不出，应不予考虑。

（3）在确定本公约的适用时，当事人的国籍和当事人或合同的民事或商业性质，应不予考虑。

第25条 一方当事人违反合同的结果，如使另一方当事人蒙受损害，以至于实际上剥夺了他根据合同规定有权期待得到的东西，即为根本违反合同，除非违反合同一方并不预知而且一个同等资格、通情达理的人处于相同情况中也没有理由预知会发生这种结果。

【理论分析】

1.《联合国国际货物销售合同公约》的适用情形

（1）货物买卖的当事人的营业地分处不同国家，若这两个国家都是该公约缔约国，只要满足该公约第1条第1款（a）项，条约自动适用，除非当事人排除该公约的适用。（2）当事人约定适用该公约缔约国的法律。（3）当事人约定适用非该公约缔约国的法律，可能会根据该国的冲突法指引至该公约缔约国法，也会导致该公约的适用。（4）按照最密切联系原则适用该公约。当事人排除该公约的适用分为明示排除和默示排除，默示排除时需要明确适用的具体的法律才可能产生排除该公约适用的效力。国际货物买卖合同的当事各方所在国为《联合国国际货物销售合同公约》的缔约国，应优先适用该公约的规定，该公约没有规定的内容，适用合同中约定适用的法律。国际货物买卖合同中当事方明确排除适用《联合国国际货物销售合同公约》的，则不应适用该公约。

2. 根本违约的判定

实践中根本违约一般从四个方面来判断：一是合同约定的根本违约情形出现；二是根据违约的损害程度、后果；三是卖方违约的严重性；四是卖方的补救。根本违约发生后，对方可以解除合同，要求损害赔偿。此外，在国际货物买卖合同中，卖方交付的货物虽然存在缺陷，但只要买方经过合理努力就能使用货物或转售货物，不应视为构成《联合国国际货物销售合同公约》规定的根本违约的情形。

【实操分析】

违约方可以通过证明交付货物的价值及违约事实在约定标准中的比例来减少违约责任的承担。本案中二审改判的一个关键点在于对违约事实的责任判定上。一审认定了违约事实,石油焦的硬度(HGI指数)不符合合同约定,卖方提供的货物并不符合约定标准,认为构成根本违约。二审中,卖方通过证明石油焦的硬度(HGI指数)只是石油焦众多标准中的一项,而卖方提供的石油焦的其他标准均符合合同的约定,且该种硬度的石油焦也可以出售、转卖、使用,从而减弱了石油焦的硬度(HGI指数)在石油焦品质判定中的重要程度,通过转售,降低了违约的损害后果,减轻了违约的严重性,也使买方获得了一定程度的补救。

违约发生后买方可以通过使用或转售货物来减少自己的损失,与此同时还可以通过起诉向卖方主张赔偿救济。当卖方交货不符时,买方可以要求卖方继续履行合同,包括要求卖方提交符合合同约定的货物或对不符合要求的货物进行维修。当卖方交货不符已构成根本违约时,买方可以要求提交替代物,而且应当在发现交货不符时,将提交替代物的要求及时通知对方。此外,卖方交货不符时,还可以采取减少价金的方式进行救济,《联合国国际货物销售合同公约》规定,不论是否已经支付了价款,卖方交货不符时买方都可以降低价格。降低价格应按照实际交付的货物在交货时的价值与符合合同规定的货物在当时的价值两者之间的比例计算。如果买方采用了要求实际履行并给予了适当的宽限期,或减少价金、宣告合同无效等救济方法,仍不足以弥补由于卖方违约造成的损失,买方仍可以继续要求损害赔偿。

【思考题】

(1) 什么是根本违约?
(2) 违约发生后如何救济?

案例二　河南省光大纺织进出口有限责任公司国际货物买卖合同纠纷案①

【基本案情】

河南省光大纺织进出口有限责任公司(以下简称光大纺织公司)是有着50多年历史的省属专业外贸公司,其前身是中国纺织品进出口总公司河南省分公司化纤科,始建于1975年。在此基础上,于1989年2月成立河南省化纤毛麻进出口公司,2000年5月改制成立光大纺织公司。在几十年的发展中,该公司的出口商品种类从传统的纺织品、婴幼儿系列童装扩大到现在的服饰、鞋子、箱包、玩具、沙发、化工原料、桐木板、矿石、五金机械、文体用品、日用品、机械设备、零配件、家用电器、电子消费品等十几种商品的进出口业务,商品销售网络遍及欧美、东南亚、中东、韩国、日本、中国香港等60多个国家和地区。

自2021年7月19日开始,某省持续暴雨给众多企业造成重大损失,光大纺织公司亦未幸免。光大纺织公司投放在供应商厂房内的商品大部分是用水浸泡过的,生产设备因进水而不能正常使用而需再次大修。即使以后可以生产,也得重新准备货物。那

---

① 贸促会贸易报社、中国贸易报社:《河南省贸促会帮我们挽回损失》,https://www.ccpit.org/a/20210804/20210804r8nx.html,2024年8月27日最后访问。

样的话，交货期就会被推迟，该公司的违约风险也就更大了。如能提供这次大雨是极端天气的证明，也就是不可抗拒的原因，该公司可以减轻一些赔偿责任。

为此，光大纺织公司有关负责人到中国国际贸易促进委员会（以下简称贸促会）咨询处理不可抗力事实证明业务。当天，贸促会对外印发了《关于某省受强降水影响出具不可抗力事实性证明的紧急通知》。

在此之前，贸促会在2020年新冠疫情暴发时，就曾为某纺织有限公司出具了不可抗力的证明。所以，灾害发生后，该公司的负责人重新申请出具一份关于不可抗力的证明，并安排专人到贸促会进行咨询和处理。

贸促会近些年来一直致力于指导企业依法合理适用国际商事法律，对不可抗力条款的适用进行了有益的探索。不可抗力证据对于保护企业的合法权益，减轻违约责任，增强当事人之间的信任和互信具有十分重要的意义。"7·20"特大暴雨之后，某省委、省政府对灾区的灾情十分关注，对灾区进行了全面、系统的检查和分析。贸促会党委迅速作出了统一的部署，在第一时间了解了受灾地区的情况，并派人到有关企业进行了调查，在现场指导贸促会商务认证中心对企业进行了通报，根据企业的实际损失，为企业出具某省特大天气（不可抗力）的真实情况证明，以减轻企业的违约责任。

当日，针对光大纺织公司就如何办理不可抗力的事实证明问题，贸促会对多家企业的灾情进行了调查。原定于2021年7月21日在某省会展中心开幕的国家级药品展览会，由于展馆进水严重，不得不取消。原本计划在2021年8月举办的13场展览会，也因此延期或取消，造成的各种经济损失，初步估计在5000万元以上。为最大限度地减轻企业的经济损失，贸促会商事认证中心本着"特殊情况、紧急处理"的原则，尽力为企业争取最大程度的利益。对于光大纺织公司提出的各种问题，工作人员都能在最短的时间内为其解答。通过材料审核，当天上午，一份极端气象灾害（不可抗力）事实性证明就交到了光大纺织公司相关负责人的手上。全套流程下来，前后只用了两三个小时。此外，贸促会的工作人员还主动为其代办了相关的气象材料。

光大纺织公司称，因为2021年7月份以来的某省"7·20"特大暴雨灾害，该公司的生产设备和大量出口货物遭受雨水浸泡，导致其在国际货物贸易过程中无法实现按期交付货物的承诺。某省"7·20"特大暴雨灾害属于"不可抗力"因素，光大纺织公司如果想要免于承担延迟交付货物的违约责任，就需要提供相应的证据，证明其延迟交付货物是"不可抗力"因素导致的，该证据如何出具，便涉及应当寻求什么部门办理相关的事实性证明材料。

重大自然灾害作为不可抗力的认定是证据方面的核心要点。一些国际商事合同中存在"不可抗力"条款，但是，对于重大自然灾害是否构成"不可抗力"因素，则需要通过确切性证据予以证明。如果合同条款对于"不可抗力"的表述模糊而笼统，就存在难以对其进行判定的问题。分析某一具体事项是否属于"不可抗力"因素，一般要从两个方面，即主观要件和客观要件进行考量。且对于预见主体方面的要求，是以社会一般人的预见能力作为标准的。那么，在国际货物贸易中，所指的便是国际货物买卖合同缔约双方的预见能力，缔约时间也应当纳入考量范围之中。

具体到国际货物贸易的相关规范，在《联合国国际货物销售合同公约》中，其第79条采取了"不能控制的障碍"（impediment）这一表述方式。结合本案的实际情况，可以从以下几方面来理解：第一，国际货物贸易合同当事人，在本案中即光大纺织公司，若未按照约定履行相应的义务，除非该当事人能够证明该义务的不履行是某种"不能控制的障碍"导致的，且这种障碍在国际货物贸易合同缔结之时由于主客观条件的原因并不能预见或不能预见其后果。第二，如果光大纺织公司未按照相关合同履行约定的义务，例如，交付货物的义务，这一行为是合同所包含的第三方原因导致的，该当事人也可以依据这一理由免除责任。第三，对于光大纺织公司存在的免责有效期间，以该"不能控制的障碍"存在期间为准，即某省特大暴雨灾害存在的期间。第四，光大纺织公司作为不履行义务的一方，应当及时将相关"不能控制的障碍"和其他影响光大纺织公司履行义务能力的因素通知合同的另一方当事人。如果另一方当事人在法律认定的合理范围内还未收到对应的通知，则光大纺织公司应当就未及时通知到另一方当事人而造成的损害承担相应的赔偿责任。第五，《联合国国际货物销售合同公约》的相关规定并不影响合同的双方当事人行使该公约规定的要求损害赔偿以外的任何权利。

【主要法律问题】

1. 如何界定"不可抗力"条款中的"不能预见"要素

依据本案的具体情况，可以结合相关理论，分析出"不能预见"的原则包括：

第一，依据现有技术水平和一般人的认知而不可能预知。

第二，虽然对暴雨灾害有报道，但是，报道没有提供准确的影响范围的信息，而在本案中，造成损失的原因是不能精确地确定其影响范围。因此，尽管有报道，但是由于报道的资料有限，不能精确地预测伤害的发生。这就要求根据不同情况的个案中所能了解到的情况，来决定能否准确预测。

第三，如果先前已经发生了类似的偶然事件，不能推定为行为人对后来发生的偶然事件可以预见。

2. 如何考察合同当事人对客观事件发生的预知和判断程度

在本案中，从光大纺织公司所处情况来看，其在与合同相对方签订国际货物贸易买卖合同之时，对于某省特大暴雨灾害影响到生产设备和存储货物的认知能力并不充分，对于某省特大暴雨灾害是否会发生，在合同缔结时并不能进行预判。对于特大自然灾害可能会造成的影响范围和程度，人们并不能准确预估和判断，更不用说对于特定企业的买卖合同完成度的影响。因此，从以上情况可以看出，双方当事人对于在合同履行过程中，特大暴雨灾害这种客观情况或者风险的可能发生，在合同缔结时无法实现一定程度的预见和判断；这类特大暴雨灾害客观情况或者风险的实际发生，对于双方当事人来说，属于猝不及防的突变过程，符合适用"不可抗力"条款的条件。

3. "不可抗力"条款和"情势变更"条款的联系和区别

一般而言，与"不可抗力"含义较为接近的是大陆法系中的"情势变更原则"，该原则的含义是指每项法律关系在成立之时所依据的客观现实情况，如果出现当事人预料范围之外的重大变化，且出现原因不能归结于当事人，如果继续按照原有约定内容履行各自的权利义务，将会造成显失公平的结果，从而有违诚实信用原则。"情势变更原则"在国际经贸领域也被称为"艰难情势原则",旨在当发生合同双方当事人均无法预测的特殊客观情形时,用以协调双方当事人的利益不均衡问题,受不利影响的当事人可以与对方重新协商。就法理根据而言,如果合同实现的客观条件发生变化,一方当事人增加了本不该有的履约成本,或者本该有的履约价值减少,会导致双方利益平衡的局面被打破,这就需要引入相应的"情势变更原则",或称"艰难情势原则",以应对双方的利益失衡局面。

在关于《联合国国际货物销售合同公约》的讨论中,理论界对"艰难情势原则"是否为该公约第79条所包含,始终无法达成一致观点。从联合国国际贸易法委员会的适用实践来看,具体如市场波动、价格急剧上涨/下跌等情形,法院和仲裁庭在实践中倾向于认定此类为国际贸易合同双方当事人所应承担的正常风险,认为其不构成障碍。

4. "不可抗力"条款的构成要素

"不可抗力"条款主要由三方面内容构成:(1)不可抗力的范围和种类。在国际经贸往来中,关于"不可抗力"因素的具体事项一般分为两大类:第一类为自然灾害类,这也是最典型的一种不可抗力因素,包括重大的地震、海啸、台风、海浪、洪水、蝗灾、风暴、冰雹、沙尘暴、火山、山体滑坡、雪崩、泥石流等。但是,并非所有的自然灾害均能用于免责。如果自然灾害轻微且对当事人适当履行合同义务并未产生重大影响,就不能以"不可抗力"为名主张违约责任的免除。此外,由于近几年新冠疫情的影响,国际社会改变了以往未将传染病明确列为不可抗力的局面。第二类为社会异常事件,通常包括战争、武装冲突、罢工、暴动等,即便从发起者的视角来看,他们能够预见或避免此类事件的影响,但对于国际经贸合同的私法当事人来说,这些仍然属于不能预见且不可避免的事项,因此,也属于不可抗力情况。(2)"不可抗力"事件发生后导致合同不能适当履行的通知责任。除对不可抗力事项的范围和种类进行约定外,还要考虑出现异常情况的合同一方向合同相关方的及时通知义务。对于没有及时通知而造成的不应有损失,应当由未履行通知义务方承担相应的损害赔偿责任,具体条款应当包括对通知方式、时限、形式的具体规范。(3)"不可抗力"条款适用的法律后果。基本范围和通知义务列明之后,还应当写明该不可抗力条款适用的法律后果,通常认为可以产生这样的法律效果:发生异常情况一方可以暂时中止履行合同直到不可抗力消除,或者有权延迟履行,或可免于承担相关的违约责任等。

【主要法律依据】

《联合国国际货物销售合同公约》

第79条 (1)当事人对不履行义务,不负责任,如果他能证明此种不履行义务,是由于某种非他所能控制的障碍,而且对于这种障碍,没有理由预期他在订立合同时能考虑到或能避免或克服它或它的后果。

(2)如果当事人不履行义务是由于他所雇佣履行合同的全部或一部分规定的第三方不履行义务所致,该当事人只有在以下情况下才能免除责任:

(a)他按照上一款的规定应免除责任;和

(b)假如该款的规定也适用于他所雇佣的人,这个人也同样会免除责任。

(3) 本条所规定的免责对障碍存在的期间有效。

(4) 不履行义务的一方必须将障碍及其对他履行义务能力的影响通知另一方。如果该项通知在不履行义务的一方已知道或理应知道此一障碍后一段合理时间内仍未为另一方收到，则他对由于另一方未收到通知而造成的损害应负赔偿责任。

(5) 本条规定不妨碍任何一方行使本公约规定的要求损害赔偿以外的任何权利。

【理论分析】

1. "不可抗力"条款的法理依据

通常认为，不可抗力是指不能预见、不能避免并且不能克服的客观情况，对于某一情况是否属于不可抗力，应当综合其不可预见性、不可避免性、不可克服性和履行期间性四个条件进行认定。关于不可抗力可引起的免除责任的后果，也应当对其免责范围进行限定。其作为一项法定免责条件，现代各国均有相关法律内容，要明晰并不意味着当然免除全部违约责任，而是应当视不可抗力的影响程度分不同情况分别处理，分为履行完全不能、履行部分不能和迟延履行，因而不可抗力相关条款的适用效果也会产生相应的差异。

2. "不可抗力"条款的国际法依据

国际法中对于不可抗力概念的界定与国内法类似，"不可抗力"源于大陆法系的概念，在国际法中被称为Force Majeure。不可抗力作为一项免责事由，可以发生排除当事人给付义务的法律后果。国际法上存在着对不可抗力进行规范的相关内容，例如，国际商会（ICC）《不可抗力及艰难情形条款2020》中的第1条就是关于不可抗力要件的相关规定，与国内法相比，除不能预见、不能避免、不能克服这三个实质要件相同之外，还包含了一项特殊外部性因素，即要求"障碍超出合理控制范围"。

【实操分析】

1. 国际案件中证明不可抗力影响的方法

贸促会依照国际通行做法及《中国国际贸易促进委员会章程》，可出具不可抗力证明书。所以，当企业由于重大自然灾害或者突发社会事件而不能按期履约或者不能履约时，可以向贸促会申请提供有关不可抗力的证据，从而降低损失。其实施过程如下：（1）登记。办理商务及领事证明时，须先注册贸促会官网账号，重点是填写寄送单位的资料及个人资料。（2）申请不可抗力的证据。（3）对已递交的证书申请进行后续追踪，可于贸促会官网"个人中心—商业证明"网页查询。同时，在贸促会审查或接受前，用户还可以修改、删除本订单的数据。

2. **在实际案件中应对不可抗力挑战时，需要全面、细致并符合法律程序的操作**

当发生不可抗力事件后，可以通过收集证据、审查合同、制定策略、保持沟通、保护权益和总结反思等步骤，确保案件得到公正、公平、合理的处理，维护公司的声誉和利益。首先，当不可抗力事件发生时，应立即启动应急响应机制，对事件进行全面调查，收集相关证据和资料，这些证据包括但不限于气象报告、现场照片、视频记录、受损设备清单等，以便准确地还原事件发生的经过和造成的损失。其次，详细审查合同条款,特别是关于不可抗力的条款。了解合同中关于不可抗力的定义、范围、通知义务及免责期限等具体规定,为后续的诉讼或协商提供法律依据。如果合同中没有明确的不可抗力条款,或者条款不够清晰,那么需要寻求专业法律意见,以明确公司的权益和责任。再次,制定详细的诉讼策略或协商方案。这包括确定起诉或答辩的理由、举证计划、质证策略等。在这个过程中,需要充分考虑对方的立场和利益,以达成双方都能接受的解决方案。同时,与当事人保持密切沟通,了解他们的诉求和期望,确保诉讼策略或协商方案能够真正代表他们的利益。在案件处理过程中,注意与法院和其他相关机构保持密切沟通,及时了解案件进展、法律程序的变化及法院的态度,有助于公司更好地应对挑战。最后,遵守法律程序,确保案件能够按照法定程序顺利进行。此外,在案件处理过程中,保护当事人的合法权益是至关重要的。尊重他们的意愿和选择,为他们提供必要的法律支持和帮助。如果必要的话,可以寻求专业律师或法律团队的协助。

【思考题】

(1) 如何判断突发事件是不可抗力事件?
(2) 不可抗力事件发生后如何获取不可抗力免责?

案例三 匈牙利公司与宁波公司国际货物买卖合同履行纠纷案①

【基本案情】

匈牙利公司在 2022 年 8 月份向宁波公司购买一批焊锡丝,采用的交易方式为 FOB(离岸价格),双方约定付款方式为 T/T 40%定金,60%余款在发货前付清。匈牙利公司按照约定于 10 月中旬付完货款,但宁波公司先后因新冠疫情管控、与卖方指定国际货运代理(以下简称货代)就相关费用拉锯协商以及卖方的"不实"差评而至 11 月底仍未发货。匈牙利公司要求宁波公司立即安排发货,严格履行合同,并拒绝就评论的事情作出妥协、退让。匈牙利公司因为向本国客户交货延迟而面临违约责任,宁波公司已备货完毕,且因匈牙利公司差评的事情而担心公司商誉受损。双方已无法平和沟通、听取对方意见,一个多月以来一直僵持不下。匈牙利公司申请中国国际贸易促进委员会调解中心(以下简称中国贸促会调解中心)介入处理此事,由调解员分析双方的矛盾症结和原因所在。调解员认为双方并无违约的意愿,本案也不涉及复杂的法律问题,只是因为误解重重而导致以"恶意"的心态揣测、应对对方。经多轮调解,双方消弭矛盾,货物于 2022 年 12 月 24 日顺利从某港出运。

受理案件后,中国贸促会调解中心一直通过邮件与匈牙利公司保持及时、密切的沟通。据匈牙利公司所述,其与中国企业从事贸易已逾三年,这是首次与该公司合作,

---

① 中国国际贸易促进委员会浙江省委员会:《国际商事调解 | 案例精选(九十五):"差评"?"拒发货"?——巧用调解创平衡,化解矛盾寻共赢》,http://www.ccpitzj.gov.cn/art/2023/1/18/art_1229574285_37466.html,2024 年 8 月 27 日最后访问。

之前双方都是按照约定的时间节点正常执行相关程序，但是宁波公司在收到尾款、货代提供给他们所需的全部信息后，一直编造虚假理由搪塞，迟迟不安排货物发运。

通过匈牙利公司提供的宁波公司信息，调解员迅速与宁波公司取得了联系。宁波公司对中国贸促会调解中心的业务能力和处事态度较为信任，愿意将此案交由中国贸促会调解中心居中协调、处理。同时，宁波公司也向中国贸促会调解中心解释了至今未发货的原因和难处：在 FOB 条款下，宁波公司本已顺利完成货物的生产并及时通知客户，然而在匈牙利公司指定货代第一次安排货运时，全球新冠疫情暴发，所以彼时未能顺利发货。新冠疫情后，匈牙利公司的货代再次联系宁波公司安排出运，双方因一项费用的承担而协商了一段时间，后经匈牙利公司介入，三方就该笔费用达成了一致的处理意见。宁波公司在匈牙利公司同意后发送了预订单给货代，并且在收到货代的进仓通知书后准备进行发货。但是在此期间，宁波公司发现匈牙利公司在供货商黑名单网站上公开发布不实言论。宁波公司多次强烈要求匈牙利公司删除这一恶意诽谤，但对方认为这是宁波公司的无理威胁，因此，双方就此事的处理没有任何进展。后来，宁波公司要求，匈牙利公司在发货期间不再发布任何诽谤言论，并且删除目前已经发布的不实评论，在删除后一周内，宁波公司将再次对接货代更新船期、安排出运。

在大致了解、还原本案的前因后果后，调解员登录网站，查找到了匈牙利公司的评论，评论的主要内容为：宁波公司在收到全款后，已过一个月仍拒绝与货代联系、安排订舱、发货事宜，他们别无他法，将寻求当地的法律援助。尽管宁波公司在该评论下进行了回复，也通过邮件说明了原委，但是，匈牙利公司对宁波公司的信任已消耗殆尽，拒绝接受宁波公司的任何说辞，也不再回复宁波公司的邮件。调解员认为，打破僵局的关键在于匈牙利公司对于其所发表的评论的处置态度。在先前处理的调解案件中，中国贸促会调解中心对宁波公司的履行能力和商业信誉有过一定了解，结合目前所掌握的具体情况，调解员给匈牙利公司发了一封正式信函：新冠疫情和与货代的费用协商确为真实发生，通过我们对宁波公司的调查和了解得知，该公司虽然规模不大，但是，近年来营收良好、无诉讼记录，宁波公司已经完成备货，其提供的视频、照片及与货代的往来邮件可以佐证，所以，宁波公司恶意拖延履行或不履行合同义务的可能性较小；匈牙利公司对这批货物需求迫切，其在供货商黑名单网站上的评论与事实有一定出入，尤其是关于疫情和与货代的多轮协调都有相关材料为证，希望匈牙利公司综合考虑维权成本和潜在损失，重新审慎处置评论，消除误解，以便宁波公司可以尽快再次安排出运。

在此过程中，匈牙利公司的态度一直比较强硬、固执，要求宁波公司立即发货并拒绝就评论一事进行让步，认为这是宁波公司的"敲诈"，并声称要在中国聘请律师起诉宁波公司。调解员一边耐心为匈牙利公司梳理利弊、明晰形势，一边要求宁波公司明确告知调解员，在匈牙利公司删评后最快能在多长时间内安排订舱、出运。在获得宁波公司较为明确、肯定的发运安排后，调解员向匈牙利公司传递了之前与宁波公司、货代之间沟通的信息，同时提醒匈牙利公司对总货值（3 万多美元）、诉讼和律师费用、可能产生的匈牙利国内违约成本这三者进行斟酌，在其并非处于绝对优势地位的情况下，建议其最好以相对最小的成本争取到最大的利益。在发给匈牙利公司的邮件中，调解员同时附上了译成英文的宁波公司与指定货代间先前的往来邮件截图，以增强说服力。匈牙利公司经考虑，因原评论无法删除，两天后，匈牙利公司在原评论下进行了补充评论，同时要求调解员督促宁波公司当天就要将货物交给其货代。宁波公司接受了此种处理方式，并在同日即与货代就一些单证信息、订舱事宜进行了联络，同时通过邮件希望匈牙利公司尽快确认详细的货物运输信息，以便安排最近的一班船期。

然而，匈牙利公司却认为宁波公司要求其第二次确认、核对相关信息的行为是其再次拖延发货的手段（第一次信息确认为疫情发生前），并要求必须安排当周的船期。可以看出，匈牙利公司对宁波公司并无任何信任可言，乃至置常规的外贸程序于不顾。调解员认为，相较于宁波公司，匈牙利公司肯定更相信其货代，所以，调解员又与货代取得联系，询问清楚关于船期等相关事宜。随后，调解员将从货代处了解的信息告知了匈牙利公司。由于船期为每周一班，周二至周六开，如果流程顺利的话，可以赶上最近的一趟——2022年12月24日的船期。调解员在邮件中亦随附上与货代的相关往来记录为证，匈牙利公司最终对此表示接受，接下来事情进展得比较顺畅。调解员建议宁波公司在发货后，正式发函将此事的来龙去脉向匈牙利公司进行解释，一方面展示诚意，尽量维系住此客户；另一方面也是对匈牙利公司的安抚，避免其在事后态度出现反复。

最终，货物于2022年12月24日平安夜顺利出运，匈牙利公司与宁波公司的买卖合同履行纠纷圆满调解解决。

【主要法律问题】

1. 宁波公司是否构成违约

根据匈牙利公司的表述，宁波公司第一次不发货是因公司所在地新冠疫情突然暴发，政府实施了疫情防控，导致其被迫违约，这一点可以由当时的政策及相关材料证明。疫情暴发属于不可抗力，宁波公司可以此作为其不能按时发货的辩解，因此并不构成违约。因疫情防控而导致不能按约定履行合同，宁波公司与匈牙利公司的情况其实并不是个例，同样的情况也发生在全国各地。

2. 宁波公司和匈牙利公司是否故意违约

从本案情况看，匈牙利公司和宁波公司共存在三次争议冲突。第一次是因疫情防控这种不可抗力事件，导致宁波公司无法按时发货。第二次是由于新冠疫情结束后，匈牙利公司的货代再次联系宁波公司安排出运，双方因一项费用的承担而协商了一段时间，后经匈牙利公司介入，三方就该笔费用达成一致处理意见。第三次是在此次安排发货期间，宁波公司发现匈牙利公司在供货商黑名单网站上公开发布不实言论，宁波公司多次强烈要求匈牙利公司删除这一恶意诽谤，但是对方认为这是宁波公司的无理威胁。宁波公司要求，匈牙利公司在发货期间不再发布任何诽谤言论，并且删除目前已经发布的不实评论，在删除后一周内，宁波公司将再次对接货代更新船期、安排出运。第一次争议冲突已在上文中说明，宁波公司并不是恶意违约。第二次虽有费用承担问题争议，但也通过协商达成一致。第三次冲突最终没有按时发货在于匈牙利公司的恶意评论，导致彼此之间无法达成一致。双方都没有恶意违约的故意，真正的症结在于匈牙利公司对宁波公司的不信任。但此种情况可以避免，借鉴贸促会的做法，由一个权威的官方组织出具一个不可抗力事实证明，便有可能将此次纠纷阻止在第一阶段。

同时，从不同的处理方式结果来看，解除合同对于双方来说也都并无好处。对于匈牙利公司来说，其已经按照合同约定支付了40%的押金及60%的尾款，对再次推迟可能产生的匈牙利国内违约成本及诉讼和律师费用这三者进行斟酌，在己方并非处于绝对优势地位的情况下，应以相对最小的成本争取到最大的利益。对于宁波公司来说，其已经按照合同要求备货完毕，并没有延时准备货品，若延时履行合同所增加的仓储成本、产品成本也对宁波公司不利，同时作为潜在客户，宁波公司需要维护客户资源，树立良好的企业形象。因此，双方实际上都更愿意顺利将合同履行完毕，通过调解解决纠纷。

【主要法律依据】

《国际贸易术语解释通则》

FOB是指卖方在货物装上船之后，即完成了交货义务的一种国际贸易术语。具体来说，FOB价是指卖方将货物交至装运港口，并负责将货物装上买方指定的船只的费用和风险。一旦货物在装运港口被装上船，风险就转移给了买方。

在FOB条件下，卖方必须按照合同约定，将货物准备好并运至指定的装运港口，确保货物能够顺利装船。卖方还需要承担货物在装运港装船之前的所有费用和风险。而买方的责任从货物在装运港口装上船时开始，包括支付货物运输到目的港的费用，并承担货物在运输过程中的风险。

FOB是国际贸易中最常见的交货方式之一，其费用和风险的划分点是在装运港口的船舷边。这意味着卖方负责货物到船舷的费用和风险，买方则负责从船舷到目的地的费用和风险。FOB为买卖双方提供了明确的权责划分，是国际货物买卖中重要的贸易术语之一。

【理论分析】

国际商事调解是国际商事关系的当事人自愿将争议提交第三者，并在第三者的主持下，查清事实，分清是非，明确责任，通过第三者的劝说引导，促使当事人在互谅互让的基础上达成和解，从而解决争议的一种方法。

在解决国际民事争议方面，调解具有如下优越性：其一，调解可以快捷地解决争议。调解人可以以灵活的方式解决争议，使当事人不必在程序上耗费过多的时间。其二，调解可以不影响当事人之间的友好合作关系。其三，调解人的介入及其专业性增加了争议解决的可能性。其四，在中国，经受诉法院或仲裁机构审查批准或有关法庭制作并经当事人签收的调解书对当事人有法律上的强制执行力。由于调解具有上述优越性，其已成为解决国际民事争议的重要方式。

在本案中，从中国贸促会调解中心受理后到货物按照约定发货，用时不过一个月，就已经完成调解，并且双方都履行了合同义务。相对于其他解决方式，调解非常高效便捷。双方顺利履行合同,并没有产生多余的赔偿数额,双方都无损失,且不影响匈牙利公司和宁波公司之间的继续合作。中国贸促会调解中心具有很高的专业性,通过货代人转达等方式,能够让匈牙利公司选择对自己最有利的方式解决网站评论问题,让宁波公司自愿发货。同时,宁波公司的另一起对外贸易合同履行纠纷也是由该调解中心调解成功的,调解结果双方都很满意。

在采用国际商事调解方式解决国际民事争议的过程中,应遵循自愿原则、平等原则、合法原则、和解一致和公平合理原则。对于调解人而言,调解还应贯彻查明事实、分清是非原则。调解不是无原则的调和、折中、妥协,而是求得争议的公正合理解决。要做到这一点,需要调解人深入调查,弄清事实真相,找出症结所在,分清各方是非责任。本案中中国贸促会调解中心很明显做到了这一点,找到了症结所在,高效顺利地解决了问题。

一些专职的国际民事争议调解机构对调解的制度化、规范化和机构化起了很大的推动作用。中国贸促会调解中心成立于1987年,专门受理国际经济贸易和海事争议调解案件,现行适用的是2024年《中国国际贸易促进委员会调解中心调解规则》。中国贸促会在一些省市的分会也相继成立了地方的涉外调解机构。在中国,协议经由民间调解机构达成,缺乏法定的强制执行力,仅能由当事人自愿履行。中国贸促会调解中心还与国外相关机构建立了多个合作联合调解机构,如北京—汉堡调解中心、中意商事调解中心、中美商事调解中心、CCPIT-CCBC(中国贸促会—加中贸易理事会)联合调解中心、中韩商事争议调解中心、中国国际商会调解中心与澳门世界贸易中心联合调解中心。

提出联合调解的一方当事人需向另一方当事人发出书面的联合调解邀请,其中必须清晰说明争议的主题。一旦另一方当事人接受邀请,联合调解程序即启动。联合调解既可以在中国进行,也可以在对方国家进行,通常由两名调解员共同主持,除非当事人有其他约定。如果需要两名调解员协同进行调解,他们必须从两个中心的调解员名单中挑选。

如果联合调解失败,调解员可以被指定为仲裁员,但前提是不能违反仲裁协议或对仲裁地国家法律产生冲突。如果当事人达成协议,调解被视为成功,当事人必须遵守所签署的协议。然而,如果调解不成功,调解员在调解过程中提出的建议、当事人对事实和法律的承认,以及接受的建议都不能在将来的仲裁程序或诉讼程序中作为证据引用。

很明显,在本案中,通过中国贸促会调解中心进行调解是最有利于双方的解决方式。在匈牙利公司与宁波公司的这起纠纷中,其实并未涉及复杂的法律问题,本案可以说既简单又复杂:简单之处在于双方当事人都没有违约的故意,误解消除即可推动案件的进展、解决;复杂之处则在于双方都认为拿捏了彼此的要害而各持己见,从而不愿先主动走出第一步。本案中,重要的问题不仅是分清"对"与"错",更是为当事人厘清在具体情形下的"利"与"弊",而当相对被动的一方可以判断出并认可何种方式为"利大于弊"时,对于事情的推动解决则才有了"突破口"。本案的当事人愿意选择调解,表明他们在本案中是对调解员有一定的信任,调解员为了解决问题而构建"突破口",既不能对双方各打五十大板,也不能单靠讲道理、谈感情来"感化"对方,而是要让双方都看到各自想要的利益,并努力促成这一利益平衡点,才能达到事半功倍的效果。

【实操分析】

当遇到国际货物买卖合同纠纷时，实际操作应当细致而全面，以确保各方权益得到保障，同时尽量维护商业关系的稳定性。

当纠纷发生时，双方应立即启动内部协商机制，对分歧进行深入剖析，寻找可能的解决方案。在这个阶段，双方应坦诚交流，充分表达各自的立场和诉求，并努力寻找双方都能接受的解决路径。如果内部协商无法达成一致，双方可以寻求第三方调解机构的协助。在本案中，中国贸促会调解中心作为一个专业、中立的调解机构，为双方提供了有效的沟通平台。在调解过程中，双方应提供充分的证据材料，并积极配合调解员的工作。调解员会深入了解案件的具体情况，分析双方的分歧点，并通过沟通、协调等方式协助双方消除误解，达成共识。调解过程中双方应保持开放和灵活的态度，尊重调解员的专业意见，并根据调解员的建议对解决方案进行调整。同时，双方应关注调解的效率和成本效益，避免在调解过程中产生不必要的争议和损失。如果调解成功，双方应签订和解协议，明确各自的权利和义务，并严格按照协议内容履行。和解协议是双方协商一致的结果，具有法律约束力，能够确保合同得以顺利履行。如果调解失败，双方可以选择通过仲裁或诉讼的方式解决纠纷。在选择仲裁或诉讼时，双方应了解并遵守相关仲裁或诉讼程序，选择适当的仲裁机构或法院，并准备充分的证据材料。在仲裁或诉讼过程中，双方应尊重仲裁机构或法院的裁决结果，并严格按照裁决内容履行。

【思考题】

（1）贸易术语在国际货物贸易中起到什么作用？
（2）贸易术语有哪些？都是怎么规定的？

案例四　印尼某公司与宁波某公司国际货物买卖合同纠纷案①

【基本案情】

2022年2月23日，中国贸促会调解中心接到印尼某公司的投诉。印尼某公司称，2021年10月，印尼某公司同宁波某公司签订PI（形式发票），向宁波某公司采购一批焊锡丝，总金额约为3.5万美元，付款方式为T/T（Telegraphic Transfer，电汇）30%定金，余款70%于发货前付清。印尼某公司于2021年11月按照约定付清了全部货款，宁波某公司却先后以新冠疫情、春节用工紧张等为由，迟迟不履行发货义务，因锡产品价格暴涨，投诉时已经是签约时的三倍，印尼某公司怀疑宁波某公司将货物以高价卖给了其他客户，根本就没有为其备货，已不可能再履行合同，遂向中国贸促会调解

---

①　金华贸促网：《以案说法｜印尼某公司与宁波某公司国际货物买卖合同履行纠纷案》，http://jhmch.jinhua.gov.cn/art/2022/11/28/art_1229096107_58895721.html，2024年8月23日最后访问。

中心投诉，希望解除合同，退还货款。

中国贸促会调解中心受理申请后，认真梳理了案件材料，并与宁波某公司取得联系。宁波某公司表示，货物在2021年10月份就已经生产好，后受新冠疫情影响、春节工人紧缺等原因导致履行受阻，客户不清楚、不理解现实的情况，而且发货延迟都是经过印尼某公司同意的，宁波某公司并没有违约，并表示如果印尼某公司要解除合同，其要承担弃货责任。

经核实，印尼某公司确实同意了延迟发货，双方最终商定的交期是2022年2月15日前，即中国的元宵节前。中国贸促会调解中心认为，宁波某公司的所在地于2021年12月确实发生了突如其来的新冠疫情，政府为遏制疫情扩散和蔓延，采取了临时封闭管理，中国公司可以以此作为不可抗力事件，为合同履行前期受阻进行抗辩，但事后双方已经协商了新的交货期，春节期间用工紧缺是确定新交货期时完全能预见的，宁波某公司不能以此作为延期履行的抗辩理由，已构成违约。

基于以上法律事实，中国贸促会调解中心同印尼某公司、宁波某公司多次沟通。对于印尼某公司来讲，锡产品价格上涨，继续履行合同对其更为有利。如果要解除合同，双方势必会在退款货款的金额上再起争议，而且印尼某公司需要这批货物，其之所以要解除合同，主要是认为宁波某公司无履约诚意，不相信宁波某公司会发货。对于宁波某公司而言，其违约在先，确实理亏，且该印尼某公司是其合作近10年的客户，其并不希望因为此事与客户关系破裂、导致企业形象受损，有继续履行合同的意愿，只是目前因春节用工紧缺等原因，确实无法按期交货。本着双方利益最大化的目标，中国贸促会调解中心建议双方继续履行合同，约定新的、最终的交货期限。

经调解员反复沟通、协调，双方同意继续履行合同，并主动自行协商新的交付条件，最终约定：

（1）宁波某公司3个工作日内先空运部分货物给印尼某公司；
（2）2022年3月15日前将剩余货物运送至印尼某公司指定地点；
（3）若未按上述条款履行，宁波某公司全额返还已收货款。

宁波某公司依约交付了首批货物，剩余货物经协商，最终于2022年3月18日运送至指定地点。至此，本案成功解决，双方当事人均向中国贸促会调解中心表达了感激之情。

在调解程序中，调解员应当通过查阅案件材料、听取各方当事人意见等方式，理清案件的基本事实，理顺法律关系，分清是非责任，这是开展调解工作的基础。对于是非责任，根据案情，有的要明确评判，有的点到为止即可。同时，不能机械地理解当事人自愿原则，当调解陷入僵局时，要主动介入，积极寻求双方当事人的利益平衡点，提出初步调解意见，引导当事人理性思考，并进行进一步沟通协商。

就本案而言，合同的继续履行是符合双方利益最大化目标的，这也是本案能成功调解的关键所在。在调解过程中，积极引导当事人从维护自身实际利益的角度出发，理性思考，长远考虑。对于印尼某公司，重点向其解释宁波某公司的难处，安抚其负责人的愤怒和不满情绪，分析主张合同解除可能会面临的问题，进而说服印尼某公司在发货时间上做适当的让步；对于宁波某公司，重点向其解释其违约的依据、诉讼解决的审判走向，强调如果达成新的交货期，务必诚信守约，按照协议要求如期发货。

最终，促成双方利益平衡，各得其所，达成和解。

在社会的发展过程中，纠纷是客观存在的。如果纠纷能够在初次处理时就得以化解，则不再需要激烈的纠纷解决方式，即诉讼或仲裁等方式进行解决。在追求司法公正和公信力的同时，应高度重视争端解决中自我解纷机制的成长和培育，这对于推行善治、构建有秩序的国际关系意义重大。商事调解就是这一既适应国内发展需要又紧跟国际潮流的自治性纠纷解决机制。故此，除仲裁和诉讼外，调解也是争端解决机制中不可或缺的一个重要组成部分。

【主要法律问题】

1. 在本案中，宁波某公司是否需要向印尼某公司赔偿因无法交付货物造成的损失？中国贸促会调解中心应该怎么做

首先，中国贸促会调解中心应该仔细分析双方签订的国际货物买卖合同，明确合同条款中关于交货时间、履行义务、不可抗力等相关条款。确保对于合同的解释准确无误，包括双方商定的交货期限及是否规定延期交货的具体条件和程序。

其次，中国贸促会调解中心需要对宁波某公司提出的不可抗力理由进行核实。如果确实存在不可抗力，如新冠疫情导致生产和发货受阻，那么，则需要判断这是不是导致其交货延迟的合理理由，并是否符合合同中不可抗力条款的要求。

根据法律规定，如果一方当事人不能履行其全部义务，而只能部分履行的，可以认为该方当事人已不能履行其义务，在此情况下，该方当事人不得再以不可抗力为由要求对方承担违约责任。

2. 在国际贸易中，当买卖双方无法就延期交货达成一致时，应当如何处理

主要有以下4种处理方法：第一，协商解决。双方可以进行协商，寻找共同的解决方案。这可能包括重新商定交货日期、修改合同条款或寻求其他妥协措施。第二，违约索赔。如果一方无故违约，导致无法按时交货，另一方有权要求违约方支付违约金或其他形式的赔偿。第三，仲裁或诉讼。如果双方无法通过协商解决分歧，可以考虑寻求第三方的介入，如仲裁或诉讼，来决定该交易的具体处理方式。第四，引用国际贸易惯例。根据国际贸易惯例，如果合同没有明确规定延期交货的条款，可根据国际贸易术语解释和定义来处理。

【主要法律依据】

1.《联合国国际货物销售合同公约》

第22条 任何一方因其不可控制的政治、法律和经济因素而遭受的任何损失，均不得要求对方对此负责。

第25条 一方当事人违反合同的结果，如使另一方当事人蒙受损害，以至于实际上剥夺了他根据合同规定有权期待得到的东西，即为根本违反合同，除非违反合同一方并不预知而且一个同等资格、通情达理的人处于相同情况中也没有理由预知会发生这种结果。

2. 《民法典》

第 563 条 有下列情形之一的，当事人可以解除合同：

（一）因不可抗力致使不能实现合同目的；

（二）在履行期限届满前，当事人一方明确表示或者以自己的行为表明不履行主要债务；

（三）当事人一方迟延履行主要债务，经催告后在合理期限内仍未履行；

（四）当事人一方迟延履行债务或者有其他违约行为致使不能实现合同目的；

（五）法律规定的其他情形。

以持续履行的债务为内容的不定期合同，当事人可以随时解除合同，但是应当在合理期限之前通知对方。

【理论分析】

1. 锡产品价格暴涨对宁波某公司履约的法律影响

本案中，锡产品价格暴涨并不属于不可抗力的范畴，而是商事交易中的正常供求关系的变动引起的价格浮动，不影响已生效合同的效力。一般而言，虽然价格在合同期内发生了变动，但仍要按合同的约定价格去执行。因为合同就是当事人之间的法律，也是双方的真实意思表示，对当事人双方都具有法律约束力，其效力受到法律保护。如果因为市场价格上涨或下调的幅度过大，处于不利的一方即使履行合同所获的利益不大于其违约所承担的赔偿损失，其可以选择不再履行合同，但须承担相应的违约责任。当然，事情并非如此绝对。如果价格的变动符合情势变更的原则，则不利一方也有变更或解除合同的余地。所谓情势变更原则，就是合同依法成立后，因为不可归责于双方当事人的原因，发生了不可预见的情事变更，致使合同的基础丧失或动摇。若继续维持合同原有效力显失公平，此时，则可以允许变更或解除合同。适用情势变更原则须符合严格的条件：一是须有情势变更的事实；二是须发生在合同成立后履行完毕之前；三是其发生不可归责于当事人；四是该事实是当事人不可预见的；五是履行合同显失公平。只有满足上述条件，才允许适用情势变更原则，而且情势变更不同于商业风险，商业风险属于从事商业活动所固有的风险，例如，如果作为合同成立基础的客观情况的变化没有达到异常的程度，仅是一般的市场供求变化、价格涨落等，就属于此类。只有作为合同基础的环境发生了异常的、剧烈的变动，才适用情势变更原则。

2. 因新冠疫情和春节工人紧缺等原因导致迟延履行在法律意义上的区分

《联合国国际货物销售合同公约》第 25 条规定："一方当事人违反合同的结果，如使另一方当事人蒙受损害，以至于实际上剥夺了他根据合同规定有权期待得到的东西，即为根本违反合同，除非违反合同一方并不预知而且一个同等资格、通情达理的人处于相同情况中也没有理由预知会发生这种结果。"由此可见，新冠疫情影响属于无法预见的不可抗力，不属于根本违约，构成迟延履行的免责情形。而春节工人紧缺则属于可以预见的情形，构成合同的根本违约，固然需要承担相应的责任，如继续履行、赔偿损失等。

【实操分析】

在实践中，通过深入审视合同、建立有效沟通机制、寻求专业帮助及加强后续合作等措施，可以有效地解决类似印尼某公司与宁波某公司之间的国际货物买卖合同纠纷。在处理此类国际货物买卖合同纠纷案件中，首先，应由受理机构，如中国贸促会调解中心迅速介入，对案件进行全面审查，包括核实交易记录、合同条款、支付证明及双方往来通信，以准确把握纠纷核心。在此基础上，中国贸促会调解中心需分别听取印尼某公司与宁波某公司的陈述，明确双方的具体诉求与抗辩理由，如印尼某公司要求解除合同并退款，而宁波某公司则以不可抗力为由辩解其延迟发货的合理性。接下来，中国贸促会调解中心应客观分析法律事实，如确认宁波某公司因突发新冠疫情导致的延迟发货是否构成不可抗力，以及双方是否已协商并同意新的交货日期。在本案中，调解员认定宁波某公司虽有不可抗力抗辩理由，但在后续协商的新交货期中仍未能履行，构成了违约。因此，调解员需积极引导双方进行有效沟通，平衡双方利益，强调继续履行合同对双方的益处，同时指出违约方应承担的责任。具体操作上，调解员可建议双方设定新的、实际可行的交货期限，并鼓励双方自行协商更具体的交付条件，如宁波某公司先行空运部分货物以示诚意，剩余货物在约定最后交付日期前送达，同时设定违约条款以确保协议的执行。调解过程中，调解员应注重情绪管理，平息印尼某公司的不满，同时对宁波某公司进行法律教育，强调诚信履约的重要性。

为了避免类似纠纷的再次发生，双方应在合同履行过程中加强沟通和协作，及时解决可能出现的问题。同时，双方还可以考虑在合同中增加一些灵活性条款，以应对不可抗力等意外情况的发生。此外，双方还可以加强在供应链管理、质量控制和售后服务等方面的合作，提升整体运营效率和客户满意度。

【思考题】

（1）情势变更和不可抗力有什么区别和联系？
（2）企业在商业合作合同里违约，应承担怎样的法律责任？

第三章 国际服务贸易法

 知识要点

一、国际服务贸易法的概念

作为国际经济法的重要组成部分，国际服务贸易法是调整国际服务贸易关系的法律规范的总和；国际服务贸易法所调整的国际服务贸易法律关系，包括平等主体之间服务贸易法律关系和国家、国际经济组织对服务贸易进行管制的服务贸易法律关系。

二、国际服务贸易法的特征

1. 国际服务贸易法以国内法律规范为主

在国际货物贸易中，货物贸易除了受到各国经济发展水平的影响，还与各国的自然资源禀赋有关，所以各国在国际货物贸易中更容易达成一致，调整国际货物贸易的国际法规范较多。然而，国际服务贸易主要受到各国经济发展水平的影响，所以各国服务贸易发展水平较之于货物贸易更不平衡，所以各国在国际服务贸易中较难达成一致，进而针对国际服务贸易的国际法规范较少，所以调整国际服务贸易法律关系，如服务人员、技术等自由流动，主要靠国内法进行调整。

2. 国际服务贸易法法律体系缺乏系统性

国际服务贸易法较之于其他国际法律部门产生较晚，并且由于国家主权观念以及风俗文化、公共道德等方面的差异，各个国家往往会对重点服务行业施行重点保护，限制甚至禁止外国资本进入，提防这些重要的服务行业被外国服务提供者控制并不当利用，从而损害本国的稳定发展和民族的利益。这些主要原因极大地限制了国际服务贸易法的发展，以至于国际服务贸易法较之于国际货物贸易法等国际法缺乏系统性。

三、国际服务贸易法的渊源

国际服务贸易法的渊源包括：(1) 关于国际服务贸易的世界性条约；(2) 关于国际服务贸易的地区性条约；(3) 关于调整服务贸易的各国国内法律规范。在世界贸易组织（WTO）的框架下，关于国际服务贸易的世界性条约可以划分为三个层次：①《世界贸易组织协定》，这是世界贸易组织的"宪法性"文件，而《服务贸易总协定》(GATS) 是《世界贸易组织协定》的组成部分并且前者效力层次低于后者；②《服务贸易总协定》及其附录和具体承诺表等；③辅助性服务贸易法律规范，如《关于争端解决规则与程序的谅解》(DSU)。

四、GATS

GATS 包括8个附件、8项部长级会议决定及单独附在《乌拉圭回合多边贸易谈判结果最后文件》之后的 1 项谅解协议，此外，WTO 要求每一成员根据 GATS 的规定提交一个服务贸易领域开放的具体承诺表，列明其愿意给予市场准入和国民待遇的服务部门。与《关税及贸易总协定》（GATT）相类似，GATS 第一次将得到普遍承认的国际法规则及具体承诺延展到一个新兴并且广泛的国际贸易领域，使服务贸易成为多边贸易体制规制的对象之一。GATS 与 GATT 最大的不同在于体现 WTO 成员的"意思自治"，即在决定贸易自由化程度方面的承诺幅度不同，因为与货物不同，各成员的服务贸易发展水平差距较大，难以规定统一的开放程度和开放标准。

五、服务贸易的定义和分类

根据 GATS 第 1 条第 3 款的规定，将"服务"界定为除凭借行政权力提供的服务之外的一切服务，该条第 2 款还将目前常见的服务归类为四种：跨境提供、境外消费、商业存在、自然人流动。具体而言，跨境提供就是服务本身跨境，即在服务的提供者和消费者都未移动的情况下，服务提供者从一成员境内向另一成员境内提供服务；境外消费就是服务消费者本身跨境，即一成员的消费者到另一成员境内接受服务；商业存在就是作为服务提供者的公司实体或机构本身跨境，即一成员的服务提供者在另一成员境内通过设立子公司、分公司、分支机构等多种方式提供服务；自然人流动就是作为服务提供者的自然人本身跨境，即一成员的服务提供者到另一成员境内提供服务。其中商业存在和自然人流动的相同点在于都是服务提供者本身的跨境流动，商业存在和自然人流动的不同之处则在于服务提供者的主体不同，商业存在的服务提供者主体是公司实体或机构，自然人流动的服务提供者主体是自然人。

案例一 WTO 自由贸易与公共秩序第一案：安提瓜和巴布达诉美国博彩服务案[①]

【基本案情】

安提瓜和巴布达位于加勒比海小安的列斯群岛的北部，由于地理位置的独特优势，旅游资源丰富，在实施"旅游兴国"战略的背景下，该国将旅游业作为国家经济发展的重点，但是也导致安提瓜和巴布达产业结构单一，极大地依赖于旅游业的发展，经济抗风险能力较低。自 1990 年以来，东欧剧变及两极格局的瓦解所导致的世界动荡，致使传统旅游业受到极大的冲击并且发展持续低迷，为了促进经济发展和实现转型发展，安提瓜和巴布达政府意识到赌博和博彩业具有较大的发展前景，开始建立通过因特网提供网络赌博服务的赌博业，并开始投入大量资金构建和维护网络赌博系统。此外，为了方便赌博资金的流动，安提瓜和巴布达政府在银行间建立赌资支付和转移体系，并且建立起赌博和博彩服务行业人员培训体系，从全世界特别是赌博服务消费市场巨大的国家吸引赌客。在安提瓜和巴布达政府政策的加持下，该产业也逐渐成为该

---

① 中华人民共和国商务部 WTO/FTA 咨询网：《WTO 自由贸易与公共道德第一案——安提瓜诉美国网络赌博服务争端评析》，http://chinawto.mofcom.gov.cn/article/jsbl/alzs/201508/20150801090034.shtml，2024 年 8 月 23 日最后访问。

国经济发展和政府财政收入的重要支柱。

与此同时，安提瓜和巴布达所构建的网络赌博体系，正好满足了乐于赌博服务消费的美国消费者群体的赌博需求，美国便成为安提瓜和巴布达所构建的网络赌博体系的重要消费市场。但是，赌博给美国带来了一系列的法律问题和社会问题，如网络赌博容易被洗钱等犯罪团伙所利用。为改变这种局面，美国从立法、执法、司法等多方面对赌博和博彩业实施一系列限制措施。例如，在立法层面，2003年，美国国会通过了《美国禁止非法网络赌博交易法》，采取针对性的措施限制网络赌博业的发展，并且规定禁止赌博者利用信用卡进行网络赌博。此外，美国也陆续制定了《美国非法商业赌博法》等法律，进一步限制赌博和博彩行业的发展，以控制其所带来的不利影响。在执法层面，为了进一步控制赌博和博彩业的不利影响，美国政府对于提供此项服务的外国网络赌博公司施加越来越烦琐的审查程序和苛刻的限制条件。美国所采取的一系列限制赌博和博彩业的措施极大地冲击了安提瓜和巴布达的赌博产业，致使其国内的相关企业纷纷倒闭，国家经济下行。

针对美国制定相关法律禁止跨境提供赌博服务，安提瓜和巴布达认为，美国针对赌博和博彩业所采取的一系列限制措施违反了《服务贸易总协定》的规定，并且严重损害了该国的网络赌博产业。2003年3月21日，安提瓜和巴布达根据WTO《关于争端解决规则与程序的谅解》（DSU）第4条和《服务贸易总协定》第23条，提出与美国在世界贸易组织框架下的磋商。2003年6月12日，在磋商未果的情况下，安提瓜和巴布达向WTO争端解决机构（DSB）请求设立评审团，认为美国采取的一系列限制跨境提供赌博和博彩服务及限制与赌博和博彩有关的跨境资金转移和支付的措施，与美国在《服务贸易总协定》框架内所作的具体承诺减让表不相符，也违反了《服务贸易总协定》第16条（市场准入）第1款和第2款、第17条（国民待遇）第1款和第2款、第6条（国内法规）第1款和第3款及第11条（支付与转移）第1款的规定。美国则认为：美国并未在WTO框架下就赌博服务的跨境提供承担任何义务，美国措施并未违反《服务贸易总协定》规定，即使裁定美国措施违反了《服务贸易总协定》相关规定，美国的措施也可以根据《服务贸易总协定》第14条（一般例外条款）（a）项和（c）项进行正当性抗辩。评审团于2004年4月30日公布评审团报告，其基本的结论是：根据《服务贸易总协定》及美国具体承诺减让表，美国应承担在赌博和博彩业实行完全的市场准入的国际法义务，而美国根据《服务贸易总协定》第14条一般例外条款所提出的抗辩也不符合公共秩序的必要性要求。美国与安提瓜和巴布达均对评审团报告不服并向DSB提起上诉。之后DSB正式成立专家组处理该争端并在2005年4月7日进行充分的论证分析后发布了裁决报告，其基本结论是：根据《服务贸易总协定》及美国具体承诺减让表，美国应承担在赌博和博彩行业实行完全的市场准入的国际法义务，而美国根据《服务贸易总协定》第14条一般例外条款提出的抗辩，已经达到了"公共秩序"所要求的必要性，但是根据美国相关立法情况等事实，其所提出的抗辩不符合《服务贸易总协定》第14条引言的要求。2005年4月20日，DSB通过了上诉机构报告。

【主要法律问题】

1. 美国的义务

美国根据《服务贸易总协定》规定所提交的开放服务贸易领域的具体承诺减让表是否承担在赌博和博彩行业提供完全市场准入的义务？

在世界贸易组织的框架下，因为各国服务贸易发展水平不一而较难达成一致，《服务贸易总协定》针对国民待遇所采取的是较为宽松的态度，即各国仅对其所作出的具体承诺表中具体行业部门承担相应的市场准入义务。这极大地增强了《服务贸易总协定》本身的可行性与灵活性。根据《服务贸易总协定》第20条的规定，每个成员所作出的具体承诺表应作为《服务贸易总协定》的附件并应作为《服务贸易总协定》的整体组成部分。本案中安提瓜和巴布达与美国之间的纠纷主要集中在美国是否具有在赌博和博彩业实施完全的市场准入的义务。所以，美国根据《服务贸易总协定》规定作出的承诺减让表便成为确定美国是否具有该项义务的关键。

本案中，安提瓜和巴布达认为：在美国根据《服务贸易总协定》规定所提交的具体承诺减让表中，第10.D项中的"其他娱乐服务"涉及美国对赌博和博彩的承诺。在这一项的"市场准入限制"中，美国列出了四种服务的提供类型，具体包括：跨境提供、境外消费、商业存在和自然人流动。在"跨境提供"项下，美国标准的承诺是"没有限制"。与此不同，美国则认为，赌博和博彩服务应归于减让表第10.E项（娱乐、文化和体育服务），而对于10.E项的分部门，美国作出的是"不作承诺"表述。

这就涉及对美国承诺减让表的解释问题，根据《服务贸易总协定》第20条的规定，各成员的具体承诺减让表是《服务贸易总协定》的组成部分，所以解释承诺减让表应适用条约解释规则，进而适用《维也纳条约法公约》第31条第1款规定进行解释。最终确定美国根据《服务贸易总协定》规定所提交的服务贸易领域开放的具体承诺减让表是否包括赌博和博彩服务。

2. 美国采取的限制措施

美国是否可以援引《服务贸易总协定》第14条一般例外条款对跨境提供赌博和博彩服务合法地采取限制措施？

作为世界最大的赌博服务消费市场，美国被网络赌博引发的一系列社会和法律问题所困扰，如网络赌博容易被洗钱等犯罪团伙所利用。为改变这种局面，美国从立法、执法、司法等多方面限制美国网民使用信用卡和网络银行账户向国外网站支付赌资。基于这个事实，对于安提瓜和巴布尔的请求，美国提出抗辩：即便裁定美国措施违反了《服务贸易总协定》相关规定，美国的措施也可以根据《服务贸易总协定》第14条（一般例外条款）（a）项和（c）项进行正当性抗辩。根据这一抗辩可以得出，在解决完上述争议焦点后，核心问题聚焦在美国政府是否可以援引《服务贸易总协定》第14条一般例外条款，进而合法地实施限制跨境提供赌博和博彩服务的措施。在符合一般例外条款的情况下，世界贸易组织成员可以背离其对市场准入的承诺。这样美国便可以合法地对赌博和博彩业采取限制措施。

解决这一争议焦点的重点就在于对《服务贸易总协定》第14条规定的具体理解和

实际适用。该条规定存在一个内在的逻辑,即适用《服务贸易总协定》第 14 条不仅需要符合该例外条款的某一项规定,还要符合该条的引言。这就需要在审查美国对网络赌博所采取的限制措施是否符合第 14 条一般例外条款某一具体例外的基础上,分析该限制措施是否符合第 14 条引言的规定。

【主要法律依据】

1. 《服务贸易总协定》(GATS)

第 14 条　1. 只要这类措施的实施不在情况相同的成员间构成武断的或不公正的歧视,或构成对服务贸易的变相限制,则本协定的规定不得解释为阻止任何成员采用或实施以下措施:

(a) 为保护公共道德或维护公共秩序而必需的。

(b) 为保护人类、动物或植物的生命或健康而必需的。

(c) 为确保服从与本协定规定不相抵触的包括与下述有关的法律和法规所必需的:

(1) 防止欺诈和欺骗做法的或处理服务合同违约情事的;

(2) 保护与个人资料的处理和散播有关的个人隐私以及保护个人记录和账户秘密的;

(3) 安全问题。

(d) 与第 17 条不一致的,只要待遇差别是为了保证对其他成员只有当社会的某一根本利益受到真正和足以严重的威胁时才能援引该公共秩序例外。成员的服务或服务提供者平等和有效地课征或收取直接税。

(e) 与第 2 条不一致的,只要这种待遇差别是源于避免双重征税协议或该成员受其约束的任何其他避免双重征税的国际协议或安排的规定。

第 16 条　1. 在第 1 条所确定的服务提供方式的市场准入方面,每个成员给予其他任何成员的服务和服务提供者的待遇,不得低于其承诺表中所同意和明确的规定、限制和条件。

2. 在承担市场准入承诺的部门中,一成员除非在其承诺表中明确规定,既不得在某一区域内,也不得在其全境内维持或采取以下措施:

(a) 限制服务提供者的数量,不论是以数量配额、垄断、专营服务提供者的方式,还是以要求经济需求测试的方式;

(b) 以数量配额或要求经济需求测试的方式,限制服务交易或资产的总金额;

(c) 以配额或要求经济需求测试的方式,限制服务业务的总量;

(d) 以数量配额或要求经济需求测试的方式,限制某一特定服务部门可雇佣的或一服务提供者可雇佣的、对一具体服务的提供所必需或直接有关的自然人的总数;

(e) 限制或要求一服务提供者通过特定类型的法律实体或合营企业提供服务的措施;

(f) 通过对外方持股的最高比例或单个或总体外方投资总额的限制来限制外方资本的参与。

第 20 条　1. 每个成员都应在承诺表中列明其根据本协定第三部分而承担的具体承诺。在承担该承诺的部门,每个成员应明确列出:

(a) 市场准入的规定、限制和条件；
(b) 国民待遇的条件和资格；
(c) 有关附加承诺的义务；
(d) 适当情况下，实施这类承诺的时间表；
(e) 这类承诺的生效日期。

2. 与第16条和第17条都不符的措施，应列入与第16条有关的栏目中。在这种情况下，列入的内容也将被视为对第17条规定了一项条件或资格。

3. 具体承诺减让表应作为本协定的附件，并应作为本协定的整体组成部分。

2.《维也纳条约法公约》

第31条 一、条约应依其用语按其上下文并参照条约之目的及宗旨所具有之通常意义，善意解释之。

二、就解释条约而言，上下文除指连同序言及附件在内之约文外，并应包括：

（甲）全体当事国间因缔结条约所订与条约有关之任何协定；

（乙）一个以上当事国因缔结条约所订并经其他当事国接受为条约有关文书之任何文书。

三、应与上下文一并考虑者尚有：

（甲）当事国嗣后所订关于条约之解释或其规定之适用之任何协定；

（乙）嗣后在条约适用方面确定各当事国对条约解释之协定之任何惯例；

（丙）适用于当事国间关系之任何有关国际法规则。

四、倘经确定当事国有此原意，条约用语应使其具有特殊意义。

【理论分析】

1. 成员的具体承诺表系属《服务贸易总协定》的组成部分

其一，与货物不同，各成员的服务贸易发展水平差距较大，难以规定统一的开放程度和开放标准。因为货物贸易水平除了很大程度受到各成员的经济发展水平影响，还与各成员本身的资源丰富程度息息相关，所以各成员更容易在货物贸易领域达成一致。这也就导致了《服务贸易总协定》与《关税及贸易总协定》最大的不同，即世界贸易组织成员的"意思自治"程度不同。这主要体现为世界贸易组织要求每一成员根据《服务贸易总协定》的规定提交一个服务贸易领域开放的具体减让承诺表，列明其愿意给予市场准入和国民待遇的服务部门。作为《服务贸易总协定》的重要组成部分，具体减让承诺表列明了各成员在服务贸易领域所要承担的国际义务，为之后国际争端的解决提供了重要的法律依据。

其二，在本案中，明晰成员的具体减让承诺表属于《服务贸易总协定》的重要组成部分，是解决两个问题的关键，即根据美国承诺减让表，美国是否具有在赌博和博彩服务市场实施完全的市场准入义务、在安提瓜和巴布达与美国对美国承诺减让表理解不同时是否可以适用《维也纳条约法公约》对其进行解释。关于第一个问题，美国承诺减让表第10.D项规定，美国对"其他消遣型服务（不包括体育）"进行说明并将其列入《服务贸易总协定》第1条所规定的跨境提供、境外消费、商业存在和自然人流动 4 种服务贸易提供方式，其中对于跨境提供方式的"市场准入限制"，美国写入的是"None"，即没有限制。安提瓜和巴布达认为赌博和博彩服务便属于第 10. D 项，故可以得出美国对跨境提供赌博和博彩服务作出了完全的市场准入承诺。因此，美国应该根据《服务贸易总协定》及其所提交的具体承诺减让表履行在赌博和博彩业提供完全的市场准入的国际法义务，否则就是违反了国际经贸规则。而美国提出抗辩，认为："不包括体育"的措辞表明赌博和博彩服务不属于其承诺给予完全的市场准入的范围。由此引出了第二个问题，即对美国承诺减让表进行解释的问题。《服务贸易总协定》本身属于国际条约，对于国际条约的解释一般适用《维也纳条约法公约》。根据《服务贸易总协定》第 20 条第 3 款的规定，各成员的具体承诺减让表属于《服务贸易总协定》的组成部分，最终可以得出适用《维也纳条约法公约》对《服务贸易总协定》进行解释是妥当的结论。根据《维也纳条约法公约》尤其是第 31 条，专家组的确是从英文、法文等多种语言，并着重借助于多种英语词典对"sporting"的解释，认为：在以上词典的各种不同定义中，该措辞包含了多种不同的活动或特性；虽然一些词典的定义中确实提到了赌博，但似乎限于指与体育项目有关的赌博活动。而且，"sporting"一词的法语和西班牙语译文都不包括与赌博有关的活动。专家组由此认为："sporting"一词的通常意义不包括赌博。之后，专家组分析了安提瓜和巴布达对于美国承诺减让表第 10. D 项中"其他消遣性服务"或第 10. A 项中"娱乐服务"的通常意义包括了赌博和博彩服务的主张，并结合 1993 年《制订服务贸易初步承诺减让表的解释性说明》和文件号为 W/120 的 1991 年《服务行业分类表》进行上下文分析，认为美国的承诺减让表可以理解为在 10. D 项下包含了关于赌博和博彩服务的具体承诺。最终，可以得出美国对于跨境提供赌博和博彩服务作出了完全的市场准入承诺并承担相应的国际法义务，而美国所采取的相应限制措施违反了其根据《服务贸易总协定》所应承担的国际法义务。

2.《服务贸易总协定》一般例外条款的具体应用

（1）《服务贸易总协定》第 14 条一般例外条款具有其内在的逻辑，一般的分析路径是首先要审查一项措施是否构成第 14 条一般例外条款的某一项具体例外情形，之后进一步分析该措施是否符合第 14 条的引言规定。只有在同时符合这两个条件的情形下，才可以适用第 14 条一般例外条款。

（2）在分析《服务贸易总协定》第 14 条的一般例外条款中的（a）项具体例外情形时，应注意该法律条文递进式的逻辑。首先，有关措施必须是"为了维护公共秩序"这一目的。其次，有关措施必须符合"必需"这一客观标准。关于"必需"的衡量则需要审查一系列因素，而不仅是从某一方面得出是否符合的结果。依据以往的判例尤其是韩国牛肉案中所采取的态度，上诉机构认为对案件所涉及的某一措施"必要性"的审查需要考虑一系列因素，特别是考虑是否合理地存在着一项与 WTO 法则相符或不一致程度较轻的替代措施。

（3）在本案中，美国认为其相关立法可以依据《服务贸易总协定》第 14 条（a）项和第 14 条（c）项豁免其在赌博和博彩业实施完全的市场准入义务。为了解决这一争议焦点，上诉机构和专家组采取相同的分析路径，首先考察该措施是否构成该例外条款下的某一具体例外，再分析该措施是否符合第 14 条引言规定。之后，在审查该措施是否符合（a）项的具体例外时，不同于评审团，专家组认为美国已经有足够的证据证明其所采取的措施是维护公共秩序所必需的，且安提瓜和巴布达没有提出其他"合理并且可利用的"并与WTO规则相符的替代性措施，所以推翻了其对于"必需"这一客观标准的苛刻解释。基于类似的论证逻辑，专家组也推翻了评审团就14条（c）项中对"必需"的解释。之后，上诉机构又对第14条的引言规定进行分析，认为根据《美国跨州赛马法》中的规定，一些州赛马下赌注是合法的，其他同样允许赛马下赌注的州的消费者可以通过电话或者其他电子通信手段下赌注，对于此种服务的跨境交付却因为相关联邦法律而被禁止，由此得出，美国此种做法与《服务贸易总协定》第14条的引言要求不符。最终上诉机构得出结论认为，美国对安提瓜和巴布达赌博和博彩行业采取限制措施的行为，违反其依据《服务贸易总协定》所应承担的国际法义务，并且不能依据《服务贸易总协定》第14条的一般例外条款获得免责。

【实操分析】

要善于在WTO法律框架下解决成员之间的国际经贸争端。在涉及国际争端的案件中，实务人员首先要明确解决国际争端的机制或者方式是多样化的。根据如今国际法律体系，解决国际争端的方式整体上可以分为政治方式、法律方式和武力方式。其中政治方式解决国际争端主要包括谈判、磋商、斡旋和调停；法律方式解决国际争端主要包括司法裁决、国际仲裁；武力方式解决国际争端主要包括战争、武装冲突等。在具体案件中，三种国际争端解决方式各有其特点。采取政治方式解决国际争端的效率更高，并且由于成员间基于自愿达成一致，其结果也更能得到各成员的有效执行。采取法律方式解决国际争端更能得到较为公平的结果，并且其结果具有一定的软强制执行力保证。战争属于国际不法行为，一般是被国际社会所禁止和排斥的，但是依据《联合国宪章》，安理会决定派出维护世界和平的维和部队、国家自卫等都是属于合法的武力措施。

实务人员除了需要灵活运用上述国际争端解决方式，还要善于在WTO法律框架下解决成员之间的国际经贸争端。在处理具体国际经贸争端案件的过程中，明确当事方的具体义务是处理此类案件的前提和基础。WTO所包含的国际条约为明确成员所应承担的国际义务提供了基本的法律依据。这要求实务人员要熟练应用WTO法律框架下的具体国际条约。实务人员要了解在世界贸易组织争端解决机构基本的争端解决程序，即磋商（必经程序）、专家组审理（非常设机构、不适用法官回避制、争端当事方各派出一名法官参与案件审理）、上诉机构（常设机构）、审批程序、执行程序（不执行裁决结果则对方获得采取反报措施的权利）。总之，实务人员结合具体国际条约并在WTO争端解决机制下解决具体国际经贸争端。

【思考题】

（1）结合本案，如何理解《服务贸易总协定》第14条一般例外条款的应用？
（2）如何平衡自由贸易和公共秩序之间的关系？

案例二 中国天威新能源控股有限公司与达维律师事务所法律服务合同纠纷案[①]

【基本案情】

在国际投资实践中,跨国企业在东道国进行直接投资可以采取收购或兼并东道国现有企业的方式,而企业跨境收购或兼并已经成为中国对外投资的重要组成部分。由于各国法律制度存在差异,企业跨境收购或兼并时往往会通过中国境内的法律服务机构介绍或者直接寻求当地的法律服务机构提供相关法律服务。但是,在收购或兼并交割完成后,所涉项目未达到企业的投资收益预期或由此投资交易遭受到巨大损失时,该企业往往会与法律服务机构就该机构是否未尽到重大不利影响提示义务而导致企业遭受重大损失等产生争议。

2008年8月4日、2008年9月14日,中国天威新能源控股有限公司(以下简称天威新能源)的子公司天威新能源(成都)硅片有限公司(以下简称天威硅片公司)与HOKU SCIENTIFIC, INC.(2010年更名为HOKU CORPORATION,以下统称HOKU科技公司)设在美国爱达荷州的全资子公司HOKU MATERIALS, INC.(以下称HOKU材料公司)共签署了两份为期10年的总额约5亿美元的多晶硅合同(以下称长期供货合同),在天威硅片公司与HOKU材料公司签署该长期供货合同时,HOKU材料公司在爱达荷州的多晶硅工厂正在建设中,并未开始投产。截至2009年6月30日,天威硅片公司共向HOKU材料公司支付了7900万美元的定金,在天威硅片公司支付定金后,HOKU材料公司的多晶硅项目后期建设资金断裂、工程处于停滞状态,公司面临破产。天威新能源为避免损失,决定将此前已付的7900万美元定金中的5000万美元转为对HOKU科技公司的长期股权投资,同时为HOKU科技公司提供5000万美元的信贷支持。具体方式为:由HOKU科技公司向天威新能源定向增发一定数额的股份,增发完成后天威新能源持有HOKU科技公司60%的股份,作为对价,天威新能源的子公司天威硅片公司在长期供货合同项下向HOKU材料公司支付的5000万美元定金被抵销(此交易以下称为收购项目,交易方式以下称为债转股和定向增发方式)。

2009年8月16日,天威新能源与达维律师事务所签订了《聘任函基本条款》(以下简称《聘任函》),委托达维律师事务所作为其收购项目的特别律师。2009年9月11日,达维律师事务所向天威新能源出具了《Project Cool—初步法律尽职调查报告综合稿(中文简述)》、英文版《Project Cool—更新后法律尽职调查报告》(两者以下均简称《法律尽职调查报告》)。2009年9月23日,达维律师事务所向天威新能源出具关于天威新能源投资入股HOKU科技公司境外投资项目的《法律意见》。

2009年9月28日,天威新能源与HOKU科技公司签订《证券购买协议》。2009年12月22日,天威新能源与HOKU科技公司签订《股票期权协议》《投资者权利协议》,双方完成交割,天威新能源成为持有HOKU科技公司60%股份的控股股东。由于光伏

[①] 中国法院网:《最高人民法院发布第四批涉"一带一路"建设典型案例》,https://www.chinacourt.org/article/detail/2023/09/id/7555207.shtml,2024年8月27日最后访问。

行业的势弱、经济不稳定因素增多等不利因素的影响，HOKU科技公司股价持续走低。2012年7月16日，HOKU科技公司发布公告称公司已完全按照规定要求提交了自动退市有关材料，并于2012年7月26日退市生效。2013年7月2日，HOKU科技公司向美国爱达荷州破产法院提交了破产申请。

后天威新能源认为达维律师事务所出具的《法律意见》未发现目标公司的主要合同有重大法律瑕疵，在其出具的《法律尽职调查报告》中的众多结论性意见与事实不符，掩盖了目标公司主要合同的法律风险，使天威新能源丧失了在正确、全面了解目标公司主要合同法律风险的基础上进行投资决策的机会，造成天威新能源投资总计遭受了5亿多美元的直接投资损失，因此向北京市高级人民法院提起诉讼，请求达维律师事务所赔偿损失人民币5亿元并退还已支付的律师费。

一审法院即北京市高级人民法院将该案的争议焦点归纳为：（1）本案法律服务合同争议应适用的法律；（2）达维律师事务所提供法律服务的范围；（3）达维律师事务所是否具备相应资质履行义务；（4）达维律师事务所是否依照"尽职调查"（due diligence）标准提供案涉法律服务；（5）天威新能源的损失是否与达维律师事务所提供的法律服务相关。

关于第一个争议焦点，一审法院认为，本案《聘任函》订立时间是2009年8月16日，发生在《涉外民事关系法律适用法》施行之前，根据《最高人民法院关于适用〈中华人民共和国涉外民事关系法律适用法〉若干问题的解释（一）》[以下简称《涉外民事关系法律适用法》司法解释（一）]第2条之规定，应适用案件发生时的法律。据此，本案应当适用合同订立时的法律规定，即《最高人民法院关于审理涉外民事或商事合同纠纷案件法律适用若干问题的规定》第5条，从而将美国法律确定为本案的准据法。

关于第二个争议焦点，基于已经查明的法律事实，一审法院认为，天威新能源并不期待达维律师事务所的尽职调查对会计、财务、商务、税务、保险或其他业务方面所可能产生的影响或其所审阅的信息及尽职调查报告所包含的信息在非美国法律方面所可能产生的影响进行审查或评估。

关于第三个争议焦点，一审法院基于诉方请求和被诉方的抗辩，认为达维律师事务所在美国提供跨州法律服务不违反美国律师执业准则或习惯。而达维律师事务所提供法律服务的人员是否具备在建筑合同及设计合同中进行审查的资质和能力，与其在本案中审查《工程设计、采购和施工管理协议》是否存在"控制权变更"条款或存在其他对拟议交易的重大不利约定条款并无关联，据此，天威新能源的该项主张亦不能成立。

关于第四个争议焦点，一审法院认为，达维律师事务所针对目标公司投资的子公司对外交易合同的结论，即"上述合同及协议未载有'控制权变更'条款，亦不存在其他对拟议交易的重大不利约定"符合审慎合理的标准，事实上，天威新能源也已完成收购HOKU科技公司的交易。

关于第五个争议焦点，一审法院认为：第一，天威新能源并未能举证证明达维律师事务所未能审慎合理地履行合同义务且存有疏忽，因此天威新能源主张的损失与达维律师事务所提供的法律服务并无法律上的因果关系；第二，综合本案事实，天威新能源在本案中主张的损失与达维律师事务所提供的法律服务亦不具备事实上的关联。

最终，一审法院驳回了天威新能源的诉讼请求，认为天威新能源在本案中的举证并未能证明其提出的赔偿请求所依据的事实存在，其应当承担不利的后果。之后，天威新能源不服一审判决，向最高人民法院上诉。

【主要法律问题】

1. 案件如何适用准据法

首先，适用准据法的前提是案件属于涉外民商事案件，所以需要确定该案属于涉外民商事案件之后才可以进一步分析适用何种准据法。但是，本案涉及多个涉外商事法律关系，根据法律规定，在案件涉及多个涉外民事关系时，应分别确定适用的法律。因此，对于本案所涉及的多个涉外民商事关系应分别确定其所适用的准据法。只有在明确前两个法律问题之后，才最终可以明确是否需要确定准据法及确定何种准据法的问题。

其次，如何确定案件是否属于涉外民商事案件。一般而言，民商事法律关系的主体、客体或者内容，三者之一涉外，即属于涉外民商事法律关系。本案中达维律师事务所是注册在美国的律师事务所，所以该案属于涉外民商事案件。而对于是否属于涉外商事案件，则可以主要根据法律关系主体是民事主体还是商事主体并结合其他因素来进行确定。结合本案的事实，该案属于发生在商事主体之间的纠纷，所以最终可以定性为涉外商事案件。

最后，因为案件的基本事实清楚，本案的主要法律问题并不是定性问题，而是准据法适用问题。案件当事人对于达维律师事务所完成受托事项应当适用美国法律进行评判此一实施问题，天威新能源与达维律师事务所均无异议，但对于天威新能源与达维律师事务所之间的合同关系适用的法律存在异议。因此，关于天威新能源与达维律师事务所之间的合同关系应适用的准据法成为本案的主要法律问题。根据案件查明的基本事实，本案合同订立时间是2009年8月16日，发生于《涉外民事关系法律适用法》施行之前，这就涉及应依据哪一个法律适用法来确定准据法。因此，这一主要法律问题成为解决这一案件的前提条件。

2. 达维律师事务所是否按照约定履行了提供法律服务的义务

达维律师事务所与天威新能源公司形成法律服务合同关系，由前者对后者的跨境股权交易提供法律服务。《聘任函》约定的收购项目系天威新能源与HOKU科技公司的股权交易，达维律师事务所亦系就该股权交易提供法律服务，其内容包括就股权交易自身的"交易条款和结构""美国证券法"等可能与收购项目有关的法律问题提供法律意见，同时其提供的服务还涉及"收购协议"等文件的起草、谈判及"协助交易完成"等。在该股权交易完成后，天威新能源公司认为目标公司在收购之前与他人签订的工程合同对目标公司有重大不利影响，达维律师事务所出具错误或误导性的法律意见使其作出错误投资决策，遂提起本案诉讼。

根据本案的基本事实，解决这一法律纠纷的关键在于对达维律师事务所与天威新能源公司之间的法律服务合同关系进行分析，明确前者为后者提供法律服务的具体范围,进而探讨前者是否依据约定尽职尽责地履行提供相应法律服务的义务。而对于是否尽职尽责履行提供相应法律服务的义务的审查需要进一步明确一个基本逻辑问题,即履约主体达维律师事务所必须具备履约资格和能力。在明确这一问题的基础之上,才可以进一步探究达维律师事务所是否依照"尽职调查"标准提供了法律服务。

对于达维律师事务所向天威新能源公司提供的法律服务范围,主要根据天威新能源与达维律师事务所签订的《聘任函》。对于达维律师事务所是否按照约定向天威新能源公司尽职尽责履行提供相应法律服务的义务,主要根据达维律师事务所向天威新能源出具的《法律尽职调查报告》和关于天威新能源投资入股HOKU科技公司境外投资项目的《法律意见》。之后,依据美国法律特别是爱达荷州法院相关判决确定的法律诉讼失职的要件,如何对相应文本进行解释和论证,进而明确达维律师事务所是否按照约定履行了提供法律服务的义务又成为解决这一法律问题的关键。

综上,如何确定达维律师事务所是否按照约定履行了提供法律服务的义务是本案的关键,也是本案的主要法律问题。

【主要法律依据】

1. **《最高人民法院关于适用〈中华人民共和国涉外民事关系法律适用法〉若干问题的解释(一)》**

第1条 民事关系具有下列情形之一的,人民法院可以认定为涉外民事关系:
(一)当事人一方或双方是外国公民、外国法人或者其他组织、无国籍人;
(二)当事人一方或双方的经常居所地在中华人民共和国领域外;
(三)标的物在中华人民共和国领域外;
(四)产生、变更或者消灭民事关系的法律事实发生在中华人民共和国领域外;
(五)可以认定为涉外民事关系的其他情形。

第2条 涉外民事关系法律适用法实施以前发生的涉外民事关系,人民法院应当根据该涉外民事关系发生时的有关法律规定确定应当适用的法律;当时法律没有规定的,可以参照涉外民事关系法律适用法的规定确定。

第11条 案件涉及两个或者两个以上的涉外民事关系时,人民法院应当分别确定应当适用的法律。

2. **《最高人民法院关于审理涉外民事或商事合同纠纷案件法律适用若干问题的规定》(已失效)**

第5条 当事人未选择合同争议应适用的法律的,适用与合同有最密切联系的国家或者地区的法律。

人民法院根据最密切联系原则确定合同争议应适用的法律时,应根据合同的特殊性质,以及某一方当事人履行的义务最能体现合同的本质特性等因素,确定与合同有最密切联系的国家或者地区的法律作为合同的准据法。

(一)买卖合同,适用合同订立时卖方住所地法;如果合同是在买方住所地谈判并订立的,或者合同明确规定卖方须在买方住所地履行交货义务的,适用买方住所地法。

（二）来料加工、来件装配以及其他各种加工承揽合同，适用加工承揽人住所地法。

（三）成套设备供应合同，适用设备安装地法。

（四）不动产买卖、租赁或者抵押合同，适用不动产所在地法。

（五）动产租赁合同，适用出租人住所地法。

（六）动产质押合同，适用质权人住所地法。

（七）借款合同，适用贷款人住所地法。

（八）保险合同，适用保险人住所地法。

（九）融资租赁合同，适用承租人住所地法。

（十）建设工程合同，适用建设工程所在地法。

（十一）仓储、保管合同，适用仓储、保管人住所地法。

（十二）保证合同，适用保证人住所地法。

（十三）委托合同，适用受托人住所地法。

（十四）债券的发行、销售和转让合同，分别适用债券发行地法、债券销售地法和债券转让地法。

（十五）拍卖合同，适用拍卖举行地法。

（十六）行纪合同，适用行纪人住所地法。

（十七）居间合同，适用居间人住所地法。

如果上述合同明显与另一国家或者地区有更密切联系的，适用该另一国家或者地区的法律。

第10条 当事人对查明的外国法律内容经质证后无异议的，人民法院应予确认。当事人有异议的，由人民法院审查认定。

【理论分析】

1. 案件发生在《涉外民事关系法律适用法》施行以前，如何确定案件准据法的问题

根据《涉外民事关系法律适用法》司法解释（一）第2条的规定，针对该法施行以前的案件的法律适用法的选择问题，我国采取法不溯及既往的原则，即对《涉外民事关系法律适用法》施行以前的案件适用当时有关的法律规定。采取这种原则可以增加法律的可预见性，进而更有效地保护当事人的合法权利，维护法律和社会秩序的稳定性。

在本案中，根据查明的基本事实，案件的一方当事人达维律师事务所的注册地在美国，案件主体具有涉外性，进而认定案件属于涉外民商事案件。在选择法律适用法时，本案合同订立时间是2009年8月16日，而《涉外民事关系法律适用法》自2011年4月1日起施行，该案发生于这一部法律规范施行之前，依据现行有效的《涉外民事关系法律适用法》司法解释（一）第2条规定的指引，应当适用当时的法律规定，即依据最密切联系原则确定准据法。最终，本案适用美国法律作为其准据法。

2. 尊重法律服务合同约定

在国际服务贸易活动中，特别是平等主体之间的国际服务贸易活动，合同往往是确定双方当事人权利义务的重要依据。在具体的案件审理中，界定当事人合同下的义务，是准确认定当事人是否按约履行义务的前提。而法院在对合同进行解释时，所做的解释是缩小解释，将法律服务约定限于合理的范围内，而避免对相应的约定进行扩大解释。

在本案中，根据《聘任函》，天威新能源与HOKU科技公司的股权交易，达维律师事务所亦系就该股权交易提供法律服务。另关于工程合同，在达维律师事务所进行审查之前，相关工程合同已经签署。达维律师事务所系就案涉股权交易提供法律服务。与该交易密切相关的工程合同虽应列入其审查的范围，但囿于股权交易之目的，对工程合同的审查仅限于合同是否存在诸如"控制权变更"条款等对案涉股权交易有重大不利影响的约定。

【实操分析】

在涉外民商事案件的司法实践中，准据法的正确确定是公正裁判的核心前提。依据我国法律体系，确定准据法须遵循严谨的逻辑链条：首先判定案件是否具有涉外属性，其次通过法律适用规范找出所应适用的法律，最后依据相关法律对复杂法律关系进行处理。

判定案件涉外性的依据主要为《涉外民事关系法律适用法》司法解释（一）第1条。确认案件的涉外属性后，需依据《涉外民事关系法律适用法》及其司法解释进行法律适用指引。其中《涉外民事关系法律适用法》司法解释（一）主要对在法律适用法实施过程中存在的问题进行规定，如如何界定"涉外民事关系"等，而《最高人民法院关于适用〈中华人民共和国涉外民事关系法律适用法〉若干问题的解释（二）》则具有更强的针对性，即主要规定了外国法查明的问题。

面对案件存在多重涉外法律关系时，各国存在"统一制"与"分割制"两种处理模式。我国通过《涉外民事关系法律适用法》司法解释（一）第11条确立"分割制"原则，即针对不同法律关系分别确定准据法。例如，在跨国继承案件中，应对遗嘱效力、遗产分配等不同法律关系分别适用相应规则。

在实务操作中，法律工作者应系统性把握上述规则。一方面要严格依据法律规范识别案件涉外性；另一方面要灵活运用"分割制"原则处理复杂法律关系，确保准据法的准确适用，从而维护当事人合法权益与国际民商事秩序的稳定。

【思考题】

（1）结合《涉外民事关系法律适用法》司法解释（一）第2条规定，对于该法施行前发生的案件，为什么要采取法不溯及既往的做法？

（2）结合本案，思考如何界定跨境兼备或收购法律服务合同的范围与商业风险？

案例三 美国"围猎"TikTok违反国际经贸规则[①]

【基本案情】

TikTok是一个线上视频娱乐平台,旨在提供一个具有创造性、有趣的论坛,供用户自我表达、与他人联结。每月有超过1.7亿美国人在使用TikTok学习和分享各方面的内容。TikTok的最终母公司是由中国企业家在2012年创立的字节跳动,这是一家注册在开曼群岛的控股公司。目前字节跳动约58%的股份由全球机构投资者持有(如黑石集团、General Atlantic和Susquehanna国际集团),21%由创始人(目前住在新加坡的中国公民)持有,21%由员工持有,其中约7000名为美国人。但是自2019年至2022年,美国一直无端打压短视频社交媒体平台TikTok。2023年以来,美国无论是在联邦层面还是在州层面,封禁TikTok的呼声尤为高涨。

2019年,针对美国政府对TikTok平台提出的担忧,TikTok相关人员开始与美国外国投资委员会(CFIUS)接触,并就其母公司2017年收购的另一家、基于互联网的视频分享平台Musical.ly展开审查。

2020年8月6日,时任美国总统的特朗普突然发布了一项行政命令,试图根据《美国国际紧急经济权力法》(IEEPA)封禁TikTok。两个地区法院初步禁止了禁令,认为总统的IEEPA权限"处理任何不寻常且超常规的国家威胁"时"不包括(任何)直接或间接……限制个人通信或进出口任何信息或信息材料的权限",所以得出一项结论:该禁令超出了总统的IEEPA权限。

2020年8月14日,特朗普根据《美国国防生产法》第721条发布了一项命令,指示字节跳动撤出TikTok的美国业务和删除美国用户数据。

2020年11月10日,针对8月14日的命令,TikTok向美国哥伦比亚联邦巡回上诉法院申请审查撤资令和CFIUS的相关行为,指出美国政府在法案下缺乏管辖权。

2021年2月,美国哥伦比亚联邦巡回上诉法院根据各方的联合动议将请愿案搁置,以便各方协商解决。

2021年1月至2022年8月,TikTok相关人员就2020年8月14日的命令与CFIUS进行了密集、基于事实的推进,以制定一项国家安全协议,也解决CFIUS悬而未决的争议。

2022年12月,时任美国总统的拜登实际上禁止政府机构在其联邦设备和系统上安装TikTok。

2023年3月,时任美国总统的拜登要求字节跳动出售其在TikTok的股份,否则将采取一系列措施封禁该应用。而CFIUS也在没有提供任何理由说明国家安全协议草案为何不充分的情况下,坚持要求字节跳动剥离美国TikTok业务。

2024年4月24日,以维护国家安全为主要理由,美国总统拜登签署了《保护美国

[①] 人民网:《美国"围猎"TikTok违反国际经贸规则》,http://world.people.com.cn/n1/2023/0712/c1002-40033493.html,2024年8月23日最后访问。

人免受外国对手控制的应用程序侵害法》和《保护美国人数据免受外国对手侵害法》，两项立法目的相似，都是为了保护美国所谓的"国家安全"，但两项立法针对的对象不同。其中《保护美国人免受外国对手控制的应用程序侵害法》，就是针对 TikTok 的"不卖就禁"法案，即强制字节跳动剥离旗下应用 TikTok 美国业务。在相关条款中，给 TikTok 270 天剥离或退出，自 2024 年 4 月 24 日起算；给其他应用程序 270 天剥离或退出，自总统认定该应用程序对美国国家安全构成严重威胁之日起算。也就是说，TikTok 已经被美国国会直接认定为威胁美国国家安全，不需要美国总统认定，270 天内就要剥离或退出，无宽限期；而其他应用是否适用禁令，取决于美国总统是否认定其威胁美国国家安全，认定后 270 天内剥离或退出，美国总统还可以给予一次 90 天的宽限期，即最晚在认定后 360 天内剥离或退出。

2024 年 5 月 7 日，TikTok 宣布，TikTok 和其母公司字节跳动欲从美国国内法律途径寻求救济，在美国哥伦比亚联邦巡回上诉法院对美国政府提起诉讼，指控时任总统拜登签署的 TikTok "不卖就禁"法案违反宪法，要求法院推翻该法案。基于前述已经发生的事实，诉状中争议焦点、法律依据和事实根据主要如下：首先，该法案违反美国宪法第一修正案。(1) 法律依据：美国宪法第一修正案保护言论自由，禁止国会制定限制言论的法律。(2) 事实根据：①该法案通过禁止 TikTok 及相关在线平台和应用程序，限制了大量受宪法保护的言论自由。②美国政府无权对私人创建的言论论坛的所有权作出规定。③尽管国家安全是重要考量，但美国国会在修订 IEEPA 时已认识到保护美国宪法第一修正案权利的重要性。④由于 TikTok 的全球化发展战略等原因，该法案提出的所谓"合格剥离"方案在商业、技术或法律上不可行。⑤该法案中有关 TikTok 侵害数据安全和内容操纵进而侵害美国国家安全，没有充分和确信的证据支持，只是单纯的猜测。其次，该法案违反美国宪法第 1 条的规定。(1) 法律依据：美国宪法第 1 条，禁止美国国会通过任何剥夺公权法案，即不得对特定个人或团体进行立法惩罚。(2) 事实根据：该法案专门针对 TikTok 进行立法惩罚，要求 TikTok "不卖就禁"，构成违宪的剥夺公权法案。再次，该法案违反美国宪法第五修正案的平等保护原则。(1) 法律依据：美国宪法第五修正案的正当程序条款要求法律在适用上对所有人都平等。(2) 事实根据：该项法案主要针对 TikTok，使其受到不公正待遇并受到不利损害。最后，该法案违反美国宪法第五修正案"剥夺条款"。(1) 法律依据：美国宪法第五修正案规定，禁止在没有公正补偿的情况下非法征用私有财产。(2) 事实根据：该法案在没有给予公正补偿的情况下非法剥夺了 TikTok 的私有财产，并且该法案构成了管制型侵占进而剥夺了相关财产的经济用途。

总之，美国封禁 TikTok 的主要理由是为了保护美国国家安全，而在 2025 年 1 月 17 日，美国联邦最高法院也裁定 TikTok "不卖就禁"法案不违宪。但是，该法案和美国联邦最高法院的裁定与国际法律规则相悖。因为，作为《服务贸易总协定》的成员，美国在国内立法、执法、司法的过程中，必须承担《服务贸易总协定》所规定的国际法义务。根据《服务贸易总协定》第 14 条之 2 安全例外条款的规定，国家安全例外条款的适用必须符合《服务贸易总协定》所规定的适用条件。根据已经发生的争端事实，美国对于 TikTok 威胁国家安全只有潜在的担忧而没有确凿的证据证明，所以美国不择手段"围猎"TikTok 违反了国际经贸规则，是对国际法律规则的践踏，更是对国际秩序稳定性的破坏。

【主要法律问题】

1. 美国"围猎"TikTok是否受到《服务贸易总协定》的规制及违反了《服务贸易总协定》的何种义务

从国际法角度分析这一案件，首要问题是基于已经发生的事实选择案件所应适用的国际法律规范。作为跨国企业的字节跳动是TikTok的母公司及主要经营管理者，而TikTok软件本身是一个线上视频娱乐平台，旨在提供一个具有创造性、有趣的论坛，供用户自我表达、与他人联结。基于此，TikTok主要为美国用户提供数据流动及信息服务。依据《服务贸易总协定》第1条所规定的服务贸易的定义和分类，根据上述事实，可以得出，TikTok本身是属于商业存在即作为服务提供者的企业实体或者机构跨境。所以，《服务贸易总协定》可以适用于本案。

在明确《服务贸易总协定》可以适用于本案之后，就需要在《服务贸易总协定》的总体框架下，进一步明确美国围猎TikTok是否违反及违反何种国际法义务，这也是分析本案及解决案件争端的关键。自2019年以来，美国采取一系列措施欲打压甚至封禁TikTok，并且这些措施极具针对性。在2024年甚至通过专门针对TikTok的《保护美国人免受外国对手控制的应用程序侵害法》，这一法案将TikTok直接认定为威胁国家安全的跨国公司。这一主要针对TikTok的法案自然是违反了《服务贸易总协定》的第2条和第17条所分别规定的最惠国待遇原则、国民待遇原则。

2. 美国以国家安全为由"围猎"TikTok，能否援引《服务贸易总协定》第14条之2安全例外条款而合法地要求TikTok"不卖就禁"

在明确美国"围猎"TikTok违反了所应承担的相应国际法义务后，还需要进一步在《服务贸易总协定》的框架下分析美国为了维护国家安全而作出的这一系列措施是否具有合法性。因为《服务贸易总协定》的一个显著特点就是在追求国际服务贸易秩序稳定的同时充分尊重各个国家的主权，也因此规定了第14条的一般例外条款及第14条之2的安全例外条款。其中，该安全例外条款的适用具有特定的条件。一方面，该措施需要符合安全例外条款项下的某一具体措施；另一方面，这一措施需要符合第14条的引言规定，即这类措施的实施不在情况相同的国家间构成武断的或不公正的歧视，或构成对服务贸易的变相限制。所以，最为关键的问题就是服务贸易的自由与国家安全之间的平衡分析。

【主要法律依据】

《服务贸易总协定》（GATS）

第1条 1. 本协定适用于各成员影响服务贸易的措施。
2. 就本协定而言，服务贸易定义为：
(a) 自一成员领土向任何其他成员领土提供服务；
(b) 在一成员领土内向任何其他成员的服务消费者提供服务；
(c) 一成员的服务提供者通过在任何其他成员领土内的商业存在提供服务；

(d) 一成员的服务提供者通过在任何其他成员领土内的自然人存在提供服务。

3. 就本协定而言：

(a) "成员的措施"指：

(i) 中央、地区或地方政府和主管机关所采取的措施；及

(ii) 由中央、地区或地方政府或主管机关授权行使权力的非政府机构所采取的措施。

在履行本协定项下的义务和承诺时，每一成员应采取其所能采取的合理措施，以保证其领土内的地区、地方政府和主管机关以及非政府机构遵守这些义务和承诺。

(b) "服务"包括任何部门的任何服务，但在行使政府职权时提供的服务除外；

(c) "行使政府职权时提供的服务"指既不依据商业基础提供，也不与一个或多个服务提供者竞争的任何服务。

第 2 条 1. 关于本协定涵盖的任何措施，每一成员对于任何其他成员的服务和服务提供者，应立即和无条件地给予不低于其给予任何其他成员同类服务和服务提供者的待遇。

2. 一成员可维持与第 1 款不一致的措施，只要该措施已列入《关于第 2 条豁免的附件》，并符合该附件中的条件。

3. 本协定的规定不得解释为阻止任何成员对相邻国家授予或给予优惠，以便利仅限于毗连边境地区的当地生产和消费的服务的交换。

第 14 条之 2 1. 本协定的任何规定不得解释为：

(a) 要求任何成员提供其认为如披露则会违背其根本安全利益的任何信息；

(b) 阻止任何成员采取其认为对保护其根本安全利益所必需的任何行动；

(i) 与直接或间接为军事机关提供给养的服务有关的行动；

(ii) 与裂变和聚变物质或衍生此类物质的物质有关的行动；

(iii) 在战时或国际关系中的其他紧急情况下采取的行动；

(c) 阻止任何成员为履行其在《联合国宪章》项下的维护国际和平与安全的义务而采取的任何行动。

2. 根据第 1 款 (b) 项和 (c) 项采取的措施及其终止，应尽可能充分地通知服务贸易理事会。

第 17 条 1. 在列入其承诺表的部门中，在遵照其中所列条件和资格的前提下，每个成员在所有影响服务提供的措施方面，给予任何其他成员的服务和服务提供者的待遇不得低于其给予该成员相同服务和服务提供者的待遇。

2. 一成员给予其他任何成员的服务或服务提供者的待遇，与给予该成员相同服务或服务提供者的待遇不论在形式上相同或形式上不同，都可满足第 1 款的要求。

3. 形式上相同或形式上不同的待遇，如果改变了竞争条件从而使该成员的服务或服务提供者与任何其他成员的相同服务或服务提供者相比处于有利地位，这种待遇应被认为是较低的待遇。

【理论分析】

1. 企业在东道国进行国际服务贸易活动时受到不法侵害，可以通过东道国国内的有效纠纷解决途径寻求救济

调整国际服务贸易法律关系的法律规范不仅包括国际法律规范，而且包括国内法律规范。如今的国际服务贸易法体系仍有较大的发展空间，所以很多服务贸易事项如数据流动等需要国内法律规范进行调整。因此，当企业在东道国进行国际服务贸易活动时受到损害，除了通过国际法途径解决争议，还可以通过东道国国内的争端解决途径特别是司法、行政途径寻求救济，从而减少损失。

在本案中，美国公然违反国际经贸规则包括《服务贸易总协定》，不择手段"围猎"TikTok，甚至通过《保护美国人免受外国对手控制的应用程序侵害法》这一主要针对 TikTok 的"不卖就禁"法案，极大地损害了 TikTok 及其母公司字节跳动的合法利益。为了解决争端及减少损失，TikTok 及其母公司字节跳动，自 2019 年就开始通过行政途径与东道国的政府进行协商，试图消除美国政府对其潜在国家安全威胁的担忧。在无效协商及"不卖就禁"法案获得批准后，TikTok 选择通过美国国内司法途径寻求救济，于美国法院对美国政府提起诉讼，指控总统拜登签署的 TikTok "不卖就禁"法案违反宪法，并要求法院推翻该法案。这一事件展现了跨国公司在面临东道国监管措施时，试图通过国内多元纠纷解决机制主张权利的实践路径。尽管 TikTok 在诉讼中援引美国宪法权利与程序正义原则抗辩最终败诉，但是美方在该案处理过程中，违背了《服务贸易总协定》安全例外条款本意，以"国家安全"之名行贸易保护之实，将行政权力凌驾于正常司法程序与国际经贸规则之上。这种滥用国内法工具干预国际市场的行为，使 TikTok 的维权努力难以突破政治化、单边化的司法困境，但其通过司法程序对抗政府行政行为的过程，仍为研究企业如何利用东道国纠纷解决途径寻求救济提供了极具现实意义的观察样本。

2. 《服务贸易总协定》第 2 条和第 17 条的具体适用

《服务贸易总协定》第 2 条和第 17 条规定的是最惠国待遇原则及国民待遇原则。最惠国待遇原则是指，每一缔约方给予任何其他缔约方的服务或服务提供者的待遇，应立即无条件地以不低于其给予任何其他缔约方相同的服务或服务提供者。在适用时，以其他国家作为参照标准，该国不要求是《服务贸易总协定》的成员，但受惠者必须是成员的相同服务和相同服务提供者。国民待遇原则是指，每一成员根据在承诺义务的计划表中所列的服务部门或分部门及所述的任何条件和资格，给予其他成员的服务和服务提供者的影响服务提供措施的待遇不低于给予其本国相同的服务和服务提供者。《服务贸易总协定》的国民待遇原则仅适用于具体承诺表中的部门。

3. 《服务贸易总协定》第 14 条之 2 的具体适用

《服务贸易总协定》第 14 条之 2 的安全例外条款的适用是有具体条件的，即满足基本安全利益、情势紧急和善意原则等要求。基本安全利益，是指主权、战争等对国家至关重要的利益，关系到国家关键职能；情势紧急，是指存在现实或潜在的武装冲突、正在加剧的紧张状态或危机、国家不稳定状态等情形；善意原则，是指成员不得滥用安全例外条款，采取相关措施的目的必须与国家安全有关联。

在本案中，2019年，针对美国政府对TikTok平台提出的担忧，TikTok相关人员开始与CFIUS接触进行协商，并提出相应的解决方案，也投入了大量资金来保护相应的数据流动安全等涉及国家安全的事项。可是2024年，美国政府在缺乏证据的情况下，批准通过了《保护美国人免受外国对手控制的应用程序侵害法》这一主要针对TikTok的"不卖就禁"法案，并且声称是为了保护国家安全，但并没有提供充分且确凿的证据证明满足安全例外条款适用的条件，所以美国滥用安全例外条款对TikTok进行"围猎"违反了国际经贸规则，特别是《服务贸易总协定》。

【实操分析】

跨国企业出海受到非法损害，应重视东道国国内救济途径。作为商业往来中的重要主体，跨国企业出海除了需要考虑商业风险，也不能忽视潜在的法律风险。当跨国企业在东道国进行商事活动受到不法侵害而蒙受损失时，除了通过国际法律途径寻求救济，更要注重通过东道国国内救济途径解决法律纠纷。通过东道国国内救济途径解决法律纠纷时，除了注意司法途径，也要重视行政途径及社会途径，必要时也可以多种救济途径相结合来解决法律纠纷，以达到减少企业损失的目的。其中司法途径主要是诉讼和仲裁；行政途径则主要是指行政复议、与行政机关协商等；社会途径则主要包括获得舆论支持等。无论是TikTok因"不卖就禁"法案在其东道国即美国法院起诉美国政府，还是小米集团因被列入"军工企业清单"而在其东道国即美国起诉寻求救济，两者都是跨国企业出海受到非法损害时通过东道国国内救济途径解决法律纠纷的典型案例。

【思考题】

（1）结合本案，如何正确适用《服务贸易总协定》第14条之2安全例外条款？
（2）在贸易保护主义盛行的背景下，如何平衡自由贸易和国家安全之间的关系？

案例四　中美电子支付服务案①

【基本案情】

2010年9月15日，美国要求就"中国对支付卡的电子支付服务及服务供应商的某些限制和要求"与中国磋商。美国声称，中国只允许一个中国实体（中国银联）为中国人民币计价和支付的支付卡，其他成员的服务供应商只能以外币支付卡的形式提供这些服务；中国还要求所有支付卡处理设备与该实体的系统兼容，并且必须带有该公司的徽标。美国声称，中国的行为不符合《服务贸易总协定》第16条和第17条的规定。在专家组报告中，专家组虽然没有支持美国确认中国银联垄断地位的诉讼请求，

---

① 钟志勇：《电子支付服务中的关键概念及立法选择——兼评中美电子支付服务世贸组织争端案》，载《金融教育研究》2015年第2期，第9—13页。

但支持了美国要求中国开放电子支付市场的主张,也就意味着中国必须逐步向世界开放银行卡支付服务市场。

中国银联于2002年成立,由不同的中国银行或者金融机构对其进行投资,在于实现"银联跨行交易清算系统,实现各个商业银行之间的互通,保证银行卡跨行、跨地区和跨境的使用"。[①] 中国银联在中国国内支付和清算系统有着绝对的支配权,外国支付机构想要进入中国市场,必须与中国银联共同发行"双标卡",也就是同时标记中国银联和其他外国银行机构的标记,还要求必须使用中国银联作为结算通道。[②] 同时,在中国银联设立后,中国颁布《银行卡业务管理办法》等一系列规章和规范性文件规范银行卡市场,但也使美国VISA等外国电子支付服务提供商难以进入中国。

对此,美国指控,中国政府采取的多项措施,妨碍VISA、Mastercard等外国电子支付服务提供商进入中国市场并与中国银联平等竞争。中国所采取的措施具体包括以下几个方面:(1)发卡方要求,中国强制要求所有商业银行发行在中国跨行人民币交易的银行卡,必须正面标注中国银联标识,而且需要统一适用中国的统一业务规范和技术标准。[③] (2)终端机具要求,强制要求中国境内所有自动柜员机(ATM)、商户卡处理设备和销售点(POS)等终端机接受标有中国银联标识的银行卡。(3)收单方要求,要求收单机构张贴中国银联标志,并必须受理所有标有中国银联标志的银行卡。(4)中国香港和澳门要求,即中国政府规定只能由中国银联处理"在大陆发行的而在香港或澳门使用的人民币银行卡"和"在香港或澳门发行并在大陆人民币交易中使用的银行卡"。(5)唯一提供商要求,即强制要求中国银联作为所有人民币银行卡交易的唯一电子支付服务提供商。(6)跨行禁令,即禁止非中国银联卡进行跨行或跨区域的支付卡交易,也就是说中国银联是跨行和跨区域支付卡交易的唯一提供商。

在中国银联成立之初,中国并未加入WTO,商务外国银行卡组织从事相关境内结算业务,中国没有能力单独发行银行卡。VISA最早进入中国的电子支付市场,与中国银联一同发行在中国境内外都可以使用的"双标卡"。后中国国内金融业迅速发展,中国银联同时也迅猛发展。从2006年起,中国银联采取关闭"双标卡"的措施,将国内支付结算市场掌握在自己的手中。与此同时,中国银联加速扩展海外市场,承诺为使用中国银联系统的客户包括外国客户免除佣金和手续费。2010年,VISA向全球会员国发函,要求在处理与中国银联联名卡时,禁止对使用联名信用卡的中国境外的交易使用中国银联结算通道,后美国向WTO提出磋商解决。

【主要法律问题】

本案主要涉及的法律问题包括:(1)中国相关措施是否违反了服务贸易下中国关于市场准入的承诺。(2)中国相关措施是否违反服务贸易国民待遇的承诺,给予外国电子支付服务供应者的待遇低于中国银联。专家组通过中国对不同服务模式项下具体

---

① 中国银联:http://corporate.unionpay.com/infoComIntro/infoCompanyIntroduce/zhongguoyinliangaikuang/file_3945122.html,2024年4月29日最后访问。

② 陈雨松:《VISA诉银联,究竟谁赢了?——美国诉中国电子支付WTO争端案评析》,载《金融法苑》2014年第1期,第276—295页。

③ China-Certain Measures Affecting Electronic Payment Serivice,WT/DS413/R,Para. 2. 4.

部门提供的承诺不同作出分析,并主要分析了本案所涉模式一(跨境提供)与模式三(商业存在)。

1. 中国相关措施是否违反了市场准入承诺

《服务贸易总协定》的宗旨是在透明和自由的前提下,建立一个服务贸易原则和规定的多边框架。《服务贸易总协定》规定的成员义务分为一般性义务与具体承诺义务,一般性义务适用于《服务贸易总协定》成员的所有服务部门,具体承诺义务仅适用经过多边或者双边谈判后承诺开放的服务部门。[①] 目前,绝大多数的国家向 WTO 提交了减让表,并以"负面清单"和"正面清单"结合的方式对服务贸易部门的开放条件及限制作出了说明,从而明确开放和不开放的部门。

美国认为,中国对电子支付服务(以下简称 EPS)提出的六项要求与《服务贸易总协定》第 16 条不符。美国提出,中国在其减让表中就 EPS 的供应作出了模式一和模式三的承诺;中国通过实施上述六项要求,在中国境内为中国银联建立了一种垄断地位,使中国银联无论何时都是人民币银行卡交易的独家 EPS 供应商。因此,美国认为中国该六项要求不符合中国根据《服务贸易总协定》第 16 条第 1 款和第 2 款(a)项所应承担的义务。中国认为,美国未能证明中国在《服务贸易总协定》第 16 条第 2 款(d)项下就模式一和模式三作出了相关的市场准入和国民待遇承诺,因此请求专家组驳回美国的主张。专家组首先通过对中国是否在模式一或模式三下就有争议的服务作出了市场准入承诺进行讨论。

(1)模式一(跨境提供)。

美国认为,中国在具体承诺减让表 7.B 中,作出了对模式一的市场准入承诺。在模式一下的单词"不作承诺"(unbound)由"除下列内容外"(except for the following)修饰。具体何为"除外"的服务,又通过描述分部门(d)内的服务要素进一步阐述。

美国认为,中国对模式一"跨境提供"服务应理解为包括"提供和转移金融信息"和"咨询、中介和其他辅助服务"这两方面,因为这两个方面是核心服务的组成部分,应适当地归类于"跨境提供"服务,而不是分部门(k)或(l)。

专家组发现,模式一下的市场准入承诺包含"不作承诺"一词,并加上"除下列内容外"等字。本案的争议在于"除外"下的两项服务,这在文本表述上与中国已承诺的子部门(k)和(l)完全一样,而中国在这两个子部门下的承诺是全面的,因此认为中国对于分部门(d)也同样完全承诺。专家组注意到,中国对于模式一的承诺与中国对模式四不同,对于模式一的承诺中国并未明确提及减让表另一部分。专家组通过文本分析认为,"提供和转移金融信息"和"咨询、中介和其他辅助服务"不同于分部门(a)至(f)下的部门一栏所列的服务,它们涉及不同的供应商。因此,该两项服务属于分部门(d)下所规定的服务"要素"。最终,专家组认为在 7.B 下的子部门(a)至(f)项服务中国实际上并未作出全面承诺,仅对(k)与(l)作出全面承诺。

(2)模式三(商业存在)。

美方认为,从 2006 年开始中国就已经没有模式三的市场准入限制。中国声称,其

---

① 余劲松、吴志攀:《国际经济法》(第四版),北京大学出版社、高等教育出版社 2014 年版,第 143 页。

对分部门（d）和模式三的市场准入承诺仅限于外国金融机构（FFI）。双方就中国适用于外国金融机构的分部门（d）和模式三方面作出了市场准入承诺这一点双方达成一致。该承诺对于准入对象是否只限于外国金融机构及 EPS 是否包括外国金融机构有争议。[1] 中国注意到，"金融机构"一词虽已在各 WTO 成员减让表中被广泛使用，但未对该术语作出明确的界定。中国进一步指出，其市场准入方式适用于金融机构，而不是指"金融服务提供者"或"外国服务提供者"。中国认为，"金融机构"的一般含义比"金融服务提供者"一词的含义窄。在中国看来，金融机构是指银行等各类受监管的金融机构。

专家组首先从"金融机构"的一般含义、相关字典解释和行业资料出发，认为在中国的减让表下"金融机构"是指在（a）至（f）子部门的金融服务中的任何外国组织、公司或其他商业实体。[2] 基于中国减让表所提供的上下文中解读的"金融机构"一词，专家组认为没有理由将外国 EPS 供应商排除在"金融机构"含义外。专家组还从《服务贸易总协定》与 WTO 的目标和宗旨角度出发，认为将"金融机构"包含外国 EPS 提供者并不与其目的和宗旨相违背。专家组认为，想要确保承诺的安全性和可预测性就必须赋予中国减让表中使用的词语具备承担上下文义的能力。

专家组从"中国前五年非银行外国金融机构可以进入中国市场，而其他外资银行和金融公司将面临限制"的例子出发，论证专家组将外国 EPS 提供者纳入金融机构的合理性。本案中，美国所提出的问题是中国为国内人民币支付卡交易提供 EPS。中国提供其他成员的 EPS 业务是人民币业务。中国对模式三的承诺明确提到了人民币业务，在五年的淘汰期结束后外国金融机构可以向中国所有企业或自然人服务，不受地域、所有权、经营或司法形式等非审慎授权标准的限制。因此，专家组认为 EPS 提供者所服务的企业和自然人包括发卡机构、收单机构、商户、个人或公司持卡人。更重要的是，模式三没有通过排他性服务提供者的形式限制服务提供者的数量，但在市场准入承诺中具体提到了外国金融机构从事本币业务的资质要求：外资金融机构在申请授权从事人民币业务前，必须在中国境内经营满三年，且连续两年实现盈利。也就是说，外资机构必须通过商业存在的形式在中国从事外币业务，然后才能申请授权，开展本币业务。基于上述分析专家组认定，对于外国金融机构所提供的 EPS 的（d）项服务，中国作出了与模式三相同的承诺。因此，最终专家组认为中国应让其他 WTO 成员的 EPS 提供者，在资质满足的情况下允许以商业存在的形式进入其市场从事人民币相关业务。[3]

2. 中国有关措施是否违反了《服务贸易总协定》第 16 条

美国声称，中国在其减让表中承诺不对其他 WTO 成员在 EPS 数量上限制。基于这些承诺，美国认为有关措施不符合中国在《服务贸易总协定》第 16 条第 1 款和第 2 款（a）项下的义务。中国则主张，美国未能证明所涉措施维持或采用了与《服务贸易总协定》第 16 条第 1 款或第 2 款（a）项所不一致的数量限制。

---

[1] 杨国华：《"中国电子支付服务案"详解》，载《世界贸易组织动态与研究》2013 年第 2 期，第 47-67 页。
[2] China-Certain Measures Affecting Electronic Payment Serivice，WT/DS413/R, Para. 548-551.
[3] China-Certain Measures Affecting Electronic Payment Serivice，WT/DS413/R, Para. 572-575.

专家组首先对已审查且结案的措施进行了回顾总结。专家组认为，中国的法律文件要求在中国发行的银行卡必须标注中国银联标识，发卡机构成为中国银联网络的成员及在中国所发银行卡达到统一的商业要求和技术标准等其他要求，[①]但专家组并未发现，存在一个普遍的规定要求中国国内所有人民币银行卡交易都必须使用中国银联作为唯一 EPS 供应商。同样，专家组也并未发现，在跨地区或银行间交易中使用"银联卡"具有广泛性。中国没有将中国银联确立为"唯一供应商"，也没有广泛禁止使用非银联卡进行跨地区或银行间交易，因此专家组认为此两项措施并不违反《服务贸易总协定》第 16 条。

对于其余的四项措施，专家组首先回顾了先前的结论，即中国未在其减让表第 7.B (d) 中的争议服务依照模式一的方式作出任何市场准入承诺。专家组进一步认为发行人、终端设备、收购方和中国香港、澳门的要求与《服务贸易总协定》第 16 条并不抵触。美国则认为，中国的各项措施有效地、明确地保持中国银联特权，认为除银联卡以外，没有任何电子结算系统供应商能从对银行卡、发卡人和收卡人的要求或终端设备要求中获益。美国认为，这四项措施属于《服务贸易总协定》第 16 条第 2 款 (a) 项所称的"垄断"，限制了服务者的数量，因此专家组需要进行审查。

首先，专家组解释了垄断（monoplay）[②]、排他性服务提供者（exclusive service supplier）的含义及两者之间的关系。专家组认为，《服务贸易总协定》第 16 条第 2 款 (a) 项的重点不在于措施的"形式"，而在于其"数字或数量性质"，并认为"以……的形式"等字应该被忽略。

其次，专家组对发行者、终端设备和收单机构措施是否与《服务贸易总协定》第 16 条第 2 款 (a) 项相违背进行分析。对于"发卡机构要求"，专家组认为，法律文件并未表明作为中国银联成员的发卡机构不能在中国加入其他的网络，也未存在满足中国银联统一商业要求和技术标准的银行卡不得满足其他网络的要求。对于终端设备，专家组表示，法律文书中并未规定终端设备必须接受带有中国银联标志的银行卡，也未规定必须不能接受带有其他 EPS 供应商标志的银行卡。中国通过《中国人民银行关于印发〈2001 年银行卡联网联合工作实施意见〉的通知》（银发〔2001〕37 号）、《中国人民银行关于印发〈银行卡联网联合业务规范〉的通知》（银发〔2001〕76 号），以及《中国人民银行关于规范和促进银行卡受理市场发展的指导意见》（银发〔2005〕153 号）文件，要求收单方加入银联网络，遵守统一的业务标准和跨行互操作技术规范，收单方运营或提供终端设备能够接受中国银联或银联标识的银行卡。对于收单机构，同样也不存在收单机构禁止接受银行间的及非银联网络处理的银行卡的规定。专家组最终总结相关法律文件，得出其中任何条款都没有 EPS 供应商的数量以垄断方式加以明确限制。最终专家组认为该三项措施并不违反《服务贸易总协定》第 16 条第 2 款 (a) 项。

---

① 上文中的六项要求。

② 安提瓜和巴布达诉美国博彩服务案中，上诉机构考虑了 GATS 第 16 条第 2 款 (a) 项中关于"以垄断和排他性服务提供者的形式"限制服务提供者数目的提法应理解为包括在形式或实际上是垄断或排他性服务提供者的限制。

3. 中国措施是否违反了国民待遇承诺

美国声称，中国所提出的六项要求总体或者单独上都不符合《服务贸易总协定》第 17 条。美国认为，上述六项的要求使外国电子支付服务提供者的待遇低于中国银联，不符合国民待遇原则的要求。专家组肯定了美国提出的依据"中国出版物和音像制品"一案中专家组所采取的三要素分析是否违反《服务贸易总协定》第 17 条。美国认为需要以下三个要素：（1）中国已就有关部门和供应方式的国民待遇作出承诺，并考虑减让表所列的任何条件和资格或限制；（2）中国措施是影响服务供给的措施；以及（3）中国给予任何其他成员的服务或服务提供者的待遇低于中国给予其同类服务或服务提供者的待遇。①

对此，专家组重点分析了发卡方要求、终端机具要求和收单方要求，并认为对于这三项要求，美国所主张的"唯一供应商"与"跨区域或跨行业禁令"不存在。因此专家组认为没有必要继续讨论美国指控的这两项措施是否符合《服务贸易总协定》第 17 条。

首先，专家组分析对于中国在涉案服务的模式一下是否作出了国民待遇承诺进行分析。美国认为，中国对模式一作出了全面的国民待遇承诺，并在其减让表的国民待遇栏中对该模式题写了"没有限制"（none）。专家组注意到，各当事方对模式一中的国民待遇承诺的范围存在分歧，主要体现在中国的市场准入承诺中的"无约束"对国民待遇承诺范围的影响，为此专家组对《服务贸易总协定》第 20 条（2）款进行分析，最终认定存在与市场准入和国民待遇义务不一致的措施。《服务贸易总协定》第 16 条的范围和第 17 条的范围并不像中国所主张的那样是相互排斥的，这两项规定可以适用于单一措施，因此在市场准入栏中列明的一项措施同样在国民待遇下构成限制。最终，专家组认为就模式一的服务而言，允许中国保留采取与《服务贸易总协定》第 16 条和第 17 条不符的任何措施。而发卡方要求、终端机具要求和收单方要求并不属于市场准入方面的限制，因此应该受到中国国民待遇下的承诺的约束。

其次，专家组对中国在模式三下是否作出了国民待遇承诺进行分析。美国注意到，除模式三市场准入一栏中所载的地理和客户限制外，中国在国民待遇方面不存在其他限制。此外，由于上述市场准入限制已于 2006 年 12 月到期，因此在（d）项和模式三方面不再存在任何国民待遇限制。最终，专家组认为外国金融机构在国民待遇方面没有限制，认为电子服务提供商应当属于"外国金融机构"，中国在其第 7.B 部分模式三下作出了国民待遇承诺。

最后，专家组讨论了涉案措施与国民待遇原则的相符性。专家组认为，发卡方要求、终端机具要求和收单方要求对于中国银联在中国市场上提供电子支付服务的条件构成了影响。此外，专家组从《服务贸易总协定》第 17 条文本分析认为，同类服务是指彼此之间存在竞争关系的服务，中国银联提供的电子支付服务和其他成员电子支付服务提供商提供的电子支付服务构成"同类服务"。② 因此，专家组裁定，中国采取的上述发卡方要求、终端机具要求和收单方要求对世界贸易组织其他成员的服务提供者

---

① China-Certain Measures Affecting Electronic Payment Serivice，WT/DS413/R，Para. 641.
② China-Certain Measures Affecting Electronic Payment Serivice，WT/DS413/R，Para. 700.

提供了"较低的待遇",违反了《服务贸易总协定》第 17 条关于国民待遇的规定。

【主要法律依据】

《服务贸易总协定》(GATS)

第 16 条　1. 在第 1 条所确定的服务提供方式的市场准入方面,每个成员给予其他任何成员的服务和服务提供者的待遇,不得低于其承诺表中所同意和明确的规定、限制和条件。

2. 在承担市场准入承诺的部门中,一成员除非在其承诺表中明确规定,既不得在某一区域内,也不得在其全境内维持或采取以下措施:

(a) 限制服务提供者的数量,不论是以数量配额、垄断、专营服务提供者的方式,还是以要求经济需求测试的方式;

(b) 以数量配额或要求经济需求测试的方式,限制服务交易或资产的总金额;

(c) 以配额或要求经济需求测试的方式,限制服务业务的总量;

(d) 以数量配额或要求经济需求测试的方式,限制某一特定服务部门可雇佣的或一服务提供者可雇佣的、对一具体服务的提供所必需或直接有关的自然人的总数;

(e) 限制或要求一服务提供者通过特定类型的法律实体或合营企业提供服务的措施;

(f) 通过对外方持股的最高比例或单个或总体外方投资总额的限制来限制外方资本的参与。

第 17 条　1. 在列入其承诺表的部门中,在遵照其中所列条件和资格的前提下,每个成员在所有影响服务提供的措施方面,给予任何其他成员的服务和服务提供者的待遇不得低于其给予该成员相同服务和服务提供者的待遇。

2. 一成员给予其他任何成员的服务或服务提供者的待遇,与给予该成员相同服务或服务提供者的待遇不论在形式上相同或形式上不同,都可满足第 1 款的要求。

3. 形式上相同或形式上不同的待遇,如果改变了竞争条件从而使该成员的服务或服务提供者与任何其他成员的相同服务或服务提供者相比处于有利地位,这种待遇应被认为是较低的待遇。

第 20 条　1. 每个成员都应在承诺表中列明其根据本协定第三部分而承担的具体承诺。在承担该承诺的部门,每个成员应明确列出:

(a) 市场准入的规定、限制和条件;

(b) 国民待遇的条件和资格;

(c) 有关附加承诺的义务;

(d) 适当情况下,实施这类承诺的时间表;

(e) 这类承诺的生效日期。

2. 与第 16 条和第 17 条都不符的措施,应列入与第 16 条有关的栏目中。在这种情况下,列入的内容也将被视为对第 17 条规定了一项条件或资格。

3. 具体承诺表应作为本协定的附件,并应作为本协定的整体组成部分。

【理论分析】

在本案中,美方首先以"电子支付服务"为突破口,认为其本身应视为独立的服务,而不是多种服务的简单叠加,这样可以避免某个具体环节的失败导致整个诉讼的失败。从总体上来看,美国部分诉讼主张得到专家组的支持,例如,"电子支付服务"的归类;"香港、澳门要求"违反市场准入义务;发卡方要求、终端机具要求和收单方要求违反国民待遇义务,等等。

美方虽然取得名义上的胜利,但是中国提出,中国并未针对市场准入方面的实体设置条件或者障碍。专家组也同样赞同,美方所提出的中国银联为唯一服务提供者,并不能够证明中国存在电子支付服务的市场准入壁垒,因此中国事实上对于电子支付并没有阻碍其他服务商进入,如果 VISA 要进入中国,就必须以模式三(商业存在),满足中国服务贸易减让表的有关设立要求。

同时,本案涉及市场准入与国民待遇承诺两者之间关系,使专家组能够借助本案将两者的关系说清楚。中国在减让表中作出"没有限制"的承诺,而在市场准入中"不作承诺"。也就是说,外国服务者在进入中国市场后必定给予国民待遇。专家组援引 GATS 第 20 条(2)款"与第 16 条和第 17 条不符的措施,应当列入第 16 条。在这种情况下,列入的内容将被视为对第 17 条规定了一项条件或资格"。专家组认为,如果适用该条,则在市场准入栏下列入的条件或资格,也自动构成国民待遇下的条件或者资格。因此,专家组最终认定,在发卡方要求、终端机具要求和收单方要求下,中国银联处于国内优势地位,违反国民待遇原则。

本案裁决明确在减让表 7.B 整体上,中国并未作出市场准入的承诺,而该表 7.B 是其他金融机构想要进入中国的主要依据,在本案之后,WTO 成员相关金融服务只能通过模式三进入中国市场。但由于中国在加入 WTO 时作出的相关承诺,其他成员想要依据模式三进入中国市场则难度更大。中国政府对于跨国金融服务的国内监管权限增大,美国等其他成员想要在中国发展跨境金融服务将受到很大影响。

【实操分析】

在分析 WTO 服务贸易案件时,我们需要注意以下几点:首先,明确所涉及的服务部门涉案成员作出何种承诺及这些承诺有无例外情况。只有在案件开始明确所涉成员的承诺类型,才能在后续明确相关成员所谓违反的义务条款。其次,服务贸易涉及市场准入与国民待遇相对较为特殊的两项具体承诺,厘清两者不同的承诺下对不同服务部门所造成的影响,在已作出市场准入承诺后国民待遇为自动赋予,而对于未给予市场准入承诺是否给予国民待遇则根据情况确定。最后,还需要注意服务贸易的四种形式,各个成员对于不同形式的承诺并不相同,需要注意各个成员在承诺时所作出的具体描述。

【思考题】

(1) GATS 所规定的四种服务形式与国际投资之间有什么关系?
(2) GATS 下市场准入与国民待遇原则的关系是什么?
(3) 中国是如何规定 GATS 四种服务形式下的市场准入与国民待遇原则?

第四章

国际技术贸易管理法

第一节 国际技术贸易法概述

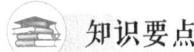 知识要点

一、国际技术贸易与国际技术贸易法

国际技术贸易是国际贸易的主要形式之一,它与国际货物贸易、国际服务贸易共同组成了一个完整的国际贸易体系。国际技术贸易法是一个广义的概念,它是对国际技术贸易活动中产生的各种技术进出口法律关系进行调整的法律规范的统称。在加入世界贸易组织后,我国随即对《对外贸易法》进行了修订,修订后该法明确规定,我国的对外贸易主要分为三种类型:货物进出口、技术进出口和国际服务贸易。国际技术贸易涉及的领域非常广泛,基本上包括所有与技术转移相关的活动,如国际许可贸易、国际技术咨询与服务、国际工程承包等。国际技术贸易的基本方式包含国际技术转让、国际技术许可、国际技术投资及国际技术合作等。

在《国际技术转让行动守则(草案)》(the International Code of Conduct on the Transfer of Technology)中,国际技术转让的内容包括:

(1)各种形式的工业产权的转让、出售与使用许可,但不包括单纯的商标、服务商标和商号名称的转让与使用许可;

(2)以可行性研究、计划、图表、模型、说明、手册、公式、基本或详细的工程设计、培训方案和设备、技术咨询服务和管理人员服务及人员培训等方式,提供专有技术和技术知识;

(3)提供工厂和设备的安装、操作和运用及交钥匙项目所需的技术知识;

(4)对于将要或已经购买、租赁或以其他方式获得的机器、设备、中间产品或原材料,提供取得、安装和使用所需的技术知识;

(5)提供工业和技术合同安排的技术内容。

国际技术贸易与国际货物贸易并不是孤立的,它们是紧密相连的,可以用"内"和"外"来比喻,即国际货物贸易为表,国际技术贸易为里。其实可以用更为直观的逻辑方式来理解这个问题:假如在国际贸易过程当中知识产权无法得到有力的保护,那么此种以知识产权产品为内容的贸易过程就会受到一定的干扰。简言之,正是由于存在转让知识产权的技术贸易,因此以知识产权产品为内容的货物贸易飞速发展,从而形成了发达的国际货物贸易。正是因为大量货物中所包含的知识产权是通过许可获得的,国际技术贸易法势必会日益得到关注,从而推动国际贸易统一实

体法律规范的完善与发展。

二、技术

世界知识产权组织1977年出版的《供发展中国家使用的许可证贸易手册》为技术所下定义为:"技术是制造一种产品、应用一项工艺、提供一种服务的系统知识,不论这种知识是否反映在一项发明、一项外观设计、一项实用新型或一种植物新品种中,或者反映在技术情报或技能中,或反映在专家为设计、安装、开办或维修一个工厂,或为管理一个企业及其活动而提供的服务或协助中。"

在我国,技术成果是指利用科学技术知识、信息和经验作出的涉及产品、工艺、材料及其改进等的技术方案,包括专利、技术秘密、计算机软件、集成电路布图设计、植物新品种等。

三、国际技术贸易的特点

国际技术贸易与国际货物贸易、国际服务贸易等相比具备自身的特点,三类贸易类型之间存在一定的差异。

1. 国际技术贸易的标的是无形的技术知识

与其他国际经济贸易类型相比,国际技术贸易最明显的区别在于其标的是特定的、无形的技术知识。该种无形的技术知识由于其自身性质,只有借助特定的有形载体才能为外界所感知。无形的技术知识既不具备某种固定的形态,也无法用特定的标准来衡量其质量。国际技术贸易的对象是生产技术和经营技术。其中,生产技术是指与产品的生产、加工等相关的知识,经营技术则是指与企业运作相关的知识。从实际情况看,经营技术对经济产生的作用日渐明显。

2. 国际技术贸易的被许可方取得技术的使用权

因为国际技术贸易的标的物是无形的,因此,这类货物可以在不重复生产的情况下,被许多人进行形式上的多次转移,或者将其转移给多人,并且,通过这种形式上的转移,技术的所有者或持有者转让的仅仅是该技术的使用权,而所有权仍然掌握在自己手中,并没有被剥夺。但需要说明的是,此处所提到的使用权是一种概括性指向,仅是相对于所有权而言的。

一般来说,技术的被许可方所取得的具体权利一般还应包括使用技术制造产品的权利和销售技术产品的权利等。技术的被许可方所取得的使用权有时并不是完整的使用权,如一家生产饮料的公司获得一项生产葡萄汁的技术后,即使应用该项技术还可以生产其他种类的饮料,而且这种饮料比其所生产的葡萄汁利润更大,除非得到许可方的许可,否则公司不能使用此项技术生产这种饮料。此外,技术的被许可方获得技术后也不能通过其他方式,如租借、赠送、转售等方式授权第三方使用。虽然技术的被许可方获得的使用权与一般实物使用权相比存在某种使用上的瑕疵,但技术的被许可方因为获得的是技术这种特殊标的,就存在改进、更新的机会,并由此会获得在该产业领域跳跃发展的机会。

3. 国际技术贸易是一个长期的、复杂的交易过程

可以说,任何一种交易本身都是一个过程,强调国际技术贸易的过程性原因在于:首先,国际技术贸易与国际货物贸易等类型的交易相比,需要更长的时间,几年或十几年的合同期限在国际技术贸易实践中是十分普遍的;其次,国际技术贸易不仅期限较长,而且当事人之间的权利、义务关系也十分复杂,不仅涉及技术项目

的选定,技术先进性、适用性的分析,技术的被许可方对技术的接受、消化,以及对技术被许可方技术人员的培训等,而且涉及贸易政策、贸易条件及支付方式等方面的问题,因此,洽谈、履行交易的过程都较长。

4. 国际技术贸易中政府参与的程度较强

各国政府对技术的进出口都保持着一种重视且谨慎的态度,因为技术的进出口对所涉国家的政治、经济、军事影响较强,尤其是一些高、精、尖的技术,技术的进出口对本国的产业影响也较大,技术转让的一个最直接的后果可能就是培养出一个与本国相竞争的潜在对手。"二战"后的日本就是通过从发达国家(主要是美国)引进先进的技术,并加以改进,增强了本国的经济实力,并将改进后的技术,以许可方的身份转让回了原许可方国家。因此各国对技术的进出口都进行政府控制。一般来说,由于发展中国家在技术转让过程中处于明显的劣势地位,谈判力量较弱,许可方经常会在许可协议中施加一些限制性的商业条款,对被许可方进行不合理的限制。为了避免这种限制性商业条款损害本国利益,同时为了保证所引进的技术对本国经济的发展能起到积极的作用,发展中国家都很重视对技术进口的政府干预。发达国家一般设有专门的法律对技术的进出口进行管理。从控制方式上看,技术出口的控制与货物出口的控制可以遵循相同的法律程序。

案例一 美国诉中国技术转让案件①

【基本案情】

2018年3月美国以中国有关技术转让的措施构成不公平贸易为由进行"301调查"。同时美国根据《关于争议解决规则与程序的谅解》(DSU)第1条和第4条,请求与中国进行磋商。美国认为中国有关技术转让的相关法律法规违反了《关税及贸易总协定》(GATT)和《与贸易有关的知识产权协定》(TRIPS协定)有关规定。欧盟同样于2018年12月向WTO起诉中国,欧盟的磋商除涉及TRIPS协定与GATT外,还涉及《中国入世议定书》有关条款。DS542与DS549统称为"美欧诉中国技术转让案"。② 美欧均认为中国《技术进出口管理条例》(2011)与其他所列文件分别或共同违反国民待遇,并违反TRIPS协定第28条第1款、第2款授予的专利权规定,称中国"有关中国的技术转让法律法规及其他措施引导外国企业向中国转让技术",违反WTO相关规则。

中国自加入WTO融入世界贸易体制以来,经济总量迅速增长,且近年来专利技术不断发展,构成强有力的竞争姿态。美国采取全面遏制中国发展的战略方针,认为中国扰乱国际市场秩序、利用现有的国际经济体制扭曲市场。美国在2018年3月公布决定对中国强制技术转让等不公平的贸易手段启动"301调查",对来自中国的商品采取

---

① 中华人民共和国商务部WTO/FTA咨询:《美国301调查,中国与技术转让:(再)再议法律与其局限性》,http://chinawto.mofcom.gov.cn/article/br/bs/201806/20180602753423.shtml,2024年8月23日最后访问。

② China-Certain Measures Concerning the Protection of Intellectual Property Rights, DS542; China-Certain Measures on the Transfer of Technology, DS549.

不合理的单方贸易限制措施，征收额外关税，即 301 关税。2018 年 3 月 22 日美国公布《301 调查报告》，同年 10 月发布"更新版报告"。《301 调查报告》认为，中国知识产权和技术转让有关政策或制度存在如下问题：(1) 将技术转让作为获得市场准入或持续经营的条件；(2) 在技术转让制度中对外国所有权的限制；(3) 中国技术转让制度中不透明的行政审批和歧视性许可限制；(4) 侵犯美国知识产权，知识产权保护不足，未能从根本上改变体制加强知识产权保护和执法。

美国向专家组的陈述中存在与上述《301 调查报告》类似的指控，认为中国就外国技术转让之间施加不利条件，违背国民待遇原则。同时，认为中国法律对外国投资者进入中国的方式及合资企业中的持股比例上限作出要求，与其他一系列的行政审批措施共同违反 TRIPS 协定与 WTO 有关规定。中国的争议措施歧视外国知识产权权利人，限制外国知识产权权利人保护知识产权的能力，违反了中国的 WTO 义务。总的来说，美国认为中国在外资市场准入审批、技术转让政策和知识产权保护三个方面违反了 TRIPS 协定的规定。

欧盟单独提出中国《中外合资经营企业法实施条例》《中外合资经营企业法》不符合《中国入世议定书》有关条款第 1 部分第 7.3 款和第 1 部分第 1.2 款下的承诺。欧盟认为，中国以"获得国家或者地方主管部门的必要批准"作为相互合作的条件，还对合资企业转让的技术类型施加要求，这些做法限制了外国投资者是否决定与合资伙伴之间达成转让协议的自由。例如，《中外合资经营企业法》第 5 条规定，外国合作者向中外合资经营企业提供的技术和设备必须是先进的、适合中国需要的；《中外合资经营企业法实施条例》第 41 条规定，合营企业取得的技术必须是适用的、先进的，产品在国内具有显著的社会经济效益或者在国际市场上具有竞争力。

在本案之外，欧盟在对中国的进口产品的反倾销比较价格确定方面坚持认为中国为"非市场经济国家"，并于 2016 年通过《欧盟反倾销条例》，将中国列为非市场经济国家。① 欧盟在 2018 年正式通过《WTO 改革概念性文件》，建议要重新创造符合体制及竞争秩序的规则，提出针对政府提供所导致的明显性市场扭转需要制定更完善的补贴通报规则。

【主要法律问题】

本案与美国对中国启动"301 调查"对中国征收额外关税，都是美国企图利用现有的国际贸易机制，遏制中国的发展，为自己采取单边贸易措施或继续采用歧视性对待中国产品寻找突破口。本案主要涉及 WTO 相关知识产权的国民待遇及中国相关法律中关于专利授权的规定，以及欧盟从专利保护期限出发对中国提出的指控。

1. 违反国民待遇和专利授权规定

美国指控中国在相关技术转让的法律法规中，违背国民待遇原则，强迫外国公司转让技术给中国企业，具体涉及中国《中外合资企业法实施条例》第 43 条第 2 款第 (4) 项。美国指出：中国《中外合资企业法实施条例》单独适用或集合与其他所列文件一起适用，与 TRIPS 协定第 28 条第 1 款 (a) (b) 项所规定的专利权人享有的专利

---

① 张乃根：《试析美欧诉中国技术转让案》，载《法治研究》2019 年第 1 期，第 126-138 页。

独权占权不符。① 该条例第 43 条与 TRIPS 协定就外国专利持有人所享有的排他权相反。同时 TRIPS 协定所规定的排他权还包括防止第三方行使未经专利人许可的 TRIPS 协定下（a）（b）项行为，第 43 条则明确规定中国在技术转让合同届满后还能够继续使用该技术。②

2. 欧盟诉求涉及 TRIPS 协定第 33 条关于专利保护期的规则

欧盟认为，关于外国专利持有人，中国违反了 TRIPS 协定第 33 条。根据该条的规定，专利保护期应至少为 20 年，欧盟还列举了与美国所提出的相同的违反 WTO 和 TRIPS 协定的中国措施。例如，中国《中外合资企业法实施条例》第 43 条第 2 款第（3）项规定，技术转让协议的期限一般不超过 10 年。此外欧盟认为，上述措施与中国在 TRIPS 协定下的义务相抵触，同时也违反了《中国入世议定书》第 1 部分第 7.3 款与第 1.2 款。欧盟指出，中国《技术进出口管理条例》（2011）单独或与其他所列文件一起操作，与 TRIPS 协定第 28.1 条（a）和（b）项、第 28.2 条、第 39.1 条和第 39.2 条不一致，也与 TRIPS 协定第 3.1 条中国提供的国民待遇承诺不一致。欧盟认为，中国限制外国知识产权持有人许可，限制技术进口的技术相关合同中自由谈判及专利权人同意基于市场的合同条款的权利，违反了《中国入世议定书》第 1 部分第 7.3 款，其中包含了中国在工作组报告第 49 段第二句中的承诺。例如，《技术进出口管理条例》（2011）第 24 条规定，进口技术的许可方应承担被许可方因使用转让技术而产生的侵权责任。

【理论分析】

由于 DS542 与 DS549 案在 2019 年底因 WTO 上诉机构陷入停摆而被迫中止程序，迄今尚未通过专家组报告。美国作为申诉方，在专家组报告发布前利用上诉机构瘫痪状态提起"无效上诉"，导致两案裁决陷入法律真空状态，无法产生约束力。因此，当前无法基于完整程序整理专家组或上诉机构对本案法律问题的结论。尽管如此，本案所涉争议焦点在先前 WTO 争端解决机构案件中已有专家组作出相关解释与裁决。在争端解决机制功能未恢复的背景下，本案将参照既有专家组裁决法理，结合涉案措施特征，对中国相关措施的合法性进行学理分析。

1. 美欧诉求共同涉及的国民待遇问题

国民待遇规则体现在 TRIPS 协定第 3 条 1 款。国民待遇规则在《巴黎公约》《伯尔

---

① 《中外合资企业法实施条例》第 43 条 合营企业订立的技术转让协议，应当报审批机构批准。
技术转让协议必须符合下列规定：
（一）技术使用费应当公平合理；
（二）除双方另有协议外，技术输出方不得限制技术输入方出口其产品的地区、数量和价格；
（三）技术转让协议的期限一般不超过 10 年；
（四）技术转让协议期满后，技术输入方有权继续使用该项技术；
（五）订立技术转让协议双方，相互交换改进技术的条件应当对等；
（六）技术输入方有权按自己认为合适的来源购买需要的机器设备、零部件和原材料；
（七）不得含有为中国的法律、法规所禁止的不合理的限制性条款。
② China-Certain Measures Concerning the Protection of intellectual Property Right, WT/DS542/1, Para. 2.

尼公约》等国际知识产权保护公约中都有体现，但是，TRIPS 协定中国民待遇的规定相较于其他国际知识产权保护协定要求更高。首先需要明确 TRIPS 协定与世界知识产权组织的四个原有公约存在的关系①。例如，TRIPS 协定第 1 条规定，其主要内容与《巴黎公约》实体条款及另外三个公约相符合，适用主体方面需要与《伯尔尼公约》的实体条款及其他三个公约的规定相符。因此，对国民待遇的理解需要借助已有的四个公约的规定。TRIPS 协定属于 WTO "一揽子"协定中的一部分，适用范围包括全体 WTO 成员，适用主体范围不再仅限于上述公约的成员，因此 WTO 有关"国民"的范围就属于 TRIPS 协定国民待遇的适用范围。TRIPS 协定第 1 条第 3 款对"国民"的特指含义附加了脚注：本协定（指 TRIPS 协定）所说的国民，在世界贸易组织的成员是"独立关税区"的情况下，系指居住于该区内或在该区内有实际有效之工商营业所的自然人或法人。对于 TRIPS 协定中规定的"其他成员的国民"主要是指上述四项公约的全体成员。在"欧盟地理标志案"中专家组就"其他成员的国民"的含义做了解释，专家组根据其对《巴黎公约》及国际公法中"国民"含义理解，同时纳入国际公法"国民"的含义。对于自然人这一主体，专家组以提起诉讼的国籍或地区成员的法律为判断标准。对于法人这一主体，专家组认为首先由每个成员运用其标准确定国籍，这是对知识产权的国际保护语境下首次对包括自然人和法人在内的"国民"含义作出解释。

专家组在"美国综合拨款法第 221 节案"中首次明确 GATT 国民待遇的判断可能帮助解释 TRIPS 协定的国民待遇。上诉机构在报告中指出，本案专家组错误地认定美国管制古巴政府没收美国公司所拥有的商标所依据有关立法并未违反 TRIPS 协定国民待遇原则。上诉机构指出早在 GATT 时期，专家组在"美国 1930 年关税法第 337 节案"中就解释过某一项立法即使存在很低的可能性影响到国民待遇原则，也要认定为足以构成违反 GATT 国民待遇原则。在"美国综合拨款法第 221 节案"中专家组指出，美国所涉及的法案即便影响范围很小，但是存在损害的可能性，而且已经证明非美国继承人与美国继承人面临的阻碍并不同。

2. TRIPS 协定的专利独占权

美国具体指出中国《中外合资企业法实施条例》第 43 条第 4 款与 TRIPS 协定第 28 条第 1 款（a）（b）项不符合。有学者指出，针对此项可以适用 TRIPS 协定第 30 条有关"授予权利的例外"的规定进行反驳。② TRIPS 协定第 30 条规定，各成员可对授予的专利专有权规定有限的例外，只要此类例外不会对专利的正常利用产生无理抵触，也不会无理损害专利所有权人与第三人的合法权益即可。

在 WTO 专家组或者上诉机构审理以第 30 条为主要争议的案件中，只有"加拿大—药品专利保护"案，专家组有关第 30 条的解释能够帮助中国应对美国提起的指控。该案中加拿大事实上承认违反 TRIPS 协定第 28 条的义务，但认为第 30 条可以作为其行为的法律依据。专家组在解释第 30 条时不仅从条文本身出发，还从 TRIPS 协定

---

① 这四个原有公约分别是：《巴黎公约》《罗马公约》《关于集成电路的知识产权条约》《伯尔尼公约》。
② 师华、周姣、张佩：《WTO（DS542）中国有关国际技术转让规定的合法性研究》，载《山西大学学报（哲学社会科学版）》2018 第 4 期，第 124-132 页。

整体及其他国际保护协定出发，认定在本案中《伯尔尼公约》（1971年文本）第9条第2款的解释是对 TRIPS 协定第30条的重要参考。① 最终，专家组认定了第30条适用的三个标准：（1）第30条的适用必须是有限制的；（2）该例外必须没有不合理地对已有专利的正常使用产生限制；（3）该例外没有不合理地损害其他专利人的合法利益。专家组还指出这三个标准之间相互关联且并不相互排斥。专家组认为，第30条的存在本身就等于承认第28条所载的专利权定义需要进行某些调整。② 专家组在"加拿大—药品专利保护"案中对第一个要件"有限例外"进行解释，认为第30条的"有限例外"是狭义上不适用第30条例外，具体例外标准需要按照专利权受到限制的程度来衡量。对于"正常利用"问题，专家组认为通常情况下是指相关权利主体在共同规范标准上，按照正常习惯行使权利。关于"合法利益"专家组认为，需要借助相关的公共政策或者社会规则来判断其正当性。

中外合资企业以外国专利技术为合作基础，在技术转让合同期满后，中方继续使用该合同并不会对专利权造成过多的限制，专利人仍然可以继续使用该专利技术。双方在中外合资企业创办时已就有关技术转让达成合意，专利权人也知晓技术是该企业存在的基础，因此可以认为《中外合资企业法实施条例》第43条属于"有限例外"，这种例外程度并未超过双方所预见协商的程度。中方在获取专利技术后仍然在原专利受让范围使用专利技术，外国专利权人的专利权并未因此受到权利的减损。双方在中外合资企业利用该项专利技术获取一定收益是可以预见的属于正常使用。专家组指出，在技术转让中，由于受让人在对技术信息的掌握程度、投入成本等诸多方面处于劣势，并因此付出高昂的技术代价属于偏离正常交易。在中外合资企业中，外国专利权人相较于中方企业在专利的掌握程度、持有程度等专利技术转让方面的优势地位更明显。

3. 专利保护期限问题

欧盟诉求所涉 WTO 规则还包括 TRIPS 协定第33条关于专利保护期的规则。知识产权在时间上的有限性，是世界各国为了促进科学文化发展、鼓励智力成果公开所普遍采用的原则。建立知识产权保护制度一方面是要促进激励知识文化的发展，保护知识创造者的合法权益，但另一方面需要注意社会公共利益需求，协调知识产权专有性与知识产权社会性之间的矛盾。知识产权保护具有期限性就是侧重于社会需求的保护。③《巴黎公约》没有规定授予的专利保护期限，而后签署的《伯尔尼公约》却明确规定著作权的保护期为作者有生之年及其死后50年。TRIPS 协定第33条对专利保护期限做了规定，即"可获得的保护期不应在自申请日起算20年期满前结束"。在"加拿大专利期限案"中，上诉机构报告认为专利保护期开始的时间为"提交申请"之日，专利保护的最少期限不能少于自提交申请之日起的"20年"，并认为保护结束期限与开始期限相对应同样也是清楚明确的。④ 需要注意的是专利保护期限与专利保护期限内

---

① 师华、周姣、张佩：《WTO（DS542）中国有关国际技术转让规定的合法性研究》，载《山西大学学报（哲学社会科学版）》2018第4期，第124页。
② Canada-Patent Protection of Pharmaceutical Products，WT/DS114/R，Para. 7. 26.
③ 吴汉东：《知识产权法》（第五版），北京大学出版社2019年版，第38页。
④ Canada-Term of Patent Protection，DS170/AB/R，Para. 85.

的许可期限又有区别，欧盟主张中国专利转让协议保护期限并不符合 TRIPS 协定关于专利保护期限的规定。但专利保护期与专利转让协议保护期有所不同，专利保护期属于国家给予专利权人在全社会范围内保护的期限，为 WTO 成员义务；而专利转让协议保护期根据转让合同双方约定，属于特定转让协议双方承担义务的期限，并不属于 WTO 成员义务。

【主要法律依据】

《与贸易有关的知识产权协定》（TRIPS 协定）

第 3 条 1. 在知识产权保护方面，在遵守《巴黎公约》(1967)、《伯尔尼公约》(1971)、《罗马公约》或《关于集成电路的知识产权条约》中各自规定的例外的前提下，每一成员给予其他成员国民的待遇不得低于给予本国国民的待遇。就表演者、录音制品制作者和广播组织而言，这一义务仅适用于本协定规定的权利。任何利用《伯尔尼公约》第 6 条或《罗马公约》第 16 条第 1 款（b）项规定的可能性的成员，都应按这些条款中所预想的那样，向 TRIPS 理事会作出通知。

2. 各成员可利用第 1 款下允许的在司法和行政程序方面的例外，包括在一成员管辖范围指定送达地址或委派代理人，但是这些例外应为保证遵守与本协定规定发生不相抵触的法律和法规所必需，且这种做法的实施不会对贸易构成变相限制。

第 30 条 各成员可对专利授予的专有权规定有限的例外，只要此类例外不会对专利的正常利用发生无理抵触，也不会无理损害专利所有权人的合法权益，同时考虑到第三方的合法权益。

第 33 条 保护期限不得在自申请之日起计算的 20 年期满前结束。

【实操分析】

涉及 WTO 下国际知识产权保护，相关成员在实际操作中需要注意以下几个方面：首先，厘清 TRIPS 协定与其他国际知识产权保护规则的关系，注意 TRIPS 协定在整个国际知识产权保护中的地位。TRIPS 协定为所有 WTO 成员有关知识产权保护的最低限度，各个成员可以采取相较 TRIPS 协定更高的标准，但不能以其他标准否认 TRIPS 协定所设定的标准。其次，TRIPS 协定在 WTO 一揽子项下 WTO 案件有关国民待遇原则的解释也可适用。本案欧盟将中国有关知识产权保护的绝大多数法律法规都纳入违反 WTO 规则之内，除涉及美国所提出的国民待遇与知识产权保护期限外，还包括 TRIPS 协定第 33 条、第 39 条第 1 款和第 2 款，以及 GATT 和《中国入世议定书》有关贸易体制的管理规则。除已讨论的国民待遇和专利保护期，WTO 已有裁决案件可以作为解释 TRIPS 协定的主要依据。目前，不仅是 TRIPS 协定，大多数 WTO 规则都尚未得到专家组或上诉机构的明确解释，这对应对相关案件带来诸多不确定性，因此在涉及 TRIPS 协定的适用时，例如本案，如果程序继续进行，中国必须依据一般国际法的解释惯例和 WTO 已有的裁决，对相关规则作出解释。避免在案件中由于适用法律不正确或理解条文有错误所带来的劣势地位。

【思考题】

（1）当今世界知识产权保护国际体系是如何构建与运行的？

(2) TRIPS 协定与其他知识产权国际保护规则的关系是什么？

(3) 中国有关知识产权保护的国内法如何与已参加的国际知识产权保护协定内容相衔接？

案例二 法国大酒库股份公司诉慕醍国际贸易（天津）有限公司商标侵权案①

【基本案情】

申请人法国大酒库股份公司（以下简称大酒库公司），是法国酒类及白酒的制造商及出口商，于 1989 年在法国注册 "J. P. CHENET" 商标品牌。为进入中国的本土市场，大酒库公司于 2011 年 2 月 7 日到 2021 年 2 月 6 日，获得了我国商标局的核准注册。为了促销，大酒库公司指定天津王朝葡萄酒酿酒有限公司（以下简称王朝公司）作为国内唯一独家经销商，在国内售卖附有 "J. P. CHENET" 商标的葡萄酒。

被告人慕醍国际贸易（天津）有限公司（以下简称慕醍公司）是一家从事进出口贸易的企业，在国内市场上享有较高的声誉。2012 年，慕醍公司从英国进口 1920 瓶白葡萄酒、1920 瓶桃红葡萄酒、5760 瓶红葡萄酒，并按照法律规定进行了报关。在进口期间，大酒库公司以侵犯其商标为由向海关举报，海关查验后这批酒被扣留。

慕醍公司认为，其进口的红酒来自大酒库公司，购买来源处为英国 CASTILLON 公司，后者是从大酒库公司的英国分销商 AMPLEAWARD 公司处所买到的葡萄酒，并附有销售合同、交易单据等相关单据。换言之，大酒库公司将 "J. P. CHENET" 品牌投放到英国市场，经由英国本土代理商分销后，由慕醍公司进口，并依照法律规定办理了进口申报程序，不构成侵犯其商标专用权的行为。

【主要法律问题】

1. "平行进口" 的界定

"平行进口" 作为一种特殊的商品交易行为，在国际上受到各国政府、企业界和法律界的高度重视。对于 "平行进口"，国内外学术界一直没有一个统一的概念界定，不同国家的立场也不尽相同，争论颇多。

就商标领域的 "平行进口" 概念，可以这样描述：在国际货物贸易中，某一特定商标若已在一国注册并受到商标权利保护，且该商标权人自己或授权他人在该国制造或销售其商标权产品的情况下，该国第三方主体未经国内商标权人允许，擅自从国外进口同样商标产品到国内销售，这种进口行为就是商标平行进口。

2. 商标平行进口的争议焦点

在商标平行进口中，因所涉商品与本国商标所有人之间存在着某种联系，属于低

---

① 天津市第二中级人民法院：《法国大酒库股份公司诉慕醍国际贸易（天津）有限公司侵害商标权纠纷案——平行进口中的商标侵权判定》，https://tj2zy.tjcourt.gov.cn/article/detail/2015/11/id/1984299.shtml，2024 年 8 月 27 日最后访问。

价格的外国"真品",而不是通常所称的仿冒品,因此,对其能否进口仍存有争议。通常情况下,知识产权的权利人主张禁止平行进口,因为他们认为这种行为会破坏原有的国际市场,而那些低价格的商品又会对国内的独家经销商造成损害。然而,在崇尚贸易自由的国家,通常将平行进口合法化。

对商标平行进口问题进行分析,争议焦点主要表现为:(1)商标平行进口对商标权的侵犯;(2)平行进口权的合法性问题;(3)平行进口的许可与否。

从我国有关平行进口的案例看,过去有"力士香皂案""AN'GE牌服装案"及"米其林轮胎案"。2012年又发生法国大酒库股份公司诉慕醍国际贸易(天津)有限公司商标侵权案,该案例现已被列为经典案例。

【主要法律依据】

《商标法》(2001)

第52条 【商标侵权行为】有下列行为之一的,均属侵犯注册商标专用权:

(一)未经商标注册人的许可,在同一种商品或者类似商品上使用与其注册商标相同或者近似的商标的;

(二)销售侵犯注册商标专用权的商品的;

(三)伪造、擅自制造他人注册商标标识或者销售伪造、擅自制造的注册商标标识的;

(四)未经商标注册人同意,更换其注册商标并将该更换商标的商品又投入市场的;

(五)给他人的注册商标专用权造成其他损害的。

【理论分析】

1. 商标权是否受到侵害

本案是原告大酒库公司以侵害商标专用权为由而提起的诉讼,据此,法院应当以平行进口行为是否侵害商标专用权为焦点开展审判,以中国《商标法》为审判依据。

大酒库公司的"J. P. CHENET"商标的葡萄酒,不仅在英国的市场售卖,也在中国的市场进行售卖,大酒库公司也已经对王朝公司独家销售其生产的"J. P. CHENET"商标的葡萄酒进行了授权,这一商标权利已经受到了保护。在这一情境之下,需要考虑的问题便是慕醍公司在未经大酒库公司同意授权的情况下,径直进口大酒库公司在英国市场所售卖的葡萄酒,这一行为是否可以认定为侵害大酒库公司商标权的行为。

可以从以下两方面来进行分析:

(1)慕醍公司的进口与销售行为是否损害商标标识来源的功能。溯源商标的最基本功能,便是对商品及服务的来源进行标识,这一特性能够帮助消费者将特定商品与其他商品相区分开来。而在本案当中,细究案情事实,慕醍公司从英国市场所进口的葡萄酒类型有其特点,名为"香奈葡萄酒",又有别称为"歪脖子—香奈",这一别称来源于该种葡萄酒酒瓶的独特造型,这一造型设计是远古玻璃雕刻艺术大师的想法,因为人们在喝醉酒的时候,视野中所看到的物体一般是歪的,由此设计出这一款独特的葡萄酒系列。

一审法院以及二审法院均认定的事实为：慕醍公司从英国市场向中国市场所进口的"香奈葡萄酒"包含三种类型：香奈干红葡萄酒、香奈桃红葡萄酒和香奈干白葡萄酒，这些类型的葡萄酒都是由大酒库公司自行生产并授权英国经销商所销售的商品，从外观效果来看，与大酒库公司所产的"歪脖子—香奈"葡萄酒类型造型没有分别，这些葡萄酒上的商标也是大酒库公司的商标，以一般理性人的视角来看，并不会对这些葡萄酒的商标及来源造成混淆，而且慕醍公司在中国市场进行销售时并没有对"香奈葡萄酒"的外观和包装进行任何变动，因此，消费者在购买时依然会认定为"J.P. CHENET"商标的葡萄酒。可以得出，这一进口与销售行为并未损害商标标示来源的功能。

（2）慕醍公司的进口与销售行为是否损害商标承载的信誉。大酒库公司认定慕醍公司的进口行为将损害其品牌和其所承载的品牌声誉。主要原因是：第一，为了适应各国消费者的多样化需要，大酒库公司对国际市场进行了细致的区分，其销往中国的葡萄酒与英国的葡萄酒在质量、价格和服务上都有明显的区别。向中国出口的葡萄酒中添加了适合远距离运输的配料，而在英国销售的葡萄酒如果运往中国可能产生结晶现象。第二，出口到中国的葡萄酒质量比较高，而慕醍公司从英国进口的葡萄酒档次较低，两者品质和质量等级上有着较大区别。

首先对第一点来进行分析。如果大酒库公司所主张的结晶现象会实际发生，且在发生该种现象时，可以对比出其与原在中国销售的葡萄酒在品质上存在明显差别，可能会导致消费者对该品牌的印象变差，那么就应当有理由认定慕醍公司的这一进口行为会侵害商标权利人的合法权益。例如，以一个牙膏平行进口案例来进行说明，牙膏中一般含有二氧化硅、碳酸钙、小苏打等研磨剂的成分，不同国家对这些配料成分的适用性不同，因此这些成分具有明显的地域性适用特点，生产商在生产牙膏时，会根据不同国家消费者的喜好来进行研磨剂的调配，因此，可以想见，如果进口商在未经考虑的情况下将适宜于甲国的牙膏平行进口至乙国，势必会影响乙国消费者对该牙膏品牌的印象，影响该品牌的商业声誉，侵害商标权利人的合法权益。类比本案，因为本案中的大酒库公司未能提供充分确凿的证据来证明其品牌声誉受到影响，因此其主张难以得到支持。

其次分析第二点。大酒库公司虽然宣称其销往中国市场的葡萄酒为高档次酒，但其在中国出售的葡萄酒实际上包含了多个档次，而且大酒库公司亦未能提出充分证据证明其在中国市场所售卖的葡萄酒都是高档次葡萄酒，故该主张在二审过程中也没有能够得到支持。涉案的香奈干红葡萄酒、香奈桃红葡萄酒和香奈干白葡萄酒这三类酒都隶属于大酒库公司所销售的葡萄酒产品类型，且中国市场的消费者并不会因为上述三类葡萄酒产品的进口而对附有"J.P. CHENET"商标的产品有所微词，因此，大酒库公司所主张的上述产品与大酒库公司本身所销售的葡萄酒产品在质量或品质上存在巨大差异不能够得到支持。此外，在商品制造和售卖过程当中，本身就会存在不同等级和档次的产品，这并不会在实质上改变消费者对某一品牌的信赖和支持，较低档次的葡萄酒不一定就会损害其商业声誉。

2. 进口权问题

原告大酒库公司还提出主张，其与在英国的经销商 AMPLEAWARD 公司已经明确达成一致意见："J. P. CHENET"牌葡萄酒只能在英国销售，禁止销售到其他国家。该主张能否得到支持还值得商榷，主要有以下几点考量因素：

首先，大酒库公司以案涉葡萄酒外观包装上有英国网站的网址，便主张该公司所生产的葡萄酒只能销往英国市场，显然站不住阵脚，且大酒库公司并未将其与AMPLEAWARD公司的合同提交至法庭，因此，这一主张无法得到支持。

其次，假使大酒库公司向法庭提交了与AMPLEAWARD公司的合同，证明双方之间约定"J. P. CHENET"牌葡萄酒只能在英国销售，但合同具有相对性，仅约束签订合同的双方当事人，并不能对第三方CASTILLON公司产生约束力。因为本案中慕醍公司是从CASTILLON公司处购得葡萄酒并将其进口到中国，AMPLEAWARD公司将葡萄酒先行出售给CASTILLON公司完全符合双方之间的协议约定，但该合同并不约束CASTILLON公司，也就是说，CASTILLON公司后续将葡萄酒出售给任何一方都是自由的。

最后，在知识产权保护领域，应当遵循"权利用尽原则"，即知识产权人或其授权人许可的知识产权产品，在第一次投放市场后，权利人即丧失了对其控制权，权利被视为用尽，任何人再次销售或合法使用该产品，权利人都无权阻止。类比本案中，大酒库公司授权AMPLEAWARD公司销售印有"J. P. CHENET"商标的葡萄酒，AMPLEAWARD公司将该品牌的葡萄酒销售至英国市场，此时遵循"权利用尽原则"，大酒库公司的权利被视为用尽，CASTILLON公司将葡萄酒出口至中国市场的行为是合法合理的。

3. 国内独家经销商权益是否受到侵害

原告大酒库公司还主张，慕醍公司将该品牌葡萄酒进口至中国市场并销售的行为侵害了其在中国的独家经销商——王朝公司的合法权益。其实从实质上来看，这一问题毋庸置疑是本案的利益冲突关键点，但是现在问题在于王朝公司并未提起诉讼，而是由大酒库公司进行起诉，这一主张也就被法院所否定，理由在于王朝公司并非本案当事人。但是换个角度思考，如若是独家经销商王朝公司作为原告提起诉讼，那整个案件的处理结果也许就会大不一样。

可以从以下两方面展开分析：

首先，从地域性原则角度进行分析。地域性原则是指依据不同国家法律产生的知识产权是相互独立的，不依赖于其他国家法律。那么，如果未经一个国家国内知识产权权利人或许可人的允许，就擅自进口与其具有关联性的知识产权产品，大概率会造成一些问题：第一，比较明显，联系前文所述的牙膏平行进口案，权利人在不同国家市场进行销售时总会进行一些细微的处理和变动以使其产品更加符合当地消费者的喜好，如果在此时产品依然附有完全相同的商标，在平行进口的情况之下，消费者很有可能会对产品的效用产生不满情绪，从而损害该商标的商业信誉；第二，对于一国市场的国内经销商而言，为了实现较好的销量并拥有较好的商业声誉，国内经销商在国内市场一定会投入相当多的资金进行广告宣传等活动，若允许平行进口，进口商此时无疑省去了促销和广告费用，属于借助国内经销商所打出来的知名度来进行商业交易，存在不公平竞争之嫌。

不过，在本案中，慕醍公司已经明确表示，其进口之意并不是为了商业性销售营利行为，而是为了答谢同事和朋友的馈赠，而且这些产品在海关申报时就已经被扣押，并无任何实质上的出售。虽然存在着不正当竞争之嫌，但本案以我国《商标法》作为审理依据存在不合理之处，因为该法的调整范围并不涵盖不正当竞争纠纷，这正是大酒库公司在上诉过程中的致命失误。

其次，从经济发展上分析，毫无疑问平行进口的畅通会推动对外贸易，如果一个国家按其知识产权保护水平还远远不能缔结国际高标准经贸规则，刻板地按照原则保护知识产权权利人的利益，就可能发生阻碍对外贸易发展的结果，这对急需贸易发展的国家来说是得不偿失的。反过来进行思考，平行进口的畅通有利于平行出口的进行，这在短期来看有利于一国的经济贸易发展，类似于李斯特的"幼稚产业保护"理念。

综合以上分析，二审法院最后判定：因慕醍公司进口的葡萄酒与大酒库公司在中国销售的葡萄酒之间不存在实质性差异，该进口行为不足以导致消费者混淆，大酒库公司的商誉未因此受到损害，故商标侵权主张不能成立。

【实操分析】

事实上，因本案被定性为商标侵权案件，并是以《商标法》为依据进行审理的，这就势必导致该案的许多利益冲突问题难以得到解决。商标平行进口涉及多方主体利益，其中牵涉对商标权利人和国内经销商所造成的权益损害等《商标法》无力调整的相关事项。

商标平行进口行为普遍比较容易在物价高的国家发生，这类行为在我国的出现频率并不高，原因在于平行进口的进口商的一般目的是以营利为主，物价高的国家从物价低的国家进口同一产品，中间形成利益差，这也正是进口商实施平行进口行为的驱动力。目前，我国与一些国家相比尚属于物价低的国家，这也是这一现象在我国不普遍发生的原因，从而导致我国相关法律规范也并不完善。

在我国知识产权法中，只有新修订后的《专利法》明确规定赋予专利权人对其专利产品的进口权，从而限制了专利产品的平行进口行为，而《商标法》和《著作权法》都没有禁止平行进口的规定，存在法律的空白。

平行进口涉及当事人之间的利益冲突，既涉及知识产权所有人的权益，又涉及一国的贸易利益。今后，在全球知识产权领域的保护中，对于平行进口的限制也会相应地增加。对于一个贸易大国来说，要想完全地限制平行进口并不太现实，在特定的情况下，还要加强对商标所有人和消费者的保护，允许一些例外的做法更为合理、更具有可行性。

【思考题】

（1）大酒库公司诉慕醍公司商标侵权败诉的原因是什么？

（2）如何看待平行进口现象？谈谈你的看法。

（3）为什么发达国家倾向制止平行进口的行为，认定其会损害知识产权所有人的利益？你是否同意这样的看法？

第二节　国际专利许可与专利权行使

知识要点

一、专利权

专利是由专利管理部门按照法律规定审查并批准的，符合专利条件的发明创造。"专利"这个术语，在不同的文本中又存在着不同的解读，一种是将专利作为专利权的缩写，另一种则是记录了发明创造内容的文件，也就是专利文件。但是，一般所说的"专利"实际上应该是"专利权"，是指发明人或设计者在专利法规定的期限内，对该发明创造所拥有的专有使用权。"专利"这个词，顾名思义，就是"独占"二字，看起来就像一个人独占了自己的利益，但实际上，其含义远非如此。专利英文为"patent"，在英文中的含义除包含垄断之意外，更侧重发明人应将其发明创造"公开"的含义。

二、国际优先权

国际优先权与国内优先权相对应。很多国家的专利法都要求申请人在自己的国家提出一项专利申请，如果他在12个月之内对该发明进行了改进，那么就可以重新提出一项新的专利申请，撤销原先的申请。然后，根据原始申请书的递交日期，他可以在自己国家获得优先权，也就是通常所说的国内优先权，以区别于《巴黎公约》的国际优先权。我国将这种分类的名称界定为本国优先权和外国优先权，国内优先权与本国优先权的含义一致，但国际优先权与外国优先权的含义有所差别，国际优先权显然指《巴黎公约》中规定的优先权，是针对《巴黎公约》所有成员而言的。

三、国际优先权的期限

无论是按照各国国内法的规定，还是按照国际公约的规定，优先权的行使均有优先权期限。《巴黎公约》所规定的优先权期限依专利的不同类型而有所区别，其中，发明与实用新型为12个月，工业品外观设计为6个月。专利的国际优先权是一种初期权利，即在任何实际权利没有产生时，其就可以存在。一项专利技术的申请只要申请文件齐备，无论该申请的结果如何，其国际优先权日已经产生，应得到各国的承认，这也体现了专利权的地域性特征。一项专利在一国被授予专利权不意味着在另一国也会被授予专利权，在一国的专利申请被驳回，也不意味着在另一国的专利申请会被驳回，因此专利国际优先权的产生不受其本国专利申请是否被批准授权的影响，此外，优先权作为一种权利，可以连同专利权一同转让。

四、专利申请权

专利申请权是指一项可以申请专利的技术在被发明后，发明人、发明人的继承人或法定代理人、发明人许可之人对所发明技术拥有的向政府主管机构申请对该技术享有专利权的权利。

1. 专利申请权主体

（1）发明人。一般而言，有权申请专利权的为所申请专利技术的发明人。但并非完成该项技术发明的自然人均为合法的专利申请人，在某些情况下，专利申请权属于该自然人所属的单位,具体情况为:当自然人进行发明创造的目的是执行所属工作单位的工作任务,或者进行发明创造主要依靠了所属工作单位的物质技术条件时,这类发明创造应当认定为职务发明创造,其专利申请权归属于单位所有。如果存在共同发明创造的情况,如两个或两个以上的自然人或单位共同进行发明创造,申请人应为共同完成发明的人。

(2) 发明人的继承人或法定代理人。若原发明人死亡,则其继承人可以依据法律规定申请相关专利。无民事行为能力人的法定代理人同样可以按照法律规定和发明人的要求申请专利。

(3) 发明人许可之人。发明人可以通过许可协议的方式将申请专利的权利转授他人,获得许可的人可以享有发明人申请专利的权利。多数国家允许发明人将专利申请权转让他人,如我国《专利法》第10条规定:"专利申请权和专利权可以转让。"《日本专利法》第33条第1款规定:"获得专利的权利可以转移。"《法国知识产权法典》第六卷第二节L.613-8条规定:"系于专利申请或专利的权利可全部或部分转让。这些权利可以进行独占或非独占的许可使用。"L.613-9条规定:"所有系于专利申请或专利的权利的转让或变动行为,非经在国家工业产权局设立的全国专利注册簿上登记,不得对抗第三人。"

当然,也有的国家认为专利申请人只能是发明人,而不能是发明人之外的人,如美国。依据《美国专利法》,如果请求给予专利权的发明并非由发明人自己完成,则丧失了取得专利的专利性条件。这说明,只有发明人才能提出专利申请,发明人之外的人申请专利就会因缺乏专利的新颖性而不能获得专利权。该条规定并未禁止其他人申请专利,但即使通过发明人的授权能够申请专利,也只是作为发明人的代理人申请,即只能以发明人的名义进行申请,关于此规定可以参考《美国专利法》第118条。

2. 专利申请许可协议

专利申请许可协议是指在专利申请人正式提出专利申请之后,国家专利主管机构对专利技术授权之前,就所申请专利的技术与被许可方签订的使用该专利申请技术的协议。

需要明确的是,专利申请许可协议与专利申请权转让协议是有区别的,专利申请权转让协议是转让尚未申请专利的发明技术的申请专利的权利,而专利申请许可协议则是就正在申请专利的发明许可他人实施的协议。专利申请许可的标的是正在申请专利但尚未获得批准的技术,由于这种技术许可前提的特殊性,也存在着一些特殊的法律问题,即专利申请技术法律状态的不确定。专利申请技术尚未获得国家有关机构的批准,显然不能在许可协议中作为专利技术,由于申请技术将来能否得到授权无法确定,就会使技术的被许可方承担得不到专利授权的风险。

3. 专利许可协议

许可协议(licensing agreement)是一种重要的技术贸易方式。它是指被许可人在取得许可人的同意后,生产、使用或者出售许可人的专利产品,或者使用许可人的商标,并应当向许可人支付一笔费用以作为获得该种使用权的报酬或对价。专利许可协议(international patent licensing agreement)是指专利权人将其具备所有权的专利技术,作为一种有偿服务授权被许可人使用,并向其收取使用费的一种合同。在国际专利许可协议履行的过程中,被许可方尽管与专利技术的许可方签订了专利许可合同,但仍可能因为许可方或他人的专利权行使行为,使专利许可协议受到影响。

案　例　科勒公司诉贝朗(上海)卫浴设备有限公司等侵犯外观设计专利权纠纷案①

【基本案情】

创立于 1873 年的科勒公司(KOHLER)是卫浴品牌领域全球知名的一家美国公司,该公司在全球设有 45 个工厂,以科勒卫浴系列产品为主,包括浴缸、脸盆、坐便器、水龙头等。2002 年,科勒(中国)投资有限公司在上海设立,正式成为科勒公司在亚太区的总部。

2000 年,美国贝朗卫浴公司在上海和广州分别设立了以研发新产品为主的综合性生产基地,分别是贝朗(上海)卫浴设备有限公司(以下简称上海贝朗公司)和贝朗(广州)卫浴设备有限公司(以下简称广州贝朗公司),主要开发最新款式与功能的卫浴类产品,包括各式五金龙头、马桶、脸盆、浴缸,亦与欧洲著名的零件工厂配套。

北京星苹伟业科技有限公司(以下简称星苹公司)于 1997 年在上海成立,长期致力于各世界名牌卫浴产品的代理及服务工作。2000 年,由于星苹公司连续 3 年进入科勒公司经销商全国销售前 3 名,并获得钻石俱乐部成员称号,因此被科勒公司点名到北京来开发华北区的业务。

本案起因于科勒公司发现星苹公司代理经销上海贝朗公司、广州贝朗公司生产的型号为 B25001W-4 的浴缸涉嫌侵害了本公司专利号为 01814674.0 浴缸的专利权。为了收集到足够且有力的侵权证据,科勒公司的委托代理人林某在 2008 年 6 月 25 日向星苹公司预定了一个型号为 B25001W-4 的浴缸,以便取得实物与本公司的产品进行对比。此外,他还拿到了一份盖有美国贝朗卫浴公司北京办事处印章的《检验报告》和盖有被告上海贝朗公司印章的《经销商授权书》。此后,委托代理人林某将剩余货款支付完毕并取得了对应的发票,随后将其所持有的手头证据进行了封存和公证。科勒公司在取得了上述证据之后,便立即提起了对上海贝朗公司、广州贝朗公司及星苹公司的侵犯专利权诉讼,受理法院为北京市第二中级人民法院。

第一次开庭时,原告科勒公司主张,被告在其网站 www.bravat.com 所公告并销售的一种浴缸产品(产品型号为 B25001w-4)侵犯了科勒公司的专利权,这一产品落入原告的专利权保护范围,给原告科勒公司造成了严重的经济损失。上海贝朗公司和广州贝朗公司共同辩称虽然该型号的浴缸有浴池、管路等基本结构,但涉案浴缸所采取的注水原理等与科勒公司所持有专利的浴缸存在实质性的差异,为支持自己的主张,被告公司向法庭提交了相关的对比证明文件。星苹公司同意上述意见,并补充其所销

---

① 法律图书馆:《科勒公司诉贝朗(上海)卫浴设备有限公司等侵犯外观设计专利权纠纷案——北京市第二中级人民法院(2008-12-18)》,http://www.law-lib.com/cpws/cpws_view.asp?id=200401247218,2024 年 8 月 27 日最后访问。

售的被控侵权浴缸有合法的进货渠道，且并不明知涉案浴缸存在侵犯专利权的情况。

第二次开庭时，科勒公司以四项权利要求作为其主张权利的根据，分别为权利要求 1、2、9、16。对于权利要求 1：科勒公司其必要技术特征包括具有底板、延伸到上边缘的侧壁的沐浴池、导通管路及泵；权利要求 2：在权利要求 1 的基础上，要求沐浴池的上边缘要比溢出槽的最高处更高；权利要求 9：在权利要求 1 的基础上，要求溢出孔设置在溢出槽的槽壁上；权利要求 16：在权利要求 9 的基础上，要求有一排水开关，其功能是为了控制设置沐浴池地板上的排水口中的排水塞。

法院当庭主持了技术对比，结果发现，权利要求 1、2、9 中的必要技术特征在被控侵权浴缸产品上都有所体现，但权利要求 16 中所述的排水开关却并未在被控侵权浴缸产品上发现，因此可以认定，被控侵权的浴缸产品落入原告科勒公司涉案专利权利要求 1、2、9 的保护范围，未落入权利要求 16 的保护范围。

因此，总结下来，不可否认的是科勒公司所享有的"溢出式浸泡浴缸"发明专利权（专利号为 01814674.0）现仍有效，受我国专利法保护，这也为北京市第二中级人民法院所肯定。然而在进行技术对比时，必要技术特征中的排水开关一项却并未在被控侵权浴缸产品上体现。此外，上海贝朗公司、广州贝朗公司共同提出已有技术抗辩，其向法庭提交了专利号为 DE3610823 的德国专利文件，从该专利文件中可以明确原告科勒公司所主张的权利要求披露了大部分原告专利产品的技术特征。最终法庭认定，被告上海贝朗公司、广州贝朗公司已有技术抗辩成立。

【主要法律问题】

1. 专利权侵权的判定核心

当阅读法院作出的本案关于外观设计专利侵权纠纷的判决书时，特别是形状侵权案件的判决书时，一般都会见到"整体观察，综合判断"的表述。"整体观察"是指，普通消费者应该注意的是，外观设计专利和对比设计在视觉效果上有没有显著的不同，而不是仅仅注意到它们在局部上的细微差异。所谓"综合判断"，就是普通消费者在判定时，会注意到外观设计专利和对比设计的视觉部分之间的异同，同时也要将两者之间的异同点进行全面的分析，从而明确对整个视觉效果产生的影响程度。

2. 判断授权外观设计上的特征是否为功能性设计特征

对于普通消费者来说，外观设计的功能设计特点是由其所要达到的具体功能所决定的，而与审美因素无关。确定功能设计特征，并不是因为其功能或技术条件的约束而没有选择的余地，而是要看普通消费者认为这个设计是不是只取决于具体的功能，而与其美学价值无关。从总体上看，功能设计要素对总体视觉效果的影响不大；而对于既具有功能又具有装饰作用的设计特性，其对整个视觉效果的影响要看它的装饰强度。判定被诉侵权产品是否构成侵权的另一重要因素是，在此基础上，对涉案授权外观设计和被诉侵权产品的外观设计的区分是否构成了功能性设计特征。

【主要法律依据】

《专利法》（2000）

第 56 条　发明或者实用新型专利权的保护范围以其权利要求的内容为准，说明书及附图可以用于解释权利要求。

外观设计专利权的保护范围以表示在图片或者照片中的该外观设计专利产品为准。

第 26 条　申请发明或者实用新型专利的，应当提交请求书、说明书及其摘要和权利要求书等文件。

请求书应当写明发明或者实用新型的名称，发明人或者设计人的姓名，申请人姓名或者名称、地址，以及其他事项。

说明书应当对发明或者实用新型作出清楚、完整的说明，以所属技术领域的技术人员能够实现为准；必要的时候，应当有附图。摘要应当简要说明发明或者实用新型的技术要点。

权利要求书应当以说明书为依据，说明要求专利保护的范围。

【理论分析】

1. PCT 专利申请

PCT（Patent Cooperation Treaty）即《专利合作条约》的简称。一项国际专利申请，先由该专利申请人递交给其主管部门，然后由世界知识产权组织（WIPO）国际局将其对外公布，并由国际检索部门在国际范围内进行搜索。应申请人的请求，国际首次评审机构将对此项国际专利申请进行初步的国际评审。国际检索旨在提供关于此项国际专利申请的已有技术信息，而国际初步审查则旨在就其新颖性、创造性及工业实用性对其进行初步审查。在经过国际检索、国际公开和国际初始审查（如有需要）后，专利申请人就可以开始进行进入特定国家的程序。

需要指出的是，专利申请人仅能通过 PCT 途径提交专利申请，而非直接获得专利授权。如果要在一国取得一项专利，申请人还需要走一道程序，在该国的专利局对此项专利申请进行复审，如果经审查符合该国专利法的相关规定，就可以获得专利权。

PCT 最大的优势是仅需要递交一项国际专利申请即可获得多个国家的专利，而无须向每个国家单独递交，这极大地便利了专利申请人在国外的专利申请。PCT 使专利申请人能够在第一次递交申请后 20 个月之内完成每个国家的国际专利申请，如果有国际初步审查的需要，则可以在首次提交专利申请 30 个月之内完成每个国家的国际专利申请的入境程序，从而延长了申请的入境时间。在此期间，申请人可以根据市场情况，对发明的商业前景等方面作出判断，并在投入大量资金之前，再对国外的专利决定是否进行申请。如果在调查之后，确定不在国外注册，可以节约成本。

在本案中，科勒公司通过 PCT 方式向中国递交了专利申请，PCT 途径使科勒公司在多个国家以低廉的费用取得专利，也可间接说明科勒公司具备了在多个国家申请专利的能力。

2. 专利权利要求

在专利申请中，权利要求是对请求保护的技术方案进行界定，是决定专利权保护范围的基础。无论是专利授权确权程序，还是专利侵权诉讼程序，都不可避免地会涉及权利要求保护范围的确定，因此，对于权利要求的解释十分重要。

3. 公知技术

公知技术是指在申请日前，已在国内外的公开刊物上公开发布了，或已在国内公开使用过，或以其他形式被相关公众所知晓的技术，还有已被授权的专利技术、申请专利公开技术、失效专利技术和其他众所周知的技术。公知技术主要有两种：一种是已有的技术，在自己的国家已经获得了有效的专利，通过公开的方式获得了国家赋予的排他权，其他任何人都不能随意使用；另一种则被称为"自由公知技术"，也就是已被公开的、为所有人所利用的已有技术。

公知技术抗辩是指当被控侵权产品与其权利要求书中记载的专利技术方案等效时，若被指控侵权产品与其已知技术相同或更接近，则不构成侵权行为。在专利侵权案件中，即使被告的产品或方法落入了专利权的保护范围，也可以其为已知的技术为由进行抗辩，不承担任何侵权责任。所以，公知技术抗辩也属于先有技术抗辩或者是自由公知技术抗辩，被告仅能以自己所使用的已有技术为依据来进行辩护，而不能随意使用的已有技术（如他人的专利）不得作为抗辩的依据。

【实操分析】

1. 被控侵权设计是否侵犯涉案外观设计专利权

外观设计在获得专利权之后，没有专利权人的允许，任何人都不能使用其专利，也就是不能为了生产和经营目的而制造、出售、进口其外观设计专利产品。专利外观设计的保护范围，是指在外观设计图片或照片中所显示的产品。

判定该行为是否构成专利侵权，必须首先判定被控侵权产品与专利产品的相似程度；其次，对被指控的侵权产品与外观设计的相似性进行判定。在判定是否近似时，应结合对该商品的普通消费者的认识和认知能力，并结合授权的外观设计、被控侵权设计的设计特点，对外观设计的总体视觉效果进行综合评判。重点是在一般情况下，可直接看到的部分，和已核准的设计与已有设计的不同之处。在总体上看不出差别，则判定二者等同。

2. 被控侵权产品是否属于现有设计

若被控侵权产品与已有设计没有实质上的区别，则为已有设计；若被控侵权产品的外观与已有的设计有不同之处，且该设计元素与诉争专利的设计元素较为相近，那么，就可以认定该产品的外观与诉争专利的外观相似。通过与本案中被告提交的在先设计进行比较，可以看出，两款产品在外观上存在着明显的区别，并且在总体上给人一种截然不同的感觉；反之，则被指控侵权的产品在外观上与诉争的产品是完全一样的。

3. 知名度证据在专利侵权诉讼案件中对法院酌定赔偿数额的影响

在专利侵权诉讼中，特别是在难以精确计算权利人损失或侵权人获利时，法院需要依法酌定赔偿数额。此时，证明涉案专利或专利产品具有较高市场知名度的证据，能够对法院的酌定产生重要影响。具体体现在：

（1）证明市场价值与潜在损失/收益。知名度证据（如广泛宣传、市场占有率数据、获奖纪录、行业认可、消费者调查报告等）能够有力证明专利技术或专利产品在市场上具有较高的商业价值和市场吸引力。知名度越高，通常意味着该专利技术或产品对权利人利润贡献越大，潜在市场价值越高。相应地，侵权行为造成的权利人损失或侵权人非法获利的可能性及数额基础也往往更大。这为法院在法定幅度内提高酌定赔偿额提供了重要依据。

（2）证明侵权恶意与情节严重性。侵权人明知或应知涉案专利具有较高知名度仍实施侵权行为，其主观恶意通常更为明显。较高知名度也可能意味着侵权行为对市场竞争秩序的破坏更大、影响更广。这些因素（恶意、情节严重）是法院在酌定赔偿时考虑惩罚性因素或在法定幅度内从高确定赔偿额的重要考量点。

（3）区别于商标保护逻辑。需要明确的是，专利保护的核心在于技术方案或设计的创新性，其保护范围由权利要求书或图片/照片界定。知名度本身并不直接扩大专利权的法定保护范围（例如，不能像驰名商标那样获得跨类别保护）。知名度证据在专利侵权诉讼中的作用，主要在于量化侵权损害后果和评估赔偿金额，而非在侵权判定阶段扩展权利边界。

【思考题】

（1）一审中，上海贝朗公司、广州贝朗公司和星苹公司面对科勒公司的诉讼，是如何据理力争、反败为胜的？

（2）在一审过程中，上海贝朗公司和广州贝朗公司针对科勒公司提出了相应的抗辩：在科勒公司申请专利之前已有相关的技术公开，上海贝朗公司和广州贝朗公司所采用的技术属于公知技术范围。请问什么是公知技术？

（3）科勒公司的专利权利要求影响本案的判决结果吗？为什么？

第三节 著作权（版权）、商标权权属

 知识要点

一、受著作权保护作品的特点

受著作权保护的作品具有特定属性。其一，作品须诞生于文学、艺术或科学领域，涵盖小说创作、绘画艺术、科学理论阐述等；其二，作品须通过具体形式呈现，形成能被他人客观感知的外在表达，且该表达可被复制传播，如将音乐作品录制为光盘发行；其三，作品须具备独创性，即由作者独立完成且体现一定创作性，这是作品获得著作权保护的核心要件。

二、独创性

"独"是指独立创作（但所劳动的过程必须是劳动者尚有智力创造空间的劳动过程，不能是已经没有任何发挥空间的劳动过程，如唯一性的表达方式）源于本人；"创"是指具备一定程度的"智力创造性"，能够体现作者独特的智力判断与选择并达到一定的创作高度要求（但我国法律未具体规定"创"的高度，其具体认定基本

借助于司法机关的判断)。"独"有两种表现方式：第一，从无到有独立创作，形成原创作品；第二，在现有作品的基础上进行再创作且与原作品之间存在可被客观识别的差异，差异部分形成演绎作品。

独创性理解有两种：(1) 英美法系的独创性标准："额头流汗"准则，认为只有在作品中含有作者的"独立辛勤的劳动"，才能符合著作权法所规定的"独创性"条件，如普通的电话号码簿不构成作品。(2) 大陆法系的独创性标准：不仅是一种独立的作品，同时也需要具有较高的智慧和创造力（它可以显示出作者的特殊智慧和选择，展现了作者的人格，并实现了特定的创作水平）。准确的摹本与原作在视觉上并无明显区别，或差别太小，不能满足原作的"独"字。但是，如果对一件艺术品进行临摹，其效果与原作有很大的不同，并且这种不同的部分符合"创"的独创性，则该临摹品即为一件作品（演绎作品）。

三、避风港规则

避风港规则的适用旨在解决网络服务提供者与权利人之间的纠纷，首次规定于中国2006年施行的《信息网络传播权保护条例》（以下简称网络传播条例），此后陆续有相关的法律对其加以明确规定。该规则的内容为：在网络用户利用网络服务实施侵权行为时，权利人在发现时可以立即通知网络服务提供者采取屏蔽、删除或者断开链接等方式避免更严重的损害结果，若网络服务提供者在接到通知后不作为，则要对扩大的损失与侵权人承担连带责任。

想要正确适用避风港规则，需要精准把握该规则的适用条件，客观上应当查清侵权作品的真实来源，主观上要明确网络服务提供者是否具备"明知"的因素。在实践当中，网络服务提供者经常以"不知"相关作品侵犯合法权益而主张不负责任，在这种情况下，应当查明网络服务提供者是否在明知作品侵权时仍然不采取相关的必要措施，如果其确实不作为，则有理由认定网络服务提供者存在主观故意，主观方面的条件就认定为具备。

避风港规则的立法本意是在短时间内实现对侵权行为的迅速遏制，保护权利人的合法权益，减少对平台的事前审核，促进互联网与商业模式的创新发展。避风港规则在客观上可以有效地减少互联网公司和网络服务提供商的网络侵权责任，并推动我国的互联网行业的发展与壮大。然而，必须注意到，随着互联网的不断发展，网民的人数也在不断增加，而利用互联网服务平台进行侵权的情况也在不断发生，由于避风港规则"通知+必要措施"所要求的时间性，这在客观上也加重了权利人维权和及时止损的成本。

鉴于此，基于各方利益权衡，在适用避风港规则时，应更慎重，特别是针对一些直接从事互联网信息传播侵权行为的互联网服务商，应将其从避风港规则的适用范围中予以严格排除。另外，避风港规则也让互联网服务提供商更多地关注权利人的利益，在投诉—维权机制的便利性和多通道性、通知的审查标准和周期，以及必要措施的实施上，让网络服务提供者和权利人达到双赢，这是推动互联网平台健康、有序发展的重要途径。

四、著作权侵权判定规则

1. 原告对其主张的作品是否有权利基础

根据著作权法，有权提出著作权侵权之诉的主体包括著作权人、被许可人及利害关系人。利害关系人是指著作权人的继承人,在原著作权人死亡后,著作权人的继承人可以代位提起著作权侵权诉讼。

2. 原告主张的作品是否属于著作权法上保护的作品

著作权保护的是作品的表达,不保护思想。所谓作品的表达,是指以一种可以被人理解的形式,作为一种新的艺术形式。由于创作过程和表现方法的差异,不同的作品在表现形式上也有差异。例如,文学作品是用文字来表现,美术作品是用线条和色彩来表现,音乐作品是用音符来表现。因此,如果原告认为其所保护的作品仅仅是观念的范畴,就不在著作权法的保护范围之内。

另外,公共领域的作品也不在著作权法的保护范围之内,否则就会形成独占的局面。公共领域的作品包括已经超过版权保护期限的作品等。

3. 被控侵权作品是否符合"接触+实质性相似"

(1) 接触。通常情况下,"接触+实质性相似"是判定著作权侵权的标准。"接触"指的是被指控侵权人是否有机会接触到他人的作品,该可能性可以被推定,也就是说,在那以前,如果能证实其作品已流入有关公共领域,或被指控侵权人从其他渠道取得了作品,如无相反的证据,则应认定存在接触可能性。

(2) 实质性相似。著作权法中的"实质性相似"系指在作品表现形式上的相似性,而在判断实质性相似时,往往带有主观性。此外,确定共同领域的范围,对于判定被指控侵权作品与其著作权的实质性相似与否,将会产生较大的影响。

4. 被告的抗辩是否属于合理使用或者法定许可

在著作权侵权纠纷中,若被告提出合理使用或法定许可的抗辩理由,且经法院判定成立,被告无须承担赔偿责任。其中,若被认定为构成法定许可,被告还须向原告支付相应报酬。合理使用与法定许可的区别在于:二者均允许他人在未经著作权人许可的情况下使用作品,但法定许可要求使用者必须向著作权人支付报酬,而合理使用则无须支付报酬。根据我国《著作权法》及相关法律法规的规定,法定许可具体包含五种情形:为实施义务教育和国家教育规划而编写出版教科书时的法定许可;报刊之间相互转载、摘编文章的法定许可;录音制作者使用他人已经合法录制为录音制品的音乐作品制作录音制品的法定许可;广播电台、电视台播放他人已发表的作品的法定许可;通过信息网络向农村地区提供特定作品的准法定许可。

案例一　七大唱片公司状告百度 MP3 侵权案①

【基本案情】

21 世纪初,流行音乐的载体开始由磁带转向电子格式,年轻人也越来越多地使用 MP3 播放器来享受音乐,音乐资源的下载成为互联网时代商业的蓝海。许多专门的音乐在线收听和下载网站涌现出来,由于互联网的版权保护概念在当时还很模糊,法律也不完善,所以这些网站大部分都没有购买相应音乐产品的版权。

---

① 中国法院网:《百度下载 MP3 香港七大唱片公司索赔 167 万》,https://www.chinacourt.org/article/detail/2005/09/id/180098.shtml,2024 年 8 月 23 日最后访问。

2002年11月,百度发布了MP3搜索频道,为用户提供MP3格式音乐的搜索和下载服务。不过,此时MP3搜索还只是百度娱乐板块下的一个子模块。2003年,百度的网站版面进行重大调整,为用户提供简洁的搜索服务,MP3也独立出来成为新闻、网页、Flash等几大功能模块之一。借助于在中文搜索领域的领导地位和百度MP3提供的便捷用户体验,百度很快占据了九成以上的MP3搜索市场。在百度MP3中,只要输入歌曲的名称、专辑或是歌手姓名,就会显示出用户需要内容的试听、歌词等不同速度的下载渠道链接,很是方便,因此它占据了网络音乐服务的绝大部分流量。不过,这种富有争议的音乐服务方式给百度带来了一系列的版权纠纷。

2005年6月,百度在没有得到授权允许的情况下,擅自在网站上提供包括张学友的《情网》、李克勤的《日出》、张柏芝的《星语心愿》等在内的46首歌曲,环球唱片有限公司请求法院判决百度停止其相关服务,并赔偿其经济损失及合理的诉讼费用51万元。同时,其他一些大唱片公司也纷纷表示不满。同年7月,EMI集团香港有限公司、SONY BMG音乐娱乐(香港)有限公司、华纳唱片有限公司、环球唱片有限公司、金牌娱乐事业有限公司、正东唱片有限公司、新艺宝唱片有限公司等分别向北京市第一中级人民法院起诉,要求百度立即停止在其网站上所发布的137首音乐作品的试听、下载服务,并公开道歉、赔偿经济损失167万元。此前,国际唱片业协会(International Federation of the Phonographic Industry)亚洲代表处已经代表多家大型企业给百度寄去了律师函,请百度立即停止侵权行为,并对相关唱片公司进行经济补偿,但并未提供被指控的具体作品和被侵权的链接。

2005年9月26日,法院对上述案件进行了正式的审判。百度为自己辩护:第一,百度是一个专业的搜索引擎服务商,MP3搜索及其他的一些产品,都属于搜索服务范畴。尽管百度公司提供了相关的下载链接,但无论是否享有著作权,百度都不会将其保存在自己的服务器中,所有的下载链接都是通过网络上的搜索获得的。第二,由于大多数音乐网站都没有购买相应音乐作品的著作权,所以百度无法从技术上判断音乐的来源,也就不存在侵权的主观意图和过错。与此同时,百度也在自己的网站上刊登了一份为作品权利人提供合法权益保护的"权利声明",以作为维权渠道。第三,尽管在起诉之前,国际唱片行业协会亚洲代表处已经向其发出了一封律师函,但该律师函中并未提供任何关于该作品的权利人和侵权链接等详细信息。百度已作出了积极的回应,并要求对方就其后续行动的详细情况进行合作,但尚未收到任何回应。从上述情况可以看出,被告对权利人合法权益的维护态度是积极的,采取的措施也是有效的,并无主观上的过失,而原告则是怠于履行自己的义务,并滥用了自己的诉权。

2006年11月17日,北京市第一中级人民法院一审判决因七大唱片公司对百度侵权的指控缺乏法律依据,驳回其诉讼请求。法院认为,原告指控的侵权行为发生于2005年6月,适用我国《著作权法》和《最高人民法院关于审理涉及计算机网络著作权纠纷案件适用法律若干问题的解释》(以下简称《计算机网络著作权解释》)。搜索引擎技术服务用于帮助互联网用户在浩如烟海的信息中迅速定位并显示其所需要的信息。百度公司提供的MP3搜索引擎服务是以互联网中的音频数据格式文件为搜索对象的,其搜索范围遍及整个互联网中未被禁链的每个网络站点,并受控于上载作品的网站。权利人应向搜索引擎服务提供商提交书面通知,要求其断开与该制品的链接,通知中应当明确告知侵权网站的网址。搜索引擎服务提供商接到权利人的通知后，应立即断开与该录音制品的链接。在此案中，原告未尽到通知义务。因此，被告提供 MP3 搜索引擎服务并没有侵犯他人信息网络传播权的主观过错。

一审判决后不久，国际唱片业协会就明确表示会继续上诉。然而，第二次上诉的原告已由原来的七家变为五家，EMI 集团香港有限公司和金牌娱乐事业有限公司在 2007 年年初和百度达成了战略合作协议，退出诉讼。

北京市高级人民法院对此案进行了第二次审理。华纳唱片有限公司认为，百度 MP3 提供搜索链接，并提供试听和下载的接口，为侵权录音制品的传播提供了便利条件，客观上参与并帮助了第三方网站的侵权行为；同时，百度在 MP3 频道中加入音乐排行榜功能，是主观上明知侵权而为之的行为。法院认为，百度的 MP3 试听和下载功能，性质上属于连接通道服务，不属于信息网络行为；百度的 MP3 排行榜功能虽然包含主观判断，但是不等于对音乐来源是否侵权构成明知，对于已有证据支持的歌曲，百度已切断了与该音乐的链接，华纳唱片有限公司也无法举证证明百度明知侵权而没有及时排除侵权结果，故华纳唱片有限公司提出的百度提供包含排行榜等 MP3 搜索引擎服务构成侵权并应承担连带侵权责任，没有事实及法律根据，无法得到支持。

2007 年 12 月 20 日，北京市高级人民法院对此案作出终审判决，驳回五家公司的诉讼请求，认定百度不构成侵权，五家唱片公司不得继续上诉。至此，这场历时两年多的诉讼以百度胜出告终。

【主要法律问题】

1. 共同侵权行为的认定

从著作权的角度看，直接侵权与间接侵权有着明显的不同，通常情况下，直接侵权相对简单，被各国著作权法明确规定为侵权，但对于间接侵权的认定却有较大的争议，特别是在网络空间，相关立法更是寥寥无几。2006 年 7 月 1 日，我国正式施行《信息网络传播权保护条例》，其中对搜索引擎侵权的判断有如下相关内容："网络服务提供者为服务对象提供搜索或者链接服务，在接到权利人通知书后，根据本条例规定断开与侵权的作品、表演、录音录像制品的链接的，不承担赔偿责任；但是，明知或者应知所链接的作品、表演、录音录像制品侵权的，应当承担共同侵权责任。"

2. 避风港规则之适用

在本案中，原告主张，被告应当根据相关法律规定中关于侵权通知的要求（原告将其理解为第一类通知形式），通过主动搜索侵权歌曲的链接来排查侵权内容，并认为被告承担着寻找侵权作品的责任，但一审法院并未采用原告的这一主张，反而以原告的通知不符合法律规定为由，将寻找责任归于原告。但是，在二审中，法院指出，如果著作权人已经多次发出了"满足条件"的通知，那么，对于网络服务提供者来说，如果其已经知道著作权人的权益受到侵犯，就不能仅仅因为著作权人随后发出的通知没有达到相应的要求，就置之不理，而是要主动地和著作权人进行沟通，以便决定该采取哪种有效的措施。从这一点可以看出，在知道侵权情形的前提下，即使著作权人的通知并不合乎规定，也应该与著作权人取得联系，并与其协商，以便采取适当的措施,也就是说,他们有义务帮助著作权人找到侵权链接。

近几年来,尽管理论上一直存在增加网络服务提供者协助义务和明确具体责任的主张,但是在实际操作中,大多数国家仍然采用通知—删除规则(避风港规则)来保护著作权人的权利和寻找侵权人的特定责任。所以,本案对于规范和探究网络服务提供者的协助注意义务,起到了一定的借鉴作用。

【主要法律依据】

1. 《著作权法》(2001)

第10条 著作权包括下列人身权和财产权:

(一)发表权,即决定作品是否公之于众的权利;

(二)署名权,即表明作者身份,在作品上署名的权利;

(三)修改权,即修改或者授权他人修改作品的权利;

(四)保护作品完整权,即保护作品不受歪曲、篡改的权利;

(五)复制权,即以印刷、复印、拓印、录音、录像、翻录、翻拍等方式将作品制作一份或者多份的权利;

(六)发行权,即以出售或者赠与方式向公众提供作品的原件或者复制件的权利;

(七)出租权,即有偿许可他人临时使用电影作品和以类似摄制电影的方法创作的作品、计算机软件的权利,计算机软件不是出租的主要标的的除外;

(八)展览权,即公开陈列美术作品、摄影作品的原件或者复制件的权利;

(九)表演权,即公开表演作品,以及用各种手段公开播送作品的表演的权利;

(十)放映权,即通过放映机、幻灯机等技术设备公开再现美术、摄影、电影和以类似摄制电影的方法创作的作品等的权利;

(十一)广播权,即以无线方式公开广播或者传播作品,以有线传播或者转播的方式向公众传播广播的作品,以及通过扩音器或者其他传送符号、声音、图像的类似工具向公众传播广播的作品的权利;

(十二)信息网络传播权,即以有线或者无线方式向公众提供作品,使公众可以在其个人选定的时间和地点获得作品的权利;

(十三)摄制权,即以摄制电影或者以类似摄制电影的方法将作品固定在载体上的权利;

(十四)改编权,即改编作品,创作出具有独创性的新作品的权利;

(十五)翻译权,即将作品从一种语言文字转换成另一种语言文字的权利;

(十六)汇编权,即将作品或者作品的片段通过选择或者编排,汇集成新作品的权利;

(十七)应当由著作权人享有的其他权利。

著作权人可以许可他人行使前款第(五)项至第(十七)项规定的权利,并依照约定或者本法有关规定获得报酬。

著作权人可以全部或者部分转让本条第一款第(五)项至第(十七)项规定的权利,并依照约定或者本法有关规定获得报酬。

2. 《最高人民法院关于审理涉及计算机网络著作权纠纷案件适用法律若干问题的解释》(2000,已失效)

第5条 提供内容服务的网络服务提供者,明知网络用户通过网络实施侵犯他人著作权的行为,或者经著作权人提出确有证据的警告,但仍不采取移除侵权内容等措施以消除侵权后果的,人民法院应当根据民法通则第130条的规定,追究其与该网络用户的共同侵权责任。

【理论分析】

1. 原告在本案一审中败诉的原因

原告起诉百度,是因为其在未获许可的情况下,擅自使用七家唱片公司所拥有的歌曲,构成了对其版权及信息网络传播权的侵害,故本案应当受《著作权法》的保护。从技术上来说,百度只提供搜索服务,所有的内容都是从第三方网站上获取的,真正侵权的是第三方网站,而不是百度本身,原告不追究第三方网站,反而把矛头对准了百度,这本身就是一种不正当的做法。

另外,百度表示,其自身很难从技术上分辨出是否存在侵权,百度完全没有意识到这一点。在此可以看出,由于技术上的问题,百度并没有"明知"后而继续协助侵权,而且百度还提供了一条投诉渠道,唱片公司可以通过该渠道通知百度相关音乐侵权事项。而国际唱片业协会在给百度的律师函中并没有明确指出侵权的具体内容,因此百度的行为并不构成"共同侵权"。

2. 本案的审理逻辑

本案中,百度最早是在2005年6月被环球唱片有限公司起诉,因此本案的审判根据就是《计算机网络著作权解释》,该司法解释对搜索引擎侵权方面的规定是"明知网络用户通过网络实施侵犯他人著作权的行为……"。从这一点可以看出,"明知"与"知道或者应当知道"是一个很大的不同。在本案一审时,《信息网络传播权保护条例》已颁布,但法院依然以《计算机网络著作权解释》为基础,这是由于法不溯及既往的原则,也就是说,在该案审理过程中,《信息网络传播权保护条例》并不能对其发生前的事情和行为产生追溯性,因此,百度不需要对"应知"的"过失"负责任。

2009年9月3日,《文化部关于加强和改进网络音乐内容审查工作的通知》公布,首次对互联网上的链接行为进行了规范,并规定对其进行监管。由此可以看出,作品使用人将承担更多的责任,对著作权的保护将会更加有力。在网络环境下,文化作品的著作权许可制度必将更加完备,著作权人的合法权益也将得到更好的保障。

【实操分析】

首先,在本案中,百度并没有因为MP3音乐搜索而被直接判定为侵权,同时,在诉讼过程中,百度也对自己共同侵权的指控进行了强有力的抗辩。现行法律对于搜索引擎的判定,让音乐搜索一直处于侵犯知识产权的边缘,之后还可能面临更多的纠纷。从国外的法律法规来看,对著作权的保护将会变得更加严格,未来没有著作权的歌曲将会变得更加稀少。

其次，百度能胜诉，最重要的一点，就是法院证明其并不知道歌曲的出处，仍然在传播，但是，百度也不能一直采取"鸵鸟"策略，根据法律规定，只要著作权人通知，百度就应当删除有关的音乐作品。

【思考题】

（1）国际唱片业协会在此案一审中为什么会败诉？法院判决的争议焦点和关键依据在哪里？

（2）结合本案判决结果和我国著作权保护相关法律，谈谈你对网络著作权保护的看法。

案例二　本田技研工业株式会社与恒胜鑫泰公司等侵害商标权纠纷案①

【基本案情】

本田技研工业株式会社（以下简称本田株式会社）在中国拥有"HONDA"等三项商标，核定可以在摩托车等商品上使用。吴某德在缅甸拥有"HONDAKIT"商标权，其也是缅甸美华公司的常务董事。缅甸美华公司委托恒胜集团公司（与恒胜鑫泰公司系母子公司关系，法定代表人均为万某）加工生产标有"HONDAKIT"标识的摩托车包括整车和散件若干。但恒胜鑫泰公司、恒胜集团公司在其生产和销售的涉案摩托车头罩等产品上不当地使用"HONDAKIT"文字及图形，并故意缩小"KIT"的文字部分。2016年恒胜鑫泰公司在申报出口时被海关查获涉案物品，本田株式会社认为两公司的行为侵犯其已合法取得的商标权。2016年9月13日，本田株式会社向云南省德宏州中级人民法院提起诉讼。

本案一审法院认为两被告的行为侵犯本田株式会社注册商标的使用权，判定两被告向原告赔偿30万元的经济损失。恒胜鑫泰公司、恒胜集团公司不服一审判决，向二审法院提起上诉，请求撤销一审判决第一项和第二项，驳回本田株式会社的全部诉讼请求。二审法院认为，两上诉人的行为不是涉外定牌加工行为，也不属于商标法意义上的商标使用行为属于商品销售行为，最终认为两上诉人不构成侵权。二审后，本田株式会社向最高人民法院申请再审，最高人民法院审理后，认定两被告的被诉侵权行为属于涉外定牌加工行为，并认为两被告的行为属于商标使用行为，最终撤销二审判决，维持一审判决。

【主要法律问题】

本案的争议焦点主要是恒胜鑫泰公司、恒胜集团公司的被诉侵权行为性质的认定问题：第一，被诉侵权行为是否属于涉外定牌加工行为；第二，被诉侵权行为是否属于商标使用行为；第三，被诉侵权行为是否构成商标侵权。

---

① 中国法院网：《"HONDAKIT"定牌加工侵害商标权纠纷案》，https://www.chinacourt.org/article/detail/2020/04/id/5049574.shtml，2024年8月23日最后访问。

1. 被诉侵权行为是否属于涉外定牌加工行为

原告本田株式会社认为两被告的行为并不属于涉外定牌加工行为,因为被诉侵权商品所使用的商标标识与境外授权商标标识并不一致,并认为判断是否属于涉外定牌加工行为应当按照"双相同"的标准,即被诉侵权商品所使用的商标标识应与该境外授权标识完全一致,同时所使用涉案商标的商品与境外授权商标所核定使用的商品属于同一类别,本案中被诉侵权商品上的商标与境外授权商标并不一致,因此可以认为被诉侵权行为不是涉外定牌加工行为。

二审人民法院通过对恒胜鑫泰公司与缅甸美华公司签订的合同进行审查,认为该合同虽然名为"销售合同",但实为"涉外定牌加工合同"。该合同中明确规定了订购产品的详细信息,符合定牌加工定做的通常条件;此外,两被告之间为母子公司关系,并非通常交易销售关系;加之该批货物并不在中国使用、销售。缅甸公民对涉案"HONDAKIT"在缅甸具有注册商标权,朱某德提供的《授权委托书》证实缅甸美华公司将商标的加工权授权给恒胜鑫泰公司,因此二审法院认为被告已经获得了相关授权,有权使用"HONDAKIT"商标。基于以上分析,二审法院认定两被告的行为属于涉外定牌加工。

2. 被诉侵权行为是否属于商标使用行为

本田株式会社认为被诉侵权行为属于在商品、商品包装上使用商标来标识来源,属于中国《商标法》意义上的使用,且被诉侵权行为故意使用与缅甸商标标识有差别的商标目的在于故意误导消费者。被告主要以涉案商品不会流入中国市场,不具备混淆的可能性,上岸商品商标不会发挥使市场上消费者等相关公众在市场活动中进行区分的作用,因此认定被诉行为不属于商标使用行为。二审法院认为,根据我国《商标法》(2013)第 48 条的规定[①],商标在市场上所起到的作用是确保商品在市场上区别于同一产品或同类产品。因此,如果商标使用的目的并不在于区别同类产品,那么也就不满足我国关于商标使用的要求,不属于我国《商标法》(2013)第 48 条的"使用"。二审法院认为,涉案产品将全部出口缅甸,不进入中国市场参与"商业活动",因此并不属于商标法意义上的商标使用行为。最高人民法院则认为使用行为是一种客观且多环节的行为,是否构成商标法上的使用,需要结合商标使用的整体环节来看,不能仅依据商品最终的流向来判定。最高人民法院肯定了构成商标使用需要具备"可识别性或区别性",但提出商标这种识别性并不要求具备实际上能够的区分状态,只要具备了区别商品来源的可能性,就可以认定为属于商标法意义上的使用。同时最高人民法院否定了二审法院关于"涉案产品不参与中国市场"的观点,认为相关公众不仅包括消费者还包括与被诉商品密切相关的经营者及与被诉商品存在接触的可能的其他主体。从长期发展角度上看,随着互联网及电子商务的发展,被诉商品也可能由于各种原因重回国内,最终最高人民法院认定二审法院就被诉侵权行为不属于商标使用行为的判断有误。

---

① 《商标法》(2013)第 48 条规定:"本法所称商标的使用,是指将商标用于商品、商品包装或者容器以及商品交易文书上,或者将商标用于广告宣传、展览以及其他商业活动中,用于识别商品来源的行为。"

3. 被诉侵权行为是否构成商标侵权

本案中，在确定涉案行为属于涉外定牌加工行为后，需要确定该行为是否侵害国内相关商标权人的商标权。原告本田株式会社列举了中国相关公众接触涉案产品的可能情况，包括相关工作人员接触、跨境互联网消费、中国国内相关人员境外消费等。此外，本田株式会社还认为两被告恶意改变境外注册商标标识的目的在于混淆消费者的辨认。

对此，二审法院并未直接给出一个普遍性的标准，认为需要根据个案的具体情况具体分析。《商标法》第57条规定，未经许可，在相同商品或类似商品上使用近似商标，容易导致混淆的，构成侵权。相较于之前的《商标法》，2013年修订的《商标法》对侵权行为的认定增加了"容易导致混淆"这一标准。正如前文所述，商标是区分相同或者类似产品的区别性标识，如果某一标识虽然形式上符合商标的基本形态，但不能够使相关公众区分服务不同提供者或者来源，则不属于商标。根据《商标法》的规定，判断侵权行为是否导致了商标的区别功能无法发挥，也就是判断该商品是否使市场上相关公众难以区分商品服务的提供者或服务者。二审法院认为，涉案产品将全部出口至缅甸，不进入中国市场销售，相关公众不会对产品有物理性接触，不会产生混淆，因此被诉侵权行为不会对商标的辨别功能产生损害。二审法院还提出商标权具有地域性，我国只保护在我国境内依法注册的商标，保护范围不能超过本国，因此就本田株式会社所提出的导致缅甸国内相关公众对商品来源产生混淆，不属于本案可以评判的范围。

最高人民法院认为，从法律规定上看，商标侵权行为的归责原则属于无过错责任原则且不以事实损害为侵权构成要件，因此商标法上所说的"导致混淆"只需要具备发生混淆的可能性即可，并不要求以事实的损害为要件。最高人民法院认为恒胜鑫泰公司、恒胜集团公司在其生产、销售的被诉侵权的摩托车上使用"HONDAKIT"文字及图形，并且突出增大"HONDA"的文字部分，缩小"KIT"的文字部分，同时将H字母和类似羽翼形状部分标以红色，实际商标外观效果与本田株式会社请求保护的三个商标构成在相同或者类似商品上的近似商标。[①] 被诉侵权行为构成商标的使用具有造成相关公众混淆和误认的可能性，容易让相关公众混淆，因此构成商标侵权。

【理论分析】

1. 涉外定牌加工性质的认定

涉外定牌加工又称为"贴牌加工"，是指我国企业接受境外商标权人或使用权人的委托，按照要求给产品贴附所提供的商标，并将商品交付给委托人的一种贸易行为。国外委托制定或者授权我国企业加工的商标与我国境内已经注册的商标可能存在相似或者相同，则可能违反《商标法》第57条，因此有观点认为该涉外定牌加工属于侵权行为。

在我国司法实践中，涉外定牌加工是否构成侵权一直存在争议。这种争议既体现

---

① 中华人民共和国最高人民法院（2019）最高法民再138号。

在不同司法机关的裁判分歧中，也反映在具体案例的多元裁判逻辑里。

从司法案例来看，早期存在两类截然不同的裁判倾向。一方面，部分法院基于商标地域性原则及市场混淆理论，认定涉外定牌加工不构成侵权。例如，在2001年美国耐克公司诉西班牙赛得体育公司案中，法院认为加工方仅按委托方要求生产贴标商品且全部出口，未进入法院地国市场，不构成商标使用行为。类似的，嘉兴银兴制衣厂涉诉案件中，法院亦以"商品未流入国内市场"为由，判定不侵犯国内商标权。2009年上海市高级人民法院审理的上海申达音响电子有限公司与玖丽得电子（上海）有限公司商标侵权纠纷案更是典型，法院明确指出，涉案商品全部出口至美国市场，中国境内消费者无接触可能，不存在混淆误认的现实基础，进而认定不构成侵权。另一方面，司法实践中亦出现过认定构成侵权的裁判案例。在最高人民法院（2019）最高法民再138号案（HONDAKIT案）中，国内企业接受委托生产带有"HONDAKIT"标识的摩托车散件并出口至缅甸，本田公司以商标侵权为由提起诉讼。法院突破"地域性"单一判断标准，指出商标使用须结合市场实际影响整体认定，即便产品直接出口，若存在回流国内市场或消费者出境接触的可能性，仍可能构成商标法意义上的使用。最高人民法院进一步强调，境内加工方依据境外商标授权提出的抗辩不能成立，因商标权的地域性决定了境外商标在国内不当然享有专用权，最终判定侵权成立。此类判决凸显了司法机关对"商标性使用"认定从"形式出口"向"实质市场影响"的延伸，以及对跨境商业活动中商标权地域性原则与实际使用关联性的双重考量。

正是由于不同法院对商标地域性、商标性使用、混淆可能性、合理注意义务等核心要件的理解差异，导致"同案不同判"现象频发。当前司法认定的分歧焦点集中于：当定牌加工行为可能通过跨境贸易、平行进口等途径对国内商标权产生潜在影响时，是否应当突破传统的"地域性"和"市场隔离"原则，认定加工方负有更高的注意义务。这种裁判尺度的差异，本质上是商标权保护与加工贸易产业发展之间的价值平衡问题，亟待通过司法裁判规则的进一步明确加以协调。

在本案中，二审法院与最高人民法院就认定涉外定牌加工是否属于侵权行为的主要争议在于"混淆可能性"。一般司法实践中主张认定涉外定牌加工不构成侵权的一个重要理由是：涉外定牌加工的产品不在中国境内销售，不可能导致境内的相关公众混淆。就前文的分析可知，"混淆可能性"是判断商标侵权的重要因素之一，需要注意无论是哪版《商标法》，都没有将"容易混淆"规定为商标侵权的直接要件，在判断某一行为是否属于商标侵权"容易混淆"为考量因素非构成要件。这就是说，如果在商品与商标不相同的情况下，被控侵权人的使用行为是否导致相关公众混淆是法官用来判断商品是否类似、近似的一个判断标准。[①] 新修订的《商标法》第57条规定只有在"在同一种商品上使用与其注册商标近似的商标，或者在类似商品上使用与其注册商标相同或者近似的商标"时，"容易混淆"才是需要考虑的一个要件。而"不同商品"则不需要考虑"容易混淆"这一因素。因此，如果涉案商标由于地理因素等原因不会发生"容易混淆"，被告实际上却将此因素当作商标侵权认定的必备构成要件，这种观

---

① 张伟君、魏立舟、赵勇：《涉外定牌加工在商标法中的法律性质——兼论商标侵权构成的判定》，载《知识产权》2014年第2期，第33-39页。

点是缺乏依据的。

至于如何判断是否"容易混淆",我国《商标侵权判断标准》第 20 条[①]和第 21 条[②]规定了容易导致混淆的两种情况,将容易导致混淆的因素进行列举。该法将"相关公众"作为判断混淆的主要标准,因此部分法官以涉案定牌加工不会引起"相关公众"混淆为主要的说理角度。在支持涉外贴牌加工不构成商标侵权的观点中,还存在另一种观点认为,虽然在"同一产品"下使用与注册商标相同的商标,但法律并未提出"可能混淆"的要求,根据实际情况可以推定在这种情形下存在混淆的可能性。换言之,"可能混淆"属于判定是否侵权的潜在"隐形"要件。如果有证据证明事实上并不存在这种混淆的可能性,就不认定为侵权。

2. 涉外定牌加工是否构成商标的使用

涉外定牌加工是否构成商标的使用,是判断涉外定牌加工行为是否构成商标侵权的基础问题,也是司法裁判争论的焦点问题之一。认为涉外定牌加工不构成商标使用的学者,主要认为加工者贴附商标的目的不是识别商品的来源,只是为履行合同。加工者在加工过程中也不存在销售的目的,因此涉外定牌加工不属于商标使用。还有法院认为,涉外定牌加工的商品不在国内销售,未进入流通环节,标识没有发挥商标的识别作用,因此不构成商标的使用。[③] 还有部分学者认为,商标使用行为分为"商标形成与维持意义上的商标使用"及"商标侵权判定意义上的使用"。在商标侵权判定中,将涉外定牌加工定性为商标使用更为合理。[④] 也有学者认为,定牌加工虽然未在直接意义上使用商标,但是商标具有流通性,即使不能起到识别作用,但该行为也可能由于商标的流通作用会对商标的其他功能,如广告、投资等产生作用。

我国最先规定商标使用的法律是《商标法实施条例》。《商标法》(2013)第 48 条对商标使用作出了较为全面的规定。该案规定:"本法所称商标的使用,是指将商标用于商品、商品包装或者容器以及商品交易文书上,或者将商标用于广告宣传、展览以及其他商业活动中,用于识别商品来源的行为。"《商标侵权判断标准》第 4—6 条分别规定了商标使用于商品、包装及其他市场商业活动中使用商标的情形。此外,为提高商标保护的效率,防止恶意注册商标,《商标法》第 49 条直接规定了商标注册人在三年内没有正当理由不使用注册商标的,任何单位或者个人都可以申请撤销该注册商标。商标的使用蕴含着商品提供者与商标权利人的共同意愿。某一个标识用于某一个商品,二者合为一体成为商标,成为消费者识别商品及其来源的观察对象。消费者能否通过商标正确识别商品来源为商标使用的核心。不同的消费者会产生关于商标来源正确或

---

① 《商标侵权判断标准》第 20 条规定:"商标法规定的容易导致混淆包括以下情形:(一)足以使相关公众认为涉案商品或者服务是由注册商标权利人生产或者提供;(二)足以使相关公众认为涉案商品或者服务的提供者与注册商标权利人存在投资、许可、加盟或者合作等关系。"

② 《商标侵权判断标准》第 21 条规定:"商标执法相关部门判断是否容易导致混淆,应当综合考量以下因素以及各因素之间的相互影响:(一)商标的近似情况;(二)商品或者服务的类似情况;(三)注册商标的显著性和知名度;(四)商品或者服务的特点及商标使用的方式;(五)相关公众的注意和认知程度;(六)其他相关因素。"

③ 上海市浦东新区人民法院(2014)浦民三(知)初字第 92 号。

④ 王太平:《从"无印良品"案到"PRETUL"案:涉外定牌加工的法律性质》,载《法学评论》2017 年第 6 期,第 176-187 页。

者错误的认识,这些现象纷繁复杂,无不统摄于《商标法》关于商标的使用规定;这些利益反复博弈,无不统辖于商标法律。①因此,本案中,最高人民法院在阐明商标的基本功能的同时,认为商标的识别具备了区别商品来源的可能性就应当认定此种使用属于商标法意义上的使用。

此外本案还矫正了关于涉外定牌加工"容易混淆"的认定共识。在本案之前,多数判决认为涉外定牌加工商品未在国内销售,物理空间上不具备联系性,因此不会导致混淆。但本案之后确定了"导致混淆"是只要相关公众能够可能接触到相关商品,就有发生混淆的可能性。本案就涉外定牌加工厂的认定、商标使用、商标侵权的认定较之前法院的认定都表明最高人民法院对国家宏观政策的贯彻。②

在我国改革开放初期,涉外定牌加工企业的贴牌产业有利于推动外贸的发展,在一定程度上拉动经济增长。但随着我国经济逐渐向高质量发展,涉外定牌加工只是单纯的加工行为,技术性因素较低。对涉外定牌加工不应采取之前的标准,否则可能会对国内企业造成冲击,并与国内目前经济发展宏观政策规划不符合。本案再审裁决是司法政策与国际形势、国家经济政策、行业趋势主动适应的体现。

【主要法律依据】

《商标法》(2013)

第3条 经商标局核准注册的商标为注册商标,包括商品商标、服务商标和集体商标、证明商标;商标注册人享有商标专用权,受法律保护。

本法所称集体商标,是指以团体、协会或者其他组织名义注册,供该组织成员在商事活动中使用,以表明使用者在该组织中的成员资格的标志。

本法所称证明商标,是指由对某种商品或者服务具有监督能力的组织所控制,而由该组织以外的单位或者个人使用于其商品或者服务,用以证明该商品或者服务的原产地、原料、制造方法、质量或者其他特定品质的标志。

集体商标、证明商标注册和管理的特殊事项,由国务院工商行政管理部门规定。

第57条 有下列行为之一的,均属侵犯注册商标专用权:

(一)未经商标注册人的许可,在同一种商品上使用与其注册商标相同的商标的;

(二)未经商标注册人的许可,在同一种商品上使用与其注册商标近似的商标,或者在类似商品上使用与其注册商标相同或者近似的商标,容易导致混淆的;

(三)销售侵犯注册商标专用权的商品的;

(四)伪造、擅自制造他人注册商标标识或者销售伪造、擅自制造的注册商标标识的;

(五)未经商标注册人同意,更换其注册商标并将该更换商标的商品又投入市场的;

---

① 林广海、秦元明、马秀荣:《涉外定牌加工商标侵权的法律适用——兼谈"本田案"最高人民法院再审判决的意蕴》,载《人民司法》2021年第16期,第52-60页。

② 林广海、秦元明、马秀荣:《涉外定牌加工商标侵权的法律适用——兼谈"本田案"最高人民法院再审判决的意蕴》,载《人民司法》2021年第16期,第52-60页。

（六）故意为侵犯他人商标专用权行为提供便利条件，帮助他人实施侵犯商标专用权行为的；

（七）给他人的注册商标专用权造成其他损害的。

【实操分析】

在实际案件中需要注意以下几个方面：第一，应对商标使用的含义作出准确理解，不同法院对于商标使用理解不一致，从司法实践所造成的社会效果来看，法院对于涉外定牌加工是否属于商标使用行为的认定，将会影响我国目前知识产权的司法保护力度。涉外定牌加工只是一种特殊的贸易形式，随着技术网络的发展，商标使用将会以更多的形式展现出来。鉴于我国不断加强对知识产权的保护，法院在实际案件中可以采取与本案最高人民法院的裁决相类似的观点，适当地扩大对商标使用的界定。第二，注意司法裁判要与宏观经济相结合。我国经济目前由高速增长阶段转向高质量发展阶段，高质量发展的核心在于提高经济增长的新动能，也就是大力发展创新驱动型产业。知识产权的保护力度始终都需要结合国家的具体国情，本案最高人民法院的裁决是在符合中国经济发展情况下作出的，在我国目前经济发展背景下，涉外加工定牌这类传统加工类产业急需革新，相关商标侵权认定的司法实践应及时作出符合国家宏观经济的裁决。

【思考题】

（1）我国是如何规定商标侵权的？构成侵权的必备要素有哪些？

（2）判断构成商标使用的标准是什么？

（3）你认为本案最高人民法院对涉外定牌加工的认定还有什么需要完善之处？

第五章

国际贸易管理与世界贸易组织法

 知识要点

一、国际贸易待遇制度

国际贸易待遇制度是国际贸易关系的基本制度，是关税及相关措施及其他管制措施开展的前提。国际贸易待遇确定了各个国家在国际经济活动中对待外国主体的标准。国际贸易待遇制度包括最惠国待遇、国民待遇、特殊差别待遇。

《关税与贸易总协定》（GATT）第1条第1款规定，一成员对产自或运往任何其他国家或地区（即使是非世界贸易组织成员）的产品所给予的优惠，应当立即无条件地给予产自或运往所有其他世界贸易组织成员的同类产品。这条规定构成了多边贸易制度的基石，各项贸易待遇都存在诸多例外情况，除相关具体例外，普遍适用的一般例外、国家安全例外，这些待遇制度内还存在特殊例外。最惠国待遇下的例外主要是成员基于区域贸易协定给予的特殊优惠及对发展中国家的特殊差别待遇。在GATT下，国民待遇原则是指一成员在其境内对来自其他成员的产品，应给予与本国生产的同类产品在国内税收和国内规章方面的同等待遇，《服务贸易总协定》（GATS）下国民待遇原则需要成员的具体承诺。特殊差别待遇主要是针对发展中国家而设立的，由于发展中国家与发达国家间经济发展水平差异较大，所以需要给予发展中国家更特殊的优惠，且并不以发展中国家给予同样优惠为前提。

二、关税及相关制度

国际货物进出口中首先遇到的就是关税制度。关税征收是一国或者单独关税区的海关依据相关法律及关税税则的规定，对进出边境的货物征收税款。根据货物进出边境的方向，可以分为进口税、过境税及出口税。GATT的核心目的就在于关税减让，这也是GATT规范的主要内容。约束并削减关税是GATT的基本原则，约束关税是各成员适用关税税率的最高限额，各成员可以采取比约束关税更低的税率，但各成员给予其他成员的关税待遇不得低于关税减让表确定的待遇。

确定商品价值是按照一定比例征税的关键，过境商品价格确定的方法很可能影响税价的高低。海关对商品征收税款所使用的货物价格称为完税价格。完税价格的确定称为海关估价。常见的估价方法按照所采取的标准不同可以分为成交价格估算、到扣价格估算、生产成本价格估算、合理评估估算，其中采取较多的是成交价格估算，即按照过境商品的成交价格来确定商品的完税价格。

原产地规则是使用关税和其他贸易政策的前提，原产地规则不仅与最惠国待遇制度相关，同时还涉及反倾销、反补贴、保障措施等。按照《原产地规则协议》的规定，商品的原产国应是完整生产该商品的国家，或当该商品的生产过程涉及一个以上的国家时，则应是对商品最后实现实质性改变的国家。

三、非关税措施

非关税措施是相较于关税措施，对贸易具有限制性作用的其他贸易管理措施。非关税措施包括数量限制、进出口许可程序等。数量限制是对进出口产品采取除关税等其他费用之外的禁止或者限制措施。数量限制通常以配额、进出口许可证的形式体现。GATT明确规定了要普遍取消数量限制，即对于任何从其他成员领土进口的产品或者向其他成员出口的产品，任何成员不得设置除关税或其他不体现费用的任何形式限制措施。

进口许可程序是指实施进口许可制度的相关行政程序，该程序的履行是货物进入成员境内的前提。货物进入某成员领域内不可避免地会对成员产生影响，因此，进口许可程序在某种程度上起到不可替代的作用。但进口许可程序不能不公开、程序过于复杂可能影响货物进口，故WTO《进出口许可程序协定》要求成员以透明、可预测的方式实施进出口程序，要求成员应当将与申请有关的信息和规则提前公布，相关规则和程序的变化及时更新、公布。

进口农产品的卫生检疫措施是各国通常对进口农产品所采取的措施，但各国对农产品的检疫标准的不一致，可能导致限制或禁止进口。为此，WTO认为各成员对进口农产品有权采取为保护人类、动植物的生命或健康所必需的卫生措施，但需要符合《实施卫生与植物卫生措施协议》的相关规定。

技术性贸易壁垒指适用技术性法规对贸易产生限制性影响的贸易措施。规定产品的技术标准有利于人类和动植物的生命与健康，与进口农产品的卫生检疫措施相似，技术性贸易壁垒也可能造成贸易限制，因此，WTO制定了《技术性贸易壁垒协定》，防止各成员采取对贸易产生限制性的技术性措施。

四、贸易救济措施

贸易救济措施，泛指进口国政府为使本国国内产业免受或补救进口产品的不利影响而采取的限制进口的保护性措施。贸易救济措施包括反倾销措施、反补贴措施、保障措施。其中较为核心的是反倾销措施与反补贴措施。反倾销措施是指针对造成进口国国内产业损害的倾销进口产品所采取的、旨在消除损害后果的措施。实施反倾销措施，首先需要存在倾销进口这一情况；其次需要国内产业受到实质性损害，这种损害需要达到严重的程度；最后倾销进口与损害之间需要存在因果关系。反补贴措施是指进口成员对补贴进口产品所采取的防止或者补救国内产业损害的措施。补贴是指一国政府为促进经济发展，而给予国内产品的经济支持。根据《补贴与反补贴措施协定》，只有专项补贴才可以成为反补贴措施的对象。对比反倾销措施，构成反补贴措施需要国内"同类产品"的损害，且这种损害需要达到严重侵害其他成员利益的程度。保障措施是进口成员针对造成国内产业严重损害的进口产品的急剧增长而采取的临时性的紧急救济措施，保障措施是关税约束原则的例外。

五、其他贸易制度

农产品贸易制度是由《农产品协定》所确立的农产品贸易规则，主要由市场准入、国内支持和出口补贴三个发明组成，WTO成员在这三个方面作出承诺，并将其列入减让表。政府采购制度是指政府为了公共目的使用财政资源购买货物和服务。

政府采购的产品一般用于政府自我消费或者公共服务，而非商业目的。政府采购的相关内容规定在《政府采购协定》中，按照 WTO 的规定，《政府采购协定》属于诸边协定，区别于对边协定，诸边协定对 WTO 成员无普遍约束力。

六、义务例外制度

WTO 义务例外制度可以分为义务适用例外与义务责任例外。义务适用例外是指成员无相关义务，更不用说承担相应的责任。义务责任例外是指成员存在相应的使用义务，但是基于特殊的情况即使违反义务，也可以根据例外情况免除责任。GATT 第 20 条一般例外与第 21 条安全例外是理论与实践中讨论与适用较多的条款。GATT 第 20 条侧重从公共政策角度出发，协调贸易政策与公共政策之间的关系，各项措施的适用条件与要求并不完全一致，需要具体分析。GATT 第 21 条安全例外侧重从国家安全利益角度分析，普遍认为国家安全要高于经济贸易利益。

案例一　美国对来自西班牙的成熟橄榄征收反倾销和反补贴税案①

【基本案情】

2018 年美国商务部（DOC）签发反倾销和反补贴税令，对来自西班牙的熟橄榄征收反倾销和反补贴税（以下简称双反措施）。在实施双反措施后，西班牙出口到美国的熟橄榄量将自加征关税后减少约 60%。

本案涉及美国 2018 年对来自西班牙的成熟橄榄征收反倾销和反补贴税，以及这些措施所依据的行政法案和立法。反补贴税调查主要涉及欧盟共同农业政策向熟橄榄种植者提供的补贴。欧盟对该调查的各个方面及《美国 1930 年关税法》第 771 节提出疑问，认为该条款是针对从原始农业到投入加工的农产品进行反补贴税调查中实施的分配补贴的规定。

2019 年 1 月 29 日，欧盟要求与美国就对来自西班牙的成熟橄榄征收反倾销和反补贴税及征收关税所依据立法进行磋商，并认为《美国 1930 年关税法》第 711B 节关于利益补贴传导分析的规定违反了 WTO《补贴与反补贴措施协定》（《SCM 协定》）内容。

【主要法律问题】

本案涉及三个方面的法律问题：第一，有关补贴视为专向性补贴的认定问题，主要涉及 DOC 认定西班牙政府补贴为专向性补贴的结论是否符合 WTO 相关规则；第二，DOC 在认定西班牙政府补贴为专向性补贴时所依据的《美国 1930 年关税法》第 771B 节规定本身及适用该法是否符合 WTO 规定；第三，美国在确定反补贴税率幅度时所依据的计算方法是否符合 WTO 反补贴规则。

1. 专向性补贴

（1）DOC 关于相关补贴法律专向性的认定是否符合 WTO 反补贴规则。

在美国的初步和最终问题及备忘录中，DOC 认为，欧盟共同农业政策（CAP）所

---

① United Stated-Anti-Dumping And Countervailing Duties on Ripe Olivers from Spain，WT/DS577/R.

包括的直接计划（BPS 计划）和绿色计划（GP 计划）在法律上具有特定性，符合专向性补贴的特征。这两项政策的计算规则所采取的补贴标准与"年度补贴金额与优质共同市场组织"（COMOF）计划相一致，由于 COMOF 项下的补贴具有明确的专向性，因此认为 BPS 计划与 GP 计划下的补贴也具备专向性。

欧盟认为，DOC 无权只依据补贴金额的计算方法就可以得出 BPS 计划和 GP 计划下补贴具有专向性的结论。DOC 关于 BPS 计划和 GP 计划在法律上的专向性的调查结果与《SCM 协定》第 2.1 条、第 2.1（a）条和第 2.4 条相违背。欧盟认为第 2.1（a）条含义下"获得"（access）补贴是否明确限于某些企业的关键决定因素是计划的资格标准，而不是用于计算获得补贴金额的公式。而对于计划的资格标准 DOC 在确定单一支付计划（SPS 计划）、BPS 计划和 GP 计划的专向性时并没有审查该标准。对此，美国声称，补贴方案的资格标准明确表明限制某些企业获得补贴，第 2.1（a）条确定了专向性的方法，对于判断补贴是否有明确限制可以从不同的方面判断，如对补贴计划下可获得的金额的限制。

专家组对《SCM 协定》第 2.1 条各项进行了分析。

首先，《SCM 协定》第 2.1（a）条规定：为了判定第 1 条第 1 款所定义的补贴是否属于授予当局专向性地给予管辖范围内的某个企业、产业、企业集团或多个产业（在本协定中均称"特定企业"）的专向性，应适用以下原则：如果补贴授予当局或该当局以执行的立法将补贴的获得明确限于特定企业，这种补贴即具有专向性。专家组认为，欧盟和美国都同意"获得"一词的普通含义包括"从系统或服务中受益或使用系统或服务的权利或机会"。通过分析第 2.1（a）条，专家组认为该条没有明确规定必须完全根据特定方案下补贴的资格标准来确定是否存在专向性补贴。例如，第 2.1（a）条并没有规定必须审查权力机构运作所依据的立法或明确审查获得补贴的来源。同时，专家组还认为该条所要求的分析仅侧重于授权机构运行所依据的立法，并没有确立进一步的精准性要求。但专家组认为，第 2.1（a）条并未明确排除可以通过审查获得补贴数额的计算规则认定是否存在专向性的可能。

其次，专家组对第 2.1（b）条规定的与第 2.1（a）条进行相互分析。专家组认为第 2.1（a）条和第 2.1（b）条规定重叠性的对象和两者二元性质，表明这两条通常情况下是共同使用的，因此第 2.1（a）条并未排除调查机关可以基于补贴数额计算规则确定的补贴条件是否存专向性。

最后，专家组审查了《SCM 协定》第 2.1（c）条。该条规定，尽管由于适用（a）和（b）项规定的原则而导致任何表面上的非专向性，但仍有理由相信补贴实际上可能是专向性的，可以考虑包括少数企业使用补贴方案以及当局在决定发放补贴时行使自由裁量权的方式等因素来判断。专家组分析认为，在适用本条时应适当考虑当地政府管辖范围内经济活动的多样化及其程度及补贴方案实施的长短。专家组认为，《SCM 协定》的起草者设定第 2.1（c）条的目的在于能够通过计算确定某些企业提供不成比例的补贴提供事实依据。同时，第 2.1（c）条的设定也证实了，立法者并不打算排除可以根据第 2.1（a）条规定得出法律上的专向性的结论，且授权机构所依据的立法明确规定了有关补贴数额的规则。因此在确定某一补贴立法通过有利于特定企业的计算规则实现专向补贴时，也可以依据《SCM 协定》第 2.1（a）条认定存在法律上的专向性。

基于以上分析，专家组认为仅依据 DOC 在进行反补贴税调查中专向性的调查是基于补贴中的金额计算来确定，并不能有效地证明美国的行为与《SCM 协定》第 2.1 条和第 2.1 (a) 条不一致。①

(2) DOC 关于 BPS 计划和 GP 计划延续了 COMOF 补贴法律专向性的结论是否符合 WTO 反补贴规则。

2003 年，西班牙实施 SPS 计划取代 COMOF，在 SPS 计划下西班牙向橄榄者的补贴数额以其在 COMOF 获得补贴数额为基础进行计算，COMOF 向橄榄种植者提供的援助金额及确定援助金额的方法，构成了在 SPS 计划和 CAP 下 BPS 计划和 GP 计划向橄榄种植者提供援助金额的基础，而 COMOF 被认为向橄榄种植者提供了专向补贴，所以 SPS 计划延续了 COMOF 补贴的专向性特征。2015 年，西班牙政府开始实施 BPS 计划取代 SPS 计划，该计划向橄榄种植者发放的年度补贴数额以其在 SPS 计划下获得补贴数额为基础进行计算，COMOF 补贴的法律专向性经由 SPS 计划延续到 BPS 计划。GP 计划补贴只属于 BPS 计划补贴政策的受益人，而且生产符合绿色标准就可以享受补贴，因此 DOC 认为 GP 计划也具有了法律上的专向性。

欧盟声称：①DOC 的决定不是基于有关反补贴的立法，而是基于管理 COMOF 计划下获得补贴的规则，但该规则已失效；②误以为 SPS 计划、BPS 计划和 GP 计划的援助与橄榄生产有关；③误解或未解释有关计算和规则的某些特征；④是根据美国在《SCM 协定》上述条款下的义务，而不是基于确凿证据或合理和充分的解释。

专家组对欧盟上述观点进行了选择性分析。首先，DOC 认为第 2.1 (a) 条中的"某些企业"是指历史上从事橄榄生产的农民，而目前是不是橄榄种植者尚不明确。专家组认为，从整体上看，DOC 的决定并不是基于 SPS 计划、BPS 计划和 GP 计划补贴在法律上是专向性所得出的。专家组调查得出，DOC 认为法律上的专向性是从 BPS 计划补贴在法律上对橄榄种植者具有专向性得出的，"BPS 计划下橄榄种植者获得的利益和提供的利益数量依赖于 SPS 计划下的利益提供"；但是，SPS 计划向橄榄种植者提供的惠益和惠益的数额是参照 COMOF 提供的惠益来确定的，因此，专家组认为 DOC 所确定 SPS 计划、BPS 计划和 GP 计划补贴在法律上是专门针对橄榄种植者的，并不是因为它们与 SPS 计划和 BPS 计划运行期间的橄榄产量挂钩。根据 DOC 的说法，橄榄种植者可获得的 SPS 计划、BPS 计划和 GP 计划补贴只与 COMOF 计划期间的橄榄产量挂钩。

其次，专家组认为 DOC 未能充分且适当地评估和考量 SPS 计划下持有受让权利的农民及持有 COMOF 项下权利但是不再用于橄榄种植的农民的补贴计算。DOC 的解释是，只要根据 COMOF 确定了每公顷的价值，农民就可以申请与公顷数乘以每公顷价值相当的援助。这与 COMOF 主要是按照产量的比例、而非按照每公顷的数量确定不一致，因此专家组最终支持了欧盟的观点，DOC 对 COMOF 补贴计算的解释实际上是不准

---

① United Stated-Anti-Dumping And Countervailing Duties on Ripe Olivers from Spain, WT/DS577/R, Para. 7.19–7.33.

确的。① 基于上述分析，专家组认为 DOC 在法律上的特殊性调查结果与《SCM 协定》第 2.1 条、第 2.1 (a) 条和第 2.4 条不一致。

2.《美国 1930 年关税法》第 771B 节的规定及其在反补贴调查中的适用是否符合 WTO 反补贴规则

欧盟声称，美国未能遵守专家组关于《美国 1930 年关税法》第 771B 节所采纳的调查结果。DOC 认为给予西班牙生橄榄种植者的补贴主要体现在三家被调查的熟橄榄生产商上。DOC 发现通过上游生橄榄种植者与下游熟橄榄生产企业之间的相关公平交易，前一阶段产品的需求很大程度上取决于对后一阶段产品的需求。DOC 还发现生橄榄加工成相关商品的价值代表了"对原商品的有限增值"，并进一步发现，无论成本与价值之间的关系如何，加工操作并不会改变橄榄的基本特性。

欧盟声称：（1）DOC 在有关成熟橄榄的调查中采用《美国 1930 年关税法》第 771B 节，违反了 GATT 第 6 条第 3 款和《SCM 协定》第 10 条、第 19.1 条、第 19.3 条、第 19.4 条和第 32.1 条。就欧盟对该法第 771B 节"本身"提交申诉意见书，认为 DOC 在西班牙成熟橄榄调查中的行为与美国的 WTO 义务不符，DOC 没有必要假定在与成熟橄榄加工商进行相关公平交易时，向生橄榄生产商提供的补贴的全部利益都属于美国。（2）在对西班牙熟橄榄反补贴调查中，DOC 根据该法第 771B 节的规定，未进行必要的补贴利益传导分析，直接推定生橄榄种植者获得的补贴利益已经全部传导至下游熟橄榄加工企业，该做法与上述 WTO 规则不相符。②

（1）关于《美国 1930 年关税法》第 771B 节规定是否符合 WTO 反补贴规则。

首先，专家组对 GATT 和《SCM 协定》中补贴利益传导规定进行分析。根据 GATT 第 6 条第 3 款第 2 句及《SCM 协定》第 10 条的脚注 36 将反补贴税定义为：为抵消对任何商品的制造、生产或出口直接或间接给予的任何补贴而征收的特别关税。专家组肯定过去的专家组和上诉机构的意见，从这两个条款的综合解读中得出，成员有权通过给予"上游"公司和产品的补贴的进口产品征收关税来抵消间接补贴。但是，需要注意进口成员无权简单地得出原材料产品的补贴已全部或者部分传导给了后加工的进口产品。同时，调查机关必须考虑相关事实和因素，计算出间接补贴流向下游产品的数量。

《SCM 协定》第 6 条第 3 款和第 10 条都没有规定必须遵循特定的方法来进行传导分析。因此，DOC 对于评估直接补贴传导的间接补贴数量，具有一定的自由裁量权。然而，本案各方就如何行使这种自由裁量权，特别是确定过境的存在和范围时必须包括何种考虑和因素方面存在分歧。专家组认为，根据 GATT 第 6 条第 3 款为确定补贴的传导而给予调查当局的自由裁量权并非不受限制。在认定直接补贴与间接补贴存在传导的前提下，调查机关必须为其调查结果提供分析基础，并旨在确保对下游产品征收的任何反补贴税不超过给予被调查产品的补贴总额。

---

① United Stated-Anti-Dumping And Countervailing Duties on Ripe Olivers from Spain, WT/DS577/R, Para. 7.19-7.33, Para. 7.40-7.58.

② United Stated-Anti-Dumping And Countervailing Duties on Ripe Olivers from Spain, WT/DS577/R, Para. 7.19-7.33, Para. 7.138-7.144.

（2）关于《美国 1930 年关税法》第 771B 节是否符合 GATT 第 6 条第 3 款和《SCM 协定》第 10 条的规定。

根据《美国 1930 年关税法》，DOC 应当依据该法第 771B 节的规定对由初级农产品加工成的农产品进行反补贴调查。该节规定，如果同时存在下列情况，提供给初级农产品的可诉补贴视为提供给了加工农产品：①上游初级产品的需求情况在很大程度上依赖下游加工产品的需求情况；②加工行为对于原材料的增值作用十分有限。欧盟认为，第 771B 节要求 DOC 在不考虑任何其他因素的情况下，将给予原农产品的全部补贴视为已给予加工产品的补贴，这意味着 DOC 必须假定全部补贴都流向了间接补贴接受者，而无须通过确切补贴金额进行分析，因此这种推定违反了 GATT 第 6 条第 3 款和《SCM 协定》第 10 条的要求。

美国声称，第 771B 节提供了一种适当的替代方法，在原始农产品市场下，原料产品的生产者别无选择，只能接受现行的市场价格，他们成为"价格接受者"，因此市场价格不能用来衡量补贴是否基于下游的加工者。对此，专家组支持欧盟提出的有理由相信补贴市场的竞争条件可能存在差异，包括原始农产品市场的竞争条件。虽然第 771B 节中确定的两种事实情况与审查原始农产品的补贴是否已传导给加工农产品有关，但专家组认为，这些因素的证明力取决于所涉的具体事实，包括所涉投入产品的特定市场的性质及该市场的所有竞争条件。

基于上述理由，专家组认为第 771B 节与美国在 GATT 第 6 条第 3 款和《SCM 协定》第 10 条下的义务不一致，因为它要求 DOC 仅基于对该条款规定的两种事实情况考虑后，就假定对原始农业投入产品提供补贴的全部利益转移到下游加工农产品，不考虑是否存在传递及如果存在传递影响传递程度的其他因素。[①]

专家组认为由于第 771B 节已经违反 GATT 第 6 条第 3 款和《SCM 协定》第 10 条，因此 DOC 适用该补贴作出的相关规则也同样违反上述规则。因此，没有必要基于相同事实对美国的补贴利益裁定是否违反《SCM 协定》第 19.1 条、第 19.3 条、第 19.4 条和第 32.1 条再次进行分析。[②]

3. DOC 对 AG 公司补贴幅度和反补贴税率的计算是否符合 WTO 反补贴规则

DOC 在初步裁定中计算每个应诉企业的补贴幅度和反补贴税率的方法是将每公斤补贴的加权平均值乘以生橄榄的购买量（不计最终用途），然后除以橄榄和橄榄产品的销售额。DOC 在 2017 年 8 月 4 日有关 Aceitunas Guadalquivir（以下简称 AG 公司）的初步问卷调查报告中确定了生橄榄购买量，从而确定了 AG 公司反补贴税计算的分子。

但在最终裁定中，DOC 对计算方法进行修改，分子变成每公斤被调查产品的加权平均补贴利益乘以用于生产熟橄榄的生橄榄数量，分母变为熟橄榄的销售数量。而对 AG 公司，DOC 仍使用其于 2017 年 8 月 4 日初步问卷调查报告时提供的生橄榄购买数量。欧盟声称，DOC 这样做不符合 GATT 第 6 条第 3 款和《SCM 协定》第 19.4 条、第

---

① United Stated-Anti-Dumping And Countervailing Duties on Ripe Olivers from Spain, WT/DS577/R, Para. 7.19–7.33, Para. 7.156–7.174.

② United Stated-Anti-Dumping And Countervailing Duties on Ripe Olivers from Spain, WT/DS577/R, Para. 7.19–7.33, Para. 7.175.

19.1条和第32.1条。DOC未能准确计算对进口产品给予的补贴金额,导致DOC对AG公司征收的反补贴税超过了抵消补贴所需的税额。

专家组认为,GATT第6条第3款要求WTO征收的反补贴税水平不能超过抵消补贴所需的水平,也就是征收的补贴税款不能超过补贴实际造成的损失。补贴数额的确定需要调查机关公正地采取必要措施来认定被调查产品获得补贴的数额。本案中DOC未明确告知相关企业应提供的用于加工熟橄榄的生橄榄数量,属于未向利害关系方披露裁决所依据的基本事实。专家组指出,补贴幅度与数额是调查机关决定是否采取反补贴措施的核心,因此与补贴幅度和数额有关的事实均需要向利害关系方告知并披露。①

【理论分析】

1. 专向性补贴

在《SCM协定》中并未对补贴作出明确的定义,而是以列举的形式规范受《SCM协定》调整的各类补贴。有学者将补贴理解为在WTO成员领土范围内由政府等公共机构(或受政府授权和委托的私营机构)提供的财政资助或根据GATT 1994第16条提供的任何形式上的收入或价格支持为表现的利益授予。②

本案中主要争论点之一是关于专向性补贴的认定,根据《SCM协定》第2.1(c)条的规定,专向性的认定主要判断获得补贴的企业是否仅限于有限且特定的企业,是否专供于特定企业,是否给特定企业提供不成比例的大量补贴等。但关于认定专向性也缺乏统一的标准,对于专向性的判断标准一般为"扭曲性",也就是认为将资源分配到特定的主体(一个产业或者企业)。但是关于如何认定一个企业或者产业尚未形成统一共识。在"美国向中国某些产品征收确定的反倾销税和反补贴税"案中上诉机构提出,分类产业是否为"一组",应凭借某种相互关系或共同联系或目的而被视为一个群体或一个整体,或因某种程度的相似性而被归为一类。③

在本案中,虽然专家组未支持欧盟认为DOC无权只依据补贴金额的计算方法就得出BPS计划和GP计划项下补贴具有专向性的主张。但是,专家组对于《SCM协定》第2.1(a)、(b)、(c)条的分析,有利于后期其他案件运用《SCM协定》认定专向性补贴。首先,本案中专家组认定(a)项不排除在专向认定中根据补贴规则下获得补贴计算规则的专向性时,补贴方案的其他法律专向性仍然是考察的因素。专家组对第2.1(a)条的分析,能够确定该项在认定专向性补贴的具体适用,该条并未明确规定根据补贴方案的资格标准来确定是否存在明确限制,明确了该条所要求的分析仅侧重于授权机构或者授权机构所依据的立法来确定。在确定补贴数额的标准或者条件所依据的法律的专向性时,不能依据补贴的其他法律特征而进行有选择性的分析。其次,专家组明确了《SCM协定》第2.1条各个条款之间的关系,认定(b)项是(a)项的

---

① 中国政法大学WTO法律研究中心:《贸易救济规则动态半月刊丨2021年第22期(总第28期)》,https://mp.weixin.qq.com/s/u1YcZeHhK0DpzTzeuLHhgQ,2024年5月24日最后访问。
② 曹建明、贺小勇:《世界贸易组织》(第二版),法律出版社2004年版,第141页。
③ United Stated-Anti-Dumping And Countervailing Duties on Ripe Olivers from Spain, WT/DS379/AB/R, Para. 373.

补充说明，也就是即使不存在专向性的事实也可以根据（a）项确定存在专向性，而（c）项是确定专向性的事实性条款，阐明存在专向性补贴的具体情况。本案中很可能在管理补贴数额的规则中找到对获得补贴的明确限制，而不仅是管理补贴资格的标准。

2. 反补贴税率的幅度计算

GATT 第 6 条第 3 款及《SCM 协定》第 10 条的脚注 36 都对反补贴税的目的做了说明，即抵消商品于制造、生产或输出时所直接或间接接受的任何奖金或贴补"，但何为"抵消"仍然存有解释的空间。确定补贴是否存在的基本理论是"市场基准"（market benchmark），也就是市场作为基准考察补贴是否存在的方法。同时"更优待遇基准"（preferentiality benchmark）也占据一席之地，此时判断更优惠的标准不是解释为比市场的条件更优惠，而是按照相比于出口国的其他出口商更优惠。目前，市场基准理论为确定补贴的主要理论，在确定市场基准理论后，需要解决依据何种"市场"来确定补贴的数额，一般存在两种选择：没有被政府干预力量扭曲的"完美市场"及现实存在的事实市场。但是，在选择确定何种市场为标准后，具体补贴数额仍未解决。在"美国向中国某些产品征收确定的反倾销税和反补贴税"案中，上诉机构的报告为反补贴税额的计算提供了很有价值的参考。在本案中，上诉机构在认定"重复补贴"时提出，确定适当的反补贴税额，需要考虑按照非市场经济的计算方法的反倾销税，金额的计算不能与"造成的损害"相脱离，而税率的征收必须以消除损害为目的。专家组对于 DOC 征收的数额同样运用 2011 年上诉机构确立的数额标准，但也有学者认为"市场基准"只是判断补贴是否存在的构成性要件，将构成性要件直接适用于征税的实践并不具备合理性。①

【主要法律依据】

1. 《补贴与反补贴措施协定》（《SCM 协定》）

第 2.1 条　判定上述第 1.1 条所定义的补贴是否属于授予当局专向性地给予管辖范围内的某个企业、产业、企业集团或多个产业（在本协定中均称"特定企业"）的专向性，应适用以下原则：

（a）如果补贴授予当局或该当局以执行的立法将补贴的获得明确限于特定企业，这种补贴即具有专向性。

（b）如果补贴授予当局据已执行的立法对获得补贴的资格和数额规定了客观的标准或条件，如能严格遵守这些标准和条件，并且一旦符合资格便能自动获得补贴，该补贴即不具有专向性。有关的标准或条件必须在法律、规章或其官方文件中明确写明，以便能够对其加以核实。

（c）如果虽按上述（a）项和（b）项规定的原则而表现为非专向性，但有理由使人相信其在实际上具有专向性，则应考虑其他的因素。这些因素包括：由数量有限的特定企业使用的补贴计划，主要由特定企业支配使用的补贴，向特定企业提供按比例说是过分大的补贴，补贴授予当局以任意的方式做出授予补贴的决定。在引用本项规

---

① Sungjoon Cho: The Nature of Remedies in International Trade Law, University of Pittsburgh Law Review, 2004 (65).

定时应考虑到补贴授予当局管辖范围内经济活动多样化的程序,以及已在实施的补贴计划的时间跨度。

第2.4条 根据本条规定对专向性进行认定需在正面证据的基础上加以明确证实。

第19条 1. 如作出过适当的努力以完成磋商后,一成员最终认定补贴的存在及其数量,而且因补贴作用,受补贴的进口正在造成损害,它即可根据本条的规定征收反补贴税,除非该项或几项补贴已被取消。

2. 所有关于征收反补贴税的条件都得到满足后,是否征收反补贴税,以及反补贴税是按补贴全额征收,还是低于全额征收,由进口成员政府当局做决定。在各个成员的领土内征收反补贴税应该是允许的,征收的税以较低的税率足以抵消对国内产业所造成的损害,补税额就应低于实际的补贴额,此外还应建立一种程序能使有关当局考虑国内其他利害有关方的意见,他们的利益可能会因实施反补贴税而受到不利的影响。

3. 当一种反补贴税是针对某种产品而征收时,这一反补贴税应以适当的税率,对来自任何地方的、被认定是受到补贴并造成损害的产品无歧视地征收;但对来自已撤销补贴,或已按本协定规定作出承诺的供应国的进口应给予例外。任何出口商的产品如已成为反补贴税征收对象,并因拒不合作以外的原因没经受实际调查,有权要求对其进行快速调查,并由调查当局尽快为其出口订立单独的反补贴税率。

4. 对任何产品征收的反补贴税,不得超过经确认存在的补贴额,补贴额应以每单位受补贴和出口产品受到的补贴来计算。

2.《关税与贸易总协定》(GATT)

第6条第1款 各成员认为:用倾销的手段将一成员产品以低于正常价值的办法挤入另一成员贸易内,如因此对某一成员领土内已建立的某项工业造成重大的损害或产生重大威胁,或者对某一本地工业的新建产生严重阻碍,这种倾销应该受到谴责。本条所称一产品以低于它的正常价值挤入进口方的贸易内,系指从一成员向另一成员出口的产品的价格:

(甲) 低于相同产品在出口方用于本地消费时在正常情况下的可比价格,或

(乙) 如果没有这种本地价格,低于:

(1) 相同产品在正常贸易情况下向第三方出口的最高可比价格;或

(2) 产品在原产方的生产成本加合理的推销费用和利润。

但对每一具体事例的销售条件的差异、赋税的差异以及影响价格可比性的其他差异,必须予以适当考虑。

【实操分析】

在实际处理与本案相似的案件中,需要注意以下几个方面:一是确定专向补贴的判断标准;二是在确定存在专向补贴后仍需要注意专向补贴的对象;三是在征收反补贴税确定税率时,需要结合实际损失确定。首先,专项补贴标准将会影响案件后续各个程序和步骤,在具体案件中需要结合WTO先例案件、《SCM协定》的规定及国家实际使用补贴情况等因素确定专项补贴的认定标准。其次,征收补贴税的目的在于应对进口商品因其在生产、出口等环节中获得不公平的政府补贴所带来的不公平竞争。明确反补贴税的对象对于认定补贴的专向性,确定补贴对于本国产业,征收反补贴税的

必要性之间具有直接的关系。本案中,《美国 1930 年关税法》第 771B 节规定的传导计算方法导致专向补贴的对象明确错误,进而违反了 GATT 第 6 条及《SCM 协定》第 10 条的规定。最后,在确定反补贴税额时各个国家采取的标准并不一致,所参考的价格标准也不一致,而无论是标准或是计算方式都需要结合补贴所造成的事实因素。例如,在确定补贴的程度时需要结合本国对于被诉产品实行的实际政策,同时也需要注意政策的变化。不同的产品受政策的影响程度并不相同,但无论事实因素在各个国家或者各个产品之间如何不同,补贴对于产品市场价格的影响及市场秩序的扰乱是在具体案件中确定专项补贴额需要注意的核心因素。

【思考题】

(1) 补贴的专向性如何认定?
(2) 补贴税额的征收如何确定?需要考虑哪些主要因素?
(3) WTO 关于反补贴有哪些规定?

案例二 土耳其药品案①

【基本案情】

土耳其的全民医疗保险计划旨在为土耳其所有居住人员提供全面、公平和公正的医疗服务,包括获得所需药品的机会。土耳其卫生部下的土耳其药品和医疗器械局(以下简称 TMMDA)负责所有医药产品的注册、销售批准、授权、定价、法律分类和检查。TMMDA 隶属于土耳其家庭、劳工和社会服务部的土耳其医疗和医疗器械局(以下简称 SSI),SSI 主要负责执行社会保障政策并负责支付药品费用。在土耳其,药品首先由医生开具处方,再由零售药房分发给门诊病人,零售药房是私营实体。所有零售药店都是土耳其药剂师协会(以下简称 TPA)的成员。药品必须在《卫生执行公报》附件 4/A 所列清单中,SSI 才予以报销。如果同类产品下药品的公开价格高于 SSI 设定的最高报销价格,门诊患者必须支付差额。此外,门诊患者通常还向零售药房支付药费和处方费,零售药房和 SSI 使用"Medula 系统"作为电子支信息系统,该系统"能够通过单一应用程序对从药房获得的药品进行登记、跟踪和开具发票"。②

欧盟主张土耳其违反 WTO 相关规定,要求与土耳其就有关药品生产、进口和销售的各种措施进行磋商。欧盟对土耳其所实施的本地化措施、禁止进口本地化产品和优先排序措施进行指控。磋商后欧盟请求设立专家组,专家组于 2019 年 9 月 30 日成立,之后专家组认定本地化措施不符合 GATT 第 8 条第 1 款,优先排序违反 GATT 第 3 条第 4 款。土耳其对专家组的认定表示不满,决定提起上诉,但由于 WTO 上诉机构此时无

---

① 世界贸易组织:《土耳其——有关药品生产、进口和营销的某些措施》,https://www.wto.org/english/tratop_e/dispu_e/cases_e/ds583_e.htm,2024 年 8 月 26 日最后访问。

② Turkey-Certain Measure Concering the Production, Importation and Marketing of Pharmaceutical Products. WT/DS583/ARB25.

法运作，最终双方选择通过仲裁解决争端。

在本案中，本地化措施是土耳其政府对当地外国药品生产者所采取的措施，要求外国生产商承诺在土耳其将药品进行本地化生产；如果外国生产商未作出、未接受或未履行本地化承诺，SSI 将不再补偿其生产的产品。此外，土耳其根据产品的市场份额和国内市场上是否存在不同阶段的同等产品，将本地化措施分阶段实施于不同的产品。本地化措施以土耳其当局对相关产品的识别为起点，再由主管部门告知相关生产商已经被纳入本地化的药品范围。然后，制药公司与主管当局进行讨论制定过渡计划并提交本地化承诺，药品公司的相关本地化承诺通过定期报告的方式向主管当局报告。本地化措施是土耳其政府为实现政策目标所实施的，也就是实现药品从进口逐步过渡到国内生产目标，并且国内生产满足 60%的国内药品需求。

关于禁止进口本地化，主要是指对已经本地化的药品不再进口。当一家制药公司承诺并接受产品的生产本地化，该公司必须在一年内提交变更申请，该申请将相关产品的上市许可从"进口"修改为"本地"。欧盟认为，所谓的禁止进口本地化源于本地化要求和土耳其批准药品进口和销售的规则，特别是依据《土耳其上市许可条例》第 20（2）条，该条款为单一授权规则。关于优先排序措施，主要指承诺本地化的药品可以得到优先审批。优先排序措施主要依据《土耳其优先评审指南》（以下简称《指南》）的相关规定，《指南》设立了一个优先次序委员会负责审查，主要负责审查将进口药品生产转移到土耳其、为出口目的而在当地制造产品及对该国政策具有战略重要性的产品有关的申请。

【主要法律问题】

本案仲裁庭报告的核心内容是本地化措施是否违反国民待遇原则，涉及 GATT 第 3 条第 8 款（a）项与 GATT 第 20 条（b）、（d）项在本案中的适用。国民待遇原则规定在 GATT 第 8 条[①]，即在买卖、运输等方面对进口产品和国内产品予以相同对待。欧盟主张土耳其本地化措施违反国民待遇原则，土耳其声称该本地化措施为 GATT 所规定的政府采购措施，属于国民待遇的例外，并不违反国民待遇原则。

1. 仲裁庭对于 GATT 第 3 条第 8 款（a）项的解释

土耳其声称，仲裁庭在解释和适用 GATT 第 3 条第 8 款（a）项时犯了错误，认为购买必须由政府机构实施的解释是错误的，需要推翻仲裁庭的相关调查结果，包括认为本地化措施不属于第 3 条第 8 款（a）项的调查结果。对此，仲裁庭认为一项措施属于政府采购措施必须符合以下要素：（1）受到质疑的措施必须符合"管理……采购的法律、条例或要求"；（2）被质疑的措施"必须涉及'政府机构'对产品的'购买'"；（3）必须为"政府用途"购买产品；和（4）购买该等产品，"不得以商业转售或生产供商业

[①] The provisions of this Artical shall not apply to laws, regulations or requirements govering the procurement by govermental gencies of products purchased for governmental purpose and not with a view to commercial resale or with a view to use the production of goods for commerical sale.

销售的商品为目的"。①

首先，仲裁庭对"购买"进行分析。仲裁庭从"购买"一词的一般含义开始，认为在日常用法中当个人或实体通过某种付款获得产品的所有权时，就称其"购买"了产品。"采购"指的是政府采购产品的过程，而"购买"一词指的是用于实施该采购的交易类型。因此，"购买"的概念实际上为"采购"的一种特殊情况。仲裁庭认为，对于"购买"的解释应该从"购买"一词的通常含义出发，即只包括政府获得产品所有权的交易类型，使"购买"一词的含义有别于不获得所有权的广义上的"采购"，如租赁。在仲裁庭评估 SSI 是否有报销清单中的药物所有权时，发现 SSI 并未获得实际占有药品的权利。无论是在"Medula 系统"批准时还是以其他方式具体而言，并未看到任何迹象表明 SSI 获得了与药品处置权有关的任何权利。因此，仲裁庭认为 SSI 没有获得报销清单中的药品的所有权，SSI 的报销行为并不符合 GATT 第 3 条第 8 款（a）项所说的"购买"。

其次，仲裁庭认为零售药店不是代表 SSI 购买产品的政府机构。土耳其认为，零售药店从批发商处购买药品代表 SSI 购买，因而零售药店属于政府机构。在本案中，药房从批发商购买药品并不意味着 SSI 拥有这些药品的所有权。仲裁庭通过之前的调查得出 SSI 没有获得药品的所有权，而零售药店获得并保留所有权，直至药品被转移给门诊病人。仲裁庭认为，这足以确定零售药店不符合政府机构的资格。

基于以上分析，仲裁庭认为土耳其本地化措施并不构成 GATT 第 3 条第 8 款（a）项政府采购措施，违反了国民待遇原则。

2. 仲裁庭对于 GATT 第 20 条（b）项的解释

土耳其认为如果仲裁庭不根据 GATT 第 3 条第 8 款（a）项认定本地化措施属于政府采购措施，则主张本地化措施符合 GATT 第 20 条（b）项。

首先，仲裁庭对 GATT 第 20 条（b）项的"旨在"进行了分析。仲裁庭指出，"保护人类生命和健康"是一个极其重要和至关重要的目标，允许成员在维持上述目标情况下采取与 GATT 规定义务不一致的措施。仲裁庭对于此项分析分为四步：第一，仲裁庭审查了土耳其的目标是否与 GATT 第 20 条（b）项"保护人类生命和健康"有关。第二，仲裁庭审议了所涉措施是否旨在保护人类生命和健康。这步的分析包括两个步骤：（1）是否有证据证明存在的风险妨碍人类生命或者健康；（2）如果发现所称的健康风险存在，需要分析该措施是为了通过减少该风险来保护人类生命或健康，还是出于其他目的。第三，假设该措施与其目的具备"关联性"并且该措施的目的符合条款要求，则需要考察措施与目的之间的"必要性"。第四，假设措施都符合前三项分析，同时还规定该措施必须不构成不合理歧视与变相贸易限制。根据相关协定，仲裁庭认定确保药品充分负担得起与人的生命及健康有关。②

其次，仲裁庭对于"相当程度的可能性"进行分析。土耳其认为，对进口产品的

---

① Turkey-Certain Measure Concerning the Production, Importation and Marketing of Pharmaceutical Products, WT/DS583/ARB25.

② 徐程锦：《WTO 安全例外法律解释、影响与规则改革评析——对"乌克兰诉俄罗斯与转运有关的措施"（DS512）案专家组报告的解读》，载《信息安全与通信保密》2019 年第 7 期，第 38-51 页。

过度依赖导致药品安全、有效的供应可能存在风险，原因在于土耳其市场上药品价格过低，外国生产商将会不稳定供应药品；如果外国货币升值或土耳其里拉贬值，进口药品可能会成为 SSI 负担不起的产品。而仲裁庭认为"如果没有足够的证据表明存在健康风险，则没有必要采取受到怀疑的措施来保护人类、动物或植物的生命或健康"。仲裁庭还认为对于土耳其提出的风险，并未建立任何实质上的可能性。仲裁庭发现，没有任何外国生产商决定停止向土耳其供应药品，转而在其他国家销售其产品以获得更高价格，或由于外币升值或土耳其里拉贬值而使 SSI 无法负担药品而造成特定产品供应短缺的情况。也就是说，土耳其所提出的风险并不具备现实性。而且这种风险并不具备医疗行业的特殊性，具备一定程度的普遍性，与 GATT 第 20 条（b）项所说"风险"有所差异。①

仲裁庭认为，土耳其声称采取本地化措施的目的是防范尚未发生的土耳其负担不起药物的风险，而土耳其制定本地化措施相关文书中也未提起公共卫生目标，即使提及也与本地化措施所称的提供安全、有效和防止过度依赖导致的药品安全问题并无实质上联系。也并无证据证明本地化措施目标与具体的公共卫生问题，如提高药品的可负担性与安全性有联系。药品本地化所要求的满足国内 60% 药品需求与确保安全、有效和防止过度依赖导致的药品安全问题无实质联系。仲裁庭指出，援引 GATT 第 20 条（b）项即一方需要对人类生命和健康造成的风险有"发生的可能性"承担证明责任。欧盟认为援引方必须提供有力证据证明某项措施的目的在于防止特殊的某种风险，且这种风险发生的可能性很大。但土耳其并未提供"发生的可能性"很大的证明，也未确定某种可能情况下存在风险，因此仲裁庭认为土耳其所称风险似乎具备"假设和过于笼统的性质"。仲裁庭认为，此方面证明不存在"预先确定的硬性证据证明标准"，对于证明程度只要达到"对人类生命和健康的特定风险在很大程度上有可能成为现实"即可。但土耳其的证明未达到此标准，因此认定土耳其所声称的风险具备一定假定性和笼统性。② 最终，仲裁庭得出结论，土耳其的本地化措施要求不构成 GATT 第 20 条（b）项中的一般例外，违反国民待遇原则，要求其改正措施。

3. 仲裁庭对于 GATT 第 20 条（d）项的解释

GATT 第 20 条（d）项也是"一般例外"中的一种，即 WTO 成员可以采取"与本协定不一致的法律法规所必需的措施"。土耳其主张第 20 条（b）项与（d）项之间存在差异，而仲裁庭忽视了这一差异。第 20 条（d）项允许成员采取与 GATT 项下的义务不一致的措施，这些措施应当是确保"与 GATT 条款不一致的法律或者法规得到实施"所必需的，且应与第 20 条序言的要求相一致。与第 20 条（b）项的情况一样，为了适用第 20 条（d）项，应诉方有权利援引该条款并证明相关措施符合该条。仲裁庭认为相关措施与"确保遵守相关法律或者法规而采取"目的之间同样需要存在必要性，必要性需要考虑该措施的目的与该措施对贸易限制程度之间的比较，对贸易的限制程

---

① Turkey-Certain Measure Concerning the Production, Importation and Marketing of Pharmaceutical Products, WT/DS583/ARB25, Para. 6.82.

② Turkey-Certain Measure Concerning the Production, Importation and Marketing of Pharmaceutical Products, WT/DS583/ARB25, Para. 6.83.

度不能超过该措施的目的,应与该措施的目的相当。仲裁庭认为,对于本地化措施的设计必要性的讨论已经在第 20 条(b)项作出,如果必要性条件不能确定,即使对于(d)项只讨论了其中的一个要素,土耳其主张适用(d)项也不能成立。

土耳其主张,其本地化措施是为了履行国内法义务,以实现有效的医疗保险制度,而这一目标与(b)项抗辩重合。在先前分析中可以得出,宣布确保遵守要求土耳其确保可获得、有效和财政上可持续的医疗保健的法律或法规的目标之间没有合理的关系。仲裁庭对于(b)项的分析也适用于(d)项,并不具备法律错误,因此本地化措施不能满足该例外条款的条件。

【主要法律依据】

《关税与贸易总协定》(GATT)

第 3 条第 8 款(a)项 本条的规定不适用于有关政府机构采办供政府公用、非为商业转售或用以生产供商业上销售的物品的管理法令、条例或规定。

第 20 条(b)项、(d)项 本协定的规定不得解释为阻止各成员采用或实施以下措施,但对情况相同的各方,实施的措施不得构成武断的或不合理的差别待遇,或构成对国际贸易的变相限制:

(b)为保护人类、动物或植物的生命和健康所必需的措施;

(d)允许采取"为确保符合不违反本协定规定的法律或法规的措施"其中包括与海关执行、知识产权保护以及防止欺诈行为有关的措施。

【理论分析】

WTO 中的国民待遇原则适用于服务贸易、货物贸易、知识产权贸易,强调给予其他成员的产品、服务或者其他有关待遇,都不能低于本国相同公民所享有的待遇。国民待遇原则例外包括 GATT 第 3 条第 8 款(a)项政府采购措施、第 20 条一般例外与第 21 条安全例外。本案中仲裁庭对于双方援引的性质加以明确,即只参考报告法律标准但是不完全遵循所引用的报告中涉及的标准,而且会综合考虑每个争端的特殊性做法,将有效地解决先例适用问题、每个争端的独特性加以考虑,实现个案上的公平正义。

本案中双方在争议中反复援引上诉机构在"加拿大可再生能源案"和"印度太阳能电池案"中的报告,仲裁庭则在分析中指出,"购买"一词不仅仅限于政府机构。"政府机构"的提法定义了实施采购的实体的身份。"印度太阳能电池案"中对购买产品的实体需要是一个"政府机构"但之后没有更多的说明,这一说法并不是上诉机构对 GATT 第 3 条第 8 款(a)项解释的结果,而是简要地总结了第 3 条第 8 款(a)项的各项要素得出的结论。在本案中,仲裁庭并未讨论土耳其所提出的"购买的产品"提出解释,相关解释认为在本案中政府既采购又购买相关产品,这些报告对本案中提出的解释问题提供了较为有限的帮助。仲裁庭认为采购并不限于获得产品的所有权,政府机构必须在一定程度上对购买的产品有控制权。

遵循先例是英美法系固有的特点,但是严格遵循先例将会导致先例的错误也会延续,僵化的法律遵循模式,并不利于个案的公正审判。在"日本酒税案"中,专家组对"相似产品"的界定作出与先例相反的报告,专家组在该案报告[1]中详细阐述先例,实际上仅仅发挥先例事实上的效力,而不是法律上的约束力。

"土耳其药品案"是仲裁庭第一次对 GATT 第 3 条第 8 款 (a) 项中的"购买"作出解释,从行为本身出发,认定购买并不仅限于政府主体,否定了专家组之前的报告。仲裁庭从主体角度分析出发,认定零售药店并不属于政府机构范围,从而肯定了专家组的观点。中国于 2019 年 10 月 20 日向世界贸易组织 (WTO) 提交了加入《政府采购协定》(Government Procurement Agreement,GPA) 第 7 份出价。在我国社会主义市场经济体制下,国有企业发挥着重要作用,认定国有企业所实施的采购行为是否构成"政府采购"至关重要。本案明确了"购买"的含义,认为政府对采购商品实际控制才可能认定为"政府采购",这与 GPA 2012 中对"其他采购实体"的界定相一致。本案明确"购买"这一关键行为的认定标准,将有利于判断某一行为是否构成"政府采购"。

此外,仲裁庭对于 GATT 第 20 条 (b) 项的分析,特别是关于"design"和"necessity"之间关系的澄清,以及对于专家组对 GATT 第 20 条 (d) 项的拓展性理解,更充分地说明了 (b) 项分析可以适用于 (d) 项,也有一定的创新之处。土耳其主张,本地化措施是为了履行国内法义务,以实现有效的医疗保险制度,而这一目标与有关 (b) 项的抗辩重合。因此,专家组对于 (b) 项的分析也适用于 (d) 项。仲裁庭认为,专家组本应对 (d) 项条文进行拆解,然后逐一对照其条件是否得到满足。然而,在这些条件中,措施与目标之间的关系显然是一项必要条件。也就是说,如果其关系不能得到确定,则 (d) 项就不能得到满足。专家组只分析了这项条件,并且认为其对 (b) 项分析同样适用,这样已经足以得出本地化措施不符合 (d) 项结论,因此不存在错误。当然,法律人士是否同意以上分析,有待进一步观察。毕竟,法律问题往往就是有争议的问题,实事求是地说,在具体案件中,如果能够在考虑各种可能性后,在充分说理的基础上作出最优选择,那么一项裁决就是好裁决。[2]

【实操分析】

在实际案件中,具体案件是否适用国民待遇原则需要从两个方面考虑:一是需要从正面分析是否符合国民待遇原则认定的标准;二是从反面分析是否存在适用国民待遇原则的例外情况。首先,依据国民待遇原则的相关规定,需要确定与涉案产品进行对比的本国产品,在 WTO 案件中确定了同类产品及直接竞争产品或替代产品两道审查程序。通过与同类产品及直接竞争或替代产品进行对比,以及审查是否存在低于本国相同公民所享有的待遇的情况。WTO 对于同类产品、直接竞争或可替代产品等存在认定不一致的情况,仅就同类产品就存在"传统方法"及"目标与效果方法",对此可能会存在不同的专家组使用不同标准,从而造成判断结果的不一致。因此,在实际援引国民待遇原则条款时需要先在专家组、当事方范围内讨论确定国民待遇原则所涉及

---

[1] Japan-Taxes on Alcoholic Beverages, WT/DS8.
[2] 杨国华:《WTO 上诉仲裁第一案——"土耳其药品案"》,载《上海对外经贸大学学报》2022 年第 6 期,第 5-17 页。

相关专业术语的认定标准。其次,国民待遇原则的例外。根据案件的具体情况,选择符合的例外情况,注意各个例外条款援引适用时先前专家组对于相关条款适用的解释。在本案中,土耳其主张适用政府采购和一般例外,但最终并未得到支持,主要原因在于土耳其对于相关条款的理解与专家组不同,无论专家组采取何种客观上的审查标准,对于主观目的上的审查处于相对确定的状态,因此在后续相关国家援引例外情况主张不适用国民待遇原则时,则需要重点注意论证本国相关措施背后的目的与必要性,而相关措施依据的法律法规中通常直接体现该措施的目的,因此相关国家在进行国内立法时需要注意该法律法规表述特定目的的准确性。

【思考题】

(1) WTO 规定的国民待遇原则有哪些情况?

(2) 如何结合实际情况选择援引的国民待遇原则例外?

(3) 援引方在援引 GATT 第 20 条各项时候需要注意哪些问题?各项之间的关系是什么?

案例三 俄罗斯过境限制措施案①

【基本案情】

本案相关措施起源于乌克兰政府更迭后俄乌双方关系日渐恶化的国际政治背景。乌克兰新政府上台之后放弃加入俄罗斯主导的欧亚经济联盟(Eurasian Economic Union),转而选择寻求与欧盟的经济一体化,签订《乌克兰与欧盟联合协议》(EU-Ukraine Association Agreement),该协议包含建立乌克兰与欧盟之间"深入和广泛自由贸易区"(the Deep and Comprehensive Free Trade Area)计划,从而促进乌克兰与欧洲更紧密的政治和经济一体化。② 而后"克里米亚"危机更加剧了双方之间的紧张关系,部分国家开始对俄罗斯实施一系列经济制裁。俄罗斯为应对制裁,于 2014 年 8 月对美国、欧盟等国家和地区实施反制,禁止从上述国家进口农产品和原材料。2016 年,俄罗斯为应对《乌克兰与欧洲联合协议》的压力,将上述反制措施扩展到乌克兰,要求乌克兰通过公路和铁路向哈萨克斯坦出口的商品必须通过俄罗斯和白俄罗斯边境转运,并且在分别进入和离开白俄罗斯与俄罗斯边界和俄罗斯与哈萨克斯坦边界的具体控制点时,还受到身份印章和登记卡有关的额外条件的限制。同时,根据乌克兰于 2017 年 10 月提交的磋商请求,乌克兰还指出俄罗斯自 2013 年以来就禁止进口乌克兰各种农业商品。

2016 年 9 月 14 日,乌克兰根据 WTO《关于争端解决规则和程序的谅解》(以下简称 DSU)第 1 条和第 4 条及 GATT 第 22 条的规定,请求与俄罗斯就相关措施和索赔进

---

① 世界贸易组织网:《俄罗斯——关于某些乌克兰产品进口和过境的措施》,https://www.wto.org/english/tratop_e/dispu_e/cases_e/ds532_e.htm,2024 年 8 月 26 日最后访问。

② Russia-Measures Concerning Trafficin Transit, WT/DS514, Para. 7. 7.

行磋商。① 乌克兰和俄罗斯于 2016 年 11 月 10 日进行了磋商。乌克兰认为俄罗斯限制转运的措施违反了 GATT 第 5 条关于自由转运的规则、第 10 条透明度规则和《俄罗斯加入 WTO 议定书》中作出的有关承诺。本案于 2019 年 4 月 5 日发布裁决报告，乌克兰并未对专家组的裁决提出上诉请求，因此专家组的裁决报告为最终报告。

【主要法律问题】

本案通过分析专家组的报告可得知案件的争议焦点为：第一，管辖权问题，即本案专家组是否具有审查各成员基于 GATT 第 21 条所采取的行动；第二，GATT 第 21 条 (b) 3 项的法律解释，即本案俄罗斯所采取的行为是否属于 GATT 第 21 条 (b) 3 项规定的情况。

1. **管辖权问题**

俄罗斯认为，俄罗斯与乌克兰从 2014 年起出现了国际关系中的紧急情况，俄罗斯认为其对本国的基本安全利益构成威胁。俄罗斯认为其援引的 GATT 第 21 条属于"自我裁决"（self-judging）条款，由援引方自我确定基本安全利益的内容及是否有必要采取任何行动。尽管俄罗斯承认本案专家组是根据 DSU 第 7.1 条的标准职权范围设立的，但仍认为该专家组缺乏对根据 GATT 第 21 条采取的措施进行评估的权限，并认为 GATT 第 21 条 (b) 3 项的问题超出了成员之间贸易和经济关系的范围，也超出了 WTO 的范围。②

此外，俄罗斯认为，GATT 第 21 条保留了每一成员以其认为的必要方式对战争和国际关系中的紧急情况作出反应的"权利"，因此专家组或其他成员对于第 21 条 (b) 项的任何其他解释都将"导致对主权国家内政和对外事务的干涉"，WTO 成员只要"声明"所采取的措施是在其认为的战时或国际关系紧急情况下为保护基本安全利益所必要实施的行动，专家组就无权对成员主观方面进行评价，因此俄罗斯认为所涉措施不是由 WTO 专家组定期评估的普通贸易措施。俄罗斯提出，专家组应将调查结果限制在承认俄罗斯援引了 GATT 第 21 条，而不能评判依据第 21 条所采取的措施是否合理等问题。③

乌克兰就俄罗斯所提出的专家组无管辖权提出反对。乌克兰认为，根据 DSU 第 7 条关于专家组职权范围的规定和第 11 条关于专家组审查的一般标准的规定，专家组有权审查涉案双方援引协定的每一条款并提出结论和建议。乌克兰认为，如果将 GATT 第 21 条理解为不能审查（non-justiciable），仅意味着在使用过程中成员就"是否使用"自我衡量，而该条的使用结果 WTO 仍有权进行衡量。关于第 21 条 (b) 3 项下的审查标准，乌克兰认为，专家组的客观评估必须包括审查援引方是否"善意的"援引第 21 条，不存在"追求保护主义目标或对贸易实行变相限制"等主观恶意。之所以按照这种审查标准，是因为乌克兰认为，由于第 21 条 (b) 项的一般含义与第 20 条各款下的

---

① Russia-Measures Concerning Trafficin Transit, WT/DS514, Para. 1.1.
② WTO 无法确定一成员的基本安全利益是什么，保护这种基本安全利益需要采取什么行动，披露哪些信息可能违反一成员的基本安全利益，什么构成国际关系中的紧急情况，以及在特定情况下是否存在这种紧急情况。
③ Russia-Measures Concerning Traffic in Transit, WT/DS514, Para. 7.28–7.30.

分析相同，且第 21 条要求措施与所保护的基本安全利益必须相关。乌克兰认为"其保护基本安全利益"应根据 GATT 第 20 条的判例法来解释，特别是有关保护公共道德的第 20 条（a）项中规定的"所有 WTO 成员都有权决定自己对基本安全利益的保护水平"。①

专家组首先反驳了俄罗斯所提出的此条款不受司法管辖的主张，在本案确立了 WTO 争端解决机构作为国际准司法机构对于安全例外条款的管辖权。② 首先，专家组认为，根据 DSU 第 1.1 条的规定，DSU 附录 1 所列明协定的争端应适用 DSU 的规则和程序，且附录 1 所涉及的协定同样包括 GATT。根据 DSU 第 1.2 条的规定，DSU 附录 2 主要列明应适用特别规则或补充规则的争端，这些争端不适用 DSU 的一般规则和程序，而 GATT 第 21 条并不属于 DSU 附录 2 所规定的任何特别或额外程序规则。其次，就俄罗斯所提出的 GATT 第 21 条（b）3 项属于"自我裁决"条款，俄罗斯声称自己已满足了 GATT 第 21 条（b）3 项规定的各项条件，以及俄罗斯就管辖权的抗辩专家组认为已属于对该条的解释。而专家组需要对俄罗斯管辖权抗辩进行评估，需要先解释 GATT 第 21 条（b）3 项，再决定该条的裁决权究竟是属于援引方还是专家组。③ 因此，专家组认为其有权对俄罗斯援引的 GATT 第 21 条（b）3 项进行法律解释，因此对安全例外条款具有管辖权。

2. GATT 第 21 条（b）3 项的法律解释

GATT 第 21 条（b）项序言规定，不得阻止成员采取其认为为了保护其基本安全利益所必需的行动。专家组指出，仅从文义上看，GATT 第 21 条（b）项序言中的"其认为"存在不止一种解读方式。④ 专家组分别从上下文和语句结构、目的以及历史三个方面进行解释。

首先，从上下文和语句结构进行解释，专家组仅从该条词语的含义的语法结构出发，可以得出"其认为"限制了所列举的三种情况。但是，专家组认为如果考虑这项规定的逻辑结构，第 21 条（b）1~3 项下的三种情况为限制性条款，也就是说专家组认为第 21 条（b）1~3 项各个情况的设置目的在于限制根据"其认为"所赋予成员的自由裁量权行使。而后专家组就第 21 条（b）项所列举的每一情况是适合完全的自我裁量还是专家组客观裁决进行了分析。专家组提出本案重点在于考察"在战时或其他国际关系紧急情况"是否完全由援引方自由裁量。

专家组先从标点出发，认为第 21 条（b）项三个分段彼此之间用分号隔开，也就意味着各个情况之间的差异很大，因此对于每项所列举的情况只需要单独满足就可以援引第 21 条（b）项，并不需要各项累加来判断是否属于第 21 条（b）项的范围，从而援引该条。专家组还进一步考察了三种情况所列内容是否适合由成员完全进行自主裁判。这三种情况包括裂变材料、武器运输、战争或其他国际关系紧急状态。第一，

---

① Russia-Measures Concerning Traffic in Transit, WT/DS514, Para. 7.34.
② 徐程锦：《WTO 安全例外法律解释、影响与规则改革评析——对"乌克兰诉俄罗斯与转运有关的措施"（DS512）案专家组报告的解读》，载《信息安全与通信保密》2019 年第 7 期，第 38-51 页。
③ Russia-Measures Concerning Traffic in Transit, WT/DS514, Para. 7.57-7.58.
④ 第一种解释认为"其认为"只修饰"必要"一词，即采取措施保护"国家基本安全利益"的必要性；第二种解释"其认为"也限定这些"基本安全利益"的确定；第三种解释限定范围更大，认为最大限度地限定对第 21 条（b）项三个分段所述事项的确定。

专家组认为,"在什么时间采取"主要是采取措施与战争的时间之间的关系,而时间作为一种客观因素且变化性较大完全可以自我客观判断。第二,在第 3 项的"战争或国际关系中的其他紧急情况"中同时使用"或"与"其他"这两个连接词,表明战争是"国际关系中的紧急情况"这一更大类别的一个具体情况,"国际关系中的其他紧急情况"需要与战争情况类似。同时,专家组考虑到第 21 条(b)1 项和 3 项所处理的事项涉及"裂变材料、武器、弹药和军火的贸易或直接或间接供军事机构用的其他物品或原料的贸易"。第 21 条(b)项列举的各项规定了其他要求,但所涉事项均为国防、军事利益及公共秩序的利益。因此,专家组认为"国际关系中的紧急情况"应被理解为与第 21 条(b)项所列举的事项利益相同。此外,专家组认为第 3 项中"战争"与"国际关系中的其他紧急情况"相结合的提法,以及要求在战争期间与第 21 条(b)项所列举的事项利益相同,可以表明成员之间的政治或经济差异并不足以构成类似战争的国际紧急情况。据此,专家组认为国际关系中的紧急情况的存在是一种客观状态,根据第 21 条(b)3 项确定行动是否在"国际关系中的紧急情况"发生时采取,是能够根据实施情况进行判断的客观情况。

其次,从条约的目的进行解释,WTO 与 GATT 的建立在于增强互惠、互利贸易安排的安全性和可预测性,并大幅度减少关税和其他贸易壁垒。同时规定在特定情况下成员可以由于特殊的原因不遵守 GATT 与 WTO 的义务,一般例外与安全例外条款所列举的事项属于此种特殊情况,设定例外条款的目的是提高成员履行 WTO 义务的灵活性,确保 GATT 和 WTO 协议得到广泛的接受。专家组认为如果将第 21 条解释为一个完全可以由成员自行判断的条款,很可能使成员依单方面意愿规避 GATT 和 WTO 义务,从而破坏依据 GATT 和 WTO 所建立的多边贸易体制的安全性和可预测性。[①]

最后,为论证上述两方面解释,专家组从历史因素进一步解释。专家组先回顾了 WTO 的谈判历史,指出美国最初在 1946 年 9 月提交给筹备委员会的草案中的提议包含单独的一般例外条款,后被美国主动拆分为两个条款。1947 年 5 月,美国建议将该条中出现的安全例外移至《国际海事组织宪章》的末尾,使其成为整个条约的一般例外。同时建议在这一新条款中加入"本宪章的任何规定不得解释为阻止任何会员采取或执行措施"作为该条的引言。美国代表团内部曾对安全例外赋予成员的自主裁判权有过争议,一派希望通过规定每个 WTO 成员有自主解释权,来维护美国在其安全利益方面的行动自由;另一派认为应对自主解释权进行一定限制,防止贸易保护主义。最终,后者的观点被采纳。专家组回顾了美国在回答荷兰代表关于"基本安全利益"和"国际关系中的紧急情况"时的观点,美国认为"如果例外范围太广,则导致的风险越高"。"我们不能在宪章中简单地说:任何成员对其安全利益采取的措施完全自我裁量,这可能意味着任何事情在成员国下都可以被采取。因此,我们认为最好起草条款,照顾到真正的基本安全利益,同时,尽可能地限制例外,防止对维持贸易采取保护措施。"[②] 同时提出起草"国际关系中的其他紧急情况"这一条款时需要考虑时间。美国认为在"在战争时期"成员毫无疑问有权实施为维护其安全利益的措施,当时美国主

---

① Russia-Measures Concerning Traffic in Transit, WT/DS514, Para. 7.79.
② Russia-Measures Concerning Traffic in Transit, WT/DS514, Para. 7.92.

要考虑的是 1941 年正式参加"二战"前为应对欧洲所采取的限制措施是否属于"国际关系中的其他紧急情况"。

基于以上分析,专家组首先对"基本安全利益"一词进行解释,认为"基本安全利益"显然是一个比"安全利益"更狭窄的概念,一般可以理解为与国家的基本职能有关的利益,即保护本国领土和人口免受外部威胁、维持内部法律和公共秩序。此外,专家组认为确定具体相关利益是否正在受内部或者外部威胁,需要相关国家从具体情况和环境来综合判断。因此,一定程度上,应当由成员自我界定"基本安全利益"。然而,这并不意味着一个成员可以任意地将任何利益提升为"基本安全利益"。成员判断"基本安全利益"的权利应受到"善意原则"(good faith)的限制,成员不能利用安全例外规避本应该承担的义务。"善意原则"同样适用于成员在所采取的贸易限制措施"必要性"方面,成员所采取的贸易限制措施与所保护的"基本安全利益"之间具有表面合理关联,相关措施是保护"基本安全利益"所必需的,成员不能刻意选择与保护"基本安全利益"这一目标相差较大或者无关联的措施。

3. 俄罗斯的主张是否满足 GATT 第 21 条 (b) 3 项的条件

基于上述法律解释,专家组认为俄罗斯的主张满足 GATT 第 21 条 (b) 3 项的条件。俄罗斯在其首次提交的书面材料中提出,由于 2014 年发生的国际关系紧急情况,导致俄罗斯采取了包括被诉措施的各类行动,从而维护政治、国家安全及国际和平与安全。在第二次小组会议上俄罗斯提出了一个"假设问题",用与俄罗斯事实情况相似的四个假设情况来说明俄罗斯确实构成第 21 条 (b) 3 项规定的国际关系中的紧急情况。这些假设情况分别是:(1) 一成员的邻国领土内发生动乱,且该动乱发生在该成员边界的邻近地区;(2) 邻国失去对其边界的控制;(3) 难民从该邻国进入该成员领土;(4) 该邻国或第三国家实施未经联合国授权的单方面措施和制裁。这些情况都与乌克兰对俄罗斯实施的措施类似。随后,俄罗斯提到了乌克兰 2016 年贸易政策审查报告,俄罗斯认为,该报告解释了"正在发生的事情及这些整个假设问题的真实性",该报告用"吞并克里米亚自治共和国和东部的军事冲突"的表述解释乌克兰经济衰退的原因。俄罗斯认为这些表述表明乌克兰对前述假设情况的存在实际上知晓。而乌克兰反对俄罗斯使用乌克兰 2016 年贸易政策审议报告,原因在于先前专家组在争端解决程序中判断成员论点时,明确拒绝考虑成员的贸易政策审议机制(TPRM)。且 TPRM 第 A(1) 段指出,TPRM "不打算作为执行适用协定项下的具体义务或解决争端程序的基础"。

最终,专家组最终采纳了俄罗斯的观点。专家组认为,俄罗斯所提出的乌克兰 2016 年贸易政策审查报告中的相关段落是为了证明:俄罗斯在第二次小组会议中提出的假设情况已被乌克兰称为"吞并克里米亚自治共和国和东部的军事冲突"。俄乌之间关系持续恶化引起国际社会的广泛关注,而且联合国大会也已经指明双方之间涉及武装冲突。因此,专家组认为 TPRM 第 A(1) 段并不适用于本案。此外专家组认为,2014 年 3 月到 2016 年底,俄乌之间的关系已经恶化到引起国际社会关注的程度,自 2014 年以来,一些国家就对俄罗斯实施了制裁,俄罗斯所采取的相关措施均是在上述时间内采取的[1]，因此专家组认为俄罗斯的主张符合 GATT 第 21 条（b）项规定的在"战争或国际关系中的其他紧急情况"采取措施的要求。

4. 俄罗斯"其认为"是否符合"序言"之要求

GATT 第 21 条（b）项序言部分规定："阻止任何成员为保护国家基本安全利益对有关下列事项采取其认为必需采取的任何行动。"专家组认为第 21 条（b）项序言的"其认为"可理解为仅限定保护援引成员的"基本安全利益"而采取措施的"必要性"，或也限定"基本安全利益"的内容，或最终最大限度地限定第 21 条（b）项各分段的一系列情况。专家组拒绝了最后一种可能的解释，本案中，俄罗斯主张"其认为"的范围包括"基本安全利益"内容的确定及措施"必要性"。乌克兰认为，虽然所有成员都有权决定自己对"基本安全利益"的保护程度，但这并不意味着所有成员都可以单方面界定什么是"基本安全利益"。乌克兰认为，应由专家组而不是由成员根据解释国际公法的习惯规则来解释"基本安全利益"一词。

基于上文专家组对"基本安全利益"的解释，以及"善意原则"的适用。专家组认为，2014 年初乌克兰政府的更迭并在同年 3 月决定签署《欧盟—乌克兰联系国协定》等一系列寻求与欧盟而不是欧亚经济联盟的经济一体化合作的做法，不能认为与俄罗斯随后采取的措施都无关。乌克兰的上述行动导致了国际关系的紧急状态，本案被诉措施也是俄罗斯为应对国际关系中的紧急情况所采取的，因此俄罗斯采取上诉措施具有合理性，也同样符合"必要性"的要求。综上，专家组认为俄罗斯满足了 GATT 第 21 条（b）项序言之要求。

【主要法律依据】

《关税与贸易总协定》（GATT）

第 1 条 1. 在对输出或输入、有关输出或输入及输出入货物的国际支付转账所征收的关税和费用方面，在征收上述关税和费用的方法方面，在输出和输入的规章手续方面，以及在本协定第 3 条第 2 款及第 4 款所述事项方面，一成员对来自或运往其他成员的产品所给予的利益、优待、特权或豁免，应当立即无条件地给予来自或运往所有其他成员的相同产品。

第 21 条 本协定不得解释为：

（a）要求任何成员提供其根据国家基本安全利益认为不能公布的资料；或

（b）阻止任何成员为保护国家基本安全利益对有关下列事项采取其认为必需采取的任何行动：

1. 裂变材料或提炼裂变材料的原料；
2. 武器、弹药和军火的贸易或直接和间接供军事机构用的其他物品或原料的贸易；
3. 战争或国际关系中的其他紧急情况；或

（c）阻止任何成员根据联合国宪章为维持国际和平和安全而采取行动。

---

[1] 2014 年 11 月，俄罗斯颁布了第 778 号决议，禁止货物通过白俄罗斯—俄罗斯边境过境。随后，俄罗斯于 2016 年 1 月 1 日实施了针对白俄罗斯过境的新规定，并于 2016 年 7 月 1 日进一步推出了非零关税过境禁令，同时重申了第 778 号决议的执行。

第 22 条 1. 当一成员对影响本协定执行的任何事项向另一成员提出要求时，另一成员应给予同情的考虑，并应给予适当的机会进行协商。

2. 经一成员提出请求，成员全体对经本条第 1 款协商但未达成圆满结论的任何事项，可与另一成员或另几个成员进行协商。

【理论分析】

一般例外与安全例外是国际经贸协定中平衡贸易自由与国家主权的重要制度设计。本案作为第一例进入争端解决机制实体审查的安全例外争端案件，专家组就安全例外管辖权及审查标准首次作出法律解释。

首先，从法律意义上确认专家组对安全例外的管辖权与审查标准。以美国为代表的国家长期主张，专家组对安全例外不具备审查权，原因在于安全例外所涉及的内容多为"国家安全"这类涉及国家主权的政治性敏感争端。本案裁决的主要意义就是否定专家组对安全例外不具备管辖权，而主权国家拥有完全自我裁决权这一传统的论断。在援引安全例外这一例外条款时，援引国需要注意以下两点：第一，援引国需要受到援引事项的限制，就 GATT 第 21 条（b）项而言，仅限于列明的三种情况，专家组对于是否满足此三种情况也可以能够作出客观审查。也就是说，援引 GATT 第 21 条（b）项的客观情况只限于国防、军事等与国家基本安全有关事项，由此开辟了专家组对于此类事件客观审查的空间。第二，援引国需要受到"善意原则"的限制，被诉措施至少要在表面上与国家安全具有相关性。"善意原则"属于主观审查因素，在本案中也被作为审查标准，可以说专家组通过本案将安全例外的客观审查权与主观审查权进行了分配与确定。

其次，本案是针对传统安全利益的解释，但难以适应新形势下"基本安全利益"的拓展。21 世纪以来，经济、科学技术高速发展，出现了超越传统安全范围的国家安全，在理论上一般称为非传统安全。传统安全是以军事等战争为核心的国家安全，非传统安全是以军事领域以外的对国家主权造成影响的因素，如信息安全、数据安全。中国于 2013 年成立了中国共产党中央国家安全委员会，习近平在中国共产党中央国家安全委员会第一次会议上的重要讲话中也同样指出："构建集政治安全、国土安全、军事安全、经济安全、文化安全、社会安全、科技安全、信息安全、生态安全、资源安全、核安全等于一体的国家安全体系。"美国也在 2017 年 12 月公布的《国家安全战略报告》中明确指出关注非传统国家安全。同时，新一代区域性国际经贸规则也更加注重非传统安全议题，《全面进步跨太平洋伙伴关系协定》（CPTPP）和《区域全面经济伙伴关系协定》（RECP）都不同程度地在电子商务章节规定数据本地化，将数据安全作为国家安全中的一种予以保护。本案中，专家组在举证责任方面认为如果离传统的武装冲突或国内法律通常情况越远，成员对于"基本安全利益"的举证责任也就越重，成员想要超出传统的安全利益范围成功的可能性更低。专家组将"基本安全利益"限缩在与武装冲突和国内法律秩序直接相关情形是受到（b）项所列三种情况的影响，但也有学者认为"基本安全利益"与（b）项所列情况本应是两个不同法律要件。① 专家组对于"基本安全利益"的解释仍然限于传统安全,而对于新兴的非传统安全并未作出解释,如果始终未能对新安全作出有效的回应,该条款的实际影响力可能会逐步衰退。

【实操分析】

本案主要涉及安全例外的适用,在具体案件中适用该例外需要注意以下问题:第一,尽量避免主动地援引安全例外。虽然本案确定了安全例外的客观审查标准及援引方善意适用,但是本案仍将安全例外的范围局限于传统安全例外内,而目前较多安全威胁以非传统安全的形式体现,专家组也在本案中明确了想要援引非传统安全例外,证明标准较之传统安全例外更严格。实际上,安全例外作为连接世界贸易与政治主权的纽带,其本身具有牵一发而动全身的重要性。且 WTO 争端解决机构(DSB)的先前生效裁判往往会对以后同类争端的解决具有一定的参考作用,但是在具体参考中会由于专家组等因素并不能统一这种参考。鉴于此,在实际案件中相关成员应尽量避免援引安全例外,当然如果成员所涉的安全事项可以较为直接地落入传统安全例外,也可以主动援引。第二,针对相关贸易措施威胁非传统国家安全,相关成员可以采取根据安全例外以外的其他贸易救济措施,如反倾销、反补贴及保障措施这类争议较小的 WTO 规则。第三,相关成员在无法避免适用安全例外条款时,可以借鉴本案中已经确立的"善意原则"对安全例外条款的各个要素进行限制,减少安全例外条款在解释与适用时的不稳定性与模糊性。

【思考题】

(1) 本案否定了主权国家对 GATT 第 21 条完全自主裁决权,这将对 GATT 第 21 条的适用带来哪些变化?

(2) GATT 第 20 条与第 21 条之间的关系是什么?

(3) 本案专家组在解释 GATT 第 21 条时运用《维也纳条约法公约》所规定的哪些解释方法?有何意义?

案例四 美国关税措施案②

【基本案情】

2017 年 8 月,美国贸易代表办公室(Office of the United States Trade Representative,USTR)按照《美国 1974 年贸易法》的 301 条款对中国启动了调查。2018 年 3 月,US-TR 发布了《根据美国〈1974 年贸易法〉第 301 节对中国有关技术转让、知识产权及

---

① 徐程锦:《WTO 安全例外法律解释、影响与规则改革评析——对"乌克兰诉俄罗斯与转运有关的措施"(DS512)案专家组报告的解读》,载《信息安全与通信保密》2019 年第 7 期,第 38-51 页。

② 世界贸易组织:《美国——对来自中国的某些商品的关税措施》,https://www.wto.org/english/tratop_e/dispu_e/cases_e/ds543_e.htm,2024 年 8 月 24 日最后访问。

创新的法令、政策和做法的调查结果》（以下简称 301 调查）。该调查认定中国实施的一系列法令、政策做法具有歧视、不合理性，并且已经对美国造成负担或限制。随后，USTR 对约 1300 个税号的中国产品征收关税，中国宣布采取反制措施。在双方协商未果的情况下，中国于 2018 年通过 DSB 向美国提出协商，2019 年 DSB 成立专家组。2020 年 9 月 15 日专家组形成小组报告，认为美国对中国的产品增加关税的措施违反 WTO 义务。本案所涉及主要争议事实是美国对来自中国的某些货物征收关税，具体包括以下两项措施：(1) USTR 于 2018 年对来自中国的金额约 340 亿的产品（以下简称清单一）征收 25% 的额外关税（以下简称措施一）；(2) 美国首先于 2018 年 9 月 24 日对来自中国的 2000 亿美元产品（以下简称清单二）征收 10% 的额外关税，后宣布将于 2019 年 1 月 1 日将关税税率提高至 25%（该两项关税以下简称措施二）。在两次推迟后，美国于 2019 年 5 月 9 日将清单二中产品的额外关税税率从 10% 提高至 25%。

本案所称 301 条款是指《美国 1974 年贸易法》第 301~310 节。按照第 301 节的规定，若贸易代表在经调查时确认存在："1. 美国在贸易协定下的权利被否定；2. (a) 外国的法令、政策违反了贸易协定或剥夺了美国在贸易协定下的权利；(b) 外国的法令、政策对美国的商业构成了负担或限制；(c) 外国的法令、政策不合理或具有歧视性对美国商业构成负担或限制时，美国应该采取适当、可行的行动。"① 依据前两种情形采取的行动属于强制性行动，最后一种情形则由贸易代表酌情采取行动。这种行动通常首先是与有关国家进行谈判，要求对方调整政策，在不能通过谈判达到目的时，则会采取单边制裁措施，通常是对进口产品加征关税或中止贸易协定下的减让利益，也可能采取其他制裁措施。

【主要法律问题】

通过分析专家组的报告可以得出本案的主要争议点在于美国基于 301 调查加征关税的行为是否违反了 GATT 第 1 条最惠国待遇原则。美国从专家组对措施二无管辖权及相关措施符合公共道德例外，主张不违反国民待遇原则，专家组主要对上述观点进行分析。

1. 专家组是否有权对措施二作出裁决

首先，专家组是否有权就清单二产品征收的额外关税由 10% 提高至 25% 作出调查。美国声称，专家组审查的范围仅限于两项措施：2018 年 6 月 20 日对清单一产品征收的额外关税；2018 年 9 月 21 日对清单二征收 10% 的额外关税。美国声称，将清单二中产品的关税从 10% 提高到 25% 的措施不属于专家组的审查范围。美国认为，专家组对 2019 年 5 月 9 日的通知发布调查结果或建议没有法律依据，并指出美国在 2019 年 5 月 9 日将清单二中产品的额外关税税率从 10% 提高到 25% 时专家组尚未成立，且该措施也不在中国专家组请求中确定的"具体措施"之列，DSU 不允许专家组对不属于其职权范围的措施行使管辖权。中国认为，清单二中产品的额外关税从 2019 年 5 月 9 日起从 10% 提高至 25% 显然是对措施二的修改。

专家组认为措施二中 25% 的关税在专家组职权审查范围内。首先专家组援引"欧

---

① 《美国 1974 年贸易法》第 301 节。

共体—鸡肉片案"①，认为审查一项修正案是否改变了成员向专家组请求中确定的"具体措施"受到手头案件的具体情况的限制，不能依赖于预先确定的因素。在"泰国—香烟案"中②专家组指出，如果专家组设立之后颁布的法律文件构成了对被诉措施的修改，专家组可以审查该法律文件。但需要在请求专家组设立的时候就已经表明该专家组可以将该修改包含在内。专家组认为，在设立专家组过程中美国曾多次提及将清单二所涉的产品增加关税至25%。在2019年5月9日的通知解释说中，"USTR决定修改301条款调查中采取的行动，将额外关税税率从10%提高到25%；USTR已确定将2018年9月行动下的额外关税税率提高至25%是合适的"，这些表述可以证实将关税从10%提高到25%是对原始措施的一种修改，而不是不同的措施。③专家组进一步认为，2019年5月9日起，USTR将清单二中产品的额外关税税率由10%提高至25%，是通过同一机构（USTR）根据同一美国国内立法，即《美国1974年贸易法》第307（a）（1）条，所发布的同一类型的法律文书而实施的。这一修改措施与美国对清单二产品征收10%的初始额外关税相同，唯一不同的只是税率，因此这两项措施之间具有实际关联性。专家组同意WTO先前裁决的一贯做法，根据中国在专家组请求中表明对于"任何修改、替代或修正"都授权专家组在其职权范围内审议，表明中国已经预见到所列措施可能会发生变化。基于这些原因，专家组认定措施二中25%的关税也涵盖在专家组职权范围之内。④

2. 专家组认定被诉措施不符合公共道德例外的要求

中国认为，这些措施不符合美国在GATT第1条第1款下的义务，因为这些措施未能立即、无条件地给予原产于中国并进口到美国的某些产品优惠，且这些措施不符合美国根据GATT第2条第1款（a）和（b）项所承担的义务，对原产于中国的某些进口产品征收的额外关税超出了美国的义务范围。美国声称，这些措施在法律上是合理的，符合GATT第20条（a）项意义上保护公共道德所必需的措施。

首先，专家组对美国采取的措施是否涉及GATT第20条（a）项下的公共道德目标进行分析。本案专家组首先分析"公共道德"一词，认为按照一般的含义是指对一个地区或者国家的与社会价值有关影响的行为标准。专家组也承认，公共道德在不同的地区，由于社会、文化、伦理和宗教价值观的影响会有所差异，WTO成员有权界定适用于各自境内的公共道德概念及确定其认为适当的保护水平。对于此项权利，WTO成员有一定的自由裁量权，但是具体的裁量程度需要借助个案具体分析。专家组认为，一项措施是否与某国家的公共道德相关，至少需要考虑以下两个因素：第一，该措施的目的是否确实存在于该社会；第二，该措施的目的是否属于该成员领土内的制度和价值观所确定的公共道德范围之内。

中国认为，美国所主张的公共道德并不属于GATT第20条（a）项的范围，认为

---

① European Communities-Customs Classification of Frozen Boneless Chicken Cuts, Reports of the Appellate Body, Para. 156.
② Thailand-Customs and Fiscal Measures on Cigarettes from the Philippines, WT/DS371/AB/R, Para. 7.808.
③ United States-Tariff Measures on Certain Goods from China, WT/DS543/R, Para. 7.43–7.46.
④ United States-Tariff Measures on Certain Goods from China, WT/DS543/R, Para. 7.47–7.59.

第20条（a）项的范围限于非经济目标，不包括贸易自由化领域内的利益，"公共道德"一词并不包括经济政策。专家组最终采纳了美国的观点，认为公共道德概念与经济利益相关。专家组认为，第20条各项的若干分支都直接或者间接涉及经济层面的利益，且公共道德往往和经济政策密切相关。例如，针对洗钱、弥合数字鸿沟、反诈骗的措施都是与公共道德有关的措施。在以上分析的基础上专家组认定美国关于反盗窃、反强迫、公平竞争、尊重创新等方面的主张基本在概念上涵盖在GATT第20条（a）项下的"公共道德"的范畴之中。[1]

其次，专家组对被诉措施的目的是否"用于保护美国的公共道德"进行分析。基于先前"哥伦比亚—纺织品案"[2]，上诉机构认为确定某一措施是否在第20条（a）项下需要通过"两步"测试：目的性测试及必要性测试。如果一项措施不能满足目的性测试，也就不需要进行必要性测试，只有在通过目的性测试后才有进行必要性测试的可能性。

目的性测试是衡量被诉措施与保护公共道德之间关系的初步审查。必要性测试在于使用综合方法判定被诉措施对保护美国公共道德的必要性。专家组要确定被诉措施的目的在于保护公共道德，则必须审查与被诉措施目的有关的证据，包括被诉措施的内容、结构及预期操作，至于被诉措施是否以明确的形式提及公共道德并不影响。在本案中，专家组认为，目的性测试尚不存在一项通用的基本评估标准，因此不支持此检验的中间步骤有利于进行目的性分析。目的性测试只是一个先决性的步骤，但在本案中很难判断被诉措施是否满足这一标准。专家组认为措施有关的细节需要进一步进行必要性分析才能明确，因此认为本案不需要单独进行目的性测试，而可以直接进行必要性测试，倾向于采用整体办法来确定所涉措施是否属于第20条（a）项所指的保护公共道德所必需。

最后，专家组对被诉措施是否为保护美国公共道德的必要措施进行分析。专家组认为，"必要"一词在本案中应理解为"不可或缺"，也就是具有不可替代性。在分析"必要性"时需要对一系列因素进行综合性权衡，包括：（1）所追求的政策目标的重要性。WTO先前的裁定聚焦于政策目标所保护的社会利益，不是根据其公共道德目标的价值而是以其利益本身进行考量。（2）被诉措施对贸易产生限制性影响。在"哥伦比亚—纺织品案"中，专家组表明虽然额外关税相较于禁止性关税的限制较小，但是仍然会造成影响。（3）被诉措施对实现政策的贡献程度，主要体现在目标与被诉措施之间作为目的和手段之间的关系，考虑是否存在相较于该措施影响程度更小的替代措施。[3] 专家组首先肯定了美国援引的公共道德反映了极为重要的社会利益，后针对措施一和措施二，分别进行讨论其是否满足必要性标准。

专家组认为，美国采取和执行的措施一，即301调查报告中对中国清单一产品征收额外关税的措施，在美国法律规定中并没有解释该措施与公共道德目标之间的关系。尽管USTR在2018年4月6日的通知指出，被征收额外关税的进口产品"受益于中国的产业政策"，但美国没有提供证据来证明这一观点。而且美国并没有提供证据证明其

---

[1] United States-Tariff Measures on Certain Goods from China, WT/DS543/R, Para. 7.130-7.140.
[2] Japan-Countervailing Duties on Dynamic Random Access Memories from Korea, WT/DS366/R, Para. 7.367.
[3] United States-Tariff Measures on Certain Goods from China, WT/DS543/R, Para. 7.159.

选择额外征加关税的产品将如何有利于维护美国公共道德。USTR 于 2018 年 6 月 20 发布的排除中国某些产品的通告中，并未阐明 USTR 在每次给予产品排除时对有关因素的实质性评估，特别是对被排除的产品是否从中国的有关政策中受益。措施二是 USTR 在 2018 年 9 月 21 日的通告中发布的，美国声称采取措施二的原因是中国并未改变其向美国出口产品征加税款的做法，需要对中国实施经济反报，所以不得不增加清单二中产品的范围。专家组注意到，清单二中产品的范围与美国诉称中国损害美国公共道德的措施和政策无关。美国声称，总体上看无论被征收额外关税的产品是否受益于中国的措施和政策，美国对此类产品征收额外关税的措施对于保护美国公共道德的问题都是必要的。专家组认为，美国没有充分解释对清单二中的产品征收额外关税与美国所援引的公共道德目标之间存在何种手段和目的关系。正如前文所述，在进行必要性分析时候需要考虑是否存在替代措施。专家组认为，基于先前案例所确立的标准①，美国相关措施并未通过必要性测试分析，因此也就不必再进行合理性措施分析，专家组确认美国被诉措施未能满足必要性标准。

【理论分析】

本案是中国针对美国单方面对源自中国的产品征收额外关税向 WTO 提起诉讼的第一案，是中国运用法律武器维护自身合法权益的典型案件。早在 1995 年美国就利用 301 条款对日本汽车追加进口关税。在 1998 年"欧共体（欧盟）诉美国 301 条款案"（欧盟—香蕉出口案）② 中，专家组认为，虽然 301 条款有违 WTO 规则，但由于美国国会已通过"行政行动声明"（Statement of Administrative Action）承诺 USTR 基于 301 条款发起的调查将严格遵守 DSU 规则。因此，只要美国在 WTO 规则允许的范围内开展调查，301 条款就不违反 WTO 规则。这无疑为美国日后利用 301 条款推行保护主义，在国际贸易活动中处于优势谈判地位留下了后患。③

本案中，专家组主要对美国援引公共道德政策例外主张征收额外关税具备合理性进行分析。在先前的上诉机构报告中，必要性测试分析侧重于判断被诉措施与目标之间的关系是否具备必要性，对"必要"一词的解释最早出现在 US-Section 337 案的专家组报告中。随着"泰国—香烟案"等案件专家组对必要性测试进行解释与分析，形成了"最少贸易限制"（least trade restrictive，LTR）测试法，即通过分析是否存在一个可行的且对贸易限制较少的替代措施来判断其措施是否具有必要性。在本案中，必要性测试需要考量的因素进一步明确化，本案中的必要性测试逻辑是在依据既往案件形成的必要性测试方法同时，提出了符合本案的分析标准，明确了必要性测试需要结合案件具体来进行。

在本案中，专家组不单独进行目的性测试，而直接进行必要性测试，对于这一做

---

① Brazil-Measures Affecting Imports of Retreaded Tyre, DS332. 上诉机构指出：被诉措施只有在通过必要性测试之后，才存在有与其他可能的替代措施做比较的必要。
② European Communities-Regime for the Importation, Sale and Distribution of Bananas, WT/DS27/R/GTM, WT/DS27/R/HND.
③ 龚柏华、施时栩、龚文娜：《中国诉美国对来自中国某些货物的关税措施（301 条款）案评析》，载《国际商务研究》2021 年第 1 期，第 97-108 页。

法相较于先前的案件有所不同，但似乎并无不妥。因为必要性测试当中包含着目的性测试，必要性测试侧重于被诉措施的实际效果，从被诉措施与目的之间的不可或缺联系角度出发，本案中与必要措施相关的替代措施分析也被跳过，关于此举是否与 WTO 体制相违背，尚未形成定论。

专家组认为美国未在相关关税措施的法律文件中解释关税措施与公共道德之间的关系，也未说明采取额外关税措施与公共道德之间的关系，进而认定其并不满足必要性要求。专家组是从举证不充分的角度不支持美国的主张，并未直接否定美国所提出的基于公共政策例外采取关税措施。也就是说，在将来相关案件中，成员可以公共政策例外为出发点征收额外关税，只要能够提供充分的证据证明相关措施与公共政策之间具有关联性。美国或者其他成员也会基于该案的情况，作出相应的诉前准备，提高基于公共政策例外证实该措施具有合理性，这是中国在后期的需要提前准备和注意的。[①]

【主要法律依据】

《关税与贸易总协定》（GATT）

第 20 条　本协定的规定不得解释为阻止缔约方采用或实施以下措施，但对情况相同的各方，实施的措施不得构成武断的或不合理的差别待遇，或构成对国际贸易的变相限制：

（a）为维护公共道德所必需的措施；

……

【实操分析】

在实际操作中，针对某一国家基于国内法对另一国家征收超过正常水平的额外关税，相关国家需要注意以下几点：第一，首先需要明确一国征收额外关税的国内立法是否符合 WTO 的规定，本案中的 301 条款实际上一直存在合规性问题，但 DSU 并未从正面对 301 条款作出回应。相关国家在分析其法律依据时可以考虑从 GATT、《SCM 协定》《保障措施协议》（Safe Guards Agreement）等方面分析。第二，实际评估额外关税对本国国内经济和相关产业的影响，并尽可能以直观化的数据表现出来。对国内经济影响不仅是实施经济反报的依据，也是援引 GATT 第 21 条与第 20 条安全例外与一般例外，证明征收关税正当性时需要考量的因素。在本案中，必要性测试需要考察征收措施与公共目标之间的关系，以及是否存在影响更小的替代措施，征收措施对相关国家国内经济状况的影响是极为重要的考量因素。

【思考题】

（1）针对美国 301 调查类似的措施，中国如何从国际法层面应对？

（2）本案专家组对美国提出的公共道德所进行的必要性测试与合理替代措施是什么关系？

---

① 张军旗：《301 条款、301 调查及关税措施在 WTO 下的合法性问题探析———以中美贸易战中的"美国———关税措施案"为视角》，载《国际法研究》2021 年第 4 期，第 43-63 页。

第六章

国际投资法

第一节 国际投资的法律形式

 **知识要点**

一、国际投资法的概念及特点

国际投资法是指调整国际私人直接投资关系的法律规范总和，是国际经济法的一个重要分支。[①] 它具有三个方面的特征：（1）国际投资法调整国际私人投资关系，不包括政府间或国际组织与国家间的资金融通关系；（2）国际投资法调整国际私人直接投资关系，国际间接投资关系一般不在国际投资法的调整对象之列，一方面私人间接投资关系属于一般民商法、公司法、票据法、证券法等法律、法规的调整范畴，另一方面国际组织与国家间或政府间的资金融通关系一般由国际经济组织法或有关政府间贷款协定等调整；（3）国际投资法调整的国际私人直接投资关系既包括国内方面关系，又包括国际方面关系，因此国际投资法既包括国内法规范，也包括国际法规范，二者相互补充。

二、国际投资的企业形式

根据我国法律规定，外资在我国进行投资所采取的企业形式主要有三种，即中外合资经营企业、中外合作经营企业及外资企业。

（1）中外合资经营企业。根据我国法律规定，中外合资经营企业是指外国的公司、企业和其他经济组织或个人同中国的公司、企业或其他经济组织依照中国法律在中国境内设立的企业组织。中外合资经营企业的组织形式为有限责任公司，合营各方对合营企业的责任以各自认缴的出资额为限，是一种股权式合营的方式。

（2）中外合作经营企业。根据我国法律规定，中外合作经营企业是指外国的企业和其他经济组织或个人同中国的企业或其他经济组织，依照中国法律在中国境内共同投资举办的、以合同规定双方权利和义务关系的一种契约式合营方式。中外合作经营企业具有较大的灵活性，在设立程序、投资方式、管理方式及收益分配方式等许多方面都比中外合资经营企业简便、灵活。

（3）外资企业。根据我国法律规定，外资企业是指依照中国法律在中国境内设立的全部资本由外国投资者投资的企业，不包括外国的企业和其他经济组织在中国境内的分支机构。外资企业一般是独立核算、自负盈亏、独立承担法律责任的法人实体。

[①] 姚海镇：《国际投资法》（修订版），武汉大学出版社1987年版，第37页。

三、国际合作开发与建设

国际合作开发是国家利用外国私人投资共同开发自然资源的一种国际合作形式，通常由资源国政府或国有公司同外国投资者签订协议、合同，在资源国指定的开发区，在一定的年限内，允许外国投资者同资源国合作，进行勘探、开采自然资源，并进行共同生产，按约定比例承担风险、分享利润。

合作方式包括特许协议及各种特殊的契约式合作。其中，特许协议是指东道国与外国投资者约定在一定期间和指定地区内，允许该外国投资者在一定条件下享有专属于国家的某种权利，投资从事于公用事业建设或自然资源开发等特殊经济活动，基于一定程序，予以特别许可的法律协议。契约式合作是指合作双方并不组成独立的法律实体，仍是分别独立的法人，双方在平等互利的基础上签订合同，依合同确定双方的权利和义务，按照合同所规定的权利、义务进行合作。

案例一　卢堡中国有限公司与济南啤酒有限公司、卢堡中国投资有限公司及中国沿海物业发展有限公司中外合资企业股份确权纠纷案[①]

【基本案情】

本案涉及的是中外合资企业股份的确权纠纷，具体发生在卢堡中国有限公司、济南啤酒有限公司、卢堡中国投资有限公司及中国沿海物业发展有限公司之间。

1994年1月15日，济南啤酒（集团）股份有限公司（以下简称济南啤酒集团）与卢堡中国有限公司（以下简称加拿大卢堡）签订了《中外合资经营济南卢堡啤酒集团股份有限公司协议书》，加拿大卢堡以英文名称在该协议书落款处表述为"NOBLECHINAINC."，并由李某顺签字。根据该协议，合资公司的投资总额为2998万美元，注册资本为2435.4万美元。其中，中方投资974.16万美元，占总股份的40%；外方（加拿大卢堡）投资1461.24万美元，占总股份的60%。协议还明确规定，任何一方若向第三者转让其全部或部分出资，必须经另一方同意，并经原审批机构的批准。

合资协议签订后，于1994年4月12日，山东省济南市对外经济贸易委员会（以下简称济南市外经委）以济经贸投（1994）90号批复了前述合资公司合同、章程，颁发了外经贸鲁府济字（1994）0646号外商投资企业批准证书，该批准证书载明的合资外方为"香港卢堡中国投资集团有限公司"（以下简称香港卢堡）。次日，中国国家工商行政管理局向合资公司颁发了营业执照，标志着合资公司济南卢堡啤酒集团股份有限公司（以下简称济南啤酒公司）的正式成立。

在合资过程中，卢堡中国投资有限公司作为外方投资的一部分，于1994年4月10日，委托李某全代为支付了人民币2000万元的投资款。济南啤酒集团出具的收据上明确标注了交款事项为"项目投资"，交款人为"卢堡中国集团有限公司"（以下简称卢堡中国集团）。此外，卢堡投资（深圳）有限公司（以下简称深圳卢堡）与合营公司还签订了设备投资协议，并按照约定支付了信用证项下的款项558万马克。合资公司

[①] 中华人民共和国最高人民法院（1999）经终字第355号。

的收据载明的交款单位为"卢堡中国集团"。同年 10 月 14 日,深圳卢堡受香港卢堡委托向济南啤酒公司以预付设备款为名电汇 300 万元人民币。1995 年 10 月 18 日,深圳卢堡受香港卢堡委托再次向合资公司交付 800 万元人民币。济南啤酒集团承认收到上述投资款计 3100 万元人民币。

1997 年 5 月,香港卢堡将其在合资公司的股份全部转让给中国沿海物业发展有限公司(以下简称香港沿海公司),并获得了济南市外经委的批准。合资公司的营业执照的合资外方变更为香港沿海公司。香港沿海公司成为合资公司股东,向合资公司认缴出资 11000187.83 美元。

1998 年 12 月,加拿大卢堡向山东省高级人民法院提起诉讼,请求法院:判决确认加拿大卢堡在合资公司中的外方股东身份及其相应的投资,判决济南啤酒公司、香港卢堡和香港沿海公司签订的《股权转让协议书》及《关于合资经营济南卢堡啤酒有限公司合同和章程及附属文件的修改协议》无效。

一审法院审理认为:按照我国《中外合资经营企业法》的规定,创办中外合资企业须经中国政府批准,合资各方签订的合营协议、合同、章程,应报国家对外经济贸易主管部门审查批准。本案合资外方提交的商业登记证外方是香港卢堡,济南市外经委及山东省人民政府审查批准的合资方为香港卢堡,显然政府部门批准的合资外方不是加拿大卢堡。加拿大卢堡虽为加拿大注册的上市公司,但在本案中提交的证据不足以证明其为合资公司的股东。政府部门批准的合资外方并非加拿大卢堡,而是香港卢堡(经查实,该公司在香港特别行政区并不存在)。同时,合资公司的股份转让已经获得相关部门的批准,加拿大卢堡作为非股东提出异议,理由不充分。

因此,法院判决驳回加拿大卢堡的诉讼请求。加拿大卢堡和济南啤酒公司不服原审判决,提出上诉,二审法院驳回加拿大卢堡、济南啤酒公司的上诉,维持原审判决。

【主要法律问题】

本案涉及的法律问题主要有:准据法的确认、中外合资经营企业的设立与运营、股权确认问题。

1. 准据法的确认

法院认为,我国《中外合资经营企业法实施条例》(2001,已失效)第 2 条规定,在我国境内设立的中外合资经营企业是中国的法人,受中国法律的管辖和保护。因此,本案的准据法应为《中外合资经营企业法》。

2. 中外合资经营企业的设立与运营

根据《中外合资经营企业法》(2001,已失效)第 2 条和第 3 条的规定,中外合资经营企业的设立须经中国政府批准,并签订合营协议、合同和章程。在本案中,济南啤酒集团与加拿大卢堡等签订了合资协议,并获得了相关部门的批准,因此该合资公司的设立在程序上是合法的。

合资协议中明确规定了投资总额、注册资本、出资额及股份比例。根据合同,任何一方若向第三者转让其全部或部分出资,须经另一方同意,并经原审批机构批准。在本案中,香港卢堡将其在合资公司的股份转让给香港沿海公司,并获得了审批机构的批准，因此在股份转让问题上也是符合法律规定的。

3. 股权确认问题

股权确认主要依据我国《公司法》《中外合资经营企业法》等法律法规进行。这些法律法规规定了公司设立、股东资格确认、股份转让等方面的基本规则。

股权确认的具体标准包括股东名册、工商登记和实际出资与投资协议。股东名册方面，在公司内部，股东名册是确认股东资格的重要依据。根据《公司法》，记载于股东名册的股东，可以依股东名册主张行使股东权利。公司应当将股东的姓名或者名称及其出资额向公司登记机关登记；登记事项发生变更的，应当办理变更登记。工商登记方面，在涉及公司与第三人的外部关系中，工商登记具有公示公信的效力。工商登记虽不直接创设股权，但具有对善意第三人宣示股东资格的证权功能。即使登记内容存在瑕疵，第三人仍可以基于对该登记内容的信赖，要求工商登记的股东按登记的内容对外承担责任。实际出资与投资协议方面，在股东间关系及公司内部关系上，实际出资、投资协议、股东会决议等文件也是确认股权的重要依据。这些文件反映了股东实际投资及股东间关于股权安排的真实意思表示。

在本案的股权确认问题中，首先需要明确加拿大卢堡的股东资格。本案合资外方提交的商业登记证是香港卢堡，济南市外经委审查批准的合资外方为香港卢堡，山东省人民政府批准的合资外方为香港卢堡，显然政府部门批准的合资外方不是加拿大卢堡。而具有法律效力的合资协议中合资外方是加拿大卢堡，由加拿大卢堡的董事会授权，李某祥签字。合资协议只有中文版本，应以中文为准。合资协议落款处的英文为授权签名章，而非法人公章，原告既没有董事会对合资项目的决议，董事会也没有授权，原告所诉以英文印章确认合资股东的理由证据不足。在济南啤酒集团的可行性报告等一些文件中，出现了加拿大卢堡、香港卢堡等名称，但登记注册地均为中国香港干诺道中200号信德中心，不是加拿大卢堡的登记注册地，而这些合资企业文件的起草工作按照合资协议约定均由合资中方济南啤酒集团担任，出现不一致，过错在济南啤酒集团。为解决名称混乱问题，1997年5月8日，合资公司各方在《关于合资经营济南卢堡啤酒有限公司合同和章程及附属文件的修改协议》中将合资外方统一更正为香港卢堡，不是加拿大卢堡。总之，除有意向性质的合资协议出现过加拿大卢堡的名称外，其他法律文件再未有原告名称。

因此，加拿大卢堡虽与济南啤酒集团签订了合资协议，但并未被记载于合营公司的股东名册或工商登记中。根据前述法律规定，加拿大卢堡仅凭合资协议无法直接主张其股东资格。

其次是香港卢堡与香港沿海公司的股份转让问题。香港卢堡将其在合资公司的股份转让给香港沿海公司，并获得了审批机构的批准，且该转让在工商登记中得到了体现。因此，从法律形式上看，香港沿海公司已成为合资公司的合法股东。

最后需要明确加拿大卢堡是否实际投资与参与经营。加拿大卢堡提交了两份划款凭证，但经法院查实这两份划款均与合资公司无关。从原告所出示的有关出资的证据看，关于从本公司划到中农信北京证券营业部的资金，经查实是原告的存款，有原告催收利息的函件为证，而从中农信北京证券营业部划拨到潍坊碱厂的资金是香港卢堡从中农信北京证券营业部的借款，有借款合同及借据为证。另外，从潍坊碱厂划到深圳卢堡等单位的资金,时间均在 1995 年 4 月之后,但香港卢堡早在 1994 年 2 月就合资出资事项已与济南啤酒集团达成协议,并于 1994 年 4 月 11 日开始注资,与原告所举的证据之间没有任何联系。

综上,本案整个合同的签订、履行情况证明均无法证明加拿大卢堡是合资公司的股东。基于对加拿大卢堡合资外方身份的否定,因加拿大卢堡不是合资公司的股东,而就合资企业的股份转让事宜提出异议,起诉香港沿海公司理由不充分,故法院判决驳回其诉讼请求。

【主要法律依据】

1. 《中外合资经营企业法》(2001,已失效)

第 3 条 合营各方签订的合营协议、合同、章程,应报国家对外经济贸易主管部门(以下称审查批准机关)审查批准。审查批准机关应在三个月内决定批准或不批准。合营企业经批准后,向国家工商行政管理主管部门登记,领取营业执照,开始营业。

2. 《中外合资经营企业法实施条例》(2001,已失效)

第 17 条 合营企业的投资总额(含企业借款),是指按照合营企业合同、章程规定的生产规模需要投入的基本建设资金和生产流动资金的总和。

第 23 条 外国合营者出资的外币,按缴款当日中国人民银行公布的基准汇率折算成人民币或者套算成约定的外币。

中国合营者出资的人民币现金,需要折算成外币的,按缴款当日中国人民银行公布的基准汇率折算。

3. 《企业法人登记管理条例》(1988,已失效)

第 15 条 申请企业法人开业登记,应当提交下列文件、证件:
(一)组建负责人签署的登记申请书;
(二)主管部门或者审批机关的批准文件;
(三)组织章程;
(四)资金信用证明、验资证明或者资金担保;
(五)企业主要负责人的身份证明;
(六)住所和经营场所使用证明;
(七)其他有关文件、证件。

【理论分析】

本案中,法院需要解决的主要问题是加拿大卢堡的合资外方身份,原告的诉求也是围绕着其作为中外合资经营企业的合资外方身份而展开的。

国际上的中外合资经营企业是指来自不同国家的两个或两个以上当事人,为实现特定的商业目的,共同投资、共同经营、共担风险、共负盈亏的一种企业形式。根据各国的立法和实践,中外合资经营企业主要可以分为股权式合营企业和契约式合营企业两种基本类型。我国的中外合资经营企业是指外国的公司、企业和其他经济组织或个人同中国的公司、企业或其他经济组织依照中国法律在中国境内设立的企业组织,属于股权式合营企业。本案股权纠纷涉案企业为中外合资经营企业。

就本案整个合同的签订、履行情况和相关法律规定来看,加拿大卢堡主张是合资公司的股东,证据不足,不予支持的判决是没有争议的。除此之外,法院还就程序上的举证问题进行了解释。本案为确认之诉,加拿大卢堡的上诉请求是确认其在合资公司中的股东地位和确认本案所涉《股份转让协议书》无效。《最高人民法院关于适用〈中华人民共和国民事诉讼法〉若干问题的意见》(1992)第74条规定:"在诉讼中,当事人对自己提出的主张,有责任提供证据。"加拿大卢堡提起本案诉讼时应当提供相应证据以支持其诉讼请求。然而,在本案整个诉讼过程中,加拿大卢堡始终未能提供其作为合资外方而应具备的相应文件,包括进行合资事项的董事会决议、上市公司信息披露等。加拿大卢堡也未能就其向合资公司出资情况提供确实证据。一审过程中,加拿大卢堡向法院提供两部分证据以证明其履行了出资义务,但是,该两部分证据所涉及的两笔资金即从加拿大卢堡划到中农信北京证券营业部的资金和从中农信北京证券营业部划到潍坊碱厂的资金经原审法院查证,并非属于加拿大卢堡对合资公司的出资,加拿大卢堡对此并未提出异议,也未进一步提交其他证据以证明其有出资行为。二审期间,加拿大卢堡对于出资问题又提出,前述两部分证据提出的意义侧重于说明深圳卢堡的注册资金来源于加拿大卢堡,因此,投资的实际流动过程并不重要,重要的是其归属。从二审查明的事实看,深圳卢堡是由卢堡中国集团在深圳设立的外商独资企业,并非如加拿大卢堡所称其注册资金来源于加拿大卢堡。

实际上,济南市外经委批准设立的合营公司的外方股东并非加拿大卢堡;在香港沿海公司受让股份成为合营公司的外方股东时,提交批准机构的文件中也没有出现加拿大卢堡。因此,加拿大卢堡提供的证据不足以证明其是合营公司的股东。

《中外合资经营企业法》(2001)第3条规定:"合营各方签订的合营协议、合同、章程,应报国家对外经济贸易主管部门审查批准。"《中外合资经营企业法实施条例》(2001)第14条规定:"合营企业协议、合同和章程经审批机构批准后生效。"第20条规定:"合营一方如向第三者转让其全部或部分股权的,须经合营他方同意,并经审批机构批准。"在合资经营问题上,我国现阶段实行审批(登记)制度,即合资合同及合资企业股份转让协议须经审批机构批准后才能生效。在本案所涉合资公司设立过程中,合资外方的名称在各种文件中始终处于不确定状态,从而导致合资公司的批准证书出现了并不存在的合资外方即香港卢堡。然而,涉案合资协议已经经过济南市外经委批准,合资公司已经依法设立并领取了国家工商行政管理局颁发的企业法人营业执照。合资公司各方股东如果认为合资外方名称有误,可以请求相关审批机构进行变更。加拿大卢堡在提起本案诉讼时,香港沿海公司已经因济南市外经委批准了其与济南啤酒集团、香港卢堡签订的《股份转让协议书》而取得了合资公司60%的股份,从而成为合资公司合法的股东。事实上,香港沿海公司应向合资公司认缴的资金已经全部到位。

对于济南市外经委批准合资公司设立以及批准《股份转让协议书》的具体行政行为,相关当事人如有异议,可以依照我国行政诉讼法的有关规定提起相应的行政诉讼,以确定谁为合营公司的合法股东及批准《股份转让协议书》的行政行为是否应被撤销,民事审判程序不能解决行政机关基于行政权而作出的具体行政行为。

【实操分析】

在实际案件中,需要注意股权确认、股份转让和合同履行等方面的问题。

1. 股权确认的实操要点

在实操上,确认股东资格应首先查看股东名册和工商登记,这是股权确认的基本依据。本案中,加拿大卢堡虽与济南啤酒集团签订了合资协议,但并未在股东名册或工商登记中显示,因此其股东资格存在疑问。虽然股东名册和工商登记是基本依据,但实际出资和参与经营也是判断股东资格的重要因素。如果加拿大卢堡能提供证据证明其实际出资并参与了合营公司的经营,这将有助于其股东资格的确认。

2. 股份转让的实操要点

在实操上,需要注意程序合规性和股权转让协议的内容。本案中,香港卢堡将其在合资公司的股份转让给香港沿海公司,并获得了审批机构的批准。这一股份转让在程序上是合规的。股份转让应签订书面协议,明确转让的价格、支付方式、转让方和受让方的权利义务等。股份转让协议越是明确具体,就越能避免产生歧义或纠纷。

3. 合同履行的实操要点

在实操上,需要注意合同履行监督和违约处理问题。在签订合同前,应充分评估对方的履约能力和信用状况,建立合同履行监督机制,确保合同各方按照约定履行义务。合同履行过程中,应密切关注对方的履约情况,如发现违约行为,应及时采取法律措施进行处理,如要求对方继续履行、采取补救措施或赔偿损失等。

【思考题】

(1) 如果合资协议中的条款模糊不清或存在歧义,应如何确定其真实意图和法律效力?

(2) 在中外合资经营企业中,如果发生涉及股份转让或合同履行的国际投资争端,应如何选择和应用争端解决机制?

(3) 在中外合资经营企业中,跨境投资面临哪些主要的法律风险?

案例二 外商投资合伙企业投资股权转让纠纷案

【基本案情】

本案原告韩国飞世龙公司与本案被告圣丰联公司是无锡飞世龙机电有限公司(以下简称无锡飞世龙公司)股东,圣丰联公司占注册资本60%,韩国飞世龙公司占注册资本40%。无锡飞世龙公司于2002年7月17日经工商部门核准成立,注册资本3010万元,经营范围为新型电力电子零部件、电气化铁路设备和器材、环境污染检测设备的设计生产。

2016年7月21日,圣丰联公司与韩国飞世龙公司在无锡市新吴区签订了股权转让合同。合同约定韩国飞世龙公司将其持有的无锡飞世龙公司40%的股权以400万元的价格转让给圣丰联公司。根据合同约定，圣丰联公司需将400万元股权转让款汇入监管账户，并在合同约定的股权变更手续完成后支付全部款项。全某石作为韩国飞世龙公司的授权代表在合同上签字。

圣丰联公司于2016年7月20日按照合同约定向无锡新韩银行的监管账户打入400万元，由无锡新韩银行提供监管账户服务。2016年9月，无锡飞世龙公司向新吴区经济发展局申请办理公司股权投资变更事宜，该局于同年11月3日通过外商投资综合管理信息系统对该变更备案作出"不属于备案范围"的意见。2016年10月27日，经工商部门核准，无锡飞世龙公司的股东结构由韩国飞世龙公司、圣丰联公司两个股东变更为圣丰联公司一个股东，企业类型由中外合资企业变更为有限公司（法人独资）私营企业。2018年11月2日，无锡飞世龙公司通过商务部业务系统统一平台外商投资综合管理应用系统，办理了涉案股权转让的网上备案手续，新吴区商务旅游局出具了变更备案回执。但圣丰联公司拒绝办理监管账户解封手续，韩国飞世龙公司遂提起诉讼。

一审法院认为案涉股权转让合同约定的股权变更手续已经完成，圣丰联公司应当支付股权转让合同约定的股权转让款。依据《涉外民事关系法律适用法》第1条、《合同法》（已失效）第107条规定判决圣丰公司寄付韩国飞世龙公司股权转让款400万元。①

后原审被告圣丰联公司认为一审法院认定事实不清、适用法律错误，提起上诉。二审法院驳回上诉维持原判。②

【主要法律问题】

本案的争议焦点为：股权转让款的支付问题及股权转让的审批备案手续；涉及的法律问题主要有：法律适用问题、中外合资经营企业股权转让的效力及审批备案手续问题。

1. **本案应适用的法律**

本案属于涉外商事纠纷，根据《涉外民事关系法律适用法》第41条，当事人可以协议选择合同适用的法律。当事人没有选择的，适用履行义务最能体现该合同特征的一方当事人经常居所地法律或者其他与该合同有密切联系的法律。在本案中，案涉双方股权转让合同中约定了解决纠纷的法律为中华人民共和国法律，因此，本案应适用我国法律进行审理。

2. **中外合资企业股权转让的审批备案手续**

国家发改委、商务部发布的2016年第22号公告表示：第十二届全国人民代表大会常务委员会第二十二次会议审议通过《关于修改〈中华人民共和国外资企业法〉等四部法律的决定》，将不涉及国家规定实施准入特别管理措施的外商投资企业设立及变更，由审批改为备案管理。对于外商投资准入特别管理措施的范围，则由《外商投资产业指导目录》进行规定。该目录明确了禁止外商投资企业进行投资的领域和限制类

---

① 江苏省无锡市中级人民法院（2017）苏02民初431号。
② 江苏省高级人民法院（2019）苏民终86号。

经营项目,对于限制类经营项目,应当由投资公司所在地的经贸主管部门审批同意。

本案中无锡飞世龙公司经营范围为新型电力电子零部件、电气化铁路设备和器材、环境污染监测设备的设计生产,对应《外商投资产业指导目录》中的以下内容:《外商投资产业指导目录》(2015 年修订)135. 铁路大型施工、铁路线路、桥梁、隧道维修养护机械和检查、监测设备及其关键零部件的设计与制造……256. 新型电子元器件制造:片式元器件、敏感元器件及传感器、频率控制与选择元件、混合集成电路、电力电子器件、光电子器件、新型机电元件、高分子固体电容器、超级电容器、无源集成元件、高密度互连积层板、多层挠性板、刚挠印刷电路板及封装载板……281. 环境监测仪器制造……和《外商投资产业指导目录》(2017 年修订)135. 铁路大型施工、铁路线路、桥梁、隧道维修养护机械和检查、监测设备及其关键零部件的设计与制造……255. 新型电子元器件制造:片式元器件、敏感元器件及传感器、频率控制与选择元件、混合集成电路、电力电子器件、光电子器件、新型机电元件、高分子固体电容器、超级电容器、无源集成元件、高密度互连积层板、多层挠性板、刚挠印刷电路板及封装载板……280. 环境监测仪器制造……这些内容属于鼓励外商投资产业目录,而非限制类或禁止类目录,因此不再实行审批管理,而应该进行备案管理。

即使将无锡飞世龙公司经营范围与《外商投资产业指导目录》(2015 年修订)第 209 项"轨道交通运输设备(限于合资、合作)"对应,也不需要进行审批。因为《外商投资产业指导目录》中限制类、禁止类产业针对的是外资准入,目的是排除外商独资的企业股权情形,而本案中的无锡飞世龙公司是外国公司同中国公司按照中国法律在中国境内设立的企业组织,在性质上属于中外合资企业,而非外商独资企业。

3. 中外合资企业股权转让的审批备案手续是否影响股权转让合同的效力

对此,韩国飞世龙公司主张,根据《中外合资经营企业法》(2016,已失效)第 15 条及相关法律法规的规定,股权转让合同在双方签字盖章后即成立并生效,无须经过审查批准。该公司认为,无锡飞世龙公司作为中外合资经营企业,其经营范围不属于国家规定的限制类或禁止类经营项目,也不属于鼓励类中有股权及高管要求的类别,因此股权转让无须特别审批。韩国飞世龙公司进一步强调,即使存在审批备案手续,也不应影响股权转让合同的效力,因为合同本身已经成立并生效。

圣丰联公司则认为,虽然股权转让合同已经签订并办理了工商登记手续,但尚未完成审批备案手续,因此股权转让并未完全生效。该公司认为,中外合资经营企业的股权转让不仅需要双方达成合意并签订股权转让合同,还需要按照相关法律法规的规定办理审批备案手续。圣丰联公司强调,未完成审批备案手续将导致股权转让合同无法完全履行,进而影响合同的效力。

从上述观点可以看出,双方对于中外合资经营企业股权转让的审批备案手续是否影响股权转让合同的效力存在明显的分歧。韩国飞世龙公司侧重于合同自由原则,认为只要双方达成合意并签订合同,合同即应成立并生效;而圣丰联公司则更强调法律规制的必要性,认为中外合资经营企业的股权转让必须遵守相关法律法规的规定,完成审批备案手续后方能生效。

从圣丰联公司已办理完成股权变动的网上备案手续的角度,也可以说明涉案股权变动只需备案而非审批。并且,本案中约定的股权转让合同履行后达到的法律效果是无锡飞世龙公司由中外合资企业转为国内法人独资企业，也就不存在外资准入的审查问题。因此，法院认为本案涉及无锡飞世龙公司股权变动不应再实行审批，而应备案管理。

外商投资企业的股权变动依法需要办理审批的，还应由外资管理部门进行审查批准方能生效，依法不需要办理审批的则进行备案即可，而备案行为对股权变动的效力并无实质性影响。本案中，涉案股权变动并不需要外资管理部门审批，只需要备案即可。因此法院认定股权转让已经生效。

4. 中外合资企业股权转让的条件和程序

涉案股权转让合同约定了双方应当共同完成企业变更手续的所有程序，但未列明具体为哪些程序。通常而言，企业股权变动应当由工商部门办理股东身份或结构方面的变更，否则视为股权变动没有最终完成。股权转让合同之所以约定双方在解除账户监管手续之前完成所有企业变更手续程序，是为了让受让人圣丰联公司实际取得股权后才负有股权转让款的支付义务，从而保障圣丰联公司的利益。双方办理工商部门的股权变更登记后，涉案股权变动是否备案，并不影响转让行为的效力，亦不影响圣丰联公司已成为无锡飞世龙公司独资股东的事实。韩国飞世龙公司于2017年10月27日按照约定将无锡飞世龙公司40%的股权变更登记到圣丰联公司名下，并于2018年11月2日完成无锡飞世龙公司的股权变更备案手续。本案股权变更手续已经完成。

5. 股权转让款支付

如前分析所述，韩国飞世龙公司已经完成股权转让合同约定的企业股权变更手续和备案，且无锡飞世龙公司的登记股东只有圣丰联公司，股权转让合同约定的付款条件已经达到。圣丰联公司应当按照约定向韩国飞世龙公司支付股权转让款。我国当时有效的《合同法》规定，当事人一方不履行合同义务或者履行合同义务不符合约定的，应当承担继续履行、采取补救措施或者赔偿损失等违约责任。圣丰联公司不与韩国飞世龙公司一同办理监管账户解封手续、不履行付款义务的行为构成违约。

在二审中，双方对于圣丰联公司和韩国飞世龙公司就监管账户解封是否存在相互不配合的问题存在争议，法院认为圣丰联公司主张韩国飞世龙公司不配合办理监管账户解封没有依据。2017年10月27日，韩国飞世龙公司已经按照双方约定将案涉无锡飞世龙公司40%的股权变更登记到圣丰联公司名下。根据无锡飞世龙公司的工商档案显示，变更后的无锡飞世龙公司的登记股东只有圣丰联公司。即便按照圣丰联公司的主张，案涉股权变更手续包含备案，依据商务部业务系统统一平台的网页截图显示，2018年11月2日无锡飞世龙公司已经完成股权变更的备案手续。二审庭审中，韩国飞世龙公司明确表示，只要圣丰联公司配合，全某石亦愿意随时配合共同办理监管账户的解封手续，且韩国飞世龙公司作为股权转让款的收款方不配合办理解封手续，阻碍自身利益的实现亦有违常理。故圣丰联公司关于韩国飞世龙公司不配合办理监管账户解封手续的主张，依据不足。

【主要法律依据】

1. 《涉外民事关系法律适用法》

第 41 条 当事人可以协议选择合同适用的法律。当事人没有选择的，适用履行义务最能体现该合同特征的一方当事人经常居所地法律或者其他与该合同有最密切联系的法律。

2. 《合同法》（已失效）

第 68 条 应当先履行债务的当事人，有确切证据证明对方有下列情形之一的，可以中止履行：

（一）经营状况严重恶化；

（二）转移财产、抽逃资金，以逃避债务；

（三）丧失商业信誉；

（四）有丧失或者可能丧失履行债务能力的其他情形。

当事人没有确切证据中止履行的，应当承担违约责任。

第 107 条 当事人一方不履行合同义务或者履行合同义务不符合约定的，应当承担继续履行、采取补救措施或者赔偿损失等违约责任。

3. 《中外合资经营企业法》（2016，已失效）

第 15 条 举办合营企业不涉及国家规定实施准入特别管理措施的，对本法第 3 条、第 13 条、第 14 条规定的审批事项，适用备案管理。国家规定的准入特别管理措施由国务院发布或者批准发布。

【理论分析】

本案案涉企业无锡飞世龙公司的性质为中外合资经营企业。依照我国《中外合资经营企业法》批准在中国境内设立的中外合资经营企业是中国的法人，企业的组织形式为有限责任公司，合营各方对合营企业的责任以各自认缴的出资额为限。① 合营各方的出资方式是指合营各方投入合营企业的资本的具体表现形式。一般来说，合营各方可以用货币出资，也可以用实物、工业产权等作价出资。对于合营各方的投资比例，许多国家特别是发展中国家的外资立法均有限制性规定。有的是规定一个适用于国内一切行业的投资比例，设定外方合营者投资的上限或下限或上下限，其中以规定上限者居多；有的则是对不同的行业适用不同的投资比例，其中，与国计民生关系越大的行业要求当地合营者控股的比例就越高，对于外方合营者的投资所占比重限制得就越低，以体现东道国对外国投资的投资方向的管控。我国《外商投资法》没有对外国投资者的投资作下限要求。

对于投资东道国来说，以合营企业形式吸收和利用外国投资具有以下好处：可以在不增加国家债务负担的情况下利用外资，弥补国内建设资金的不足；有利于引进先进的生产技术和管理技术；有利于开拓国际市场，扩大企业的出口创汇能力；有助于

---

① 国际经济法学编写组：《国际经济法学》，高等教育出版社 2016 年版，第 264 页。

东道国对企业的管理。

本案提及的《外商投资产业指导目录》将鼓励、限制和禁止外商投资的产业逐一列出，是本案发生时中国官方指导外商投资的重要政策依据，该文件现已失效。本案中涉案企业的投资类型并不存在《外商投资产业指导目录》限制投资领域行为，且转让行为使中外合资企业转变为国内法人独资企业，因此股权转让行为无须进行审批管理，只要按照常规的备案管理即可。

【实操分析】

在实际案件中，实践中需要合同成立与生效、审批备案手续等方面的问题。

中外合资经营企业的股权转让通常需要经过工商部门的审批备案手续。虽然合同本身可能已成立，但如未完成审批备案手续，股权转让在法律上可能尚未完全生效。

除此之外，对于中外合资经营企业的股权转让，双方应充分了解相关法律法规和注意事项，明确合同条款规定的权利义务，履行审批备案手续，并注意税务处理、保密工作和风险防控等方面的问题，以确保股权转让的合法性和有效性。

【思考题】

（1）探讨中外合资企业股权转让的特殊性，以及这些特殊性如何影响国际法的适用。

（2）讨论国家监管在股权转让中的作用，包括审批备案手续的必要性、监管的范围和程度等。

（3）思考如何在保障合同自由和资本流动的同时，实现有效的国家监管。

案例三　伯灵顿公司诉厄瓜多尔案①

【基本案情】

该案涉及美国伯灵顿（Burlington）公司与厄瓜多尔之间的投资争议。2001年，美国康菲石油公司旗下的伯灵顿公司及其合作伙伴法国佩朗科（Perenco）公司与厄瓜多尔签订了开发厄瓜多尔亚马逊地区特定区域（第7区块和第21区块）的产品分成合同（以下简称PSCs），根据该合同进行石油开发，并分享所产出的原油。该PSCs阐明了对伯灵顿公司的税收制度，并通过在产量分成公式中算入修正系数来要求厄瓜多尔国有石油公司PetroEcuador来承担未来税收的增长。这些"税收保障条款"具有担保合同下的税收稳定性的功能。双方争议起源于国际油价的上涨，双方对油价上涨是否可预见存在分歧，伯灵顿公司认为，各方预见到油价上涨的可能性。厄瓜多尔坚持认为，对石油价格的上涨是完全没有预见到和无法预见的。

---

① ICSID Case：No. ARB/08/5.

2006 年厄瓜多尔颁布了第 42 号法律①对伯灵顿公司的超额利润征收 50% 的暴利税。2007 年厄瓜多尔又颁布了第 662 号法令②，该法令修订了第 1672 号法令，并增加了"非凡的收入"。根据第 42 号法律，税率从 50% 提高到 99%。

从第 42 号法律颁布至 2008 年 6 月，即第 42 号法律通过后的 18 个月和第 662 号法令后的 8 个月内，伯灵顿公司根据这些文本向国家支付了应付款项。此后，伯灵顿公司停止向被诉人支付此类款项。相反，根据第 42 号法律所欠款项，总额为 3.274 亿美元，这些税款被存入了两个独立账户。在伯灵顿公司决定拒绝厄瓜多尔修改产品分成合同的提议后，厄瓜多尔威胁要扣押伯灵顿公司的资产，以收取与第 42 号法律相关的未付款项并终止产品分成合同。

2008 年 4 月 21 日，伯灵顿公司向国际投资争端解决中心（ICSID）提出仲裁请求，以寻求救济。主张厄瓜多尔：违反了《美国与厄瓜多尔共和国之间关于鼓励和相互保护投资的条约》（以下简称《美国—厄瓜多尔 BIT》）第 3 条，非法征收或对伯灵顿公司在厄瓜多尔的投资采取了相当于征收的措施；违反了《美国—厄瓜多尔 BIT》第 2 条，未给予伯灵顿公司在厄瓜多尔的投资不低于给予国民的待遇；未能给予伯灵顿公司的投资公平和公正的待遇、充分的保护和安全及不低于国际法要求的待遇；对伯灵顿公司的投资实施任意和歧视性措施。并提出厄瓜多尔应就违反《美国—厄瓜多尔 BIT》的行为向伯灵顿公司支付损害赔偿金。

2010 年 6 月 2 日，仲裁庭作出关于管辖权的裁决，认定第 42 号法律是一种税收措施，仲裁庭对征收之外的诉求没有管辖权。2012 年 12 月 14 日，仲裁庭作出关于责任的裁决，认定厄瓜多尔拍卖伯灵顿公司在第 7 区块和第 21 区块的份额和武力接管这两个区块的行为构成间接征收，违反了《美国—厄瓜多尔 BIT》第 3 条的规定。2017 年 2 月 7 日，仲裁庭针对厄瓜多尔的反诉作出裁决，认定伯灵顿公司在第 7 和 21 区块的石油开采活动造成了该区块环境和基础设施的损害。同日，仲裁庭作出最终裁决，要求厄瓜多尔向伯灵顿公司支付损害赔偿，并要求伯灵顿公司向厄瓜多尔政府赔偿对环境和基础设施造成损害而带来的损失。

【主要法律问题】

本案中当事人主要争议集中在两个方面：一是 ICSID 对伯灵顿公司关于第 42 号法律的索赔是否具有管辖权；二是本案中，厄瓜多尔政府对伯灵顿公司在第 7 区块和第 21 区块的投资实施的暴利税措施是否构成间接征收。

一、ICSID 的管辖权问题

被申请人厄瓜多尔提出 ICSID 对伯灵顿公司关于第 42 号法律征收索赔管辖权的问

---

① 2006 年 4 月 19 日，厄瓜多尔颁布了第 2006-42 号法律（第 42 号法律），对厄瓜多尔碳氢化合物法作了如下修订："承包公司根据本法与厄瓜多尔国家签订有效的碳氢化合物勘探和开采参与协议，不影响根据其参与情况可能对应的原油量，如果厄瓜多尔离岸价销售的实际月平均售价原油超过签订协议之日有效的月平均售价，以付款当月的固定汇率表示，应给予厄瓜多尔国家至少 50% 的参与权，该比例为此类价差所产生的非正常收入[……]。"

② 2007 年 10 月 18 日，厄瓜多尔颁布了第 662 号法令，从这里起，凡提及第 42 号法律，除非另有说明，均包括第 662 号法令。

题主要在两个方面：

（1）有条件地反对 ICSID 对伯灵顿公司征收索赔的管辖，即如果仲裁庭发现伯灵顿公司放弃对第 42 号法律的颁布及实施的疑问，仅依据双方的条约提起征收索赔请求，则 ICSID 对伯灵顿公司的征收索赔不具有管辖权。依据是 ICSID 公约第 25 条第 1 项和《美国—厄瓜多尔 BIT》第 6 条的内容，即厄瓜多尔主张其没有书面同意将双方的争端提请 ICSID 仲裁，所以，如果伯灵顿公司放弃质疑第 42 号法律，则仲裁庭对伯灵顿公司的条约索赔请求在 ICSID 管辖范围之外。

（2）反对 ICSID 对伯灵顿公司的非征收索赔的管辖。根据 ICSID 公约第 25 条第 1 项的规定，争端当事方必须明确表示同意将争端提交适用 ICSID 规则的仲裁，而厄瓜多尔表示其未书面同意；根据《美国—厄瓜多尔 BIT》第 10 条，只有在一项税收措施构成征收、汇兑或遵守与履行第 6 条所指投资协议或授权中的条款时，ICSID 才对此具有管辖权。在此项索赔中，对第 42 号法律是否属于《美国—厄瓜多尔 BIT》第 10 条所指的税收并引发"税收问题"，厄瓜多尔持肯定观点。对伯灵顿公司的非征收索赔是不是在质疑第 42 号法律，厄瓜多尔主张，如果伯灵顿公司质疑第 42 号法律的颁布与实施，因为第 42 号法律是一种税收措施，而申请人提出的非征收索赔并不属于《美国—厄瓜多尔 BIT》第 10 条第 2（c）项规定的情况，所以此索赔在 ICSID 管辖范围之外；如果伯灵顿公司未质疑第 42 号法律的颁布与实施，仅坚持厄瓜多尔违反了"税收保障条款"，那么此非征收索赔在 ICSID 管辖范围之外。

对于暴利税措施是否属于投资条约所指的"税收措施"这一问题，ICSID 仲裁庭进行了如下分析：首先，基于第 10 条是《美国—厄瓜多尔 BIT》的一部分，仲裁庭认为判断暴利税是否属于《美国—厄瓜多尔 BIT》第 10 条的"税收措施"应从国际法角度而不是厄瓜多尔国内法角度来判断；其次，仲裁庭引用加拿大能源公司诉厄瓜多尔仲裁案和杜克能源公司诉厄瓜多尔案中仲裁庭的决定进行分析，最终得出第 42 号法律是一项税收措施的结论。具体而言，仲裁庭认为：①正如它的名字所表明的，第 42 号法律是一部法律；②该法律对"某一类人"施加了义务，这"一类人"即与厄瓜多尔签订 PSCs 的石油公司；③根据这一义务，这"一类人"必须每月向国家支付一笔款项；④国家将这些款项用于公共目的。如厄瓜多尔所指，根据第 42 号法律收取的款项同其他税收一样，流入单一的国家账户。因此，仲裁庭认为第 42 号法律是《美国—厄瓜多尔 BIT》第 10 条所指的税收措施。

关于管辖权的争议，仲裁庭最终裁决认为，仲裁庭对于申请人的征收索赔具有管辖权，厄瓜多尔反对此部分管辖权的理由不成立。首先，仲裁庭明确了适用于法庭管辖的法律，即 ICSID 公约第 25 条第 1 项（管辖权条款）及相关的《美国—厄瓜多尔 BIT》第 6 条（争端解决的条款）。其次，仲裁庭明确了当事方对于管辖权问题争议的焦点：对于申请人的征收索赔，如果其没有质疑第 42 号法律的颁布和实施，仲裁庭无管辖权；对于非征收索赔，如果其没有质疑第 42 号法律，则仲裁庭无管辖权，如果其明确质疑第 42 号法律，但由于第 42 号法律构成《美国—厄瓜多尔 BIT》第 10 条所指的税收措施，且不属于第 10 条第 2（c）项所指的遵守与履行第 6 条所指投资协议或授权中的条款，因此仲裁庭对此不具有管辖权。

接下来，仲裁庭分析了伯灵顿公司提交的材料，认为伯灵顿公司并没有放弃质疑第 42 号法律的颁布与实施，并且在厄瓜多尔提交管辖权异议期间，其在提交的文件上明确表示仲裁庭对伯灵顿公司的征收索赔具有管辖权。因此，仲裁庭对于征收索赔具有管辖权。

对于非征收索赔，仲裁庭首先审查了申请人的第 42 号法律非征收索赔是否构成《美国—厄瓜多尔 BIT》第 10 条所指的"税收措施"。如果仲裁庭断定这些索赔涉及"税收事项"，则将着手审查这些索赔是否涉及遵守和执行第 10 条第 2（c）项所指的"投资协定"来就管辖权进行裁决；如果仲裁庭认为这些索赔不涉及"税收措施"，那么将会驳回厄瓜多尔对第 42 号法律的非征收索赔的管辖权的异议。仲裁庭引用了先前的案例来论述，并得出申请人的非征收索赔构成《美国—厄瓜多尔 BIT》第 10 条所指的"税收措施"，因此仲裁庭进行下一步分析，即审查这些非征收索赔是否涉及遵守和执行第 10 条第 2（c）项所指的"投资协定"。通过审查，仲裁庭认为伯灵顿公司的非征收索赔不构成遵守和执行第 10 条第 2（c）项所指的"投资协定"，因此，得出最终结论：仲裁庭对非征收索赔不具有管辖权。

二、厄瓜多尔政府实施的暴利税措施是否构成间接征收

关于本案中的暴利税措施是否构成间接征收的争议，仲裁庭认为要判断第 42 号法律是否构成间接征收，需逐个分析 50% 和 99% 的暴利税措施对申请人带来的影响。

第一，50% 的暴利税是否构成间接征收。仲裁庭分别从效果和目的着手，分析该税率是否构成间接征收。从效果方面来看，仲裁庭采用定量分析，通过计算 50% 的税率对投资者盈利率的影响，来判断 50% 的暴利税是否对申请人的投资价值造成实质性的剥夺。

方法一：计算申请人的净利润。根据第 42 号法律，该 50% 的税率主要适用于 2006 年 4 月至次年 10 月。在 2006 年，申请人净利润减少约 40%；2007 年，减少约 62.9%。

方法二：计算每桶原油的收入分配比例。在第 7 区块和第 21 区块实施 50% 的税率后，额外收入的 50% 占每桶原油价格的 27.6%，申请人在这两个区块的原油总收入所占份额分别为 24% 和 29.9%，在实施该税率前分别为 38.3% 和 48.6%。从上述数据来看，仲裁庭认为 50% 的暴利税未对申请人的投资造成实质性剥夺。从目的方面来看，申请人主张东道国实施的该 50% 的暴利税是为了促使投资者放弃其在 PSCs 中的权利；但厄瓜多尔辩称其是通过第 42 号法律重新确立 PSCs 的经济性，并促进各石油公司与东道国的谈判，从而实现石油收入的公平分配。仲裁庭采纳了厄瓜多尔的意见，即 50% 的暴利税是合理的。

第二，99% 的暴利税是否构成间接征收。申请人主张该税率在事实上"摧毁了"他们的投资。伯灵顿公司称，它在 2008 年损失了 6000 万美元，并且在第 7 区块和第 21 区块没有额外的投资。反之，厄瓜多尔认为伯灵顿公司在 2008 年没有亏损，因为该 99% 的税率"并没有改变全球正现金流的趋势"，在厄瓜多尔洛斯里奥斯省（Oso）地区的投资计划显示该税率并没有实质性改变伯灵顿公司投资的可行性，而康菲石油公司 2006 年至 2008 年的年度报告显示其在厄瓜多尔的资产没有减值。对此，仲裁庭多数派观点认为，在 99% 的暴利税措施颁布后，投资仍然有可能产生正现金流，尽管数额大幅减少。因此，尽管该税率大大减少了伯灵顿公司的利润，但伯灵顿公司的投资仍然保持了产生商业回报的能力。从数据来看，申请人在第 7 区块的石油收益率从

48.9%减至20.5%，在第21区块则从57.4%减至17.1%。仲裁庭认为尽管该数据显示99%的税率大大减少了申请人的收入，但这并不能证明它使申请人的投资变得无价值或无利可图。从目的方面来看，申请人主张厄瓜多尔实施99%的税率是为了迫使其放弃在PSCs中的权利。而厄瓜多尔认为第42号法律的目的有三：一是恢复PSCs的经济平衡；二是在石油公司与国家之间实现石油租金的公平分配；三是促使石油公司与国家进行谈判。对此，仲裁庭认为虽然该措施具有不当的目的，违反了PSCs中的税收保障条款，对投资者不公，但正如Tippetts案的仲裁庭所述：政府的意图远不及措施的效果。仅凭东道国的目的，不能证明其对投资者的投资构成实质性的剥夺。所以，伯灵顿公司声称的其投资因为99%的暴利税变得"毫无价值和不可行"难以得到证实，相反，数据表明其投资仍具有商业回报。因此，仲裁庭认为99%的暴利税措施也不构成间接征收。

据此，仲裁庭裁决厄瓜多尔实施的石油暴利税措施不构成间接征收，但其后实施的一系列行为对第7区块和第21区块的投资构成间接征收，违反了《美国—厄瓜多尔BIT》第3条第（1）项的规定，即"投资不得直接或间接通过征收或国有化措施等同于征收或国有化，但以下情况除外：为了公共目的；以非歧视的方式；提供了及时充分有效的补偿；并按照法律的正当程序和第2条第（3）项规定的一般处理原则"。

最终，仲裁庭作出裁决：（1）认定申请人对于厄瓜多尔实施的"石油暴利税"（第42号法律）及针对第7区块和第21区块的一系列措施构成间接征收的诉求具有管辖权，但对其他非征收诉求不具有管辖权；（2）认定第42号法律的实施不构成间接征收，但其后对第7区块和第21区块实施的措施对伯灵顿公司的投资构成征收，厄瓜多尔政府向伯灵顿公司支付379802267美元的赔偿。

【理论分析】

本案争议焦点涉及间接征收的认定问题。间接征收有多种称谓，如变相征收、蚕食征收、推定征收等，是指尽管没有直接剥夺所有权，但是东道国采取措施使投资者财产权的行使受到阻碍或损害，以至于具有类似于直接征收的效果。

目前投资条约对征收问题的规定可划分为三类。第一类是传统型，只提及征收及间接征收的概念和征收条件，既未明确界定间接征收的构成条件，也未对东道国管理权空间作出任何规定。第二类征收条款不仅涵盖直接征收和间接征收的概念，还提及国家的管理权问题或对间接征收作出比较明确的界定。如规定东道国非歧视性地旨在维护诸如健康、安全、环境等公共福利目标而制定或执行的措施不构成间接征收。第三类则提出了更详细地鉴别判断间接征收与合理的管理行为之间的平衡。征收条款中不仅包括直接征收和间接征收的概念和实施条件、判断间接征收是否存在的各种因素，还包括强调东道国追求公共利益目标的管理权的内容。[①]

在国际投资实践中有关间接征收的认定，西方学者提出了三个传统认定标准，其中包括了单一效果标准、单一目的标准和兼采标准，前面两种学说都存在一定的不足。就单一效果标准来说，该标准是早期发达国家主导国际投资为扩张资本而形成的，只

---

① 国际经济法学编写组：《国际经济法学》，高等教育出版社2016年版，第321-322页。

注重政府行为对投资者财产的影响效果，忽视东道国政府的正当目的，仲裁庭在实践中适用该标准的结果是对间接征收的概念存在扩大解释的可能，使判决结果倾向于投资者一方，这一认定标准逐渐被仲裁庭摒弃。如果仅以效果作为认定间接征收的关键要素，判决结果就会向保护投资者财产权益倾斜，而完全不考虑政府采取管制措施背后的目的，从而导致投资者和东道国之间的利益不能实现平衡。此外还可能会导致间接征收措施的范围不断扩大，在一定程度上会限制东道国基于公共目的的保护而采取的国家管制措施，从而导致东道国消极管制的心理，甚至使投资者的财产权利超越东道国政府的权力，以造成不利影响。而依据单一目的标准作出的裁决，只是单方面关注东道国政府对外国投资者的管制措施是不是为了公共目的，具有较强的主观性。在这一标准下仲裁庭认定间接征收行为，仅需从东道国政府的角度考量政府管制行为是否与间接征收的构成要件相符。如此着重分析东道国"目的"的话，实质上就是将外国投资者置于不利地位，对投资者而言是不公平的。该标准因带有强烈的主观色彩，在实践操作中缺乏客观性，故而很少被援用。

而兼采标准不论是在理论上还是实践中都得到普遍的认可。原因在于该标准在考虑东道国政府的管制行为给投资者造成影响的同时，也考虑了政府行为背后的原因或目的，从而使东道国政府和外国投资者之间的利益实现动态平衡，从客观的角度分析两者之间利益的矛盾并寻求最佳方案解决。然而，效果和目的兼顾标准并不是一劳永逸的完美方案，原因有二：其一，对目的因素的考量就是从主观方面进行的，因此在实践操作过程中主观性很强且缺乏一致性；其二，对于"行为效果"的程度考量可以从主观和客观两方面进行考量。就如何合理采用效果和目的标准的问题仍然没有得到实质性解决，增加了间接征收认定的困难。

在效果和目的兼采标准中引入比例原则，在一定程度上解决了片面运用单一效果标准、单一目的标准中存在的问题，比例原则中的适当性、必要性和狭义的比例原则有利于东道国更好地行使职权，实现裁决结果公平公正的同时，平衡东道国与投资者之间的利益。从东道国层面看，在运用比例原则分析东道国的行为时，若东道国是为了维护本国最大公共利益所采取的管制措施是可以影响或剥夺投资者财产的，同时应当给予投资者适当补偿；从投资者层面看，其受东道国管制措施的影响必须是最小化的，且该措施是为了公共目的而实施的。此外，投资者合理期待的引入有利于实现东道国和外国投资者的双赢。因此，为了处理好间接征收认定过程中的关键矛盾，就必须完善比例原则下的兼采标准并将其应用至仲裁当中。

【主要法律依据】

《美国—厄瓜多尔 BIT》。

【实操分析】

在实际案件中，需要注意投资协议的协商、东道国法律与政策变化、加强风险管理和合规审查等方面的问题。

在签订投资协议时，分析投资协议中是否包含了 ICSID 的仲裁条款，以及这些条款是否明确、具体、可执行。本案中，伯灵顿公司应详细审查与厄瓜多尔政府签订的投资协议,特别是关于争端解决条款的约定。这些条款通常规定了仲裁的适用范围、仲裁庭的组成、仲裁程序及裁决的效力等关键内容。

在进行跨国投资时,需要关注东道国法律与政策变化。本案中需要分析厄瓜多尔国会通过的第42号法律和2007年颁布的第662号法令对伯灵顿公司投资权益的具体影响。这包括评估政策变化是否构成对投资协议的违约行为,以及是否违反了国际投资法中的公平与公正待遇原则、非歧视原则等。研究厄瓜多尔国内法律体系与国际投资法之间的关系,以及东道国政府在国际投资争端解决中的法律地位和责任。

在加强风险管理和合规审查方面,吸取本案的经验教训,加强伯灵顿公司在未来投资活动中的风险管理和合规审查。这包括在投资前进行充分的尽职调查、评估东道国的法律环境和政策风险、制定灵活多样的投资策略等。

【思考题】

(1) 在东道国政策变化导致投资者损失的情况下,投资者应如何寻求法律救济?
(2) ICSID 在何种情况下具有管辖权?其管辖权是否受到东道国国内法律的限制?

第二节 国际投资的国内法制

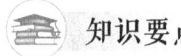
知识要点

一、外资准入的一般审查制度

外资准入制度是指资本输入国对外国资本进入本国市场从事经营活动所作出的限定和规范。这些限定和规范涉及投资领域、投资比例、投资方式等方面,为外国投资者提供了进入本国市场的条件和路径。

1. 外国投资范围

外国投资范围是指允许外国投资的行业或部门。资本输入国为了确保外国投资有利于东道国的经济发展,必须对外国投资的范围加以规定。一方面,将关系到国家安全和重大利益的、关系到国计民生的行业和部门,保留在本国政府和国民手中;另一方面,将外资引导到本国亟待发展的行业和部门,使外国投资与本国的经济发展目标保持一致。因此,世界各国各地区法律都有关于外国投资范围的规定,即规定禁止、限制、允许或鼓励外国投资的行业或部门。

2. 外国投资比例

从微观上讲,外国投资者与东道国当地合资者之间的投资比例只涉及合营企业利益的分享及管理权的分配。合营各方选择什么样的比例进行合作,均有各自的考虑。外国投资者选择多数股权者地位有种种原因,如取得企业控制权、协调跨国经营的需要、协调跨国销售的需要、保护技术的需要、转让定价的需要、筹资的需要等。而选择少数股权者地位的原因也很多,如减少投资风险、节省资金人员、取得当地的"认同"等。这种比例应该由合营各方协商之后自由地在合营合同之中加以规定。但是,这种自由只能在法定的范围之内行使,法定的范围就是由东道国有关外国投资立法所规定的投资比例。

从宏观上讲，东道国在其外国投资立法中对于外国投资的比例加以规定，实质上体现了东道国对其境内的外国投资的投资方向的控制。这种控制并不是在某一行业完全排除外国投资者，而是在外商投资企业中增加当地资本的参入。该种控制之所以被资本输入国广泛使用，是因为有助于外商投资企业融入东道国的经济体制，并且有助于开发当地的资本技术。这一方法也为许多发达国家所采用，它们对某些重要行业要求将外国资本限制在一定的比例之内。一般来说，对于东道国越重要的行业，要求本国国民和公司控股比例越高。

二、外资并购的反垄断审查

外资并购是国际直接投资的重要方式，对东道国的经济发展和市场竞争既有积极影响，又可能会产生经济力量的过度集中，形成垄断化的市场结构，限制或损害市场公平竞争，从而给东道国经济发展带来消极作用。因此，东道国有必要建立外资并购的反垄断审查制度。

在中国，外资并购的反垄断审查主要由商务部和国家工商行政管理总局（现为国家市场监督管理总局）负责，主要依据《反垄断法》《关于外国投资者并购境内企业的规定》等相关法律法规进行。这些法律法规明确了反垄断审查的程序、标准及结果的处理。

三、外资并购的国家安全审查

外国投资者对现存企业进行收购和兼并，可以十分迅速地进入东道国的某一行业，增加其市场份额甚至居于支配或垄断地位。这样，外资并购活动不仅可能导致垄断，而且可能影响国家安全。因此，近些年来，不少国家针对外资并购对国家安全与利益的影响，建立了国家安全审查制度。这一制度通常只针对外资并购，并以国家安全利益为审查标准，是一种有别于一般投资审批制度的特别审查制度。目前各国法律均未对"国家安全"予以定义或作出具体规定，是否影响国家安全由审查机关根据实际情况自由裁量。至于国家安全审查应该具体考虑哪些因素，有的国家作出了综合性的规定，有的国家则从战略性产业或敏感产业方面予以考虑。

四、对外投资的鼓励与保护

私人海外直接投资有助于资本输出国增加国家财政收入，开拓国外市场，有利于国内产业结构优化及发挥本国的资本和技术优势，增强国际竞争力。因此，世界上主要资本输出国均采取措施，鼓励与保护本国私人海外投资。这些措施包括税收鼓励措施、财政性金融支持、信息和技术援助等。

案　例　永辉超市收购中百集团案①

【基本案情】

永辉超市是一家以零售业为龙头、以现代物流为支撑、以现代农业和食品工业为两翼、以实业开发为基础的大型集团企业，该公司于 2010 年 12 月登陆 A 股市场。数

---

① 永辉超市股份有限公司公告收到国家发展和改革委员会的《特别审查告知书》，启动关于永辉超市要约收购中百控股集团有限公司外商投资安全审查。

据显示,2019年前三季度永辉超市实现的归属净利润约为15.4亿元,同比增长51.14%。

中百集团则是以商业零售为主业的大型连锁企业,以武汉为中心,深耕湖北市场,是湖北省超市龙头,涉足的商业零售业态主要包括超市和百货,连锁网点数量和经济效益连续多年位居湖北省商业上市公司前列,蝉联中国企业500强。进入2019年以来,中百集团业绩承压迹象明显。财报显示,2019年前三季度中百集团实现归属净利润约为3749万元,同比下降91.99%。

武汉商联(集团)股份有限公司(以下简称武商联)作为中百集团的第一大股东,是经湖北省人民政府批准设立、具有独立法人资格的股份有限公司,成立于2007年5月15日,注册资本为53亿元。武商联的控股股东为武汉国有资产经营公司(以下简称武汉国资)是国有独资企业,直属于武汉市国有资产监督管理委员会。

2019年3月29日,永辉超市发布公告称公司于2019年3月28日向中百集团发出书面通知,拟对中百集团进行要约收购。2019年4月11日,永辉超市向中百集团发出《中百控股集团股份有限公司要约收购报告书摘要》。永辉超市预定要约收购中百集团的股份数量不超过约6905.56万股,预定收购股份占中百集团总股本的比例为10.14%,要约收购价格为8.10元/股,支付方式为现金支付。基于要约价格为8.10元/股的前提,永辉超市方面本次要约收购所需最高资金总额为5.59亿元。永辉超市称,此次要约收购所需资金来源于公司自筹资金,不直接或间接来源于中百集团或其关联方。如果要约收购顺利,永辉超市将成为中百集团第一大股东。

对于收购目的,永辉超市表示,其看好中百集团的未来发展前景,要约收购旨在加强对中百集团的战略投资和战略合作,进一步促进永辉超市和中百集团之间的业务协同效应,提升中百集团价值,不以谋求控制权为目的。

2019年8月20日,永辉超市收购中百集团的交易获得国家市场监督管理总局经营者集中审查批准,两家上市公司双双公告称收到国家市场监督管理总局出具的《经营者集中反垄断审查不予禁止决定书》。2019年8月21日,永辉超市收到国家发展和改革委员会(以下简称国家发改委)关于"永辉超市要约收购中百集团外商投资安全审查申请表和补充申报文件"的邮件。①

2019年11月12日晚间,永辉超市公告称其于2019年11月11日收到国家发改委的《特别审查告知书》,关于永辉超市要约收购中百集团外商投资安全审查,决定自2019年11月8日启动特别审查。②

2019年12月16日晚间,永辉超市披露公告称,其取消部分要约收购中百集团的计划,维持29.86%的持股比例不变。③ 永辉超市公告显示,近日其与武汉国资因国家发改委的要求,进行了友好磋商,就中百集团实际控制人、公司治理、经营管理及未

---

① 每日经济新闻:《永辉超市要约收购中百集团生变面临发改委安全审查》,https://finance.sina.com.cn/roll/2019-08-22/doc-ihytcitn1161328.shtml,2024年8月24日最后访问。
② 澎湃新闻:《永辉超市要约收购中百集团进展:发改委已启动特别审查》,http://hb.sina.com.cn/news/qy/2019-11-14/detail-iihnzhfy9083983.shtml,2024年8月24日最后访问。
③ 北京商报:《时隔8个多月后永辉超市放弃控股中百集团》,https://finance.sina.com.cn/stock/s/2019-12-17/doc-iihnzhfz6351270.shtml,2024年8月24日最后访问。

来发展方向等方面达成了全方位共识,双方签订了《合作备忘录》。按照《合作备忘录》的主要内容,永辉超市支持武汉国资作为中百集团的实际控制人,永辉超市不谋求中百集团的实际控制权。双方将协同并支持中百集团在3个月内拟定中百集团"十四五"发展规划及投资规模。①

【主要法律问题】

2019年4月30日,国家发改委发布公告,表示由于"部门职责调整",自即日起负责接收外商投资国家安全审查材料。国家发改委承接《商务部实施外国投资者并购境内企业安全审查制度有关事项的暂行规定》规定的由商务部负责的外商投资安全审查相关的商谈、受理申请、提交审查、反馈审查决定等工作,具体承担相应职责的是国家发改委外资司。本次永辉超市收购中百集团交易国家安全审查案是国家发改委在2019年4月接替商务部的外商投资安全审查窗口职能后,首次被公开报道的涉及国家安全审查的外资并购案件,也使外商投资国家安全审查制度再次被多方关注。

本案涉及的法律问题有外资准入制度、国家发改委对永辉超市收购中百集团的国家安全审查和反垄断审查、对外资企业的管理制度等。

1. **外资准入制度**

外资准入制度是指东道国对外国法人、自然人进入本国市场从事经营活动所作出的限定和规范。在中国,外资准入制度的具体内容包括对欲进入我国市场的外商投资主体资格、投资领域、投资项目、投资目标等事项进行审核和批准的法律制度。这种法律制度的核心并不在于限制外资的进入,而是保证外资进入必须符合我国国民经济发展与经济政策的要求。

中国根据产业政策和市场开放程度,对外资设立企业和投资进行管理和审批。在本案中,永辉超市作为潜在的境外投资者(其大股东为境外法人),其收购行为需经过中国的外资准入制度审查。在投资领域方面,中国通过《鼓励外商投资产业目录》等文件,明确规定了哪些行业和领域对外资开放,哪些行业和领域限制或禁止外资进入。永辉超市在收购中百集团时,需要确保其投资领域符合中国的相关规定;在投资项目和投资目标方面,外资投资者需要明确其投资项目和投资目标,并经过相关部门的审核和批准。在本案中,永辉超市需要明确其收购中百集团的目的和计划,并经过相关部门的审查。

2. **国家安全审查**

根据《关于建立外国投资者并购境内企业安全审查制度的通知》(以下简称《通知》)等相关规定,对于可能影响国家安全的外资并购项目,需要进行国家安全审查。本案中,永辉超市作为潜在的境外投资者(其大股东为境外法人),计划通过要约收购方式增持中百集团的股份至最多不超过40%,从而可能获得中百集团的实际控制权。这一计划触发了中国的国家安全审查。

---

① 北京商报:《时隔8个多月后永辉超市放弃控股中百集团》,https://finance.sina.com.cn/stock/s/2019-12-17/doc-iihnzhfz6351270.shtml,2024年8月24日最后访问。

《反垄断法》(2007) 第 31 条规定："对外资并购境内企业或者以其他方式参与经营者集中，涉及国家安全的，除依照本法规定进行经营者集中审查外，还应当按照国家有关规定进行国家安全审查。"这是中国法律第一次明确提出对外资并购境内企业应当进行国家安全审查。2011 年 2 月国务院办公厅发布的《通知》详细规定了外商投资国家安全审查的范围、内容、程序、工作机制等事项。同年 8 月，发布《商务部实施外国投资者并购境内企业国家安全审查制度有关事项的暂行规定》（以下简称《规定》），细化了外商投资国家安全审查的具体程序。2019 年 3 月全国人大正式通过的《外商投资法》在第 35 条就国家安全审查制度作出了原则性规定。

《外商投资法》第 35 条规定国家建立外商投资安全审查制度，对影响或者可能影响国家安全的外商投资进行安全审查，依法作出的安全审查决定为最终决定。因此，《外商投资法》第 35 条可以作为本案国家发改委对永辉超市收购中百集团进行国家安全审查的法律依据。

3. 反垄断审查

依据《反垄断法》等相关规定，对于可能导致市场垄断的外资并购，需要进行反垄断审查。永辉超市计划通过要约收购的方式，将其直接和间接合计持有的中百集团的股份比例从现有的 29.86% 提高至最多不超过 40%。这一收购计划可能使永辉超市在中百集团中拥有更大的话语权或控制权，因此触发了反垄断审查。

根据《反垄断法》(2007) 第 27 条的规定，国务院反垄断执法机构在审查经营者集中时，会考虑多种因素，包括参与集中的经营者在相关市场的市场份额及其对市场的控制力、相关市场的市场集中度、经营者集中对市场进入和技术进步的影响、经营者集中对消费者和其他有关经营者的影响等。

国家市场监督管理总局依据《反垄断法》等相关规定，对永辉超市收购中百集团股权案进行了反垄断审查。审查过程中，考虑了收购计划对市场竞争结构、消费者利益及社会公共利益等方面的影响。2019 年 8 月 20 日，国家市场监督管理总局出具了《经营者集中反垄断审查不予禁止决定书》（反垄断审查决定〔2019〕294 号），决定对永辉超市收购中百集团股权不予禁止。

永辉超市的收购计划虽然通过了国家市场监督管理总局的反垄断审查，但两度收到国家发改委的审查通知，并最终未能通过国家安全审查。

4. 对外资企业的管理制度

中国对外资企业实行与国内企业基本相同的管理制度，外资企业在经营活动、用工、财务报告等方面需要履行相应的法律义务，并接受中国政府部门的监管和审计。在本案中，若永辉超市成功收购中百集团，其将需要遵守中国的相关法律法规，并接受中国政府部门的监管。

【主要法律依据】

1.《外商投资法》(2019)

第 35 条 国家建立外商投资安全审查制度，对影响或者可能影响国家安全的外商投资进行安全审查。

依法作出的安全审查决定为最终决定。

2. 《反垄断法》(2007)

第 21 条 经营者集中达到国务院规定的申报标准的，经营者应当事先向国务院反垄断执法机构申报，未申报的不得实施集中。

第 31 条 对外资并购境内企业或者以其他方式参与经营者集中，涉及国家安全的，除依照本法规定进行经营者集中审查外，还应当按照国家有关规定进行国家安全审查。

【理论分析】

国务院建立外商投资并购境内企业国家安全审查部际联席会议（以下简称联席会议）作为审查机构，其具体职责包括：分析外国投资者并购境内企业对国家安全的影响；研究、协调外国投资者并购境内企业国家安全审查工作中的重大问题；对需要进行国家安全审查的外国投资者并购境内企业交易进行国家安全审查并作出决定。联席会议在国务院的领导下，由国家发改委和商务部牵头，根据外资并购所涉及的行业和领域，会同相关部门开展并购安全审查。

国家安全审查的范围包括：（1）关系国防安全的外国投资并购，即外国投资并购境内军工及军工配套企业，重点、敏感军事设施周边企业，以及关系国防安全的其他单位；（2）涉及国内重要行业、关键技术的外国投资并购，并且并购后实际控制权可能被外国投资者取得的，包括外国投资者并购境内关系国家安全的重要农产品、重要能源和资源、重要基础设施、重要运输服务、关键技术、重大装备制造等企业，且实际控制权可能被外国投资者取得。其中，"外国投资者并购境内企业"的情形包括：（1）外国投资者购买境内非外国投资企业的股权或认购境内非外国投资企业增资，使该境内企业变更设立为外国投资企业；（2）外国投资者购买境内外国投资企业中方股东的股权，或认购境内外国投资企业增资；（3）外国投资者设立外国投资企业，并通过该外国投资企业协议购买境内企业资产且运营该资产，或通过该外国投资企业购买境内企业股权；（4）外国投资者直接购买境内企业资产，并以该资产投资设立外国投资企业运营该资产。"外国投资者取得实际控制权"是指外国投资者通过并购成为境内企业的控股股东或实际控制人，包括下列情形：（1）外国投资者及其控股母公司、控股子公司在并购后持有的股份总额在 50% 以上；（2）数个外国投资者在并购后持有的股份总额合计在 50% 以上；（3）外国投资者在并购后所持有的股份总额不足 50%，但依其持有的股份所享有的表决权已足以对股东会或股东大会、董事会的决议产生重大影响；（4）其他导致境内企业的经营决策、财务、人事、技术等实际控制权转移给外国投资者的情形。

在审查标准方面，国家安全审查机构在对某一项外国投资并购项目进行审查时要考虑以下四个方面的因素：（1）并购交易对国防安全，包括对国防需要的国内产品生产能力、国内服务提供能力和有关设备设施的影响；（2）并购交易对国家经济稳定运行的影响；（3）并购交易对社会基本生活秩序的影响；（4）并购交易对涉及国家安全关键技术研发能力的影响。

外商投资国家安全审查的程序包括发起、审查、决定三个阶段。

1. 发起

审查程序的发起包括外国投资者自行申请和其他单位建议发起。外国投资者主动向国家发改委提出申请的，国家发改委认为属于国家安全审查的范围之内的，其应当在 5 个工作日内提请联席会议进行审查。另外，国务院有关部门、全国性行业协会、同业企业和上下游企业可以通过国家发改委向联席会议提出国家安全审查的建议，由联席会议决定是否对该外国投资并购进行国家安全审查。

2. 审查

审查分为一般性审查和特别审查两个阶段：（1）一般性审查。联席会议首先进行一般性审查，收到申请后的 5 个工作日内，书面向有关部门征求意见，有关部门在收到书面征求意见函后 20 个工作日内提出书面意见。有关部门一致认为并购交易不影响国家安全的情况下，联席会议在收到全部书面意见后于 5 个工作日内提出审查意见，并书面通知国家发改委。如果有部门持不同意见的，则审查进入特别审查阶段。（2）特别审查。一般性审查中有部门持不同意见，认为并购交易可能影响国家安全的，联席会议在收到书面意见后 5 个工作日内启动特别审查程序，特别审查程序的期限为 60 个工作日。特别审查的主要工作是对并购交易进行安全评估，联席会议根据评估结果提出审查意见。评估结果基本一致的，联席会议在提出审查意见后需以书面方式通知商务部；评估结果若存在严重分歧的，联席会议应当报国务院决定。在整个并购国家安全审查过程中，申请人可向商务部申请修改交易方案或撤销并购交易。

3. 决定

审查意见由国家发改委书面通知申请人。外国投资者并购境内企业行为对国家安全已经造成或可能造成重大影响的，联席会议应要求国家发改委会同有关部门终止当事人的交易，或采取转让相关股权、资产或其他有效措施，消除该并购行为对国家安全的影响。

【实操分析】

在实践中需要注意谨慎规划收购策略、深入了解中国外资政策和法律法规、遵守中国法律法规和监管要求，以及建立有效的风险管理和应对机制。

在规划收购策略时，应充分考虑目标公司的行业地位、市场份额及外资持股比例的限制等因素。避免因为持股比例过高而引发不必要的担忧和审查。本案永辉超市的收购计划虽然提升了其在中百集团中的持股比例，但并未达到需要触发强制要约收购的 30% 红线，其收购计划最终通过了反垄断审查。

外国投资者在进入中国市场前，应充分了解中国的外资政策、外资准入规定及相关的法律法规，特别是涉及国家安全审查和反垄断审查的规定。永辉超市在收购中百集团过程中，经历了国家市场监督管理总局的反垄断审查和国家发改委的国家安全审查。尽管通过了反垄断审查，但最终未能通过国家安全审查。

在收购和后续运营过程中，应严格遵守中国的法律法规和监管要求，包括但不限于税务、环保、劳动等方面的规定。遵守法律法规不仅可以降低合规风险，还可以提高企业形象和信誉。

在收购和运营过程中,可能会面临各种风险和挑战。因此,应建立有效的风险管理和应对机制,及时识别、评估和控制风险,确保收购和运营的顺利进行。

【思考题】

(1) 在国际投资中,如何平衡外资准入与国家安全审查之间的关系?
(2) 在跨国并购案件中,如何加强不同国家反垄断执法机构之间的合作与协调?
(3) 在跨国并购中,外资持股比例的提升对东道国经济安全和市场结构可能产生哪些影响?

第三节 保护投资的国际法制

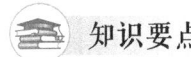知识要点

一、双边投资条约与区域自由贸易协定

双边投资条约(Bilateral Investment Treaties,BIT)是资本输出国与资本输入国之间签订的,旨在鼓励、保护及促进两国间私人直接投资活动的双边协定与条约之总称。在国际投资法律体系中,双边投资条约占据着重要的地位,是迄今为止最行之有效的国际投资法制。我国自 1979 年改革开放以来,为给外国投资者创设良好的投资环境,吸引外国投资,已陆续与瑞典等 100 多个国家签订了双边投资条约,以换文的形式与美国、加拿大签署了投资保证协定。

近年来,随着区域性合作日趋加强,各种区域优惠贸易与投资协定的数量一直在稳步攀升。这种区域自由贸易协定是关于区域经济一体化的综合性的制度安排,其目的不仅是促进贸易自由化,更重要的是促进投资和服务的自由化,从而实现更高程度的经济一体化。为了实现这个目标,此类协定的投资规则部分主要关注投资的自由化,但有时也关注投资保护和促进。它们通常还包括与投资相关的问题,如知识产权保护和竞争等。因此,与双边投资条约相比,区域优惠贸易与投资协定涉及的范围、采用的方法和包含的内容都有很大不同。

二、《服务贸易总协定》

《服务贸易总协定》(GATS)是 WTO 法律规则体系中与投资自由化密切相关的多边协定。GATS 之所以与国际直接投资密切关联,不仅因为服务贸易与投资有密切关系,更因为国际服务贸易的第三种主要方式,即商业存在,是以直接投资方式来提供的服务。由于 GATS 将通过商业存在方式提供服务,且商业存在被列为其所规制的主要服务贸易方式之一,就使其事实上也成为一项规范服务业外国直接投资的多边规则。

GATS 中与国际直接投资关系密切的规则,主要体现在一般性义务和具体承诺义务的规定之中。在一般性义务中,与服务行业中外国直接投资关系密切的,主要有最惠国待遇和透明度规则。最惠国待遇条款要求各成员应立即并无条件地给予他方服务和服务提供者以不低于其他任何成员相似服务或服务提供者的待遇。值得注意的是,GATS 对服务业中外国投资的适用仅限于直接投资,不包括间接投资。依据最

惠国待遇条款，在一成员服务行业进行直接投资的另一成员投资者应享受最惠国待遇。GATS中的透明度规则，意味着成员有义务将其外国投资法中涉及服务行业的外国直接投资的有关规范、相关行政措施，以及该成员所参加的国际投资条约中适用于服务行业的内容，通告其他成员。

GATS中的具体承诺义务主要涉及市场准入和国民待遇，都与直接投资有密切关系。GATS诞生之前，由于很多服务行业涉及国计民生，尤其是银行、保险、交通、通信等领域，不仅发展中国家而且发达国家作为东道国都禁止或限制外国资本进入，服务行业对外资准入的限制一直被当作国民待遇的合理例外而得到广泛承认。依据GATS，在对市场准入承诺义务的服务部门里，除承诺表中已做其他规定外，不得采取六种限制性的市场准入措施，其中与投资密切关联的有两种：（1）限制或要求服务提供者通过特定的法人实体或合营企业才可提供服务；（2）对参加的外国资本限定其最高持股比例或对个人的或累积的外国资本投资额予以限制。GATS规定了国民待遇义务，要求各成员在其承诺清单所列举的服务部门或分部门及条件和限制范围内，在影响服务提供的所有措施方面，应当给予其他成员的服务和服务提供者以不低于给予其本国相同的服务或服务提供者的待遇。这些规定对于服务业国际投资者获得平等竞争机会具有重要意义。

尽管GATS所涉投资范围仅适用于服务行业，而不像一般的投资协定普遍适用于各行业的国际投资。考虑各国产业结构中服务业所占据的比例越来越大、服务贸易在国际贸易中的地位越来越重要、服务业国际投资的规模越来越庞大等诸多因素，GATS对于推动服务业国际投资自由化，乃至整个国际投资的全球化和自由化都具有重大意义。

案例一　温特斯豪股份有限公司诉阿根廷案[①]

【基本案情】

温特斯豪股份有限公司（以下简称温特斯豪公司）作为本案的仲裁申请人，是一家德国注册的公司。温特斯豪公司在阿根廷的投资主要涉及能源领域，特别是石油和天然气的勘探和生产，其在阿根廷的投资行为受到《德国—阿根廷双边投资协定》的法律保障。该公司通过间接控制的方式持有其阿根廷全资子公司——温特斯豪子公司的股权，并从中获取相应的股权收益。温特斯豪子公司在阿根廷主营石油和天然气生产业务，其与阿根廷的三个省份签订了涉及碳氢化合物生产、开发的许可协议和合同，并已进行实质性的生产与开发工作。

在20世纪末和21世纪初，阿根廷经历了严重的经济危机。为了应对危机，阿根廷政府采取了一系列措施。在1989年至1992年，阿根廷政府颁布了一系列法令和许可证，构建了一个至今仍在执行的碳氢化合物管理制度。这一制度被明确地纳入温特斯豪子公司与阿根廷政府签订的所有相关许可协议和合同中。然而，在2001年至2002

---

① ICSID Case：No. ARB/04/14.

年，阿根廷政府通过法案和政府命令的形式，限制了包括温特斯豪子公司在内的企业自由处置其合法出口产品份额的权利。这一政策变动对温特斯豪子公司的年度收入产生了直接的影响，进而导致了温特斯豪公司在其子公司中所持股份价值的减少。

在 2003 年 4 月 2 日，温特斯豪公司和温特斯豪子公司联合向阿根廷总统发出了一封抗议函，明确指出阿根廷政府通过法案和政府命令的形式，限制了温特斯豪子公司等企业在合法出口产品份额上的自由处置权，这一行为不仅违背了双边投资协定的规定，还违反了相关的国际法和阿根廷国内法。温特斯豪公司坚信，阿根廷政府的这一举措侵犯了包括其子公司在内的石油和天然气生产商自由处理核定出口份额的权益，给公司的经济收益带来了不利的影响，导致温特斯豪子公司的股价下滑，进而损害了申请人的利益。这一行为实质上构成了征收，并且违反了《德国—阿根廷双边投资协定》中关于外商投资承诺和保护的关键条款。然而，在争议产生后的 6 个月内，阿根廷政府对此问题并未作出积极的回应。

2003 年 12 月，温特斯豪公司将其与阿根廷政府之间的投资争议提交至国际投资争端解决中心（ICSID），并基于《德国—阿根廷双边投资协定》中的最惠国待遇条款，主张适用《阿根廷—美国双边投资协定》中的争端解决程序。申请人提出的主要仲裁请求包括：裁定阿根廷的征收行为非法，违反了双边投资协定、相关国际法和国内法；要求阿根廷停止侵权行为并支付相应的损害赔偿及利息；阿根廷承担仲裁的全部费用。

然而，在诉讼过程中，阿根廷对 ICSID 的管辖权提出了异议，特别是质疑温特斯豪公司是否有权将争端提交至 ICSID 仲裁，并主张应首先遵循《德国—阿根廷双边投资协定》第 10 条第 2 款的规定，将争议提交至阿根廷国内有管辖权的法院。阿根廷提出了 6 项异议，但仲裁庭仅对第一项异议进行了讨论，并最终支持了阿根廷的主张，即 ICSID 对温特斯豪公司的请求无管辖权。

仲裁庭在 2005 年 9 月 7 日正式组成后，经过审理，于 2008 年 12 月 8 日在美国华盛顿作出裁决：支持阿根廷对管辖权的第 1 项异议，对其他 5 项管辖权异议予以驳回。至于费用问题，仲裁庭裁定当事方应各自承担其仲裁费用，而仲裁产生的其他费用则由双方平均分摊。

【主要法律问题】

本案的核心争议点聚焦在最惠国待遇适用范围的认定及附期限的当地救济是否构成东道国同意国际仲裁的前提。

1. 最惠国待遇的适用范围

关于此问题，申请人与被申请人之间存在严重分歧。

温特斯豪公司主张依据《德国—阿根廷双边投资协定》第 3 条关于最惠国待遇的规定："缔约任何一方给予缔约另一方国民或公司在其境内与投资有关的活动的待遇，不得低于其给予本国国民或公司或其给予任何第三国国民或公司的投资待遇。"应当允许其选择更为有利的争端解决程序，即《阿根廷—美国双边投资协定》第 7 条中规定的"岔路口"条款机制。这一机制允许投资者在国际投资仲裁程序和当地救济之间自由选择，但选定后则不可再更改。温特斯豪公司期望通过这一机制，能够直接将争议提交给 ICSID，从而避免《德国—阿根廷双边投资协定》中规定的冗长等待期。同时，温特斯豪公司引用了《维也纳条约法公约》中的善意解释原则，认为从善意解释的角度出发，《德国—阿根廷双边投资协定》中的最惠国待遇条款应适用于争端解决程序，除非存在该协定第 3 条第 3 款、第 4 款或 1991 年 4 月 9 日公布的可撤销事项所规定的例外情况。温特斯豪公司强调，争端解决机制是保障外国投资安全的关键一环，因此，在保护投资的同时否认对投资者的保护在逻辑上是站不住脚的。温特斯豪公司进一步指出，最惠国待遇条款与投资和投资者待遇保障紧密相连，其有权引用相关判例法来支持其立场。

然而，阿根廷认为应对条约进行严格解释，坚持最惠国待遇条款应严格限制在条约明确列明的事项范围内，并强调双方并未将争端解决纳入最惠国待遇的适用范围。阿根廷认为，如果最惠国待遇条款能够无限扩大至争端解决领域，那么《德国—阿根廷双边投资协定》中的争端解决条款将失去意义。阿根廷还强调，《德国—阿根廷双边投资协定》明确规定，最惠国待遇的适用范围仅限于投资实体的待遇，而非争端解决程序。因此，温特斯豪公司试图自行扩大最惠国待遇的适用范围，不仅违背了条约的初衷，也可能对阿根廷的公共利益造成损害。

仲裁庭在审议此案时，明确指出，若双边投资协定中未明确提及争端解决程序适用最惠国待遇条款，则投资者提出扩大适用范围的主张将无法得到支持。尽管《维也纳条约法公约》第 31 条第 1 款倡导条约的善意解释，但在面对已生效的双边投资协定中的最惠国待遇条款时，由于其表述的宽泛性，仲裁庭认为在条款适用范围的界定上应持保守和谨慎态度。经过仔细审查《德国—阿根廷双边投资协定》，仲裁庭并未发现最惠国待遇条款明确涵盖争端解决程序的表述，因此无法仅凭推测而作出支持投资者的结论。同时，双方也未在协议中明确表达出将最惠国待遇条款应用于争端解决程序的意图，而是对此采取了回避的态度。长期以来的投资实践亦表明，将最惠国待遇扩展至争端解决程序并无明确先例或习惯可循。争端解决程序作为保护投资者利益的最后防线，其形成往往基于缔约双方的特别谈判，属于特殊的条款范畴，应当得到特别尊重。仲裁庭强调，在处理此类特殊条款时，更应严格遵循缔约双方的真实意图，避免任何无根据的推测或扩展。如果允许投资者随意选择争端解决程序，将可能对投资东道国的自主管理权产生不利影响，使其陷入被动局面。

2. 附期限的当地救济条款与国际仲裁管辖权的关系

温特斯豪公司对《德国—阿根廷双边投资协定》中的附期限当地救济条款持不同解读，坚持认为此条款并非东道国同意仲裁的先决条件。根据该协定第 10 条第 2 款，投资者在遭遇投资争端后，应首先向缔约国的主管司法机关提出申诉。若 18 个月后主管司法机关仍未作出裁决，或裁决结果不被接受，投资者方可将争议提交至国际仲裁。此条款虽明确了当地司法机关为初步救济机关，并设定了 18 个月的等候期，但温特斯豪公司认为，这并不意味着投资者必须"用尽"当地救济手段才能申请国际仲裁。在解读此条款时，温特斯豪公司侧重条文的实质内涵而非其形式逻辑，并认为该协定的真正意图在于通过实质内容体现缔约双方的核心意思。此外，条款本身并未明确规定"用尽"当地救济为国际仲裁的必要条件。因此，温特斯豪公司主张在投资争端发生时，其有权直接向 ICSID 提出仲裁申请。基于《德国—阿根廷双边投资协定》的序言，温特斯豪公司认为该协定的宗旨在于保护和促进投资，鼓励私人投资的积极性。直接、无阻碍地向 ICSID 申请仲裁更符合这一宗旨。温特斯豪公司担忧,将争端提交至阿根廷国内法院可能导致程序效率低下和结果不公。因此,他们主张依据最惠国待遇条款选择更为高效的救济途径。

阿根廷则认为,附期限的当地救济条款是国际仲裁机构行使对本案管辖权的关键前提。他们主张,只有当申请人满足了《德国—阿根廷双边投资协定》所规定的当地救济等候期后,国际仲裁机构才有权对争议进行裁决。阿根廷强调,这一等候期条款的表述是明确的,并且与东道国同意仲裁的意愿紧密相连。鉴于该条款涉及东道国对其经济自主管理权的尊重,基于国家经济主权原则,投资者应给予尊重,且此条款具有不可撤销的性质。阿根廷反对投资者随意选择适用条约的行为,并指出双边投资协定中的附期限当地救济条款是一项特殊规定,不能轻易被规避。他们认为,对协定条款的解释应遵循有效性原则,即确保条款的实际效用和目的得以实现。提交东道国国内法院先行审理的目的,旨在为缔约国提供一个在国内层面及时给予适当补救的机会。阿根廷和德国通过协商,达成了在一定期限内先将争议提交给当地法院的共识。因此,即使温特斯豪公司声称阿根廷法院无法在规定时间内作出裁决,仲裁庭也不应忽视双方已达成的这一共识。此外,阿根廷还指出,如果仅按照温特斯豪公司的文义解释来理解双边投资协定,而忽略了其实质目的,那么协定中将包含许多多余且无用的表述。在《德国—阿根廷双边投资协定》生效前,阿根廷和德国与其他多国签订的双边投资协定中,均未要求投资者在一定时期内必须先向东道国法院提起诉讼。因此,如果支持温特斯豪公司的解释,那么《德国—阿根廷双边投资协定》中的特别规定将失去其应有的作用和效力。根据目的解释原则,阿根廷认为,双边投资协定中加入这一规定的目的在于确保东道国法院和投资者有机会在国内先行解决争端,避免过早诉诸国际仲裁。任何未经国内救济程序便试图援引其他双边投资协定的行为,均被视为对《德国—阿根廷双边投资协定》的违反。因此,阿根廷认为仲裁庭对本案申请无管辖权。此外,他们还指出,温特斯豪公司试图通过最惠国待遇条款规避《德国—阿根廷双边投资协定》第 10 条第 2 款规定的行为是不被接受的,因为该条款是对用尽当地救济原则的一个温和表述,且不能通过默示方式放弃。只有在履行了该条款规定后,阿根廷政府才会考虑将投资争议提交给国际仲裁庭。此外,阿根廷还强调,这一条款涉及敏感的经济和政治问题,应予以谨慎对待。

对于这一问题,仲裁庭认定,当地救济程序的完成是 ICSID 仲裁庭受理争议的前提条件,对于那些未经历 18 个月国内救济的投资争议,ICSID 仲裁庭不具备管辖权。附期限的当地救济条款通常包含两个关键部分:首先是当地救济,其次是国际仲裁,而这两者之间的桥梁则是规定的等候期。1991 年《德国—阿根廷双边投资协定》第 10 条第 2 款明确指出,当地救济的完成是东道国同意国际仲裁的先决条件,投资者不能随意绕过这一规定。根据该协定,18 个月的当地法院救济等候期不仅是将投资争端提交给 ICSID 仲裁庭的必经步骤,更是东道国同意仲裁的核心条件之一,它构成了东道国长期同意的完整部分。因此,投资者只有在满足这一条款要求后,方可将投资争议提交至 ICSID 仲裁庭。条约的解释是应用其规定的基础,依据《维也纳条约法公约》确立的原则,条约的解释应当基于其文本本身,尊重文字的直接含义。为避免曲解缔约双方的意图,在适用条约时,应严格解释其文本,既不过度扩张,也不任意缩减其内涵。

综上所述，仲裁庭根据条款内容的直接意义进行了严格的解释，坚持认为当地救济程序的完成是仲裁庭受理争议的前提条件，对于那些未用尽国内救济的投资争议，仲裁庭不具备管辖权。

【主要法律依据】

《德国—阿根廷双边投资协定》（1991）

第 3 条　缔约任何一方给予缔约另一方国民或公司在其境内与投资有关的活动的待遇，不得低于其给予本国国民或公司或其给予任何第三国国民或公司的投资待遇。

【理论分析】

对本案涉及的理论问题可以从以下四个方面进行分析：条约解释的原则与方法、当地救济与国际仲裁的关系、最惠国待遇条款的适用和投资者权利保护与东道国主权平衡。

1. **条约解释的原则和方法**

《维也纳条约法公约》第 31 条规定了条约解释的一般基本原则和方法，即条约应根据其条款的通常含义，在条约背景及其目的和宗旨的范围内加以善意解释。为解释条约的目的，下列内容应作为背景加以考虑：（1）条约的序言和附件；（2）在条约缔结时缔约方之间有关条约的任何协议，该协议与条约有关。除背景外，还应考虑：（1）缔约方在解释条约或适用其条款时所达成的任何后续协议；（2）缔约方在解释条约时所表现出的任何后续实践，该实践表明缔约方对条约的理解；（3）国际法的任何相关规则，这些规则在缔约方之间适用。

本案涉及对《德国—阿根廷双边投资协定》第 10 条第 2 款的解释，需要遵循条约解释的一般原则和方法。根据《维也纳条约法公约》第 31 条和第 32 条，条约解释应遵循"善意解释"原则，即条约的解释应基于缔约各方的共同意图，并考虑条约的上下文、目的和宗旨。同时，文字解释（文本解释）是首要的解释方法，但也要结合目的解释、上下文解释等其他解释方法。

2. **当地救济与国际仲裁的关系**

大多数双边投资协定包含有关争端解决的条款，这些条款通常规定了两种主要的争端解决途径：一种是当地救济要求，某些双边投资协定要求投资者在提交国际仲裁前，必须先在东道国法院寻求救济，并在一定期限内无法获得公正解决时，才可提交国际仲裁；另一种是直接国际仲裁，有些双边投资协定允许投资者直接向国际仲裁机构提交争端，无须先经过东道国的司法程序。

本案中，当地救济与国际仲裁的关系是核心争议点。根据《德国—阿根廷双边投资协定》第 10 条第 2 款，投资者在提交国际仲裁前，需要首先向缔约国的主管司法机关提交争端，并等待 18 个月的救济等候期。这一规定体现了东道国对当地救济程序的重视，以及对国际仲裁的审慎态度。从理论分析的角度，这种规定是为了保障东道国的经济主权和司法独立，同时也为投资者提供了一个在国内层面解决争端的机会。

3. **最惠国待遇条款的适用**

最惠国待遇条款通常出现在双边投资协定中，要求缔约国在其境内给予来自缔约国一方的投资者的待遇不低于其给予任何第三国投资者的待遇，旨在促进平等竞争和投资保护，防止缔约国之间的不公平待遇和歧视。通常情况下，对该条款的解释应根据条约背景和目的的通常含义进行。

本案中，温特斯豪公司试图通过最惠国待遇条款规避当地救济的要求，这一做法引发了关于最惠国待遇条款适用范围的讨论。理论上，最惠国待遇条款通常用于保障投资者在相同情况下享受最优惠的待遇，但并不意味着可以随意绕过其他条约规定的义务。在本案中，最惠国待遇条款的适用应当结合具体条约的上下文和目的进行解释，不能脱离当地救济条款的约束。

4. 投资者权利保护与东道国主权平衡

本案还涉及投资者权利保护与东道国主权平衡的问题。保护投资者权益是国际投资法的重要目标之一，但也要尊重东道国的经济主权和司法独立。当地救济条款的设置，旨在实现这一平衡。投资者在享受投资保护的同时，也应尊重东道国的司法程序和经济利益。

【实操分析】

从实际操作角度出发，在实践中应当注意以下问题：

1. 当地救济程序的实操应用

在本案中，实操的关键在于如何理解和应用《德国—阿根廷双边投资协定》第10条第2款中关于当地救济程序的规定。首先，投资者需要明确了解并遵守该条款规定的救济等候期，即向缔约国的主管司法机关提交争端并等待18个月。在此期间，投资者需要密切关注司法程序的进展，并在必要时采取适当行动以维护自己的权益。

同时，投资者也需要考虑在等候期内与东道国政府进行沟通和协商，寻求通过友好方式解决争端的可能性。这种合作和沟通不仅有助于减少争端解决的时间和成本，也有助于维护双方的长期合作关系。

2. 国际仲裁程序的实操启动

在等候期届满后，如果投资者仍然无法获得满意的解决方案，他们可以向国际仲裁机构提交投资争议。在启动国际仲裁程序时，投资者需要准备充分的证据和文件，以支持自己的主张。此外，投资者还需要选择合适的仲裁庭和仲裁规则，以确保仲裁程序的公正、公平和高效。

在实操中，投资者还需要注意仲裁程序的时间限制和程序要求，以避免因违反规定而导致的不利后果。同时，投资者还需要积极参与仲裁程序，与仲裁庭和其他当事人进行充分的沟通和协商，以推动争端的妥善解决。

3. 实操中的策略与风险

在实操中，投资者需要制定合适的策略和计划来应对各种风险和挑战。首先，投资者需要充分了解并评估当地的司法环境和法律制度，以便在必要时采取适当的法律措施。其次，投资者需要与东道国政府和其他相关方保持密切的沟通和联系，以获取必要的支持和协助。

此外，投资者还需要注意保护自己的商业机密和敏感信息，避免在争端解决过程中泄露给不利方。同时，投资者还需要关注仲裁庭的裁决和判决结果，并根据实际情况采取进一步的行动来维护自己的权益。

【思考题】

（1）许多国家在面临经济危机或紧急情况时采取紧急经济政策来保护国内利益。在国际投资法的框架下，这些政策如何与外国投资者的权利和合同义务相协调？

（2）在何种情况下，最惠国待遇条款可以适用于绕过特定条约中的其他条款，如本案中的当地救济条款？

（3）当条约中的某些条款存在模糊性或歧义时，应如何进行解释？

（4）如何界定最惠国待遇条款的"相同情形"或"类似情形"？

案例二　巴拿马诉阿根廷金融服务案①

【基本案情】

巴拿马诉阿根廷金融服务案历时近四年，自 2012 年 12 月巴拿马向阿根廷提出协商，2013 年 5 月专家组成立，2015 年 9 月 30 日专家组作出裁定，到 2016 年 5 月上诉机构作出最终裁定。

2013 年，为提高税收透明度，阿根廷颁布第 589/2013 号法令，将所有国家分为"合作"和"非合作"两类，并允许对来自不同类型国家的服务和服务提供者采取区别对待的措施，以促使非合作国家尽快与阿根廷签订税收情报交换协议或条款。阿根廷第 589/2013 号法令中规定了"在税收透明度方面合作的国家"（以下简称合作国家）的标准。根据第 589/2013 号法令第 1 条，这些合作国家被分为 3 类：第一类是签署了双重征税公约或信息交换协议，并对有效的信息交换作出了积极评估的合作国家；第二类是已签署双重征税公约或信息交换协议但无法评估信息交换是否有效的合作国家；第三类是已启动谈判或待批准双重征税公约或信息交换协议进程的合作国家。

由于巴拿马从未同阿根廷建立任何税收情报交换机制或税收透明度合作关系，一直以来，阿根廷税务管理局将巴拿马列为非合作国家。与合作国家的服务和服务提供者相比，巴拿马的服务和服务提供者无论在税收待遇方面，还是在市场准入方面均受到阿根廷一定程度的限制。因此巴拿马以阿根廷的多项措施违反了《服务贸易总协定》（GATS）中的最惠国待遇义务和国民待遇义务为由，请求 WTO 争端解决机构成立专家组审理阿根廷所实施措施的合法性问题。

专家组于 2013 年成立，尽管阿根廷同年将巴拿马归入"合作"国家，但巴拿马仍坚持由专家组审理阿根廷相关措施在 WTO 项下的合法性问题。在本次贸易争端中，巴拿马认为，阿根廷有 8 项措施违反 WTO 协定，特别是 GATS 的相关规定。从内容上看，该 8 项措施的前 4 项为税收措施，后 4 项为影响服务贸易的金融措施，目的在于促使其他国家与阿根廷合作、提高税收透明度，并建立有效的税收情报交换制度。

---

① Report of the Panel, Argentina-Measures relating to trade in goods and services, WT/DS453/R.

1. 关于 GATS 的歧视主张

第一,措施1(支付利息或报酬的预提税)、措施2(财富不合理增加的推定)、措施3(基于转让价格的交易估值)、措施4(支出分配的收到付款规则)、措施5(与再保险服务有关的要求)、措施6(进入阿根廷资本市场的要求)、措施7(分支机构注册要求)和措施8(外汇授权要求)与 GATS 第2条不一致。根据 GATS 的规定,阿根廷给予非合作国家的服务和服务供应商的待遇不应不如给予合作国家的同类服务和服务供应商的待遇。

第二,措施2(财富不合理增加的推定)、措施3(基于转让价格的交易估值)和措施4(支出分配的收到付款规则)并不与 GATS 第17条相抵触,因为阿根廷在已作出具体承诺的相关服务和供应模式中,与非合作国家的同类服务或服务供应商相比,不得修改有利于阿根廷服务或服务供应商的竞争条件。

第三,关于措施5(与再保险服务有关的要求)中的 GATS 市场准入索赔,专家组驳回了:(1) GATS 第16条第2款(a)项下的索赔,因为措施5(与再保险服务有关的要求)不属于该条款的涵盖范围;(2) GATS 第16条第1款下的主张,因为巴拿马未能提出表面证据确凿的案件。

2. 关于阿根廷根据 GATS 提出的抗辩

第一,措施1(支付利息或报酬的预提税)、措施2(财富不合理增加的推定)、措施3(基于转让价格的交易估值)、措施4(支出分配的收到付款规则)、措施7(分支机构注册要求)和措施8(外汇授权要求)根据 GATS 第14条第(c)项并不合理,因为它们不符合引言部分的要求(无任意歧视)。根据阿根廷指定合作国家和非合作国家的方式创建。

第二,措施5(与再保险服务有关的要求)和措施6(进入阿根廷资本市场的要求)根据《金融服务附件》第2条第(a)项并不合理,因为在缺乏合理关系的情况下,从这些措施与审慎原因之间的因果关系来看,这些措施并不是"出于审慎原因"而采取的。

专家组在阿根廷根据 GATS 第14条(d)项进行的抗辩中进一步运用了司法节约,因为措施2(财富不合理增加的推定)、措施3(基于转让价格的交易估值)和措施4(支出分配的收到付款规则)被认为不符合 GATS 第17条。

关于巴拿马根据1994年《关税和贸易总协定》(GATT)提出的索赔,专家组驳回了以下索赔请求:

(1)第1条第1款关于措施2(财富不合理增加的推定)和措施3(基于转让价格的交易估值),以及第1条第3款第4项关于措施3(基于转让价格的交易估值),因为巴拿马未能提出初步证据。

(2)第11条第1款:因为措施3(基于转让价格的交易估值)具有税收性质,因此不属于该规定的范围。因此,专家组根据 GATT 第20条(d)项对阿根廷的抗辩实行了司法节约。

2015年10月27日,巴拿马通知 WTO 争端解决机构(DSB),其决定就专家组报告中涉及的某些法律问题向上诉机构提出上诉。2015年11月2日,阿根廷向 DSB 提出其交叉上诉的决定。2016年4月14日，上诉机构报告正式分发给成员。

【主要法律问题】

本案主要法律问题有二：第一，阿根廷是否违反了GATS非歧视原则；第二，阿根廷采取的措施5、措施6是否符合审慎例外原则的规定。

1. 阿根廷是否违反了GATS非歧视原则

对于该问题，专家组先梳理了阿根廷采取的8项措施，即支付利息或报酬的预提税（措施1）、财富不合理增加的推定（措施2）、基于转让价格的交易估值（措施3）、支出分配的收到付款规则（措施4）、与再保险服务有关的要求（措施5）、进入阿根廷资本市场的要求（措施6）、分支机构注册要求（措施7）和外汇授权要求（措施8）。

措施1涉及利息或报酬的预提税问题。根据《阿根廷利得税法》第93条（c）项，外国信贷、放款或基金提供者应就其源于阿根廷的所得缴纳35%的预提利得税。本案中，预提税之所以被巴拿马认为违反WTO协定，一个重要的原因是，依据"境外受益人"所处国家类型的不同，《阿根廷利得税法》就预提税的税基作出不同推定：如果"境外受益人"位于合作国家，则推定净利得为相关支付的43%；如果"境外受益人"位于非合作国家，则推定净利润为相关支付的100%。显然，对于非合作和合作国家分别推定不同的税基，将导致非合作国家的金融服务业提供者承担较重的税负。

措施2涉及财富不合理增加的推定问题。根据《阿根廷税收程序法》第11条，通常情况下，阿根廷纳税人通过宣誓声明决定哪些所得需要纳税。然而，对于任何来自非合作国家的资金，阿根廷税务管理局可直接依职权推定为不合理财富增加。与措施1不同，措施2的推定可被纳税人举证推翻。尽管如此，由于阿根廷公民要额外承担举证责任，无疑会影响乃至阻碍阿根廷公民与非合作国家金融服务业者之间的交易。

措施3涉及交易定价问题。《阿根廷利得税法》第14条规定，如果相关服务和条件与正常公平市场行为相一致，则阿根廷纳税人与位于合作国家的非关联方之间的交易应被视为公平交易，相关交易定价应以当事人同意的价值为基础。只有当交易双方存在关联关系时，才适用转让定价机制。与之不同，对于发生在阿根廷纳税人与非合作国家当事人之间的交易，不管当事人之间是否存在关联关系，一律采用《阿根廷利得税法》转让定价机制加以处理。因此，阿根廷公民在与非合作国家当事人进行交易时，将承担较重的转让定价合规义务，并很可能因为转让定价机制的适用而增加其税基。

措施4涉及费用列支问题。根据《阿根廷利得税法》第80条，为确定净收益，阿根廷纳税人可扣除不同类型的费用。原则上，费用和利润应按照应计基础制加以计算。然而，如果相关交易发生在阿根廷纳税人与非合作国家当事人之间，则按照现金收付制来扣除费用。鉴于阿根廷处于持续通货膨胀的状态之中，金钱不断贬值，提前列支显然对纳税人较为有利。在同等情况下，仅仅基于节税之目的，阿根廷纳税人也会选择与合作国家当事人进行交易，从而置非合作国家当事人于不利竞争地位。

措施5指出，阿根廷对于来自合作国家的金融业者所提供的再保险服务没有相应限制，但是对于非合作国家的再保险服务提供者却设置了较为严格的市场准入条件。阿根廷于2011年5月颁发的第35.615/2011法令完全禁止了非合作国家及其他低税收国家（避税天堂等）进入阿根廷的再保险服务行业的可能性，2014年3月阿根廷政府相关部门对此作出修正，要求外国子公司须证明母公司接受与阿根廷国内保险监管机构相仿的机构监督，并且机构之间须签署关于合作与信息交换的备忘录，这在一定程度上放开了非合作国家等在再保险服务方面的国内门槛。

措施6规定，阿根廷证券市场中介机构在与非合作国家进行关于有价证券的公开销售、远期合约、期货、选择权交易或其他金融工具及商品交易时，该机构须先取得其国内有关主管机关的登记，该机关须与阿根廷国内证券主管机关有着相似的监督体系与相应功能，与措施5相类似，两监管机关同样要签署关于合作与信息交换的备忘录。然而，专家组报告中指出，对于与来自合作国家进行交易的证券市场中介者则不需要类似上述限制。

措施8规定，除适用于合作国家公司的要求外，在非合作国家设立、注册或注册公司的分支机构必须证明"该公司在其设立地有效地从事具有重大经济意义的商业活动；注册或成立在第三国"，对此，政府间法官可能需要额外的文件。

在同类性问题上，巴拿马认为，阿根廷有关措施所确立的监管区别完全基于服务提供者的来源地。在这种情况下，可以直接推断同类服务及服务提供者具有同类性，没有必要证明服务及服务提供者是否相似，也没有必要审查服务及服务提供者之间的竞争关系。巴拿马同时还补充，如果专家组希望仔细审查服务提供者的同类性，可以采用GATT客观方法中传统的4项标准进行认定。但巴拿马不认为是否存在税收信息交换协议会对客观方法4项标准中的任何一项产生影响，并认为如果专家组采取客观方法，则意味着同类性认定将取决于专家组成员的单方面意愿。而阿根廷则援引货物贸易中"美国丁香香烟案"上诉机构的观点，即"监管差异与同类性有关，只要它们对有关产品之间的竞争关系有影响"。其认为，有关服务提供者之间的监管差异影响了服务提供者提供服务的方式，从而影响竞争关系。阿根廷进一步表明，在某一领域合作或不合作的性质是消费者选择与非合作国家进行交易时，所希望服务具备的根本特征（即消费者正是因为该服务提供者为非合作国家企业，才选择与之进行交易）。因此，阿根廷认为，交换税务信息是反映在竞争条件中的服务及服务提供者的一个特点，如果巴拿马想反驳其论点，就必须证明有关措施中所规定的监管区别并不影响服务及服务提供者的商业或监管特征。对这一问题，巴拿马认为，监管差异属于独立于服务提供者的一个外部因素，只有在市场注意到这一因素情况下才与之相关，从而影响服务提供者之间的竞争关系。另外，阿根廷要求根据措施的"目的与效果"进行同类性认定，而在以往的判例中上诉机构一再拒绝这种做法。因此，巴拿马认为，在同类性认定中不应考虑该措施的监管目标。同时，对于服务和服务提供者之间关系的问题，阿根廷还指出，由于GATS第2条和第17条中用了"及"这一连接词，因此应当分别认定"服务"和"服务提供者"的同类性。

在对GATS第2条最惠国待遇中同类性的认定上，专家组认可了在GATS中参照GATT和《技术性贸易壁垒协定》（TBT）判例的方式，他们认为在同类性认定方面，这3个协定有足够的共同要素，可以根据有关服务及服务提供者之间的竞争关系对同类性作出解释。同时，这种做法并不妨碍额外考虑服务贸易的具体特点，特别是服务的无形性和4种提供方式的存在。专家组进一步指出，要对本案服务及服务提供者同类性进行认定,首先要确定合作国家与非合作国家的区别对待是否仅由于来源地不同,如果不仅是因为来源地不同,还需要进一步分析是否存在其他相关的因素。通过分析,专家组发现,有关8项措施中涉及的合作国家和非合作国家之间的区别对待是由来源地决定的。然而,尽管来源地规则是以列出合作国家名单的形式适用的,但并不是来源地本身决定一个国家是否在名单上,而是受该来源地有关的监管体制影响。因此,此时就需要对上述的"其他相关因素"进行分析。专家组考察了前述法条中的合作国家3种认定标准:一是签署了双重征税公约或信息交换协议,并对有效的信息交换作出了积极评估;二是已签署双重征税公约或信息交换协议但无法评估信息交换是否有效;三是已启动谈判或待批准双重征税公约或信息交换协议进程。发现在合作国家名单中的国家似乎并不全部满足该认定标准,故无法判断究竟阿根廷实际是以何种标准认定合作国家。因此专家组认为,现实的情况使不同国家的服务及服务提供者难以比较也就无法评估除来源地之外的"其他相关因素"。因此,专家组得出结论,8项措施中对合作国家与非合作国家的区别对待是由于来源地不同导致的,故合作国家与非合作国家的服务及服务提供者具有同类性。

在对GATS第17条国民待遇中同类性的认定上,专家组认为,有关措施中规定的给阿根廷纳税人与阿根廷服务提供者之间交易的待遇与阿根廷纳税人与合作国家服务提供者之间交易的待遇相同,阿根廷也同意阿根廷的服务及服务提供者与合作国家的服务及服务提供者是相似的。因此专家组依据其在GATS第2条同类性认定中得出的结论,即合作国的服务及服务提供者与非合作国的服务及服务提供者具有同类性,并认为这一结论可同样适用于第17条。

上诉机构认为,在本案中,阿根廷证明了不同国家之间税收信息交换制度的有无会影响阿根廷消费者的偏好,进而会影响合作国家和非合作国家的服务及服务提供者之间的竞争关系,因此可能导致不同国家的服务及服务提供者不具有同类性,而巴拿马没有提出相关的证据反驳阿根廷的论点。由于认定服务及服务提供者的同类性是适用非歧视原则的前提,而非合作国家的服务及服务提供者与合作国家和阿根廷国内的服务及服务提供者之间都不具有同类性。所以,阿根廷没有义务给非合作国家的服务及服务提供者提供GATS第2条和第17条所规定的最惠国待遇和国民待遇。上诉机构最终推翻了专家组对GATS第2条和第17条中有关同类性的认定。

2. 阿根廷采取的措施5、措施6是否符合审慎例外原则的规定

对于措施5,专家组指出,如果以商业据点呈现和跨境提供方式提供再保险服务的从业者不能证明其所在公司隶属于税收透明度合作国家或反洗钱与反洗钱金融行动特别工作组(FATF)认可的反恐怖融资国家,那么其须证明:(1)母公司接受与阿根廷国内保险监管机构相仿的机构监督;(2)机构之间签署关于合作与信息交换的备忘录。

巴拿马对于措施5中的税收透明度目的提出了疑问,认为这种证明责任限制了非合作国家的再保险服务业者以设立商业据点和跨境提供方式进入阿根廷市场。巴拿马认为,这样的政策加剧了非合作国家再保险服务业者的不确定性,面临着阿根廷内部市场的严峻挑战和更激烈的竞争环境。

专家组认为,措施5所提及的分类基准不要求来自合作国家的服务业者需要接受前述两项监督和协议的限制，非合作国家再保险服务业者的市场准入条件与合作国家服务业者相比加剧了其竞争程度。措施 5 的设计在合作国家和非合作国家再保险服务业者之间造成了区别对待的现象，对二者给予不同的措施，主要体现在阿根廷是否能够获得税收信息。此外，如果该国家属于仍在谈判或批准双重课税协议或信息交换协商阶段，则无须以签订任何税收协议为前提，仍被阿根廷列为合作国家，而这也造成了仍在协定谈判阶段的区域和国家之间新的不公平，有些国家虽未签署相关协定但被阿根廷纳入合作国家名单中，但有些相同情形的国家则仍在名单之外。因此，专家组认定，措施 5 的设计与实际运行会破坏非合作国家服务业者与合作国家服务业者之间的竞争环境，给予非合作国家服务业者相对合作国家服务业者而言不利的措施。

措施 6 限制了非合作国家的证券市场中介机构进入阿根廷资本市场开展交易。对于措施 6，巴拿马认为，该项措施使阿根廷本国消费者不能与来自非合作国家的服务提供者签订服务合同（如投资证券组合管理服务）。因该项措施使阿根廷本国消费者必须通过阿根廷证券市场中介机构的途径与其他投资证券组合管理服务管理人签订合同，巴拿马认为该项措施使阿根廷消费者承担了额外的支出负担。阿根廷认为，措施 6 提供给巴拿马不逊于其他国家的政策，因其已纳入阿根廷本国的合作国家名单之列。阿根廷认为该项措施并没有设下完全禁止的门槛，并且允许非合作国家的个人在满足阿根廷国内证券主管机关相关法令的两个条件前提下开展相关交易。

专家组认为，措施 6 同样改变和破坏了非合作国家服务业者与其他业者的竞争环境。阿根廷证券市场中介机构对非合作国家的限制降低了消费者同其签订服务合同的意愿，非合作国家服务业者需要与其他能够进入阿根廷资本市场的服务提供者合作，这给阿根廷本国消费者增加了额外的成本，继而使非合作国家服务业者难以与合作国家的同类服务提供者竞争。

阿根廷以审慎例外原则诉求上述措施 5、措施 6 是合理措施，即认为应当使用 GATS 金融附件的审慎例外原则加以豁免。本案专家组设置了 3 个条件以分析相关措施能否援引审慎例外原则作为正当化的基础。根据专家组报告，3 个条件包括：（1）措施 5、措施 6 是否影响金融服务提供；（2）措施 5、措施 6 的施行是否基于审慎理由；（3）措施 5、措施 6 是否不被作为规避 GATS 协定的相关义务或承诺之手段。对于这 3 个条件，专家组首先肯定了争议措施 5 和措施 6 是出于审慎理由而作出的，但是对于措施 5 和措施 6 与审慎理由之间的合理因果关系，专家组认为缺乏合理的关联。具体而言，措施 5 并没有要求诸如有正式合作关系但是并未签署信息交换协议的国家的从业者通过保险监管机构取得相关信息，而措施 6 也没有赋予其进入阿根廷资本市场的特定要求。阿根廷第 589/2013 号法令对于合作与非合作国家标准分类中，第三类国家中未签署相关协议但已开始谈判的，也被视为合作国家，如巴拿马，但符合该标准的国家或地区仍有较多数量，却被阿根廷视为非合作国家。由此，对于合作或非合作国家区分之意义，即是否对应采取相应措施的必要性不复存在。由于第三类国家分类标准的模糊性，使相应措施与相关审慎理由之间缺乏合理关联，对于非合作国家基于审慎理由采取相应措施，即由于法令对于分类的不确定，降低了其中的因果关联，从而使二者缺乏合理关联。最终，专家组认定争议措施 5 和措施 6 不符合审慎例外原则的规定。

【理论分析】

本案是近年来首例 WTO 专家组得以阐释审慎例外原则规定的案件。在本案中，巴拿马主诉阿根廷在再保险服务和资本市场准入门槛上违反 GATS 相关规定，而阿根廷援引审慎例外原则豁免。主导相关措施是否构成合规的审慎措施指向的则是阿根廷自身公布的关于合作与非合作国家分类的相关法令，专家组认为该法令引致审慎措施与审慎理由之间缺乏合理关联，从而认定无法适用审慎例外原则。在专家组报告中，专家组对于审慎例外原则概念、审慎理由概念等界定都作了一定的规范，具有示范意义，是很值得国际法学界研究审慎例外原则的案件之一。

在本案中，关于审慎理由的定义，阿根廷与专家组持相同观点。首先，专家组对审慎理由进行了文义上的解释，认为审慎理由的概念与"预防性理由"相仿，专家组指出例示性的理由阐述了原条文所涉及审慎理由的概念，并且原条文中的例示性理由并没有穷尽所有可能的审慎理由。专家组肯定了原条文中对于"审慎理由"范围的界定，并认为其他理由若超出明文列举的也可能成为审慎理由。审慎例外条款的援引须证明是基于审慎原因而在金融服务部门使用，且此处的审慎措施并不包含成员特定承诺表内容。专家组同样认为，WTO 各成员有权对审慎理由进行定义以支持其相关措施，从而使其符合本国的利益和具体需求，并具体援引了国际社会中其他成员和国际经济组织对于"审慎措施"的定义解释以支持专家组的见解。以实践的观点来看，审慎理由或目的应根据成员自身的具体条件来认定，审慎标准也各有差异，因此只能根据本国金融业的发展实际因时制宜地判断审慎理由或目的。专家组最终认定，将审慎理由定义为，促使金融管制者采取行动以预防风险、损害或危险的原因或理由，并且该风险不必具有紧迫性。基于此，对于审慎理由（或审慎目的）的定义，专家组采取了相对宽泛的定义界定，审慎措施的涵盖范围一般包括存款人保护和金融体系稳定的保障，而宽泛的概念则可将其引申开来，更强调了审慎措施的标准重在"理由（或目的）"，而非其措施实施的效果如何。在《金融服务附件》中，使用到了"包括"（including）的用法，即说明在原附件所提及的审慎例外适用范围以外，仍存在着为其他目的而采取的审慎监管措施。

由本案也可以看出，WTO 并不反对一成员对于其他成员的服务和服务提供者进行税收差别待遇，但如果服务和服务提供者具有同类性，即两者具有市场竞争性且可相互替代时，则会违反非歧视原则，但这种违反可以通过援引例外来正当化。例外中承认为了公平有效课税，国内外的税收政策可以具有差异性，但这种差异性必须建立在目的正当性的基础上，在实施过程中也必须恪守不对同等条件国家进行歧视的底线。①

【主要法律依据】

1.《服务贸易总协定》(GATS)

第2条第1款 关于本协定涵盖的任何措施，每一成员对于任何其他成员的服务

---

① 崔晓静、丁颖：《WTO 非歧视原则在国际税法领域的适用——评阿根廷金融服务案》，载《国际税收》2016 年第 8 期，第 42-46 页。

和服务提供者，应立即和无条件地给予不低于其给予任何其他成员同类服务和服务提供者的待遇。

第 11 条 支付和转移

除非在第 12 条所说的情况下，任何成员不得对与其具体承诺有关的经常交易实施国际转移和支付方面的限制。

本协定的任何规定不得影响国际货币基金组织成员在基金组织协议下的权利和义务，包括使用符合协议条款的外汇措施，前提是该成员对任何资本交易，除非按第 12 条规定或应国际货币基金组织的要求，不得实施与其有关该交易的具体承诺不一致的限制。

第 16 条 1. 在第 1 条所确定的服务提供方式的市场准入方面，每个成员给予其他任何成员的服务和服务提供者的待遇，不得低于其承诺表中所同意和明确的规定、限制和条件。

2. 在承担市场准入承诺的部门中，一成员除非在其承诺表中明确规定，既不得在某一区域内，也不得在其全境内维持或采取以下措施：

（a）限制服务提供者的数量，不论是以数量配额、垄断、专营服务提供者的方式，还是以要求经济需求测试的方式；

（b）以数量配额或要求经济需求测试的方式，限制服务交易或资产的总金额；

（c）以配额或要求经济需求测试的方式，限制服务业务的总量；

（d）以数量配额或要求经济需求测试的方式，限制某一特定服务部门可雇佣的或一服务提供者可雇佣的、对一具体服务的提供所必需或直接有关的自然人的总数；

（e）限制或要求一服务提供者通过特定类型的法律实体或合营企业提供服务的措施；

（f）通过对外方持股的最高比例或单个或总体外方投资总额的限制来限制外国资本的参与。

第 17 条 1. 在列入其承诺表的部门中，在遵照其中所列条件和资格的前提下，每个成员在所有影响服务提供的措施方面，给予任何其他成员的服务和服务提供者的待遇不得低于其给予该成员相同服务和服务提供者的待遇。

2. 一成员给予其他任何成员的服务或服务提供者的待遇，与给予该成员相同服务或服务提供者的待遇不论在形式上相同或形式上不同，都可满足第 1 款的要求。

3. 形式上相同或形式上不同的待遇，如果改变了竞争条件从而使该成员的服务或服务提供者与任何其他成员的相同服务或服务提供者相比处于有利地位，这种待遇应被认为是较低的待遇。

2.《关税与贸易总协定》(GATT)

第 1 条第 1 款 在对输出或输入、有关输出或输入及输出入货物的国际支付转账所征收的关税和费用方面，在征收上述关税和费用方法方面，在输出和输入的规章手续方面，以及在本协定第 3 条第 2 款及第 4 款所述事项方面，一成员对来自或运往其他成员的产品所给予的利益、优待、特权或豁免，应当立即无条件地给予来自或运往所有其他成员的相同产品。

第 2 条第 2 款 本条不妨碍成员对于任何输入产品随时征收下列税费：

（甲）与相同成员产品或这一输入产品赖以全部或部分制造或生产的物品按本协定第 3 条第 2 款所征收的本地税相当的费用；

（乙）按本协定第 6 条征收的反倾销税或反贴补税；

（丙）相当于提供服务成本的规费或其他费用。

第 3 条第 4 款　一成员领土的产品输入到另一成员领土时，在关于产品的本地销售、兜售、购买、运输、分配或使用的全部法令、条例和规定方面，所享受的待遇应不低于相同的本地产品所享受的待遇。但本款的规定不应妨碍本地差别运输费用的实施，如果实施这种差别运输费用纯系基于运输工具的经济使用而与产品的国别无关。

第 6 条第 1 款　各成员认为：用倾销的手段将一成员产品以低于正常价值的办法挤入另一成员贸易内，如因此对某一成员领土内已建立的某项工业造成重大的损害或产生重大威胁，或者对某一本地工业的新建产生严重阻碍，这种倾销应该受到谴责。本条所称一产品以低于它的正常价值挤入进口方的贸易内，系指从一成员向另一成员出口的产品的价格：

（甲）低于相同产品在出口方用于本地消费时在正常情况下的可比价格，或

（乙）如果没有这种本地价格，低于：

（1）相同产品在正常贸易情况下向第三方出口的最高可比价格；或

（2）产品在原产方的生产成本加合理的推销费用和利润。

但对每一具体事例的销售条件的差异、赋税的差异以及影响价格可比性的其他差异，必须予以适当考虑。

【实操分析】

在实际案件处理中，从东道国和投资者两个不同视角出发，需分别采取针对性措施以保障各自权益。

对于东道国而言，首先，应加强国际税收合作与透明度。积极参与国际税收合作机制，如经济合作与发展组织（OECD，以下简称经合组织）的税基侵蚀和利润转移（BEPS）行动计划和二十国集团（Group of 20，G20）的国际税收合作倡议，提高税收透明度，减少税收竞争和逃税行为，并与主要贸易伙伴建立双边或多边税收合作协议，加强信息交换和合作，共同打击有害税收竞争。其次，应审慎制定金融服务措施。在制定金融服务措施时，充分考虑其对国际贸易规则的影响，确保措施符合 WTO 等国际组织的规则和要求，寻求专家意见和法律咨询，确保措施的合法性和有效性。最后，在出现争端时，应加强对争端解决机制的运用。充分利用 WTO 争端解决机制等国际平台，积极应对贸易争端，维护国家利益和权益。与此同时，加强与主要贸易伙伴的沟通和协商，通过双边或多边渠道解决贸易争端，避免争端升级。

对于投资者而言，首先，需要加强对投资风险的评估与管理，建立全面的风险评估体系，对投资项目的潜在风险进行全面、深入的评估；在投资过程中，需要密切关注市场动态和政策变化，及时调整投资策略，降低投资风险。其次，需要关注合规性要求。了解并遵守东道国和国际贸易规则的要求，确保投资项目的合规性；在投资决策过程中，需要充分考虑合规性要求，选择符合规定的投资领域和项目。最后，需要注意加强尽职调查与多元化投资。投资者在投资前需要进行充分的尽职调查，了解投

资项目的真实情况和潜在风险。投资者可以通过多元化投资组合来降低投资风险,包括投资不同国家、不同行业和不同类型的项目。

【思考题】

(1) 在国际经济法框架下,应如何协调国家税收主权与国际税收合作的关系?

(2) 在金融服务领域,如何准确理解和适用最惠国待遇和国民待遇原则?

(3) 投资者应如何应对东道国政策变化带来的投资风险?

(4) 如何通过法律手段规范跨国公司的行为,以防止其滥用税收政策和损害其他国家利益?

第七章 国际金融法

第一节 国际货币法

 知识要点

一、国家货币主权

国家货币主权是国家主权的重要组成部分,是每个国家在其国内发行和管理本国货币的最高权利,以及在国际上独立执行其对外的货币政策、平等参与处理国际货币金融事务的权利。其主要体现在四个方面:(1)发行独立的国家货币的权利。每个国家都拥有发行其官方货币并使之成为法定货币的权利。法定货币是在国内作为必须接受的支付手段,用于日常交易、储蓄和作为信用工具。① 国家通过控制货币供应量影响其各种经济活动,如投资、消费和生产等。(2)确立本国的货币制度的权利。国家有权根据其经济需求和社会目标来设立和调整货币发行机构、货币发行方式、货币设计和面额结构等。通过选择不同的货币制度,如金本位制、固定汇率或浮动汇率制等,国家可以更好地适应内外经济环境的变化。② (3)确定本国货币同外国货币的关系。汇率政策的选择和调整是国家货币主权的关键表现。国家可以选择固定汇率、浮动汇率或管理浮动汇率等模式来影响出口和进口的竞争力,调控跨国资本流动,并应对外部经济冲击。(4)独立制定本国的货币政策。货币政策包括利率政策、信贷政策和货币供应量控制等,是国家用以调节经济、控制通货膨胀和促进就业的重要工具。国家通过其中央银行或其他货币当局独立制定和实施这些政策,以维护宏观经济稳定并促进经济增长。

二、国际货币制度

国际货币制度是一个复杂的全球框架,旨在规范货币的国际职能并维护全球经济稳定。该制度的发展经历了从金本位制到布雷顿森林体系的以美元为核心的固定汇率制,再到当前的浮动汇率体系和区域货币一体化趋势。其主要内容包括:(1)汇率制度。汇率决定国家货币之间的比价,直接影响国际贸易和资本流动。固定汇率制度下,汇率由政府或中央银行设定;而在浮动汇率制度下,汇率由市场供求关系决定。这些制度反映了各国对经济稳定和货币政策自主性的不同需求。③

---

① 张庆麟:《电子货币的法律性质初探》,载《武汉大学学报(社会科学版)》2001年第5期,第544-549页。
② Nussbaum. Money in the Law: National and International, Brooklyn: The Foundation Press, 1950, p.45.
③ 陈彪如:《国际货币体系》,华东师范大学出版社1990年版,第56页。

（2）货币的兑换性与外汇管理。国际货币制度规定了货币的兑换性，即一国货币能否自由兑换成其他国家的货币，以及相应的外汇管理措施，如国际货币基金组织鼓励货币的完全可兑换性，以促进贸易和投资的自由。（3）国际储备资产。国际储备资产（如黄金和美元）是国家用来支持其货币稳定和国际支付能力的关键资产。这些资产的选择、管理和使用通常通过国际协议和中央银行操作实现。（4）国际收支的调节。国际货币制度设有调节机制，以应对国际收支的逆差或顺差，这可能要求逆差国采取紧缩政策，而顺差国扩大内需，以此来平衡全球经济。（5）国际金融事务的协调与管理。国际货币制度还包括国际金融事务的协调与管理，其涉及国际支付系统的规则制定、跨境金融流动的监控及国际金融危机时的国际合作。

三、国际收支平衡制度

《国际货币基金协定》（以下简称《基金协定》）是在1944年的布雷顿森林会议上制定的，旨在建立一个稳定的国际货币体系，促进全球经济合作、贸易增长、高就业和经济稳定。该协定的核心内容之一是确定国际收支平衡制度，主要通过国际货币基金组织（以下简称基金组织）向成员国提供的财政援助实现，这种援助包括两种主要方式：购买与购回制度及多种财政援助政策。首先，购买与购回制度允许成员国在面临支付平衡困难时，向基金组织购买其他成员国的货币或特别提款权（SDR）以换取本国货币。这虽非传统意义上的借贷，但实际效果相似，两者均提供了必要的国际流动性。当成员国的国际收支和外汇储备状况改善时，须在五年内使用相等的外币或SDR购回本国货币，并支付一定手续费，此过程类似于债务的偿还。其次，基金组织按特定政策提供多样化的财政援助。这些援助包括灵活信贷额度（FCL）、预防和流动性额度（PLL）、快速融资工具（RF）、长期基金工具（EFF），以及针对贸易一体化的机制。对低收入国家，还有长期信用工具（ECF）、快速信用工具（RCF）和备用信贷工具（SCF）。这些工具根据国家面临的具体经济需求和收支平衡问题设计，条件和标准因情况而异。

基金组织的财政援助目标有三重：第一，通过平稳调整对冲各种经济冲击，帮助会员国避免经济调整的破坏性影响或主权债务危机；第二，作为融资的桥梁，帮助会员国从其他贷款方获得资金；第三，通过预防措施和及时援助避免危机的发生。

四、外汇管理制度

《基金协定》中的第8条、第14条和第6条是关于外汇管理的关键规定，它们分别涉及经常项目和资本项目的外汇交易控制，这三条规定共同为基金组织成员国提供了一套外汇管理体系，使其能够在保证经常账户交易自由化的同时，对可能影响国家经济安全的资本流动实施必要的控制。

1. 经常项目的外汇管制制度

《基金协定》第8条主要规定禁止对成员国的经常账户交易实施限制。这意味着成员国必须允许其货币自由兑换，以便进行进出口贸易、服务交易、利息和股息支付等经常项目交易。此条款的目的是促进国际贸易和投资的自由流通，确保经济活动不受不必要的外汇控制干扰。[1] 然而，《基金协定》第14条提供了对新加入基金组

---

[1] 国际货币基金组织：《国际货币基金组织文献选编：2010—2013第二辑》，经济科学出版社2014年版，第36页。

织的成员国的一种过渡安排,允许这些国家在向完全可兑换性过渡的过程中,暂时继续实施外汇限制。这样的安排是为了给予那些经济结构可能还未完全适应自由外汇交易体系的国家一定的缓冲时间,以期望这些成员国在基金组织的协助和监督下,逐步消除其外汇限制。

2. 资本项目的外汇管理制度

《基金协定》第6条涉及资本项目的外汇交易,如国际贷款和投资流动。与第8条不同,第6条规定允许成员国对资本账户进行管理和控制,以防止资金过度流动可能导致的金融市场不稳定或经济政策执行困难。成员国可以实施外汇控制,以限制或规范短期资本流动,特别是在面临金融危机或外汇储备压力时。资本控制的目的是减缓可能引起货币贬值或资本外逃的剧烈资本流动,给国家宏观经济政策提供操作空间,以维持经济和金融稳定。① 然而,长期的资本控制可能会影响国家的投资氛围和信用状况,因此这些措施通常被视为临时性的应急措施。

五、汇率制度

《基金协定》规定了国际货币法律对汇率的基本原则,要求各国维护汇率稳定、国内外金融秩序,禁止竞争性贬值以避免不公平竞争,确保经济有序增长。成员国须断绝货币与黄金的联系,采用特别提款权或其他标准来确定货币价值。② 此外,基金组织对成员国的汇率政策实施严格监督,成员国须遵守并配合该监督,提供必要的政策信息并就汇率政策与基金组织进行磋商。为加强对成员国汇率政策的监督,基金组织根据《基金协定》第4条的要求,历经几次重要的政策更新以适应全球经济和金融变化。

1977年,基金组织通过了第一版《汇率政策监督决定》,专门阐释了第4条特别是其第3款的内容。30年后的2007年,为响应国际金融环境的演变,基金组织推出了《对成员国政策双边监督的决定》,并于2008年发布了相关操作指南,明确了监督框架和实施细节。《对成员国政策双边监督的决定》强调了几个关键扩展:(1) 引入外部稳定概念,作为监督的核心,涵盖经常账户和资本账户的稳定。(2) 明确监督应保持合作性、对话为本、坦诚公正,并注意成员国国情,采用多边和中期视角。(3) 澄清汇率操纵行为与基本性汇率失调的联系,强化对不公平竞争行为的监管。(4) 提供全面的汇率政策指导,包括可能影响外部稳定的各种政策。

2012年,《双边和多边监督决定》进一步深化了基金组织的监督职能,建立了单个经济体评估与全球稳定评估之间的联系,突出了监督的双边和多边维度。此决定强调:(1) 第4条的磋商既用于双边监督也用于多边监督,允许全面分析政策的溢出效应。(2) 成员国政策应当关注其对全球稳定的影响,同时保持国内政策和汇率政策的平衡。(3) 界定多边监督的范围和形式,为多边磋商机制提供制度框架。这些决定共同强化了基金组织在全球经济中的监督角色,确保汇率政策的透明度和公正性,同时鼓励成员国采取负责任的经济政策,支持国际货币体系的有效运作。

---

① Staff Teams Headed by Peter J. Quirk and Owen Evans, Capital Account Convertibility: Review of Experience and Implications for IMF Policies (《资本账户可兑换法:对国际货币基金组织政策经验和影响的评估》), IMF Occasional Paper, 1995.

② 《基金协定》第4条第2款 (b) 项。

案例一　NML Capital 有限公司诉阿根廷案[①]

【基本案情】

阿根廷经济在 20 世纪 90 年代后期遭遇严重困境，导致该国在 2001 年宣布违约，涉及约 950 亿美元的外债，这是历史上最大规模的国家违约之一。阿根廷政府随后试图通过债务重组来减轻财政负担，包括提供给债权人以低于面值的新债券，以换取他们放弃原有债务的部分要求。在 2005 年和 2010 年，阿根廷进行了两轮债务重组，约 93% 的债权人接受了重组条款，这些条款包括显著的本金削减和更长的偿还期限。然而，约 7% 的债权人（包括 NML Capital 有限公司）拒绝参与这些重组计划，选择保留原始债务合约的条款，寻求通过法律途径全额回收债务。

基于阿根廷的债券根据美国纽约州法律发行这一事实，NML Capital 有限公司（以下简称 NML Capital）向美国法院提起诉讼，要求阿根廷根据原始合约条款支付全额债务。阿根廷则辩称，作为一个主权国家，其应享有主权豁免，外国法院不应强制其履行债务支付。美国法院在多个层面上裁定支持 NML Capital 的诉求。法院的主要裁决基于以下三点：

（1）主权豁免的例外。根据《美国外国主权豁免法》，商业活动是主权豁免的例外之一。由于阿根廷的债券发行是一种商业活动，因此阿根廷不能仅凭主权豁免来避免履行其合同义务。（2）违反合同的责任。法院确认阿根廷违反了与债权人的合同约定，必须按照合同条款支付债务。（3）平等待遇条款（pari passu clause）。该条款要求阿根廷必须确保不同债权人享有平等的偿付待遇。法院裁定阿根廷未能遵守这一条款，因为其试图优先偿还接受重组的债权人。

阿根廷对这些裁决提出上诉，但美国最高法院最终拒绝受理此案，从而维持了原审法院的裁决。在经历了长期的法律斗争和国际外交压力后，阿根廷政府最终在 2016 年与拒绝债务重组的债权人（包括 NML Capital）达成了和解协议。阿根廷同意支付 75 亿美元以解决与这些债权人的争端。

【主要法律问题】

1. 合约履行义务

经历了经济危机和声明了部分债务违约后，阿根廷是否有义务根据债券原始合约的条款全额偿还债务？

2. 主权豁免

在涉及公共债务的国际市场交易中，阿根廷是否可以基于主权豁免原则，拒绝美国法院对其债务履行的强制执行？

3. 平等待遇条款

平等待遇条款规定阿根廷必须确保所有债权人享有平等的偿付待遇，阿根廷是否

---

① Republic of Argentina v. NML Capital, Ltd., No. 12-842.

违反了债券合同中的该条款?

【主要法律依据】

1. 《美国外国主权豁免法》

第 1605 条 1 (2) 如有下列情况,外国主权国家不能免于美国联邦法院或各州法院的管辖:

(2) 该诉讼是基于外国主权国家在美国开展的商业活动提出的;或者基于在美国进行的与外国国家在其他地方的商业活动相关的行为提出的;或者基于在美国领土之外进行的与外国国家在其他地方的商业活动相关的行为,且该行为在美国产生直接影响提出的。

2. 《美国联邦民事诉讼规则》

第 26 条 (b) (1) 发现的内容必须与诉讼主张或辩护相关且不具有特权。法院应考虑信息的重要性、各方的访问能力和资源、发现请求的负担或成本等因素来评估相关性和比例性。如果发现请求过于广泛或负担过重,法院可以限制发现。

第 69 条 (a) (2) 判决债权人可以根据州法律通过发现程序获取被执行人财产的信息,以帮助执行判决。这包括使用书面问询、文件要求或口头问询等方式获取相关信息。

3. 案例法

Société Nationale Industrielle Aérospatiale v. United States District Court for the Southern District of Iowa, 482 U. S. 522 (1987) 案,讨论了跨国界的发现请求和国际礼让原则。

Republic of Argentina v. Weltover, Inc., 504 U. S. 607 (1992) 案,确认了外国主权的商业活动在特定条件下可受到美国法院的管辖。

【理论分析】

美国法院在裁决中主要依据了《美国外国主权豁免法》中的商业活动例外条款,认为阿根廷的债券发行属于商业活动,因此不适用主权豁免保护。此外,美国法院也考虑了平等待遇条款的具体内容和目的,裁定阿根廷未能遵守该条款,因此违反了债券合约中的关键条款。这一判决突出了国际金融法中对合约执行的严格要求,即使是主权国家在国际资本市场上也必须遵守商业合同的法律义务。

1. 国家的商业活动与主权豁免的界定

基于国家主权平等的国际法原则,国家主权豁免原则意在保护国家不受外国法院的管辖。然而,随着国家越来越多地参与商业活动,纯粹的国家主权豁免原则在实际应用中会导致不公平和滥用,特别是涉及全球资本市场的活动如债务发行时,该豁免原则可能不适用。因此,《美国外国主权豁免法》第 1605 条对这一传统原则作出重要调整,明确提出了商业活动例外。这一条款是国际法理论与国家实践之间的重要联系点,法院需要界定什么构成商业活动,及其如何影响一个国家在国际法上的地位和行为。本案中,阿根廷发行的债务证券明显属于商业性质,美国法院因此认定其不能享受主权豁免,此做法反映了现代国际法对于规范国家参与国际市场行为的态度。

2. 债务合同的法律强制性与国际合同法

国际合同法的一个基本原则是合同必须履行（pacta sunt servanda），要求合同一经签订，各方须无条件履行其义务，即使是国家也不能单方面违背其国际商业义务，除非存在法律允许的例外情况（如不可抗力）。在本案中，阿根廷的债券发行合同明确规定了债务的偿还条件和平等待遇条款。美国法院面临的理论问题是如何确保国家也像私人市场参与者一样遵守合同义务，这涉及国际法对国家行为的限制及国家如何在经济困难时期调整其国际义务的问题。美国法院要求阿根廷按照合同条款履行义务。这一裁决强调了合同在国际法中的法律地位，并提醒所有国家在考虑重组债务时必须考虑国际法律责任。

3. 平等待遇条款的应用

平等待遇条款在国际债务法中非常关键，要求债务人必须保证所有债权人享有同等的待遇，不能区别对待。在本案中，该条款成为争议的核心，因为阿根廷政府在对待接受重组和未接受重组的债权人时存在差异。[①] 法院需要解释该条款在具体的债务重组情景下如何实施，尤其是在一些债权人接受了重组条款而其他债权人拒绝接受时。这一理论分析关注国际金融法如何保护债权人的法律权益，同时兼顾国家的经济自主权。法院不认同阿根廷的解释和应用，显示了国际金融法在保护投资者权利方面的严格性，同时表明了在全球资本市场中法律义务的不可逃避性。

4. 国际金融市场的法律预见性和稳定性

国际金融市场的稳定性部分依赖于市场参与者对未来法律风险和市场行为的可预测性。国家作为市场参与者，其行为的可预见性对市场信心和稳定尤为重要。本案通过美国法院的明确裁决，为国际金融市场中的法律操作提供了预见性，确保了市场参与者能够在明确的法律框架内操作。这种可预见性是国际金融市场健康发展的关键，有助于维护全球经济秩序和减少未来潜在的法律冲突。美国法院通过判决强化了市场规则，确保即便在全球经济动荡期间，也能维持市场的法律和合同纪律。

【实操分析】

本案是一个标志性的国际金融法律事件，且本案还揭示了债权人在国际债务重组过程中的谈判力量及国家在经济危机中对国际金融法律义务的遵守情况。

1. 美国法院决策的影响力

在本案中，美国法院的决策对国际金融市场产生了深远的影响。首先，美国法院确认了即使是主权国家，其在国际金融市场的活动也必须遵守商业法规，特别是关于债务偿还的合同义务。此外，美国法院的判决强化了债权人对国家不履行或选择性履行国际债务的追索权。通过明确规定阿根廷必须按照原债券合约条款偿还债务，美国法院的决策提升了国际合同法在全球金融治理中的权威性和可执行性。

---

① 王国松、杨扬：《我国国际资本流动影响因素的实证研究》，载《国际贸易问题》2006年第5期，第100-107页。

2. 法律执行的跨国挑战

尽管美国法院作出了对 NML Capital 有利的判决，但执行该判决面临着巨大挑战。阿根廷政府拒绝自愿遵从判决，导致 NML Capital 必须在全球范围内寻求法律途径来扣押阿根廷的资产，如银行账户、房地产甚至是军事设备。这一过程涉及多个国家的法律系统，显示了在全球化背景下执行法院判决的复杂性和困难。

3. 债权人在国际债务重组中的谈判力量

NML Capital 的坚持不仅体现了债权人在追索国家债务中的法律地位，也反映了债权人在债务重组谈判中的策略和力量。本案表明，即便面对国家这样的债务人，债权人也可以通过法律手段维护自己的权益。NML Capital 的做法对债务重组谈判产生了重要影响，强调了法律手段在解决国际金融纠纷中的作用，并为其他债权人在类似情况下的行动提供了参考。

4. 经济危机中的国际金融法律义务

本案还突出了国家在经济危机中对国际金融法律义务的遵守问题。虽然阿根廷政府试图以国内经济困难为由减轻其国际债务负担，但美国法院的裁定明确指出，即使在经济危机期间，国家也不能忽视其按照国际合同法规定的债务偿还责任。这一点强调了法律责任的持续性和国家在国际金融体系中信用维护的重要性。

【思考题】

（1）在面临严重经济危机时，是否应允许主权国家调整其债务偿还条款？为什么？

（2）阿根廷在优先偿还接受重组的债权人而非全部债权人的情况下，是否违反了平等待遇条款？

（3）在主权债务违约案件中，法律裁决与经济现实（如债务国的实际支付能力）之间应如何平衡？

（4）国际收支平衡如何在主权债务重组中发挥作用？

案例二 赵某等人非法经营案①

【基本案情】

肖某、尤某为非法支付结算平台负责人，史某等 7 人为非法支付结算平台工作人员，赵某为虚拟货币交易团伙负责人，赵某鹏、周某凯为虚拟货币交易团伙成员。

1. 非法支付结算

2019 年 3 月至 2020 年 5 月，肖某、尤某、史某等人伙同华某福（另案处理），共同开发、搭建、维护"天天向上"跑分平台，该平台以兼职赚佣金为诱饵，纠集大量的个人或小微商户注册成"跑分客"，利用"跑分客"提供的个人微信、支付宝、银

---

① 最高人民检察院：《惩治涉外汇违法犯罪典型案例》，https://www.spp.gov.cn/xwfbh/wsfbt/202312/t20231227_638215.shtml#2，2024 年 8 月 24 日最后访问。

行卡账户等搭建资金通道,为境外赌博网站、"杀猪盘"诈骗等黑灰产提供支付结算服务,从中赚取佣金。该平台纠集了10万余个"跑分客"提供的37万余个资金账户进行收款转账,经查,2020年4月1日至5月18日,该平台非法支付结算数额达人民币31.9亿余元。

2019年6月至12月,赵某等人明知尤某钱款来源于非法支付结算平台,仍然使用个人银行账户收取人民币,并向尤某兑换虚拟货币从中获利,交易金额共计人民币2429余万元。赵某获利人民币3.5万元,赵某鹏、周某凯获利均为人民币5000元。

2. 非法买卖外汇

2019年2月至2020年4月,赵某组织赵某鹏、周某凯等人,在阿联酋和国内提供外币迪拉姆与人民币的兑换及支付服务。该团伙在阿联酋迪拜收进迪拉姆现金,同时将相应人民币转入对方指定的国内人民币账户,后用迪拉姆在当地购入"泰达币"(USDT,与美元锚定的稳定币),再将购入的泰达币通过国内的团伙即时非法出售,重新取得人民币,从而形成国内外资金的循环融通。通过汇率差,该团伙在每笔外币买卖业务中可获取2%以上的收益。经查,赵某等人在2019年3月至4月兑换金额达人民币4385万余元,获利共计人民币87万余元。

2022年3月24日,浙江省杭州市西湖区人民法院作出判决,以非法经营罪判处肖某有期徒刑11年,并处罚金人民币2000万元;判处尤某有期徒刑11年,并处罚金人民币1000万元;判处赵某有期徒刑7年,并处罚金人民币230万元;判处赵某鹏有期徒刑4年,并处罚金人民币45万元;判处周某凯有期徒刑2年6个月,并处罚金人民币25万元;判处史某等7人有期徒刑4年至1年2个月不等,罚金人民币200元至2.5万元不等。宣判后,肖某、尤某、赵某、赵某鹏提出上诉。同年9月5日,浙江省杭州市中级人民法院裁定驳回上诉,维持原判。

【主要法律问题】

1. 非法经营罪的构成

所有被告人的行为是否符合非法经营罪的法律构成要件?特别是对于涉及虚拟货币交易及外汇买卖的行为。

2. 非法支付结算、非法买卖外汇的行为认定

赵某及其团伙的行为是否知情并参与了非法支付结算活动?是否构成非法买卖外汇?

3. 虚拟货币在外汇交易中的地位

探讨使用虚拟货币(如USDT)作为交易媒介在外汇交易中的合法性及其如何被纳入外汇管制法律框架。

【主要法律依据】

1.《刑法》(2020)

第64条 犯罪分子违法所得的一切财物,应当予以追缴或者责令退赔;对被害人

的合法财产,应当及时返还;违禁品和供犯罪所用的本人财物,应当予以没收。没收的财物和罚金,一律上缴国库,不得挪用和自行处理。

第225条 违反国家规定,有下列非法经营行为之一,扰乱市场秩序,情节严重的,处五年以下有期徒刑或者拘役,并处或者单处违法所得一倍以上五倍以下罚金;情节特别严重的,处五年以上有期徒刑,并处违法所得一倍以上五倍以下罚金或者没收财产:

(一)未经许可经营法律、行政法规规定的专营、专卖物品或者其他限制买卖的物品的;

(二)买卖进出口许可证、进出口原产地证明以及其他法律、行政法规规定的经营许可证或者批准文件的;

(三)未经国家有关主管部门批准非法经营证券、期货、保险业务的,或者非法从事资金支付结算业务的;

(四)其他严重扰乱市场秩序的非法经营行为。

2.《外汇管理条例》(2008)

第7条 经营外汇业务的金融机构应当按照国务院外汇管理部门的规定为客户开立外汇账户,并通过外汇账户办理外汇业务。

经营外汇业务的金融机构应当依法向外汇管理机关报送客户的外汇收支及账户变动情况。

第17条 境内机构、境内个人向境外直接投资或者从事境外有价证券、衍生产品发行、交易,应当按照国务院外汇管理部门的规定办理登记。国家规定需要事先经有关主管部门批准或者备案的,应当在外汇登记前办理批准或者备案手续。

第39条 有违反规定将境内外汇转移境外,或者以欺骗手段将境内资本转移境外等逃汇行为的,由外汇管理机关责令限期调回外汇,处逃汇金额30%以下的罚款;情节严重的,处逃汇金额30%以上等值以下的罚款;构成犯罪的,依法追究刑事责任。

第45条 私自买卖外汇、变相买卖外汇、倒买倒卖外汇或者非法介绍买卖外汇数额较大的,由外汇管理机关给予警告,没收违法所得,处违法金额30%以下的罚款;情节严重的,处违法金额30%以上等值以下的罚款;构成犯罪的,依法追究刑事责任。

【理论分析】

1. 外汇管制的合法性和必要性

外汇管制是各国政府为了维护国家经济和金融市场的稳定而采取的一系列措施。通过限制资本的自由流动,政府能够减少外部经济冲击对本国经济的影响,从而维护国家的经济自主性和金融安全。例如,在经济危机或市场极度波动时,外汇管制可以阻止资本大规模流出,保护本币价值不受过度投机的影响。在本案中,赵某等人未经授权擅自进行外汇交易,直接违反了国家设定的外汇交易规则和法律。这种行为不仅可能导致资金流动的不合法和无序,还可能引发市场恐慌,扰乱金融市场的稳定,显示了严格外汇管制的重要性。

2. 外汇交易的正当性与非法性的辨别

合法的外汇交易通常须经过授权的金融机构,并遵循相关法律和规定,如真实的商业背景、正规的报告程序等。而非法外汇交易则包括通过未经授权的渠道进行的交易，或者目的在于规避税收和监管的行为。赵某通过使用虚拟货币进行外汇交易，本质上是绕过了正规的金融机构的监管，这不仅违反了直接的外汇管理法规，而且增加了金融系统对洗钱和资金流动的监控难度。这种行为在法律上属于非法经营，因为既未经许可，也没有遵守国家的外汇管制规定。

3. 外汇管制与国际金融安全

外汇管制在全球层面上也是维护国际金融安全的关键工具。非法外汇交易往往与洗钱、资助恐怖活动和其他形式的跨国犯罪有关。例如，赵某的非法外汇交易活动可能涉及跨国资金的非法流动，这不仅违反了单一国家的法律，也可能构成国际犯罪。强化国际合作对于打击这类犯罪非常重要。国际组织和多国政府可以通过共享信息、协调政策和共同执法来有效打击跨境犯罪活动，确保国际金融市场的稳定。

4. 监管技术与法律适用

随着金融科技的快速发展，如区块链和加密货币等新兴技术已经成为外汇交易的新渠道。这对现有的外汇管理法律体系提出了新的挑战。本案中法院和检察机关使用高技术手段分析证据，展示了在现代外汇管理中如何适应和应用新技术。监管技术的进步也需要法律法规的更新，以便更好地处理使用新技术进行的外汇交易。这包括制定清晰的规范，界定新型交易工具的合法性，以及建立相应的监控和报告系统。

【实操分析】

本案在确保国家经济和金融安全、打击非法外汇交易和适应金融科技发展方面发挥指导作用，从实操角度出发，在处理该类案件时，应当注意以下方面：

1. 以虚拟货币为媒介，实现人民币与外汇兑换的行为，构成非法经营罪

行为人以虚拟货币为媒介，通过提供跨境兑换及支付服务赚取汇率差盈利，系利用虚拟货币的特殊属性绕开国家外汇监管，通过"外汇—虚拟货币—人民币"的兑换实现外汇和人民币的价值转换，属于变相买卖外汇，应当依法以非法经营罪追究刑事责任。

2. 围绕虚拟货币钱包地址，查清虚拟货币交易链路

根据大多数虚拟货币的交易特点，掌握虚拟货币钱包地址，可以经公开渠道查询到该钱包地址下的虚拟货币交易记录。办理此类案件，要注重查清犯罪嫌疑人、被告人使用的虚拟货币钱包地址，可通过对犯罪嫌疑人、被告人使用的手机、电脑等电子设备及其存储的软件进行针对性电子勘验，获取钱包地址，在此基础上进一步查证涉案钱包地址的注册人信息及绑定的银行账户等相关信息。

3. 充分运用检察技术辅助办案机制，加强对电子数据的审查

办理涉虚拟货币交易及外汇买卖的案件时，手机、电脑中的电子数据对查明涉案行为类型、犯罪数额、主观认知具有重要价值。公安机关移送的电子数据包含的信息内容众多，检察机关要注重对与证明犯罪有关的有效信息的提取、梳理和审查。必要时，要通过检察技术辅助办案，对公安机关移送的电子数据中的信息做进一步恢复、

提取、检索。

4. 把握外汇违法犯罪新趋势、新特点

一是资金跨境转移更加隐蔽。"地下钱庄"非法买卖外汇更多采取跨境"对敲"模式，境内划转人民币，境外划转外汇，境内外资金独立循环，有意逃避监管视线。二是资金交易更加快速庞杂。银行卡、POS机、网络支付等支付结算工具便捷、高效，不法分子在全国范围内多银行、多账户间清洗、分散、聚合资金，虚拟货币等新型支付手段更增加了资金划转的隐匿性。三是非法信息发布传播"社交媒体化"。社交网络、直播平台充斥大量信息，境外网站、聊天软件提供私密交流工具，不法分子通过公开和私密联络发布非法资金兑换招揽广告、对接非法交易，被打击封堵后，在极短时间内更换网址卷土重来。

【思考题】

（1）赵某等人利用虚拟货币进行交易的行为，是否符合非法经营罪的认定标准？

（2）如何界定非法支付结算的行为？在本案中，肖某等人搭建"天天向上"跑分平台的行为，是否符合非法支付结算的认定？

（3）使用虚拟货币（如USDT）作为交易媒介在外汇交易中的合法性如何界定？

（4）外汇管理制度应如何应对利用虚拟货币进行跨境支付和资金转移的挑战？

第二节　国际银行法

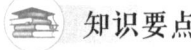知识要点

一、国际商业贷款协议核心条款

国际商业贷款协议是借款人与贷款人之间签订的金钱借贷协议，是国际贷款中的重要法律文件，是确定借贷各方当事人权利义务的依据。其五大类重要条款，具体如下：（1）商务事项条款。这些条款包括贷款的额度、用途、提取、偿还方法、提前还款选项、预定贷款的取消、利息及费用和印花税等，确保贷款的商业条款明确且具体化。（2）贷款管理条款。包括代理行条款、多数贷款权银行事宜和资金分享条款。这些管理条款旨在明确各方在贷款管理过程中的职责和权利。（3）保护性条款。包括先决条件条款、借款人的陈述与保证条款①、约定事项条款②和违约事件条款。这些条款的目的是保护贷款人的利益，确保贷款的安全性和合规性。先决条件条款规定了贷款发放前必须满足的条件，如政府批文、许可或授权和必要的公司文件。借款人的陈述与保证条款要求借款人就其法律、财务、商务状况作出准确的

---

① 在借款人的陈述与保证条款下通常还涉及持续保证（evergreen warranties）条款。

② 其中，消极担保（negative pledge）条款是无担保的银团贷款协议中最重要的一项约定事项。其核心内容通常为：在偿还贷款以前，借款人不得在其资产和收入上设定任何抵押权、质权、留置权或者其他担保物权，也不得允许担保物权继续存在。

说明和保证。约定事项条款是借款人对履行协议和相关行为作出的承诺，如不得在资产上设定任何担保。（4）法律事项条款。涵盖定义条款、文件通知方式条款、法律适用条款和管辖权条款，确保条款的法律基础牢固且执行无误。（5）特殊条款。在银团贷款中可能包括成本增加条款、税收条款和替代利率条款，处理额外的成本问题和可能的税务变化，以及应对利率变动的情况。

二、银团贷款

银团贷款或称辛迪加贷款，是多家银行共同向借款人提供的定期贷款。此方式分为直接银团贷款和间接银团贷款，直接银团贷款中各银行与借款人直接签约并统一管理贷款，而间接银团贷款由牵头行贷款后转售贷款份额给其他银行。银团贷款可筹集大额资金，分散风险，并通过合作减少同业竞争，通常用于大型政府或私企项目融资。

银团贷款涉及多个关键角色和具体的法律文件。其中，牵头行或经理行通常由借款人选择，负责组织和管理银团，起草信息备忘录，并吸引其他银行参与；[①] 代理行则作为银团与借款人之间的日常联系点，负责贷款的发放、监督及管理；参加行则根据各自的份额提供资金，并享有相应的权利与收益；借款人是贷款的接收方，负责按时还款及提供必要的财务信息；担保人则在借款人违约时，承担还款责任。委任书（mandate letter）是银团贷款的重要初步文件，由借款人发给牵头行，列明贷款的主要条款和条件，但通常不具法律约束力，除非其中的内容被明确为足够具体和完整，能构成合同的一部分。[②] 实践中，牵头行可能根据市场情况调整贷款条件，以便于银团的组建和运作。

三、项目融资

项目融资是一种为大型工程项目筹措资金的方式，主要针对特定项目公司，而非项目发起人。此种融资方式依赖于项目的预期收益和资产价值作为还款的主要来源，并限制贷款人的追索权。项目融资主要分为无追索权和有限追索权两种形式。在无追索权的项目融资中，贷款仅依赖项目产生的收益，而发起人不提供额外信用担保。有限追索权的项目融资允许贷款人在项目失败时向项目公司以外的第三方如发起人、购买者或政府追偿，但追偿仅限于其提供的担保金额。项目融资的关键是确保项目的收益稳定性，并将这些收益置于贷款人的控制之下，以降低财务风险。

四、国际贷款担保

国际贷款中，为降低不能收回贷款的风险，银行常要求借款人寻找第三方担保。担保主要分为信用担保和物权担保。

信用担保，即人的担保，通过担保人与贷款人签订的保证合同或出具保函等形式，确保借款人债务的偿还。这类保证包括无条件的偿付承诺及对借款协议变更的不受影响条款。物权担保则涉及借款人或第三方的有形与无形财产。随着国际融资的发展，独立保证如见索即付保函和备用信用证也变得常见，这些保证形式不依赖基础合同的履行情况，为贷款人提供了更直接的偿付保障。此外，安慰

[①] 菲利普·伍德：《国际金融的法律与实务》，法律出版社 2011 年版，第 46 页。

[②] 英国法院在"布兰卡诉科巴洛案"（Branca v. Cobarro）和"银莲花号案"（The Anemone）的判决。

信作为一种较软的保证形式，通常由母公司或政府出具，表明对借款的支持，但其法律效力依内容而定。这些保证措施均为减轻贷款风险和确保债权实现的关键手段。

物权担保在国际银团贷款中应用不广，原因包括借款人通常信用良好无须额外担保、普遍使用的消极担保条款减少了物的担保需求，以及担保物往往位于贷款人国外，难以管理和实现。物权担保主要形式包括让与担保、质押和抵押。让与担保常见于应收账款，需要借款人通知第三方债务人。① 质押涉及将动产或权利移交给贷款人作为债务担保。抵押则包括不动产和动产，要求法定登记和公示。浮动担保以债务人的全部或部分财产为担保，但实际担保价值直到约定事件发生时才确定。这些担保方式在国际融资中主要针对具体资产或收入流，以减少贷款风险。

五、巴塞尔委员会有关国际银行监管标准的主要规则

巴塞尔委员会通过发布多项国际银行监管标准，以防范金融风险和平衡银行间国际竞争，其中监管资本标准和流动性标准最为重要。监管资本标准主要关注银行的资本充足率，即监管资本与风险加权资产之比，以确保银行有足够资本承担潜在损失。《巴塞尔协议Ⅰ》设定资本充足率不低于8%，将资本分为核心资本和附属资本，并且对各类资本的贡献设限。风险加权资产的计算主要依据债务人风险，特别是信用风险和国家风险。为了提高银行系统的稳定性和抗风险能力，1996年《巴塞尔协议Ⅰ》通过修正案增加了市场风险的监管，② 包括标准法和内部模型法来计算市场风险的资本要求。

《巴塞尔协议Ⅲ》对监管资本标准进行了重要修改，主要以提高银行吸收损失的能力为核心。这一修订将一级资本细分为普通股一级资本和附加一级资本，提高了对二级资本的要求，并取消了三级资本。新规定增加了普通股一级资本充足率不低于4.5%，一级资本充足率不得低于6%，总资本充足率不低于8%的要求。此外，设立了包括留存超额资本、逆周期超额资本和系统重要性银行的额外资本要求，加强了系统性风险防范。

《巴塞尔协议Ⅲ》还引入了严格的资本质量和数量标准。一级核心资本需为普通股，商誉等无形资产和递延税项从普通股一级资本中剔除，以保证资本的真实可用性。二级资本工具发行需满足次级性和至少5年原始期限，以及在特定条件下才能偿还，确保资本工具的有效性。

为应对流动性风险，《巴塞尔协议Ⅲ》同步推出了流动性覆盖率（LCR）和净稳定资金比率（NSFR）两项流动性标准。LCR要求银行持有足够的优质流动性资产来覆盖未来30天的净现金流出。NSFR旨在确保银行长期资产的融资结构与其流动性风险相匹配，防止过度依赖短期融资。这些措施共同强化了银行系统的抵御风险能力，增强了金融系统的整体稳定性。

---

① 这方面的国际商事惯例有《联合国国际贸易应收款转让公约》和《联合国贸易法委员会担保交易立法指南》。
② 韩龙：《国际金融法前沿问题》，清华大学出版社2010年版，第57页。

案例一　中国光大对外贸易总公司与中国工商银行青岛市市南区第二支行借款合同纠纷上诉案①

【基本案情】

上诉人中国光大对外贸易总公司（以下简称光大实业公司）对与被上诉人中国工商银行青岛市市南区第二支行（以下简称中国工商银行青岛分行）、青岛市经济开发公司、青岛汽车配件厂和原审被告青岛电缆厂、青岛活塞厂、青岛奥迪斯活塞联合公司借款合同纠纷一案，不服山东省高级人民法院（2004）鲁民二初字第19号民事判决，向最高人民法院提起上诉。最高人民法院依法组成合议庭进行了审理。

本案中，青岛汽车配件厂需要资金用于生产经营，通过青岛市经济开发公司向中国工商银行青岛分行申请了总计1000万美元的国际商业贷款。该贷款分为两笔，第一笔为780万美元，第二笔为220万美元，均以美元计价。这笔贷款的用途是用于支持该厂的若干项目，包括硫酸小诺霉素、多层线路板和二极管等项目的生产。

中国工商银行青岛分行成功从国外筹集到所需资金后，于1990年12月30日与青岛市经济开发公司签订了两份借款合同。同时，为了保证贷款的安全，青岛电缆厂和光大实业公司分别向银行出具了不可撤销的担保书。光大实业公司的担保书中明确提到，为了保证青岛汽车配件厂能够偿还外汇贷款本息，他们将使用该项目产品出口的收汇来偿还，如果收汇不足，光大实业公司将负责补足所需的外汇额度。

青岛市经济开发公司按照合同约定，将这些资金划拨给了青岛汽车配件厂。然而，贷款到期时，青岛汽车配件厂未能偿还借款本金及利息。由于借款方未能履行合同义务，使担保方光大实业公司和青岛电缆厂也被卷入法律纠纷。

山东省高级人民法院在审理此案时，确认了所有合同的真实性和合法性，认为青岛汽车配件厂应当承担偿还贷款的责任。对于担保责任，法院裁定光大实业公司和青岛电缆厂应当按照其担保书的约定，承担相应的赔偿责任。特别地，由于外汇额度的取消，光大实业公司需要按照人民币与美元的兑换率来计算其应赔偿的金额。

山东省高级人民法院的判决还涉及对青岛市经济开发公司的责任认定，因为青岛市经济开发公司未将全部贷款金额交付给青岛汽车配件厂，法院要求青岛市经济开发公司直接向中国工商银行青岛分行偿还未交付的部分，并支付相应的利息损失。

光大实业公司不服初审法院的裁决，向最高人民法院提起上诉。最高人民法院经审理认为，原审法院的事实认定清楚，法律适用正确，因此驳回了上诉，维持了原判。

【主要法律问题】

1. 合同的效力

争议之一是借款合同和担保合同的有效性。法院需要评估合同的签署是否符合法律规定，各方当事人的意思表示是否真实，以及合同内容是否合法。

---

① 胡加祥：《国际经济法案例百选》，高等教育出版社2019年版，第156页。

2. 违约责任

贷款未能按时偿还，关键的法律争议是确定违约责任。具体来说，是确定青岛汽车配件厂作为借款人的还款责任，以及青岛市经济开发公司作为中介方的责任。

3. 担保责任

涉及担保方（光大实业公司和青岛电缆厂）的责任范围和条件，尤其是在借款人未能履约的情况下，担保方须承担的具体责任。

【主要法律依据】

1. 《民法通则》(1986，已失效)

第106条 公民、法人违反合同或者不履行其他义务的，应当承担民事责任。

公民、法人由于过错侵害国家的、集体的财产，侵害他人财产、人身的，应当承担民事责任。

没有过错，但法律规定应当承担民事责任的，应当承担民事责任。

2. 《合同法》(1999，已失效)

第52条 有下列情形之一的，合同无效：

（一）一方以欺诈、胁迫的手段订立合同，损害国家利益；

（二）恶意串通，损害国家、集体或者第三人利益；

（三）以合法形式掩盖非法目的；

（四）损害社会公共利益；

（五）违反法律、行政法规的强制性规定。

第125条 当事人对合同条款的理解有争议的，应当按照合同所使用的词句、合同的有关条款、合同的目的、交易习惯以及诚实信用原则，确定该条款的真实意思。

3. 《担保法》(1995，已失效)

第16条 保证的方式有：

（一）一般保证；

（二）连带责任保证。

第17条 当事人在保证合同中约定，债务人不能履行债务时，由保证人承担保证责任的，为一般保证。

一般保证的保证人在主合同纠纷未经审判或者仲裁，并就债务人财产依法强制执行仍不能履行债务前，对债权人可以拒绝承担保证责任。

有下列情形之一的，保证人不得行使前款规定的权利：

（一）债务人住所变更，致使债权人要求其履行债务发生重大困难的；

（二）人民法院受理债务人破产案件，中止执行程序的；

（三）保证人以书面形式放弃前款规定的权利的。

第18条 当事人在保证合同中约定保证人与债务人对债务承担连带责任的，为连带责任保证。

连带责任保证的债务人在主合同规定的债务履行期届满没有履行债务的，债权人可以要求债务人履行债务,也可以要求保证人在其保证范围内承担保证责任。

【理论分析】

1. **国际商业贷款的定义及特性**

国际商业贷款通常指的是跨国界的金融借贷,借贷双方可能位于不同国家,使用的可能是国际通用的货币如美元、欧元等。这类贷款通常涉及复杂的法律问题,如合同的效力、适用法律、争议解决机制等。在本案中,贷款由中国工商银行青岛分行提供,使用美元作为贷款货币,这标志着其为一笔典型的国际商业贷款。

2. **合同效力**

国际商业贷款合同的效力是评估此类贷款纠纷的首要问题。依据我国当时的《合同法》,合同双方需要明确意图并遵守法律规定。合同效力还取决于合同条款的公平性、合法性及双方的实际履行情况。在本案中,法院需要验证合同条款是否符合国内外的法律标准,包括利率、还款期限及担保条件等。

3. **跨境担保责任**

在国际商业贷款中,跨境担保是一大特点,涉及的法律问题包括担保的形式、效力及执行。[①]《担保法》规定,担保合同必须书面签订,并且担保内容需要明确。在本案中,担保方(光大实业公司和青岛电缆厂)为确保贷款的偿还,提供了不可撤销的担保书,这在国际贸易中是常见的做法。法院的任务是解释这些担保书的法律含义及其当事人在违约时的法律后果。

4. **适用法律与争议解决**

国际商业贷款常涉及多法域问题,确定适用法律尤为关键。通常情况下,合同双方可以约定适用的法律,但在没有明确约定的情况下,可能需要依据国际私法原则来确定。本案可能涉及的法律包括中国法律及相关国际法规。同时,争议解决机制(如诉讼、仲裁)的选择也是国际商业贷款中的重要方面。

5. **经济影响与风险管理**

国际商业贷款的另一理论核心是其对经济的影响及风险管理。从宏观经济角度看,这类贷款对国际资本流动和汇率稳定具有重要影响。从微观角度看,贷款风险管理包括信用评估、贷后管理及违约处理。本案中,青岛汽车配件厂的还款能力及其经济状况是法院考量的重点。

【实操分析】

在本案中,涉及的实践要点集中在实际借款人的确定和国际商业贷款利率的确定两个方面。这些要点不仅涉及法律的解释和应用,也涉及金融实务操作的具体细节,下面将对这两个方面进行详细分析:

第一,确定实际借款人。本案中涉及多方当事人,包括贷款方、借款方及担保方

---

① 徐冬根:《国际金融法》,高等教育出版社 2006 年版,第 45 页。

等,使借贷关系表面上显得复杂。然而,核心问题在于确定谁是实际借款人。在国际融资法律关系中,确定实际借款人是关键,因为实际借款人负责履行合同中规定的还款义务。这需要注意:(1)合同审查。首先通过审查贷款合同及相关分协议的内容,分析谁是承担还款责任的一方。在本案中,青岛汽车配件厂与青岛市经济开发公司签订了使用国际商业贷款的分协议,根据分协议,青岛汽车配件厂作为具体用款单位,承担了偿还转贷银行(中国工商银行青岛分行)全部贷款本息的责任。因此,实际借款人为青岛汽车配件厂。(2)法律文件的归属。审查与贷款相关的担保书及其他法律文件,确认这些文件中是否明确指出了借款人的身份。在本案中,担保书中明确指出担保是针对青岛汽车配件厂的借款提供的。

第二,国际商业贷款利率的确定。国际商业贷款利率通常是指国际市场上广泛接受的基准利率,如伦敦银行同业拆放利率(LIBOR),这一点在国际融资中尤为关键,因为它直接影响贷款的成本。[①] 但仍需要考虑以下关键要素:(1)利率构成。国际商业贷款利率通常包括基准利率加上一定的加点(spread)。基准利率反映了市场利率水平,而加点则基于借款人信用状况、贷款期限和市场状况等因素确定。(2)利率的市场影响。利率的确定受多种因素影响,包括经济政策、市场需求和供给、政治局势等。在本案中,贷款协议中议定的 LIBOR 是由几家指定的参考银行在规定时间报价的平均利率,反映了市场在合同签订时的资金成本。(3)风险管理。在国际贷款操作中,风险管理是核心要素之一。利率的波动可能对借款方的还款能力产生重大影响,因此在合同中设定适当的利率调整机制是必要的,以应对未来可能的市场变化。此外,还需关注利率的设定及其对借款方还款能力的潜在影响。考虑到国际市场利率的波动性,合同中应包括适当的条款以应对利率变动的风险。例如,可以设定利率上限和下限,或者在市场利率显著变动时提供重新协商利率的选项。在操作中,应采用透明的沟通和记录保持策略,确保所有交易细节都有文档记录和备案,特别是在涉及多方金融和法律结构时。此举不仅有助于防范法律争议,还能在争议发生时提供必要的证据支持。

【思考题】

(1)在国际商业贷款中,借款合同和担保合同的有效性应如何界定?应考虑哪些法律因素?

(2)在外汇额度取消的情况下,担保责任应如何计算?人民币与美元的兑换率对担保责任有何影响?

(3)在本案中,外汇额度的取消对借款人和担保人造成了哪些法律和财务影响?

(4)国际商业贷款中常见的法律风险有哪些?如何通过合同条款设计来防范这些风险?

---

① 杨势如:《国际贷款合同之若干法律问题》,载《理论界》2011年第7期,第49-53页。

案例二　深圳发展银行股份有限公司深圳罗湖支行等与佳木斯造纸股份有限公司等借款、担保合同纠纷上诉案①

【基本案情】

深圳发展银行股份有限公司深圳罗湖支行（以下简称罗湖支行）与佳木斯造纸股份有限公司（以下简称佳纸股份公司）之间的贷款及担保合同纠纷涉及的主要问题是贷款发放、利息支付违约及担保责任的履行。2001年11月23日，佳纸股份公司为解决流动资金和技术改造需要，向罗湖支行申请并获得了3亿元人民币的贷款。该笔贷款约定的年利率为6.633%，利息每月一次结算，每月20日为支付日。根据贷款合同的条款，如佳纸股份公司逾期支付利息超过一个月，则罗湖支行有权宣布贷款提前到期，并要求立即偿还所有未偿还的本金和利息。

同日，华夏公司和黑龙江辰能投资集团有限公司（原黑龙江省电力开发公司，以下简称电力公司）分别与罗湖支行签订了担保合同，同意为这笔3亿元贷款提供连带担保责任。这意味着一旦佳纸股份公司未能履行其还款义务，两家担保公司将承担偿还贷款的法律责任。

然而，到了2004年1月，佳纸股份公司因连续三个月未能按时支付利息，触发了贷款合同中的违约条款。罗湖支行随即向佳纸股份公司发出了《关于贷款提前到期的紧急催收函》，要求其在规定日期之前偿还全部贷款本金及利息。同时，罗湖支行也向华夏公司和电力公司发送了《关于履行担保责任的紧急催收函》，要求它们根据担保合同的约定履行担保责任。

由于佳纸股份公司及两家担保公司均未能如期履行还款义务，罗湖支行于2004年5月向广东省高级人民法院提起诉讼。在诉讼中，罗湖支行要求佳纸股份公司偿还本金、利息、罚息及相关费用，并要求华夏公司和电力公司承担连带清偿责任。

广东省高级人民法院经审理后认定，贷款合同和担保合同的签订和履行符合法律规定，佳纸股份公司和两家担保公司应依法承担相应的还款和担保责任。对于两家担保公司提出的关于银行未适当监管贷款使用情况的辩护，法院未予支持。因此，最终裁定佳纸股份公司必须偿还未付的贷款本金和利息，且华夏公司和电力公司须共同承担连带清偿责任。法院的判决进一步强化了合同法律责任的执行和金融贷款合同条款的法律约束力。

【主要法律问题】

1. 担保合同的独立性与效力

本案中，两家担保公司（华夏公司和电力公司）辩称，由于罗湖支行未适当监管贷款使用情况，其担保责任应当解除。然而，罗湖支行认为担保责任是独立于贷款合同的使用和管理的，即便贷款合同的某些条款未被严格执行，担保责任仍然存在。

---

① 中华人民共和国最高人民法院（2009）民二终字第96号。

2. 贷款合同违约条款的执行

佳纸股份公司违反了贷款合同中的支付条款,未能按时支付利息,导致贷款提前到期。此处争议在于贷款提前到期的合法性及其对担保责任的影响。

3. 连带责任保证的范围

担保公司争议的焦点还包括其连带责任的具体范围——是否包括罚息和复利。银行根据担保合同条款要求担保人偿还全部债务,包括本金、利息、罚息及实现债权的费用。

【主要法律依据】

1. 《合同法》(1999,已失效)

第 107 条 当事人一方不履行合同义务或者履行合同义务不符合约定的,应当承担继续履行、采取补救措施或者赔偿损失等违约责任。

2. 《担保法》(1995,已失效)

第 5 条 担保合同是主合同的从合同,主合同无效,担保合同无效。担保合同另有约定的,按照约定。

担保合同被确认无效后,债务人、担保人、债权人有过错的,应当根据其过错各自承担相应的民事责任。

第 13 条 保证人与债权人应当以书面形式订立保证合同。

第 17 条 当事人在保证合同中约定,债务人不能履行债务时,由保证人承担保证责任的,为一般保证。

一般保证的保证人在主合同纠纷未经审判或者仲裁,并就债务人财产依法强制执行仍不能履行债务前,对债权人可以拒绝承担保证责任。

有下列情形之一的,保证人不得行使前款规定的权利:

(一)债务人住所变更,致使债权人要求其履行债务发生重大困难的;

(二)人民法院受理债务人破产案件,中止执行程序的;

(三)保证人以书面形式放弃前款规定的权利的。

第 18 条 当事人在保证合同中约定保证人与债务人对债务承担连带责任的,为连带责任保证。

连带责任保证的债务人在主合同规定的债务履行期届满没有履行债务的,债权人可以要求债务人履行债务,也可以要求保证人在其保证范围内承担保证责任。

3. 《商业银行法》(1995)

第 29 条 商业银行办理个人储蓄存款业务,应当遵循存款自愿、取款自由、存款有息、为存款人保密的原则。

对个人储蓄存款,商业银行有权拒绝任何单位或者个人查询、冻结、扣划,但法律另有规定的除外。

第 73 条 商业银行有下列情形之一,对存款人或者其他客户造成财产损害的,应当承担支付迟延履行的利息以及其他民事责任:

(一)无故拖延、拒绝支付存款本金和利息的;

（二）违反票据承兑等结算业务规定，不予兑现，不予收付入账，压单、压票或者违反规定退票的；

（三）非法查询、冻结、扣划个人储蓄存款或者单位存款的；

（四）违反本法规定对存款人或者其他客户造成损害的其他行为。

【理论分析】

1. 贷款担保的法律性质

贷款担保在本质上是一种信用增强机制，允许债权人（如银行）在债务人未能履行还款义务时向担保人求偿。这种机制的存在显著降低了贷款的信用风险，提高了贷款的吸引力。国际贸易和金融活动中，由于参与方处于不同国家或地区，往往涉及不同的法律体系和市场环境，贷款担保的存在极大地提升了交易的安全性和双方的信心。在本案中，担保合同的法律性质决定了在债务人违约时担保人必须承担的责任。

2. 担保的独立性

担保的独立性意味着担保合同的效力与主合同（如贷款合同）的效力相互独立。即使主合同无效，担保合同依然有效，担保人仍须履行责任。① 这是国际金融法律实践中的一项重要原则，因为它确保了即使主合同因某些原因（如签订过程中的欺诈、误解或其他合法性问题）被宣告无效，担保责任依旧存在。这种独立性原则在国际担保法中尤其重要，因为它跨越了不同的法域界限，提供了更高程度的法律确定性和交易安全。《最高人民法院关于适用〈中华人民共和国民法典〉有关担保制度的解释》第 2 条规定了独立保函，保证了债权人的权益不因主合同的问题而受损。

3. 连带责任保证

连带责任是担保法中的重要制度，指担保人与债务人共同对债务承担还款责任。在贷款担保中，这意味着债权人可以要求任一担保人或债务人单独或全部偿还债务。这种类型的担保为债权人提供了更高水平的安全性，大大简化了债权人在债务违约时的追索程序，扩展了追偿的可能性。连带责任保证确保债权人可以直接向任一担保人追偿，而无须顾及债务人的偿债能力，从而显著降低了跨境贷款的复杂性和不确定性，故在国际融资中极为常见。

4. 风险分配机制

在国际贷款担保中，风险分配机制涉及债权人、债务人和担保人之间承担风险的方式和程度，这包括对债务的本金、利息、罚息等各种潜在损失的分配。良好的风险分配机制可以激励各方采取行动以最小化整体风险，并在发生违约或其他不利情况时，确保损失最小化。在担保的设置中，如何通过合同条款来明确风险的承担与转移，是设计国际金融产品时的关键考量。

在本案中，罗湖支行作为债权人，其将部分风险转移给了华夏公司和电力公司，后两者作为担保人，接受了在债务人违约时履行还款的法律责任。

---

① 陈本寒：《担保法通论》，武汉大学出版社 1998 年版，第 24 页。

【实操分析】

在涉及国际贷款担保的案件中，处理过程包含对担保合同、保证人责任及债权人权利的理解与实施，特别是在商业贷款中，担保的角色至关重要。以下详述本案中的四个关键法律问题，并展示其在实务操作中的应用。

1. **保证人的连带担保责任**

根据《民法典》第 681 条和第 688 条的规定，保证合同是为保障债权的实现，保证人和债权人约定，当债务人不履行到期债务或者发生当事人约定的情形时，由保证人履行债务或者承担责任的合同。当事人在保证合同中约定保证人和债务人对债务承担连带责任的，为连带责任保证。连带责任保证的债务人不履行到期债务或者发生当事人约定的情形时，债权人可以请求债务人履行债务，也可以请求保证人在其保证范围内承担保证责任。在本案中，华夏公司和电力公司作为保证人，与罗湖支行签订了保证合同，明确承担了连带责任。这意味着一旦佳纸股份公司作为债务人违约，两家保证公司须立即履行偿付责任，无须罗湖支行先行对债务人采取法律行动。

2. **立即追索权的法律逻辑**

在商业贷款中，债权人拥有的立即追索权允许其在债务人违约时直接要求保证人履行偿还义务，无须先对债务人进行追索。这种权利的设定减少了贷款银行的风险及潜在的财务损失，特别是在债务人财务状况恶化或无法偿还贷款的情况下。根据《民法典》第 153 条和第 154 条的规定，除非主合同违反法律和公序良俗，或债权人存在恶意串通等权利滥用的情况，否则保证人应无条件履行担保责任。本案中，罗湖支行行使了其立即追索权，要求保证人在债务人违约时立即偿还贷款。

3. **有多个保证人时的责任分配**

在涉及多个保证人的担保场景中，通常会在担保合同中明确每个保证人的责任范围。当有多个保证人时，保证形式可能是连带保证或分别保证。在连带保证中，每个保证人对整个债务负有全额责任，这对债权人是有利的。根据《民法典》第 688 条的规定，法人或其他组织可以作为保证人，若债务人未履行债务，则所有保证人需承担连带责任。本案中华夏公司和电力公司作为连带保证人，对佳纸股份公司的债务负有共同和完全的责任。

4. **保证人履行责任后的代位求偿权**

根据《民法典》第 519 条的规定，保证人在履行了担保责任后，有权向债务人追偿其所支付的款项。这种代位求偿权是对保证人的重要法律保护手段，确保保证人在履行担保义务后，能够从债务人处回收相应的款项。在贷款全额偿还之前，保证人通常无权追偿，保证合同中通常会限制这一权利，以保护债权人的利益。

【思考题】

（1）在国际贷款担保中，担保合同的独立性如何体现？华夏公司和电力公司辩称由于银行未适当监管贷款使用情况，其担保责任应当解除，这种辩护是否合理？

（2）贷款合同提前到期对担保责任有什么影响？银行是否有权要求担保人立即承

担担保责任?

(3) 连带责任保证的范围应如何界定?在本案中,两家担保公司是否应承担包括罚息和复利在内的所有债务?

(4) 银行在发放贷款和管理担保合同时,应如何确保贷款的合规使用,并降低担保人的风险?

第三节 国际证券法

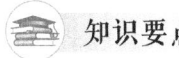
知识要点

一、国际证券及其基础性法律制度

国际证券是跨国公司、企业或政府为筹资而在国际市场发行的证券,涉及发行人、投资者及中介如投资银行等。在国际证券市场中,信息披露制度和禁止欺诈制度是确保市场透明度和维护投资者权益的关键法律制度。[1]

第一,信息披露制度。该制度要求证券市场的相关当事人在证券发行和交易过程中向公众公开相关信息。这包括初始披露,即首次公开发行和上市的信息披露;以及持续披露,即上市后持续向市场披露关键财务和运营信息。初始披露的核心是确保发行文件(如招股说明书)真实、准确且完整,而持续披露则确保市场参与者能持续获得影响投资决策的重要信息。注册制与核准制是监管信息披露的两种主要方法。注册制侧重于形式审查,确保披露的信息真实、准确和完整,而核准制则包括对证券及其发行条件的实质审查。

第二,禁止欺诈制度。证券欺诈行为包括虚假陈述、内幕交易和市场操纵,严重破坏市场秩序和投资者信心。虚假陈述可能涉及不实记录、误导性陈述或重大遗漏,导致投资者作出错误决策;内幕交易涉及使用未公开的敏感信息进行交易;市场操纵则是通过人为手段操控市场价格。各国通过强制法律责任、设立监管机构和制定严格的市场规则来打击这些行为,确保市场的公平和透明。

二、跨境直接发行

跨境直接发行指的是发行人以自己名义在境外资本市场发行证券,如公募发行和私募发行。公募发行向不特定公众投资者发行证券,受到严格规制,以保护投资者权益;私募发行则面向特定投资者,监管较为宽松。[2] 跨境直接发行与存托凭证不同,因其能直接体现发行人与投资者的法律关系,如股东或债权人关系。然而,中介机构的参与可能使投资者与发行人之间的直接关系变得复杂。此外,证券发行后的交易与是否上市存在区别,影响证券的流动性和监管情况。

在程序上,跨境直接发行涉及准备披露文件、监管审查和销售等关键步骤。以美国为例,外国发行人首先需要进行财务和公司结构调整,以符合美国证券法要求。

---

[1] 从构成多国证券法蓝本的《美国1933年证券法》和《美国1934年证券交易法》来看,证券法的两大基本任务和内容就是强制披露与禁止欺诈。

[2] 《美国1933年证券法》中的144A规则(Rule 144A)。

接下来，组建专业团队准备注册登记申请书和募集说明书。尽职调查则是验证募集说明书信息的关键步骤，确保披露无误和充分。注册登记阶段，发行人提交申请书给美国证券交易委员会（SEC），经过审查直到 SEC 宣布注册登记生效。在注册登记申请书提交后，发行人可开始路演推广，但在 SEC 批准前不能销售证券。证券批准后，发行人和承销商进行证券定价并开始销售。此后，证券可在交易所上市，上市过程包括提交上市申请、满足上市标准和签订上市协议。上市后，外国公司需持续披露财务信息，确保透明度和公平性。

三、存托凭证

存托凭证是由存托银行在与外国发行人签订的存托协议基础上发行的，代表境外基础证券（如股票或债券）的可转让凭证。这种安排使投资者可以在本国市场购买和交易外国公司的证券，而无须直接处理跨国交易的复杂性。存托凭证的主要优势包括避免跨国法律障碍和简化投资程序。

美国存托凭证（ADR）是一种特殊的证券形式，使外国公司能在美国资本市场进行融资，因此，发行国对存托凭证的发行和交易通常都实行规制。SEC 将 ADR 分为无保荐 ADR 和有保荐 ADR，后者根据功能和规制需求进一步分为一级、二级和三级 ADR。无保荐 ADR 通常是由投资银行在无外国发行人直接参与的情况下发行，主要在店头市场交易，受到较为宽松的规制。[①] 有保荐 ADR 则由外国公司直接参与发行，与存托银行签订协议，可以在全美证券交易所上市，需要满足更严格的信息披露和注册要求。一级 ADR 主要提供投资已有股票的途径，二级 ADR 允许在美国证券交易所上市但不涉及新证券的融资，而三级 ADR 允许外国公司在美国公开募集资金和发行新证券。此外，根据《美国 1993 年证券法》144A 规则的 ADR 专为机构投资者设计，允许在私募基础上交易，无须 SEC 的注册和标准信息披露。

四、跨境发行中的证券持有模式与投资者权益保护

在国际证券市场中，证券间接持有模式下的投资者权益保护是一个关键问题，因为在此模式下，投资者并非证券的名义持有人，而是通过中介机构持有证券。这种安排使投资者不能直接向发行人主张权利，并承受中介机构可能的破产风险。为应对这些问题，不同国家采取了多种法律解决机制。（1）英国信托所有权制度。英国引入信托制度，将投资者视为信托关系中的受益人，而中介机构为受托人。这种安排使中介机构成为名义上的所有人，而投资者则享有实质的所有权。此外，投资者的证券在中介机构破产时，作为独立财产被隔离，保护了投资者的权益。（2）美国的证券权益体系。美国通过《美国统一商法典》第 8 编第 5 章引入了"证券权益"概念，确定了账户持有人从证券中介人账户贷记证券时获得的权益。美国法律明确规定中介人对投资者的诚信义务，以及保护善意获取的证券权益者。（3）欧陆国家的共有权制度。欧陆法系采用共有权制度，要求证券中间人将客户的证券单独托管，确保在中间人破产时，这些证券可由投资者取回。

在国际层面，为处理跨境证券交易中法律的冲突和适用问题，国际机构制定了

[①] 戈西马丁·阿尔弗雷泽：《跨境上市国际资本市场的法律问题》，刘轶、卢青译，法律出版社 2010 年版，第 86 页。

《海牙证券公约》和《日内瓦证券公约》。① 首先，在《海牙证券公约》中，专门处理证券间接持有的国际法律冲突问题，允许当事人通过账户协议选择适用法律，并提供了确定法律适用的回归规则。其次，《日内瓦证券公约》专注于跨境证券交易的实体法问题，采用中介化证券的概念，强调功能主义方法，以协调不同法域间的法律规范。这些公约和制度为跨境证券交易中的投资者权益提供了更为系统的保护框架。

五、国际证券监管合作

双边证券监管合作主要通过双边司法协助协定和谅解备忘录实现。司法协助协定是国际法下的正式协议，规定参与国家在民事和刑事领域内相互提供司法协助，覆盖广泛事务如证据获取和犯罪收益没收等。然而，这些协定的程序和条件较为严格，可能影响其在证券违法犯罪查处中的效率。相比之下，谅解备忘录是证券监管机构之间常用的非正式合作工具，灵活且专注于监管合作，如信息交换和执法合作，但不具法律约束力，其执行依赖于双方的道义和合作意愿。

多边证券监管合作主要通过国际证监会组织（IOSCO）进行，该组织发表了多个具有重要影响的规范性文件。IOSCO 的《证券监管的目标与原则》确定了保护投资者、确保市场的公平、效率和透明及降低系统风险的监管目标，并提出了 38 项实施原则。此外，《外国发行人跨国发行与首次上市的国际披露准则》旨在提高信息披露的效率和可比性，加强投资者保护。《关于磋商、合作和信息交流多边谅解备忘录》则通过建立一个信息交换和合作的框架，提高跨境证券违法犯罪的查处效率。尽管 IOSCO 的规则不具有法律约束力，但其在全球证券监管实践中发挥了重要作用，尤其是在促进国际合作和提高监管效率方面。

案例一　徐某某诉光大证券股份有限公司期货内幕交易责任纠纷案②

【基本案情】

2013 年 8 月 16 日，光大证券股份有限公司（以下简称光大证券）在进行交易型开放式指数基金（ETF）申赎套利交易中，由于策略交易系统程序错误，错误地以 234 亿元的资金申购股票，实际成交 72.7 亿元。光大证券在错误发生后未立即向市场公开披露信息，而是在 13：00 至 14：22 期间通过卖空股指期货和卖出 ETF 对冲其风险。至 14：22，光大证券才发布公告，说明其策略投资部在使用套利系统时出现问题。

原告徐某某在知悉市场异动且在光大证券董事会秘书否认传闻后，进行了股票及股指期货合约交易，最终遭受损失。徐某某主张，其损失是由于光大证券的内幕交易行为未及时向市场披露导致的，故请求法院判令光大证券赔偿其经济损失。

光大证券反驳称：（1）错单交易影响的是整个市场，不属于针对某一证券的价格具有重大影响的内幕信息。（2）错单信息在当日 11 时 32 分即被媒体披露，并于 13 时

---

① Amir N. Lichta：Interational Diversity in Securities Regulation：Roadblock on the Way to Convergence. Cardozo Law Review，1998（20），P. 227-230.

② 中国法院网：《8 起投资者诉光大证券内幕交易索赔案宣判 6 名投资者胜诉获赔》，https：//www.china-court.org/article/detail/2015/10/id/1722908.shtml，2024 年 8 月 24 日最后访问。

申请临时停牌，发布了提示性公告，不存在未披露的内幕信息。（3）光大证券无主观过错，对冲交易是根据公开的交易策略执行的，具有合规性和正当性。（4）光大证券的交易行为与徐某某的损失之间不存在因果关系，股市自然波动导致的损失不应由光大证券承担。

一审和二审法院均认定光大证券的行为构成内幕交易。尽管光大证券声称其错误交易和对冲操作是根据交易系统和内部规则执行的，但事实上，在未及时向市场披露其巨额交易错误的情况下，选择秘密对冲其风险的做法，侵犯了投资者的知情权和市场的公平性。光大证券未能履行及时披露重要信息的义务，违反了有关证券市场的透明度和公平性的法律规定。

光大证券的内幕交易行为与徐某某所遭受的投资损失存在因果关系。由于光大证券未能及时披露内部错误交易信息，导致徐某某等投资者在不完全信息的情况下作出了错误的投资决策。因此，法院判决光大证券对徐某某的损失承担赔偿责任。

【主要法律问题】

1. 内幕交易的界定与证明

光大证券的行为是否构成了内幕交易？内幕交易通常需要满足关键要素，即交易方必须利用未公开的、可能对证券价格产生重大影响的信息进行交易。光大证券辩称其行为不属于利用特定证券的内幕信息进行交易，而是由于程序错误导致的操作，且该信息不针对某一证券而是整个市场，因此不构成传统意义上的内幕信息。

2. 信息披露义务

光大证券是否违反了及时和充分的信息披露义务？本案中光大证券在知悉错误后未立即公开相关信息，而是选择了首先对冲风险。

3. 因果关系的证明

光大证券的行为与徐某某的损失之间是否存在直接的因果关系？光大证券主张，市场价格的波动与其操作量小，其交易并未直接导致价格变动，因此不应对个别投资者的损失负责。

【主要法律依据】

1. 《证券法》（2013）

第5条 证券的发行、交易活动，必须遵守法律、行政法规；禁止欺诈、内幕交易和操纵证券市场的行为。

第63条 发行人、上市公司依法披露的信息，必须真实、准确、完整，不得有虚假记载、误导性陈述或者重大遗漏。

第71条 国务院证券监督管理机构对上市公司年度报告、中期报告、临时报告以及公告的情况进行监督，对上市公司分派或者配售新股的情况进行监督，对上市公司控股股东和信息披露义务人的行为进行监督。

证券监督管理机构、证券交易所、保荐人、承销的证券公司及有关人员，对公司依照法律、行政法规规定必须作出的公告，在公告前不得泄露其内容。

第 76 条 证券交易内幕信息的知情人和非法获取内幕信息的人,在内幕信息公开前,不得买卖该公司的证券,或者泄露该信息,或者建议他人买卖该证券。

持有或者通过协议、其他安排与他人共同持有公司百分之五以上股份的自然人、法人、其他组织收购上市公司的股份,本法另有规定的,适用其规定。

内幕交易行为给投资者造成损失的,行为人应当依法承担赔偿责任。

第 77 条 禁止任何人以下列手段操纵证券市场:

(一) 单独或者通过合谋,集中资金优势、持股优势或者利用信息优势联合或者连续买卖,操纵证券交易价格或者证券交易量;

(二) 与他人串通,以事先约定的时间、价格和方式相互进行证券交易,影响证券交易价格或者证券交易量;

(三) 在自己实际控制的账户之间进行证券交易,影响证券交易价格或者证券交易量;

(四) 以其他手段操纵证券市场。

操纵证券市场行为给投资者造成损失的,行为人应当依法承担赔偿责任。

2.《期货交易管理条例》(2013)

第 3 条 从事期货交易活动,应当遵循公开、公平、公正和诚实信用的原则。禁止欺诈、内幕交易和操纵期货交易价格等违法行为。

第 70 条 期货交易内幕信息的知情人或者非法获取期货交易内幕信息的人,在对期货交易价格有重大影响的信息尚未公开前,利用内幕信息从事期货交易,或者向他人泄露内幕信息,使他人利用内幕信息进行期货交易的,没收违法所得,并处违法所得 1 倍以上 5 倍以下的罚款;没有违法所得或者违法所得不满 10 万元的,处 10 万元以上 50 万元以下的罚款。单位从事内幕交易的,还应当对直接负责的主管人员和其他直接责任人员给予警告,并处 3 万元以上 30 万元以下的罚款。

国务院期货监督管理机构、期货交易所和期货保证金安全存管监控机构的工作人员进行内幕交易的,从重处罚。

【理论分析】

1. 内幕交易的界定和影响

内幕交易的定义在不同的司法管辖区可能有所不同,但一般认为,当个人或机构在敏感信息公开披露之前利用其进行证券交易时,即构成内幕交易。在本案中,光大证券利用因程序错误而未公开的交易信息进行了对冲操作,被认为是典型的内幕交易行为。内幕交易的危害在于它破坏了市场的公平性和效率,侵害了不具有这些信息的其他市场参与者的权益,从而损害了整个市场体系的信任基础。

2. 信息披露义务的范围和重要性

信息披露义务是现代金融市场法规中的一个核心原则,要求公司和其他金融机构公开其财务状况和其他对投资者决策可能有重大影响的信息。信息的及时和透明披露对于维持市场的完整性和效率至关重要。在本案中,光大证券未能及时披露其因程序错误导致的巨额错误交易,违反了信息披露义务,导致了市场的混乱和投资者的损失。

本案强调了信息披露的法律义务不仅限于财务信息,还应包括任何可能影响市场稳定和价格的重大事件。

3. 监管合作与投资者保护

在全球化的金融市场中,监管机构之间的合作对于维护市场秩序和保护投资者权益尤为重要。国际证券监管机构的合作可以通过多种形式进行,如信息共享、联合调查等。本案虽然是一起发生在中国的内幕交易案件,其影响却可能波及国际投资者和全球市场。这种情形下,监管机构之间的合作,如通过国际证券监管委员会组织等机制,对于迅速有效地解决跨国证券违规行为具有重要意义。

【实操分析】

首先,关于侵权行为的认定,根据《证券法》和《证券市场内幕交易行为认定指引(试行)》,对证券市场价格有重大影响的未公开信息属于内幕信息。在本案中,一旦相关信息公开,肯定会使股指迅速归位,显然这属于内幕信息。[①] 光大证券在内幕消息形成后至公开前的时间内进行了对冲操作和卖空股指期货合约,这明显违背了市场的公平交易原则。

其次,关于内幕交易的认定,内幕交易主要包括交易内幕信息、使用内幕信息及利用内幕信息等行为。内幕交易与正常的证券交易行为并无外在形式上的区别,区别仅在于内幕人员的主观心态。光大证券的管理层在没有向公众披露真实情况前就开始了交易,这种行为属于利用内幕信息进行的内幕交易。

最后,关于侵权行为与损害后果因果关系的认定,因果关系是民事责任构成的核心要素。在内幕交易中,如果投资者在内幕交易人进行内幕交易期间从事了与内幕交易主要交易方向相反的交易行为并遭受损失,通常认为内幕交易与投资者损失之间存在因果关系。根据《最高人民法院关于审理证券市场虚假陈述侵权民事赔偿案件的若干规定》,可采用推定因果关系,即无须投资者提供具体证据即可认定因果关系的存在。此外,如果投资者的交易品种与内幕交易品种价格关联性极弱,则难以认定存在法律上认可的因果关系。

就本案而言,内幕交易与投资者损害的因果关系可以从以下几个方面分析:

(1) 具体针对交易品种而言,如果原告投资者进行 50ETF、180ETF、IF1309、IF1312 交易可推定存在因果关系。如果原告投资者进行 50ETF、180ETF 的成份股交易,因光大证券在内幕交易期间 50ETF、180ETF 的成交量与市场同期成交量相比巨大,足以通过套利机制等因素影响 50ETF、180ETF 成份股的价格,故可推定 50ETF、180ETF 成份股损失与光大证券内幕交易行为存在因果关系。至于原告投资者上述品种之外的交易品种,由于与光大证券内幕交易品种的价格关联性极为微弱,无法认定存在法律上认可的因果关系。

(2) 具体针对交易方向而言,50ETF、180ETF 及相应的成份股交易规则为 T+1,可根据买卖方向判断交易方向。对于股指期货 IF1309、IF1312 而言,基于股指期货摊低成本、规避风险的策略,投资者会存在反复买卖行为,这种情况下可根据内幕交易

[①] 熊锦秋:《认定光大证券内幕交易依法有据》,载《上海证券报》2014 年 2 月 18 日,第 A02 版。

时间段内投资者买入的总手数与卖出总手数进行比较来认定交易方向。如果两者总手数相同,则应依据该时间段内的交易结算结果来判断交易方向,产生损失的,可认定为原告交易方向与光大证券交易方向相反。

(3) 具体针对交易时间而言,原告投资者在非内幕交易时间段跟风操作引发的损失,与光大证券的内幕交易行为不存在因果关系。因为对于投资者而言,在一个价格瞬息万变、波动巨大的市场上,每位投资者作出投资决策时应依赖于自己的判断,而不应对其他投资者的投资行为产生任何信赖,而且根本无法事先判断其他投资者的投资行为是有意、无意或者是存在错误。在交易之时,该投资者并不存在重大误解,也无从要求撤销这种交易行为。

【思考题】

(1) 本案中,光大证券的行为是否构成内幕交易?界定内幕交易行为的关键要素是什么?

(2) 光大证券在知悉错误后未立即公开相关信息,而是选择了首先对冲风险,这是否违反了及时和充分的信息披露义务?

(3) 信息披露义务在现代金融市场法规中的核心原则是什么?其重要性体现在哪些方面?

(4) 如何通过国际证券监管委员会组织(IOSCO)等机制,有效地解决跨国证券违规行为?

案例二　瑞幸咖啡有限公司财务造假案①

【基本案情】

瑞幸咖啡有限公司(Luckin Coffee Inc.)(以下简称瑞幸咖啡)是中国一家快速崛起的咖啡连锁品牌,成立于 2017 年,以其技术驱动的商业模式和快速扩张策略迅速在中国市场占据了显著地位。该公司的增长策略获得了投资者的广泛关注,2019 年 5 月,瑞幸咖啡在美国纳斯达克证券交易所成功上市,通过公开发行股票筹集了大量资金。然而,这家公司很快就因为一系列财务造假行为而成为国际焦点。

2020 年 1 月,瑞幸咖啡遭到美国做空机构浑水研究的指控,后者发布了一份详细的报告,指出瑞幸咖啡存在大规模的财务造假行为。报告中提到,瑞幸咖啡通过虚增其 2019 年的交易额和销售量来夸大公司的经营成果,以此误导投资者和市场分析师。瑞幸咖啡初步否认了这些指控,但随着更多证据的浮现,其不得不启动内部调查。

2020 年 4 月,瑞幸咖啡的内部调查确认了财务造假的事实,承认在 2019 年第二季度至第四季度期间虚增了约 2.2 亿美元的销售额。这一消息公布后,引发了市场的剧烈反应,瑞幸咖啡的股价应声暴跌,导致市值蒸发,投资者遭受巨大损失。

此后,瑞幸咖啡在美国面临了多起集体诉讼,投资者指控瑞幸咖啡及其某些高级

---

① Securities and Exchange Commission v. Luckin Coffee, Inc., No. 20-cv-10631.

管理人员违反了美国证券法，通过提供虚假和误导性的财务信息，诱使投资者在不明真相的情况下购买其股票。这些诉讼主要集中在瑞幸咖啡未能履行其作为上市公司的信息披露义务，特别是关于其财务状况、业务表现和运营风险的真实情况。

随着诉讼的推进，美国纽约南区联邦地区法院审理了这些案件。法院的裁判过程集中讨论了瑞幸咖啡及其高级管理层在公司上市和资本运作过程中的法律责任，尤其是在证券欺诈和市场操纵方面的责任。法院最终裁定瑞幸咖啡需对投资者进行赔偿，并对其实施了罚款和其他制裁措施，包括从美国纳斯达克退市。

【主要法律问题】

1. 证券欺诈

瑞幸咖啡是否通过虚假的财务报表和夸大的业务表现误导投资者，以及这种行为是否构成了证券欺诈？投资者集体诉讼指控称：瑞幸咖啡故意提供虚假的销售额和盈利信息，欺骗投资者和操纵市场，违反了美国证券法规定的诚信披露原则。

2. 信息披露违规

瑞幸咖啡作为在美国上市的公司，是否未能合理且透明地披露其财务状况和运营风险？相关指控称：瑞幸咖啡未能在美国证券交易委员会（SEC）规定的时间内及时修正和更新其财务报表以反映真实情况，违反了信息披露义务。

3. 管理层的责任

瑞幸咖啡的管理层在财务造假事件中承担何种责任，以及他们是否能有效地获得免责？相关指控称：瑞幸咖啡的高级管理层被指控直接参与或默许了财务造假行为，未能履行他们的管理职责和内部控制义务。

【主要法律依据】

1.《美国 1934 年证券交易法》

第 10（b）条 任何人在利用州际商业设施、邮寄系统或任何国家证券交易所设施的过程中，禁止采用任何操纵性或欺骗性手段、计划或伎俩，或进行任何欺骗性行为或业务，或在证券的买卖过程中做出任何虚假陈述或遗漏重大事实。

第 10b-5 条 禁止通过任何欺诈、欺骗或虚假陈述的手段来操纵证券市场。禁止在证券买卖过程中，进行任何虚假陈述或遗漏重大事实的行为。

2.《美国 1933 年证券法》

第 20 条 证券交易委员会有权向法院申请禁令或其他适当的法院命令，以防止违反《1933 年证券法》的行为。法院有权根据请求，对违反法律的人士发出禁令，并有权命令支付民事罚款。

3.《美国交易法》

第 21（d）条 证券交易委员会有权向法院申请禁令或其他适当的法院命令，以防止违反交易法的行为。法院有权根据请求，对违反法律的人士发出禁令，并有权命令支付民事罚款。

4. 《开曼群岛公司法》

第 86 条　公司重组和清算过程中的安排和计划,可以包括公司通过清算程序向其债权人或证券持有者分配资产的方案。这种方案需由开曼群岛大法院批准,并在临时清算人或重组人监督下执行。

5. 《美国联邦民事诉讼规则》

第 26 条　诉讼各方可以获取与任何一方的诉讼请求或抗辩相关的任何不具有特权的事项,并且这些事项的发现应当与案件的需要成比例。在考虑案件中的重要问题、争议金额、各方获取相关信息的相对能力、各方的资源、发现程序在解决问题中的重要性,以及拟进行的发现程序的负担或费用是否超过其可能带来的利益时,必须权衡信息的发现。符合这一发现范围的信息不必在证据中被采纳即可被发现。

第 69 条　金钱判决的执行通常通过执行令进行,除非法院另有指示。执行程序及附属和辅助判决或执行的程序必须符合法院所在州的程序,但如果有联邦法律适用,则应按照联邦法律执行。

【理论分析】

1. 财务报告透明义务

财务透明度是国际证券法的另一个核心理论,涉及企业应如实反映其经济活动的财务状况。瑞幸咖啡通过虚报销售额和其他关键财务指标,严重违反了透明度原则。《美国 1933 年证券法》和《美国 1934 年证券交易法》都强调了披露的重要性,要求公司提供全面、准确的信息以供投资者作出知情决策。瑞幸咖啡的行为不仅误导了投资者,也破坏了市场的信息效率,显示了财务透明度在维护市场公正性中的关键作用。

2. 投资者权利保护

投资者权利保护是国际证券法的基石之一,确保投资者能够在公平、透明的市场环境中作出投资决策。瑞幸咖啡的案件涉及了投资者由于公司内部欺诈行为而遭受的直接经济损失。根据《美国 1934 年证券交易法》第 10b-5 条,禁止任何在证券买卖中使用欺诈手段的行为。瑞幸咖啡的财务造假直接违反这一规定,造成了投资者信心的严重损失,引发了大量的法律诉讼和集体行动,这些都是投资者利用法律手段来寻求赔偿和保护自己权利的表现。

3. 虚假陈述责任

在国际证券法的框架下,虚假陈述的法律后果是必不可少的一环。该后果旨在惩罚违法者,恢复市场秩序,并作为对其他潜在违法者的警告。瑞幸咖啡最终从美国纳斯达克退市,并面临巨额的法律赔偿责任。这一结果不仅展示了监管机构对于证券欺诈行为的严厉态度,也体现了法律对维护市场完整性和保护投资者权益的承诺。

4. 管理层责任

管理层责任在现代公司治理和证券法律框架中占据核心地位。这一概念涉及公司高级管理人员(如首席执行官、首席财务官、董事会成员等)在公司运营、财务报告、合规性及对股东和其他利益相关者的责任。本案凸显了管理层在维护公司诚信、确保信息披露的准确性和完整性、建立有效的内部控制、遵守法律法规、管理风险、与股东沟通及持续监督方面的责任。这些责任的履行对于保护投资者利益、维护市场公平性和促进经济发展至关重要。

【实操分析】

在对虚假陈述行为的司法认定上，还有一个至关重要的问题就是信息披露中的重大性标准问题。也就是说，不能简单地认为证券发行中或持续性信息披露中的任何虚假陈述、信息失实、遗漏或误导都会导致民事赔偿责任。由于影响证券市场上一般指数的因素、影响对特定证券的市场估值的因素是多方面的，所以，无论是投资人欲证明发行人的虚假陈述行为构成其实际损失的主要原因，还是发行人欲证明其不当行为与投资人实际损失之间无因果关系，都不可能离开信息披露中的重大失实标准规则。

信息披露要求发行人充分披露有关的信息，但并非所有关于投资决策信息的不实陈述都会引起民事责任的承担。各国证券法在确定信息披露的民事责任时都是以重大信息的不实陈述为基础。

证券立法采纳的重大性标准必须保持以下两方面的平衡：一方面，该标准必须达到发行人具有可以合理地决定何为重大信息，从而满足即时披露义务的能力；另一方面，该标准也应当充分考虑投资者作出理性投资决策的需要。① 信息披露的重大性标准是一个非常含糊的概念，每个发行人都有义务根据自身情况确定一个信息是否重大，这使各国在立法中都难以用准确的词语对"重大"进行界定。因此，很多情况下要由法院在具体案件中进行判定。为了使信息披露的标准更具有可操作性，各国都对证券发行制定了一系列标准的表格，尽可能将证券发行中的信息披露规范化。在我国相关法律法规中，对于重大信息的标准，在《证券法》《公司法》《股票发行与交易管理暂行条例》等中有所列举，并通过证监会颁布的一系列规则予以具体化。

需要引起注意的是，从有利于投资者判断和保护投资者利益考虑，上述法律法规中列举的法定披露事项以外的重大信息的披露是必要的。因为重大信息是很难以准确的词语进行概括的，而且市场信息瞬息万变，许多立法者未能预料到的信息很可能也是影响公众决策的信息。在上述法律法规中，也有明确表明不限于所列举事项的信息公开的规定。如《公开发行证券的公司信息披露内容与格式准则第46号——北京证券交易所公司招股说明书》第3条规定："本准则的规定是对招股说明书信息披露的最低要求。不论本准则是否有明确规定，凡对投资者做出投资决策有重大影响的信息，均应披露。"第4条规定："本准则某些具体要求对发行人确实不适用的，发行人可根据实际情况，在不影响披露内容完整性的前提下作适当修改，但应在申报时作书面说明。"

【思考题】

（1）本案中，瑞幸咖啡是否通过虚假的财务报表和夸大的业务表现误导投资者？这种行为是否构成了证券欺诈？

---

① 王建文：《证券法研究》，中国人民大学出版社2021版，第25页。

(2) 信息披露违规的法律标准是什么？瑞幸咖啡在财务造假事件中违反了哪些具体的信息披露义务？

(3) 投资者如何通过法律手段来寻求赔偿和保护自己的权益？本案中，投资者的损失是如何计算和认定的？

(4) 高级管理人员在维护公司诚信、确保信息披露的准确性和完整性方面的具体责任是什么？

第八章

国际税法

第一节 税收管辖权与避免国际重复征税

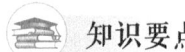 知识要点

一、税收管辖权

国际税法中的税收管辖权可以分为居民税收管辖权和所得来源地税收管辖权两大类。居民税收管辖权是基于纳税人与征税国之间的居民身份法律关系,允许征税国对居民纳税人的全球所得征税,体现为一种无限纳税义务。[①] 例如,根据《企业所得税法》,居民企业需就其全部所得缴纳税款。所得来源地税收管辖权则基于所得与征税国地域之间的经济联系,征税国仅对来源于本国境内的所得征税,纳税人在此基础上承担有限的纳税义务。各国征税权的行使通常依赖于所得的具体类别,如营业所得、劳务所得等,其来源地的确定是征税权行使的关键依据。[②] 这两种管辖权的存在,反映了国家在全球经济中维护税收权益的需要,同时也要注意通过国际税收条约解决可能的双重征税和管辖权冲突问题。

二、国际重复征税

国际重复征税分为法律意义和经济意义两种。法律意义上的国际重复征税指两个或两个以上国家对同一纳税人就同一征税对象在同一时间内课征相同或类似的税,主要涉及居住国和所得来源地国的税收主张。经济意义上的国际重复征税,也称双层征税,发生在两个国家对不同纳税人就同一税源课税,如一个国家对公司利润征税,另一个国家对股东的股息征税。

国际重复征税通常由三种主要冲突引起:首先,居民税收管辖权与所得来源地税收管辖权之间的冲突是最常见的,当一个国家的居民在另一个国家有所得时,这两个国家可能都会对同一所得征税。其次,两个国家对同一纳税人的居民税收管辖权可能发生冲突,这通常是由于不同国家使用不同的居民身份标准,如住所标准与居留时间标准。最后,两国对同一笔所得的来源地税收管辖权也可能冲突,尤其是当两国对所得来源地的定义不一致时,可能都将同一所得视为来源于自己的国内,从而导致重复课税。这些税收管辖权的冲突导致国际重复征税现象普遍存在,影响

[①] 廖益新:《国际税法学》,高等教育出版社2008年版,第102页。
[②] 例如,我国《企业所得税法实施条例》第7条明确规定了现行企业所得税法对各类所得的来源地判定规则,《个人所得税法实施条例》第5条具体规定了有关个人应税所得的来源地认定标准。

跨国经济活动的公平性和效率。

三、国际税收协定

国际税收协定旨在协调缔约国间的税收权益，防止双重征税，并提供行政协助。① 这些协定具体规范纳税人的所得税征税行为，适用于有居民身份义务的纳税人，且通常涵盖所得税和财产税。协定的地域效力与缔约国税法适用的范围一致，而时间效力则从协定文本生效的下一纳税年度开始。在处理双重居民身份冲突时，依据纳税人的永久住所、经济关系中心、习惯居处或国籍来确定其居民身份，以确保协定的正确适用。

国际双重税收协定主要包含四个核心内容。首先，协定限制缔约国对另一方居民所得的征税权，明确所得来源地国在何种条件下可对跨国所得征税，以减少税收管辖权冲突。其次，明确居住国在其居民被所得来源地国征税后，应采取何种措施（如免税或税收抵免）以消除国际重复征税。再次，协定禁止对缔约国国民的税收歧视，确保国民待遇原则在税收领域的体现，涵盖国籍无差别、常设机构无差别、费用扣除无差别及资本构成无差别等方面。最后，建立缔约国间的国际税务合作与协助关系，包括税收信息交换、税款追征协助及通过相互协商程序解决争议，确保税收协定和国内税法的有效适用，防止逃税和解决税务争议。这些内容共同构成双重征税协定的基础，旨在优化跨国经济活动的税务环境。

国际双重征税协定作为国际条约，与缔约国国内税法的关系涉及协定的内部法地位和应用。② 在中国，这类协定签署后经备案和通知即成为国内法一部分，无须转化程序。协定主要限制或调整征税权，不创设新的征税权，并优先于国内税法应用。国际双重征税协定与国内税法在法律概念和适用上相互补充，但在该协定和国内法冲突时，协定具有优先效力。此外，防止税收条约滥用的国内反避税规定可不受协定限制，以确保税法的正当实施。③

四、跨国所得的征税协调

第一，跨国营业利润的征税协调。根据双重征税协定中的常设机构原则，跨国企业的营业利润通常仅在企业所在国征税，除非其在另一缔约国有常设机构从事营业活动产生的利润。这部分利润可在常设机构所在国被征税，但仅限于归属于该常设机构的利润。此原则通过限定常设机构存在下的利润征税，同时允许居住国对已征税利润提供免税或抵免法以避免重复征税。

第二，跨国个人劳务所得征税权冲突的协调。跨国个人劳务所得征税权冲突通过固定基地原则和特定条件解决。对独立劳务所得，如果个人在他国设有固定基地并从中获利，所得来源地国可征税，否则一般由居住国征税。联合国税收协定范本允许所得来源地国在个人在该国停留超过183天或支付超过限额的劳务所得时征税，

---

① 尤其是经济合作与发展组织和联合国经济和社会理事会分别制定的税收协定范本，对推动这类双边税收协定内容和形式的规范化发展产生了重要的影响。经济合作与发展组织范本及其注释从1992年起开始采用活页版形式，即不定期进行修订或增补协定范本及其注释的内容，以适应解决国际经济交往不断出现的新问题的需要。目前最新的是2014年修订版的税收协定范本及其注释。

② 曾令良：《国际法学》，人民法院出版社、中国社会科学出版社2003年版，第26页。

③ 中国近年来在与有关国家重新谈判修订后的双边税收协定中开始载入了所谓反滥用协定的一般保留条款，在涉及纳税人滥用税收协定避税的情况下，中国保留适用国内税法中的反避税规则的权利。

即使无固定基地。对非独立劳务所得，通常所得来源地国可征税，除非劳务者在该国停留不超过183天，且报酬非由当地雇主或其设施支付。①特例是国际和内河运输工作人员的收入，仅由企业管理所在国征税。

第三，跨国投资所得征税权冲突的协调。这涉及股息、利息和特许权使用费的协调，常规做法是股息和利息在受益人居住国和所得来源地国均可征税，而特许权使用费通常仅居住国征税。协定限定源国的税率，以平衡双方利益。股息定义包括因持股取得的所有分配利润，利息涵盖各种债权产生的收入，特许权使用费则关乎知识产权等使用权的报酬。

第四，跨国不动产所得、财产收益和其他所得征税权冲突的协调。不动产所得通常由不动产所在地国征税，包括出租和其他使用所得。财产转让收益，如不动产和关联企业资产转让，通常也由所在地国征税，但转让船舶或飞机等国际运输工具的收益则由经营者居住国征税。其他类型的跨国所得，如未具体规定的，通常由受益人居住国征税，但部分协定允许源国也征税，尤其是在联合国税收协定范本中。这些规定旨在公平分配税收权益，防止双重征税。

五、避免国际重复征税的方法

第一，免税法是居住国放弃对境外所得的征税，避免重复征税，有利于促进跨国投资，但可能导致税负不公。第二，直接限额抵免法允许居民纳税人将已在所得来源地国缴纳的税额从居住国税款中扣除，限制抵扣额不超过境外所得按居住国税率计算的应税额。第三，间接限额抵免法主要解决跨国母子公司间的经济性重复征税问题，适用于母公司从子公司获得的股息。此法通过计算母公司所分得股息中所承担的子公司已缴税额，来确定母公司可从其居住国税款中抵扣的税额。②如果母公司实际承担的外国税低于或等于抵免限额，则可全额抵免；若超过限额，则只能按限额抵免，超过部分不予抵免。这种方法允许母公司在其国内税务中，考虑已由子公司在所在国支付的税款，从而减少国际双重征税的负担，促进跨国公司的合理税负分配。

案例一　美国泛美卫星国际系统责任有限公司诉北京市国家税务局对外分局第二税务所代扣代缴预提所得税决定案③

【基本案情】

1996年，美国泛美卫星国际系统责任有限公司（以下简称泛美卫星公司）与中国中央电视台签订了《数字压缩电视全时卫星传送服务协议》，后于1997年进行修正。根据该协议，泛美卫星公司提供特定的卫星转发器带宽，用于传输中央电视台的电视

---

① 为防止纳税人采用跨年度人为安排居留时间以规避来源国课税，2001年公布的联合国税收协定范本将该183天的计算修改为按在相关会计年度内开始或结束的任何12个月内累计计算。

② 关于适用间接抵免的外国企业持股比例的计算，参见中国国家税务总局公告2010年第1号《企业境外所得税收抵免操作指南》第6条及其相关示例说明。

③ 北京市高级人民法院（2002）高行终字第24号。

信号至指定的全球区域,包括太平洋、非洲、印度洋和拉美地区。中央电视台为此支付定期的服务费和设备费。

1999 年,北京市国家税务局对外分局第二税务所(以下简称北京市国家税务局对外分局)根据我国《外商投资企业和外国企业所得税法》要求中央电视台代扣代缴泛美卫星公司的预提所得税,计算基于全部收到的服务费,税率为 7%。泛美卫星公司随后依照要求缴纳了税款。

北京市第一中级人民法院及北京市高级人民法院在审理此案时,主要依据《中华人民共和国政府和美利坚合众国政府关于对所得避免双重征税和防止偷漏税的协定》(以下简称《中美税收协定》)和《外商投资企业和外国企业所得税法》的相关条款作出裁定。法院确认泛美卫星公司收到的服务费属于《中美税收协定》第 11 条定义下的"特许权使用费",即为使用或有权使用科学设备(卫星转发器)所支付的报酬。

根据《中美税收协定》第 11 条,特许权使用费包括使用或有权使用科学设备的报酬,其中明确提及可包括卫星系统。法院指出,泛美卫星公司的卫星位于外太空,中国中央电视台通过支付费用,使用了泛美卫星公司卫星的转发器功能,属于特许权使用范围。《中美税收协定》允许来源国(中国)按照协定规定的比例征税,不超过特许权使用费的 10%。根据《外商投资企业和外国企业所得税法》第 19 条,外国企业若在中国境内未设立机构、场所但取得利润等应税所得,或所得与设立的机构、场所无实际联系,均须缴纳所得税。

北京市高级人民法院最终判决维持了一审判决,认为北京市国家税务局对外分局依法对泛美卫星公司的收入征收预提所得税是合法的,同时指出该征税行为符合《中美税收协定》的规定,因此驳回了泛美卫星公司的上诉。

【主要法律问题】

1. **特许权使用费的界定**

泛美卫星公司提供的服务是否构成《中美税收协定》中所定义的特许权使用费?根据该协定,特许权使用费包括使用或有权使用工业、商业、科学设备的报酬。在本案中,中央电视台使用泛美卫星公司的卫星转发器功能来传输电视信号,是否属于使用科学设备的情形?

2. **预提所得税的适用性和税率**

是否适合按照《中美税收协定》向泛美卫星公司征收预提所得税,以及如何确定适用的税率?该协定规定,特许权使用费的受益所有人可以被征税,且税率不得超过收入总额的 10%。

3. **支付和扣缴义务**

法院依法认定中央电视台作为支付方的扣缴义务,以及泛美卫星公司作为收益人的纳税责任。

【主要法律依据】

1. 《中美税收协定》（1985）

第 11 条　特许权使用费

一、发生于缔约国一方而支付给缔约国另一方居民的特许权使用费，可以在该缔约国另一方征税。

二、然而，这些特许权使用费也可以在其发生的缔约国，按照该缔约国的法律征税。但是，如果收款人是该特许权使用费受益所有人，则所征税款不应超过特许权使用费总额的 10%。

三、本条"特许权使用费"一语是指使用或有权使用文学、艺术或科学著作，包括电影影片、无线电或电视广播使用的胶片、磁带的版权，专利、专有技术、商标、设计、模型、图纸、秘密配方或秘密程序所支付的作为报酬的各种款项，也包括使用或有权使用工业、商业、科学设备或有关工业、商业、科学经验的情报所支付的作为报酬的各种款项。

四、如果特许权使用费受益所有人是缔约国一方居民，在该特许权使用费发生的缔约国另一方，通过设在该缔约国另一方的常设机构进行营业或者通过设在该缔约国另一方的固定基地从事独立个人劳务，据以支付该特许权使用费的权利或财产与该常设机构或固定基地有实际联系的，不适用第一款和第二款的规定。在这种情况下，应视具体情况适用第 7 条或第 13 条的规定。

五、（一）如果支付特许权使用费的人是缔约国一方政府、行政区、地方当局或该缔约国居民，应认为该特许权使用费发生在该缔约国。然而，当支付特许权使用费的人不论是否为缔约国一方居民，在缔约国一方设有常设机构或者固定基地，支付该特许权使用费的义务与该常设机构或者固定基地有联系，并由其负担特许权使用费，上述特许权使用费应认为发生于该常设机构或者固定基地所在缔约国。

（二）如果根据第（一）项，特许权使用费不发生于缔约国双方的任何一方，但该特许权使用费与在缔约国双方的一方使用或有权使用该权利或财产有关，上述特许权使用费应认为发生于该缔约国。

六、由于支付特许权使用费的人与受益所有人之间或他们与其他人之间的特殊关系，就有关使用、权利或情报支付的特许权使用费数额超出支付人受益所有人没有上述关系所能同意的数额时，本条规定应仅适用于后来提及的数额。在这种情况下，对该支付款项的超出部分仍应按各缔约国的法律征税，但应适当考虑本协定的其他规定。

2. 《外商投资企业和外国企业所得税法》（1991，已失效）

第 19 条　外国企业在中国境内未设立机构、场所，而有取得的来源于中国境内的利润、利息、租金、特许权使用费和其他所得，或者虽设立机构、场所，但上述所得与其机构、场所没有实际联系的，都应当缴纳 20% 的所得税。

依照前款规定缴纳的所得税，以实际受益人为纳税义务人，以支付人为扣缴义务人。税款由支付人在每次支付的款额中扣缴。扣缴义务人每次所扣的税款，应当于五日内缴入国库，并向当地税务机关报送扣缴所得税报告表。

3.《外商投资企业和外国企业所得税法实施细则》（1991，已失效）

第59条 税法第19条第1款所说的利润、利息、租金、特许权使用费和其他所得，除国家另有规定外，应当按照收入全额计算应纳税额。

提供专利权、专有技术所收取的使用费全额，包括与其有关的图纸资料费、技术服务费和人员培训费，以及其他有关费用。

【理论分析】

1. 国际税收协定的优先性

根据国际法原则，国际条约或协定效力高于国内法律。《中美税收协定》与中国《外商投资企业和外国企业所得税法》之间的关系体现了这一点。当两者规定存在冲突时，应优先适用《中美税收协定》。这一原则在本案中得到了体现，尤其是在特许权使用费的征税范围和税率上。该协定明确规定了特许权使用费的定义及其税收处理方式，为本案的裁决提供了法律依据。

2. 税收管辖权的国际分配

国际税法的一大核心问题是如何分配税收管辖权，以防止国际双重征税并保证税收权益的公平分配。在本案中，泛美卫星公司提供的跨境服务引起了税收管辖权的问题。根据《中美税收协定》，特许权使用费可在所得来源地国（服务提供地）征税，但税率不得超过所得总额的10%。这一规定反映了所得来源地国对在其领域内产生的经济活动拥有一定的征税权，同时也规定了税率，以防止过度征税，体现了经济合作与发展组织（OECD）模式公约的通常做法。[①]

3. 特许权使用费的定义与识别

特许权使用费的定义是国际税收中的一个复杂问题，尤其是在现代经济中，非物质资产的使用日益普遍。《中美税收协定》将特许权使用费定义为使用或有权使用文学、艺术或科学作品，以及专利、商标等非物质资产所支付的款项。在本案中，泛美卫星公司提供的卫星转发器的使用权被视为特许权使用费的一部分，因为其是工业、商业或科学设备的一部分。[②] 这一点在裁判中得到了重视，体现了国际税法在解释现代技术服务中的适用性和灵活性。

4. 跨国服务提供的税务处理

本案还涉及跨国服务提供的税务处理方式。泛美卫星公司虽然是美国公司，但其服务的提供地在中国境内，通过卫星向中央电视台提供数字视频传输服务。这种服务的提供构成了中国税法下的"源泉所得"，因此属于中国税收管辖范围。国际税法中，围绕"服务提供地"与"受益人所在地"之间的税收归属问题，一直是复杂的讨论点。本案中，中国作为服务的实际发生地，拥有征税的权利，反映了所得来源地国税

[①] 陈延忠、任婕茹：《从泛美卫星公司税案看国际税收协定的解释》，载《涉外税务》2005年第10期，第36—41页。

[②] 苏浩：《泛美卫星公司税案与跨国营业利润和特许权使用费的界分》，载《武大国际法评论》2004年第2期，第318—333页。

收原则的应用。

【实操分析】

本案的焦点之一在于中国中央电视台支付给泛美卫星公司的费用属于何种法律性质，应由何种法律来确认和判定。《外商投资企业和外国企业所得税法》第 28 条规定："中华人民共和国政府与外国政府所订立的有关税收的协定同本法有不同规定的，依照协定的规定办理。"故法院判决中适用《中美税收协定》对泛美卫星公司的收入进行法律定性及收取所得税是有理有据的。本案虽发生在二十几年前，但其在当时对相关问题的推动及对今后法律解释的运用有着重要影响。

1. 跨国卫星传输业务的国际税收在国际上是一个有争议的问题[①]

在巴基斯坦，也存在该国税务部门对向本国电视台提供信号传输服务的泛美卫星公司征税而被泛美卫星公司起诉的情况，但最后泛美卫星公司胜诉。本案是在国际卫星传输业务领域中具有开创意义的重要判例，开启了对非居民企业向居民企业提供类似服务进行征税的先例。

2. 本案中法院的推理和判决涉及众多税收协定解释的理论问题

例如，《中美税收协定》和中国国内税法的关系、OECD 税收协定范本及注释的作用等。[②] 以往国际税收协定在中国的实际适用情况是，以财政部和国家税务总局等财政税务部门的行政解释为主，立法机关和司法机关的解释则相对较少。但是以本案为起点，法院开始成为国际税收协定的解释者，突破了在国际税收协定解释上税务主管机关行政解释占据的垄断地位，填补了司法解释的空白。随着我国国际贸易、投资体量越来越大，我国签署的国际税收协定也越来越多，越来越多的涉外所得税务征收会涉及国际税收协定的适用，相关税务纠纷和行政诉讼很可能会呈现不断增加的局面。可想而知，法院也将在国际税收协定的解释中发挥越来越大的作用。法院对税法解释的参与性提高，非常有助于对行政权进行监督和制约，促进税务征收法治建设。同时，我国的国际税收协定司法实践也会作为全球税收协定解释和适用活动的重要组成部分对全球国际税法理论和实践产生相应的影响。当然，本案也暴露了我国法院在处理国际税收协定案件中的不足。例如，法院没有分析《中美税收协定》中包含的解释规则与方法，而是认为其缺乏相应解释规则。在对该协定解释的过程中，法院还是较多地依赖税务机关的意见，导致法院的推理和论证不够严密。

3. 本案还涉及国际税务争议解决程序

泛美卫星公司用尽了我国解决与非居民纳税人税务争议的所有国内法程序，包括在行政领域内解决争议的行政复议程序，以及在司法领域司法机关对行政机关行政行为进行司法审查的行政诉讼程序。我国没有专门的行政法院或税务法院，有关税务行政诉讼由人民法院内部设立的行政审判庭依照其管辖权受理，并根据《行政诉讼法》

[①] 法悟：《美国泛美卫星公司是否应向中国纳税》，载《中国经济快讯》2003 年第 8 期，第 30-32 页。

[②] 彭岳：《税收协定的国内适用——基于〈企业所得税法〉第 58 条的考察》，载《北方法学》2016 年第 6 期，第 150-157 页。

和有关法律法规进行审理。除了税务行政复议和行政诉讼，有的国家还使用仲裁解决税务争议，泛美卫星公司仍然不服的话，还可以寻求解决国际税收争议的国际法程序，即双边税收协定中的相互协商程序来解决。

【思考题】

（1）如何界定特许权使用费与其他类型的服务收入？在现代经济中，非物质资产使用的增加如何影响特许权使用费的定义？

（2）当国际税收协定与国内税法存在冲突时，如何处理其优先适用的问题？《中美税收协定》在本案中的优先性如何体现？

（3）在跨国服务提供中，税收管辖权如何分配？所得来源地国和居民国的税收权利如何平衡？

（4）如何确定服务提供地与受益人所在地的税务处理问题？所得来源地国税收原则在跨国服务中如何应用？

案例二　英国内陆税务官员诉德国商业银行案①

【基本案情】

在英国内陆税务官员（Commissioners of Inland Revenue，IRC）诉德国商业银行（Commerz bank AG）案中，核心问题涉及德国商业银行在英国的活动所产生的商业利润的纳税问题。此案重点审视了常设机构的概念及德国和英国之间的双边避免双重征税协定下的税收协议权益的适用性。

20世纪90年代，德国商业银行在英国通过一个分支机构开展业务，该机构涉及银行和金融服务。该机构的业务包括向英国居民提供贷款、投资管理及其他典型的银行活动。问题是这些活动产生的利润是否应在英国纳税，或者只应在德国（银行总部所在地）纳税。

该案主要法律争议是德国商业银行在英国进行的活动是否构成德国和英国双边税收协定定义下的常设机构。根据OECD税收协定范本第5条，常设机构是指企业全部或部分经营活动的固定营业地点。英国税务机关（内政税收局）认为，德国商业银行的分支机构在英国的活动足以构成常设机构，从而使该机构在英国的利润应受到英国税法的约束。

德国商业银行认为，其分支机构在英国的运营没有达到常设机构的标准。德国商业银行辩称，其分支机构活动属于准备和辅助性质，根据税收协定，这些是常设机构定义的例外。德国商业银行坚持认为，其分支机构活动应视为辅助其在德国主要开展的核心银行业务。

法院的判决涉及对德国商业银行分支机构在英国活动性质的详细分析。法院审查了通过该分支机构进行的具体活动和运营，以确定这些活动是否超出了准备和辅助活

---

① The Queen v Inland Revenue Commissioners, exparte Commerzbank AG. Case C-330/91.

动,从而构成常设机构。法院最终支持了德国商业银行的观点,裁定德国商业银行分支机构在英国的活动不构成常设机构。法院发现,虽然这些活动对德国商业银行的运营至关重要,但没有达到使其在英国应税的标准。因此,这些利润只需在德国纳税。

【主要法律问题】

1. 常设机构的定义

根据德国和英国之间的双边税收协定,参考了OECD税收协定范本的第5条,常设机构被定义为一个企业通过其在另一缔约国的固定营业地点开展全部或部分业务的场所。本案的争议问题是德国商业银行在英国的操作是否满足这一标准。

2. 相关活动是否属于准备或辅助性质

依据德国和英国之间的双边税收协定,某些活动如仅具有准备或辅助性质,则不构成常设机构。法院需要评估德国商业银行在英国的具体活动是否超越了这些界限。

【主要法律依据】

1. OECD税收协定范本(1977)

第5条 常设机构

常设机构指企业通过在另一个缔约国的固定营业地点从事全部或部分经营活动的场所。

列出不构成常设机构的活动类型,包括:用于存储、展示或交付企业商品的设施;维持企业商品存货的设施,仅用于存储、展示或交付;仅用于采购商品或收集信息的固定营业地点;仅用于为企业进行广告宣传、提供信息、进行科学研究或类似活动的固定营业地点,这些活动是辅助性或准备性的。

2.《英国所得税(贸易与其他收入)法2005》

第5条 贸易所得税的征税基础是所得税对贸易、职业或行业的利润征收。

第6条 对贸易利润征税的地域范围

(1)根据本章的规定,某人从事的贸易的利润被视为:(a)在英国产生的利润,或(b)从在英国进行的贸易中产生的利润。

(2)根据本条的规定,利润被视为在英国产生,如果它们是根据所得税法在英国产生的贸易利润。

3.《德国公司税法》

第8条 公司税的适用范围

公司税适用于所有在德国有税务居住权的公司、协会和其他法律实体。这些实体的全球收入都需缴纳公司税,无论其来源地在德国境内还是境外。

在德国没有税务居住权,但在德国境内有常设机构的外国公司,仅对其在德国常设机构取得的收入缴纳公司税。

第12条 外国常设机构的利润计算

德国公司在外国设立的常设机构,其利润按照独立企业原则进行计算,即该常设机构的收入和支出应独立于母公司进行核算。

德国公司需在年度申报中报告其外国常设机构的利润。为避免双重征税，这些利润可以在德国享受税收抵免或豁免，但需符合双边税收协定的相关规定。

【理论分析】

1. 常设机构的界定

常设机构的定义是国际税法中的一个核心概念，其决定了一个国家对跨国公司收入的征税权，其核心在于区分辅助性活动与实质性经营。在本案中，德国商业银行的英国分支机构虽具备实体办公场所并从事贷款、投资等业务，但法院最终认定其不构成常设机构，原因在于两点：其一，分支机构的功能定位仅为执行日常操作，核心决策权仍由德国总部掌控，其角色实质是总部的延伸工具；其二，常设机构的认定需满足"独立创造利润"的经济实质标准，而该分支机构的收入依附于总部整体业务，未独立承担市场风险或自主定价。法院通过功能、风险的双重分析法，强调常设机构的界定不应是形式判断，而应以经济活动实质归属为核心。

2. 国际税收协定的适用与解释

本案中，英德之间的双边税收协定如何适用是关键。双边税收协定中对常设机构的定义和关于电子服务的规定，对案件的裁决具有直接影响。双边税收协定通常旨在避免双重征税并确保税收权的公平分配，但具体条款的解释往往需要详细分析，尤其是在涉及新型业务模式如电子商务时。

3. 准备性和辅助性活动的例外

根据 OECD 税收协定范本，某些被认为是准备性或辅助性的活动，如存储、采购等，通常不构成常设机构。本案中，判断德国商业银行在英国的活动是否超出了这些准备或辅助性活动的范畴，对确定其税务归属至关重要。如果这些活动被认为是核心业务的一部分，那么税务责任将随之而来。

4. 跨境服务的税收归属问题

服务业特别是金融服务业的跨境税收归属问题，在国际税法中尤为复杂。当服务如金融咨询、远程操作等可以通过电子方式跨境提供时，确定服务收入的税收归属地就变得更加困难。这需要对相关国家的税法进行详细解析，并考虑如何适应不断变化的商业环境和技术发展。

5. 双边税收协定与国内税法的关系

在解决国际税收争议时，经常会遇到双边税收协定与国内税法之间的冲突。在本案中，如何权衡这两者之间的关系，特别是在解释和适用条款方面，对案件的判决至关重要。国际法原则通常优先于国内法，但实际操作中必须对具体的法律文本和条款给予精确的法律解释。

【实操分析】

在本案之前，英国法院在诸多判例中使用了国内税法的解释方法来解释税收协定，备受学者的抨击。时至今日，各国理论界与实务界已逐渐认识到税收协定的解释不同于国内税法的解释，其是一个独立的问题，① 两者的区别具体包括以下几个方面的内容。

1. 解释对象不同

国内税法解释的对象是国内税法规则，是征税规则。对于纳税人而言，税法规则意味着权利的受限、义务和负担的设定和施加。因此，对这种规则的解释，主要是采取文义解释和严格解释，原则上禁止类推适用。同时，在解释上必须遵循"有疑则不课税"原则，只有个别情况才能采用"有疑则课税"，如免税项目的解释。

税收协定解释的对象则是协定规则。与国内税法征税规则不同，协定规则是一种通过限制各国征税权、划分国家间征税权、避免国际双重征税的冲突规则。简言之，协定规则是一种限制征税的规则，其作用在于减轻税收负担，而非征税。对于纳税人而言，协定规则意味着获益。作为国际条约，协定规则也应予以限制解释，因为只有在协定的文本本身明白无疑时才能推定协定缔约方放弃了其主权。这要求税收协定的解释遵循"不利于提出者的解释原则"和"从轻解释原则"，即当有多种解释时，优先采用对承担义务一方而言义务较轻的解释。同时，由于协定用语较为简括，给进行目的解释及适用实质优于形式等概念留有更大的空间。

2. 解释方法不同

税法解释的方法包括文义解释、体系解释、历史解释、目的解释、合宪解释等。但各国对文义解释和法意解释的偏重程度不同，普通法国家较强调文义解释，原则上不允许解释立法者的意图。大陆法系国家则强调法意解释，轻文义解释。

根据《维也纳条约法公约》的规定，解释税收协定准用的方法主要有文义解释、体系解释、目的解释和历史解释。税收协定的解释方法，是不同法系解释方法的折中和妥协。② 在特殊情况下，协定用语也可以用国内税法的解释方法加以解释。如果某一协定术语在协定中没有明确定义，根据 OECD 税收协定范本第 3 条第 2 款，可以依照缔约国国内有关税法概念进行解释，但国内税法同样可能对此没有直接作出明确的法律定义。此时可以通过法律解释，确定该术语在国内税法上的内涵和外延，并适用于相应协定用语的解释。在此法律解释过程中，所适用的只能是国内税法的解释方法，这实际上是援引国内税法解释方法来解释协定用语。

3. 解释规则不同

税收协定的解释属于国际条约的解释，应遵循国际法关于条约解释的一般原则，即《维也纳条约法公约》第 31~33 条的规定。税收协定的解释应严格地就其用语，按照上下文并参照其目的和宗旨所具有的通常意义，善意地予以解释。只有当根据协定本身的用语和上下文联系进行解释"意义仍属不明或难解"，或"所获结果显属荒谬不合理时"，才可使用包括《维也纳条约法公约》之准备工作及缔结的情况在内的补充资

---

① 彭岳：《国内法院对税收协定的解释：一个体系整合的视角》，载《法治研究》2018 年第 1 期，第 142-147 页。

② 谈晨逸：《国际税收协定解释规则研究》，载《国际税收》2019 年第 3 期，第 42-46 页。

料进行解释。税收协定本身还规定有专门的解释通则，即 OECD 税收协定范本第 3 条第 2 款的规定。根据这一规定，缔约国一方适用协定时，对未经协定明确定义的用语，除上下文另有要求以外，应当具有该缔约国有关本协定税种的法律所规定的含义。就这两个解释规则的关系而言，前者为税收协定解释的一般规则，后者则属于协定解释的特殊规则。根据特殊规则优于一般规则的法理原则，在解释税收协定时，OECD 税收协定范本第 3 条第 2 款应优先于《维也纳条约法公约》第 31~33 条适用。

【思考题】

（1）根据 OECD 税收协定范本，哪些活动被视为具有准备或辅助性质，不构成常设机构？德国商业银行在英国的活动是否超出了这些界限？

（2）电子商务和数字服务的兴起，对跨境服务税收归属问题带来了哪些挑战？如何应对这些挑战？

（3）跨国企业在不同国家开展业务时，如何分配税收管辖权，以防止双重征税和确保税收公平分配？

（4）在解决国际税收争议时，双边税收协定与国内税法之间的关系如何处理？本案中是如何体现这一关系的？

第二节　防止国际逃税与避税

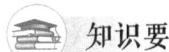知识要点

一、国际逃税与避税的主要方式

第一，国际关联企业滥用转让定价交易避税。关联企业，尤指国际范围内，为了避税，经常采用转让定价手段操纵内部交易。通过人为地调整交易价格，关联企业能将利润从高税率国家转移到低税率国家，从而降低整个集团的总体税负。这种做法虽然普遍，但在很多国家是不被允许的，因为它违背了独立竞争的市场原则。

第二，利用避税港基地公司避税。避税港通常是税率极低或不征税的国家和地区，如巴哈马、开曼群岛、瑞士等。纳税人通过在这些地区设立基地公司，进行国际避税，主要方式包括虚构交易和利润转移，以及通过基地公司累积利润避免高税负。这些公司虽在避税港注册，但其主要业务和收入来源常在境外，利用国际税法漏洞减少税负。①

第三，资本弱化避税。资本弱化避税是跨国投资人通过调整股份与贷款的比例来减少税负的策略。通常，股份融资受到重叠征税，而贷款利息通常可从应税所得中扣除，享受更优惠的税收待遇。跨国投资人利用这种税负差异，将本应以股份形式提供的资金转换为贷款形式，以减轻或逃避国际税负。这种策略在国际税法中被视为"隐蔽的股份投资"或"资本弱化"，已引起多国税务当局关注。

---

① Brian J. Amold, Michael J. McIntyre: International Tax Primer: 2nd ed., Klu-wer Law International, 2002, P. 89-90.

第四,滥用国际税收协定避税。滥用国际税收协定避税指的是通过在缔约国内设立导管公司来间接享受税收优惠待遇的做法。这种策略通常涉及两种类型的导管公司:直接导管公司和踏脚石导管公司。直接导管公司直接收取另一缔约国的所得享受税收减免;踏脚石导管公司则通过多国公司结构,使利润在低税环境中转移,从而减轻源自第三国的所得税负。这种策略利用税收协定之间的漏洞,使纳税人可以在不完全符合资格的情况下享受税收优惠,引起了许多国家税务当局的关注。

二、规制国际逃税和避税的国内税制

第一,关联企业的转让定价税制。关联企业的转让定价税制旨在规制关联企业利用内部交易滥用转让定价进行避税,确保交易定价反映真实的经济活动。各国根据OECD的指导原则,采用公平交易原则来审视关联企业的交易价格,要求价格应与独立企业间的市场价格一致。常用的转让定价方法包括可比非受控价格法、再销售价格法、成本加成法、交易净利润法和利润分割法。这些方法要求对交易的可比性进行分析,确保关联与非关联交易在多个方面如功能、风险和市场条件等相似。此外,为减少税务争议,一些国家实施预约定价安排,允许企业与税务机关事先确定交易定价原则,避免未来再进行调整。

第二,受控外国公司税制。受控外国公司税制是针对居民企业通过在低税国家的基地公司累积未分配利润以避税的制度。美国在1962年首创此制度,随后加拿大、德国、日本及中国等也实施了类似规定。中国《企业所得税法》规定,如果由中国居民控制的外国企业在税负明显低于中国的国家未因合理经营需要而减少利润分配,这些利润应计入股东的中国居民企业的当期收入中,从而取消其在中国的税收延迟待遇。

第三,资本弱化税制。资本弱化税制针对企业通过增加债权性投资(如贷款)相对于权益性投资(如股权)来避税的行为设立。此制度限制了企业从关联方接受的债权投资与权益投资比例,超过法定比例的利息支出不得税前扣除,被视作股息分配。中国《企业所得税法》将金融企业的债资比例设为5:1,其他企业为2:1。若超过这一比例,利息支出不得扣除,但法规也允许在符合独立交易原则的情况下例外允许扣除,以平衡避税规制与合理财务安排之间的关系。这种制度旨在维护国家税基,防止通过资本结构调整减少税负。

第四,一般反避税规则。一般反避税规则是各国税法中用以打击复杂国际避税行为的抽象原则。这些规则如"实质优于形式"和"合理商业目的"原则,使税务机关能够适应不断变化的避税策略,规制不在特定反避税制度覆盖范围内的避税行为。例如,中国《企业所得税法》规定,对于没有合理商业目的仅旨在减税的交易,税务机关可以重新调整,确保交易反映其经济实质。这使税务机关有权对非居住企业的境外股权转让等可能避税的交易进行调整,有效防范税基侵蚀,维护国家税收权益。

三、防止国际逃税与避税的国际合作

第一,在国际税收协定中设置反滥用协定条款。在国际税收协定中,增设反滥用协定条款对于防范和打击第三国居民滥用协定优惠待遇的行为至关重要。这些条款主要包括受益限制条款、主要目的测试条款和反避税一般保留条款。受益限制条款通过限定特定优惠适用的缔约国居民范围,排除那些仅为享受税收优惠而设立的导管公司资格。① 主要目的测试条款允许税务机关根据交易的主要目的是否为获取税收优惠进行判定，进而决定是否给予税收优惠。反避税一般保留条款则明确规定，缔约国可在发现滥用情况时，依据其国内法进行规制，确保不受协定条款限制。

第二，通过税收协定建立国际税收情报交换制度。国际税收情报交换制度是防止跨国纳税人逃税和避税的关键机制。此制度允许缔约国税务机关互换有关纳税人的跨国交易和财产收入的信息。根据 OECD 和联合国税收协定范本，这些协定通常规定交换的信息类型和范围、交换方法及信息的使用和保密要求。信息交换可以是例行的、应特别请求的、自动的或主动的，且只限于协定规定的税种。收到的信息需按国内法律规定的保密措施处理，确保只用于税务目的，除非法庭需要公开。

第三，国际税款征收协助。国际税款征收协助涉及一个国家的税务机关代表另一国在本土执行税款征收任务，包括送达税务文书和执行税收保全措施。这种合作开始主要存在于经济和税制接近的发达国家，但随着国际避税行为的增多，更多国家开始意识到加强国际合作的重要性。2005 年和 2010 年 OECD 和联合国税收协定范本在修订时引入了税款征收协助条款。② 例如，中国与多国签订的双边税收协定中已包括税款征收协助规定，并于 2015 年加入《多边税收征管互助公约》，表明在全球范围内国际税款征收协助正变得普遍，有助于打击跨国逃税和避税行为。

第四，全球合作应对税基侵蚀和利润转移的行动计划。税基侵蚀和利润转移（BEPS）是跨国公司利用国际税收规则的缺陷以减少全球税负导致的现象，引起了全球政治领袖和财税当局的关注。为应对 BEPS 问题，二十国集团与 OECD 合作，制定了应对措施。2013 年，OECD 发布了 BEPS 研究报告和行动计划，旨在修正不适应数字经济的现行国际税法规则，协调不同国家的税制，以及提高税收透明度。此行动计划包括 15 项具体措施，分三阶段实施，涉及改进国内税收立法、修改双边税收协定及发展多边税收协调工具。③ 到 2015 年，二十国集团已审议并通过这些措施，标志着国际社会在防止国际避税方面取得重要进展。

案例一　星巴克咖啡公司转让定价避税案④

【基本案情】

自 1998 年星巴克咖啡公司（以下简称星巴克）在英国开业以来，一共开设了 800 多家分店。其间，星巴克仅于 2007 年向英国政府缴纳了所得税。星巴克的欧洲总部设立在荷兰，但星巴克仅在 2012 年缴纳了 70 万欧元的公司税。星巴克的市场分析师对外告诉投资者的是：星巴克在英国的业务是可盈利的，星巴克的销售是在持续增长的，但是星巴克在英国十几年的财务报告却一直亏损，从而也无须支付所得税。英国本土

---

① 廖益新：《国际税法学》，高等教育出版社 2008 年版，第 78 页。
② 经济合作与发展组织：《OECD 税收协定范本及注释》，国家税务总局国际税务司组织翻译，中国税务出版社 2007 年版，第 37 页。
③ 有关这 15 项具体措施的内容，参见 OECD：Aclion Plan on Base Erosion and Profit Shifing（《应对税基侵蚀和利润转移行动计划》），OECD Publishing，2013.
④ Starbucks and Starbucks Manufacturing Emea v. Commission. Cases T-760/15 and T-636/16.

公司和跨国公司的企业所得税法定税率均是 30%。税务专家分析指出，星巴克采用了复杂的避税工具组合致使其在英国获得的利润被隐藏得无影无踪，造成英国的税收流失，这些手段包括收取专利和版权费、资本弱化、转让定价等。英国税务当局指控星巴克将知识产权赋予其荷兰母公司，然后向其他子公司征收巨额专利费，这使英国子公司看起来没有多少应缴税利润。

星巴克的避税案例涉及该公司在英国的运营，其中关键的争议焦点是星巴克通过其在荷兰和瑞士的子公司收取过高的知识产权费、咖啡豆采购费及加工费及贷款利息，这些支付显著减少了星巴克在英国的应纳税所得。此外，这些费用通过关联交易方式转移到了税率较低的国家，减轻了星巴克在英国的税负。该行为虽然符合相关的法律规定，却被广泛认为违背了税法的精神。

法院和税务机关对于此类跨国避税行为的裁判，通常涉及对是否存在"转让定价"滥用的判定。转让定价是指跨国公司在国际交易中，通过调整关联方之间的交易价格来转移利润，从而在高税国减少税负，在低税国增加盈余的做法。在本案中，英国税务当局深入调查了星巴克通过支付给荷兰和瑞士子公司的高额费用是否合理，且是否符合市场价值。

欧盟委员会对此案的裁决指出，荷兰政府与星巴克之间的预约定价协议违反了欧盟的国家援助规则，这种税收安排实际上给予了星巴克非法的财政优惠，构成了对星巴克的非法国家援助。根据这一裁决，星巴克被要求补缴 2000 万~3000 万欧元的税款，这一决定基于欧盟委员会对转让定价方法的重新审查和认定。

本案凸显了国际税法中的几个关键问题，包括税法的国际协调不足及跨国公司利用税收规则漏洞进行税务筹划的问题。它也引起了对国际税收体系，特别是对 OECD 关于 BEPS 行动计划的关注，该计划旨在更新国际税法以反映数字经济的现实，并封堵跨国公司利用国际税收体系差异进行利润转移的漏洞。

【主要法律问题】

1. 转让定价的公正性和合规性

星巴克是否通过非市场化的转让定价政策，将利润从英国转移至税率较低的荷兰和瑞士，从而减少在英国的应纳税额？是否滥用了英国与荷兰之间的税收协定中关于知识产权费用的规定，通过支付过高的专利和版权费用来减少英国的纳税基础？

2. 知识产权费用的适用性和合理性

星巴克支付给荷兰子公司的知识产权费是否超出了合理范围？是否存在过度支付的情况？

3. 欧盟竞争法下的国家援助问题

荷兰政府是否通过税收安排为星巴克提供了不公正的优惠？这可能构成非法的国家援助。

【主要法律依据】

1. OECD《跨国企业与税务机关转让定价指南》(1995)

1.9 事实证明,独立交易原则在绝大多数案例中都能有效地发挥作用。例如,在许多涉及商品买卖和资金借贷的案例中,很容易找到可比独立企业在类似情形下进行的可比交易中的价格。也有很多案例中,对相关交易的比较可以在财务指标的层面进行,包括成本加成率、毛利率或净利润指标等。然而,在有些重要的案例中,应用独立交易原则非常困难和复杂。例如跨国企业集团交易中涉及一体化生产高度专业化的产品、独一无二的无形资产以及(或者)提供专门的服务等。处理此类困难案例的解决方案是存在的,其中包括本指南第 2 章第 3 部分所述,运用交易利润分割法是处理此类困难案例最恰当的方法。

1.11 应用独立交易原则所面临的一个实际困难是关联企业可能会从事一些在独立企业之间不会发生的交易。这些交易并不一定是出于避税目的,其之所以会发生是因为跨国企业集团的成员在彼此的交易往来中所面对的商业环境不同于独立企业所面对的商业环境。在关联企业之间进行的某类交易很少在独立企业之间发生的情形下,要应用独立交易原则很困难,因为很难找到或没有直接证据显示独立企业之间在进行该交易时会构成何种条件。仅仅独立企业之间不会发生某交易这一事实本身并不表示该受控交易不符合独立交易原则。

1.15 背离独立交易原则将会舍弃上述正确的理论基础,并对这一国际共识构成威胁,从而大大增加双重征税的风险。独立交易原则的实践已积累了十分广泛和细致的经验,并在企业界和税务机关之中建立了大量的共识。这一共识,对于实现保障各个税收管辖区的税基恰当、避免双重征税的目标,有着重大的现实价值。应当借助这些实践,进一步充实独立交易原则,改善其应用,并通过向纳税人提供更明确的指引和更及时的检查以改进其管理。总之,OECD 成员将继续大力支持独立交易原则,事实上,合理的或者现实可行的可以替代独立交易原则的方法尚未出现。有时,全球公式分配法作为一个可能的替代方法被提及,但在理论、执行或实践中无法被接受(见本章 C 节中对全球公式分配法的讨论)。

2.《欧盟运行条约》(1958)

第 107 条第 1 款 除非有特定豁免,任何由成员通过国家资源以任何形式提供的援助,只要扭曲或可能扭曲成员间的竞争,通过使某些企业或某些产品的生产获得优惠,影响成员之间的贸易,即构成与内部市场不相容的援助。

第 108 条 (1) 欧洲联盟同一市场应细致规定的领域内,委员会应负责根据本章的规定对市场中的公司提出的补贴、税收或其他财政措施进行审查。这些措施可能影响欧盟之内国际贸易的发展。

(2) 若委员会认为某国家的措施可能影响上述市场的竞争状况,应立即通知有关国家政府。

(3) 对通知后提出的意见,委员会应在遵循程序条件下尽快采取适当行动。委员会应公布其决定的原因。

第 263 条 欧洲联盟法院应就违反欧盟法律的行为或无行政行为的不作为提起诉讼。欧洲联盟法院应就上述诉讼作出裁决。

3. 《关于适用〈欧盟运行条约〉第 108 条的程序规则》[理事会条例（EV）2015/1589]

第 16 条 如果委员会发现援助是非法的并且与内部市场不相容，委员会应决定该援助必须由受益人追回。成员应确保追回该援助。

委员会的决定应通知成员和受益人。成员应向委员会报告为遵守决定而采取的措施。

成员应在决定通知后的两个月内向委员会提交关于采取措施追回援助和取得的结果的详细报告。

如果成员未能在规定的时间内遵守委员会的决定，委员会可以在适当情况下采取进一步措施，包括将此事提交给欧盟法院。

【理论分析】

1. 国际税法的应用与漏洞

星巴克利用了不同国家之间的税法差异来最小化全球税负。这种策略虽然在法律上可能被视为合规，但却违背了税法确保公平负担的精神。星巴克的主要问题包括：（1）转让定价。星巴克通过设定关联方交易价格（如知识产权费用和咖啡豆采购成本），将利润从高税国（如英国）转移到低税国（如荷兰和瑞士）。（2）利润转移。通过各种内部支付机制，如版权费和管理费，减少某些地区的纳税所得，增加其他地区的税后利润。（3）战略性税收规划。选择在税率低的国家设立利润中心，利用这些国家的税收优惠政策。

2. 转让定价理论核心

转让定价是指跨国公司内部，关联企业间进行商品、服务和知识产权等交易时所使用的定价机制。按照 OECD《跨国企业与税务机关转让定价指南》，转让定价应当遵循独立交易原则，即关联企业间的交易价格应与无关联独立企业之间的交易价格相一致。① 这一原则的目的是防止企业通过内部交易操纵价格，转移利润至低税区，以规避高税率国家的税收。

在本案中，星巴克被指控通过以下几种机制滥用转让定价：（1）高额的知识产权使用费。星巴克从英国子公司向荷兰母公司支付的知识产权使用费显著高于市场水平，这部分费用在财务报表上作为费用列支，从而减少了英国子公司的应纳税利润。（2）转让定价与咖啡豆采购。星巴克英国子公司从瑞士和荷兰的关联企业采购咖啡豆，并支付高于常规市场价格的费用，同样导致利润从高税区转移到低税区。（3）借贷利息的支付。通过公司间借款高额的利息支付，星巴克进一步将利润从税率高的国家转移至税率低的国家。

---

① 李本贵：《税基侵蚀与利润转移原因分析及对策》，载《税务研究》2016 年第 7 期，第 80-84 页。

3. 独立交易原则的挑战

按照 OECD 的指导原则，跨国公司的内部交易定价应符合独立交易原则，即价格应与独立第三方在自由竞争市场上的交易价格相一致。本案显示，星巴克未完全遵守这一原则，其内部定价策略旨在通过调整价格以转移利润，而非反映真实的经济活动和价值。

4. OECD 的 BEPS 行动计划

OECD 为应对如星巴克这样的做法，提出了 BEPS 行动计划。该计划通过以下措施来解决税基侵蚀和利润转移问题：首先，加强国际合作。建立更加紧密的信息交换网络，确保税务信息的透明度和及时性。其次，制定统一的国际税法标准。推动全球税收法规的协调一致，减少国家间税法的差异。最后，改革国际税收规则。更新国际税收规则，尤其是转让定价规则，以更好地反映数字经济和全球化企业的实际经营模式。

【实操分析】

被欧盟委员会调查并开出罚单的预约定价安排是由荷兰星巴克制造公司与荷兰政府签署的，该预约定价安排被认定为涉嫌通过荷兰星巴克制造公司与境外关联企业间不符合经济实质的关联交易定价，将荷兰星巴克制造公司的利润转移至荷兰境外，从而造成了荷兰星巴克制造公司在荷兰的应纳税额减少。根据成本加成法，荷兰星巴克制造公司向瑞士星巴克公司采购生咖啡豆的价格为瑞士星巴克公司采购生咖啡豆的成本加成 20% 的利润率水平后的价格，高于同类企业的 5%。由于对采购不能实现控制，且不实际履行销售功能，荷兰星巴克制造公司被定位为来料加工企业。荷兰星巴克制造公司也没有用传统的转让定价方法直接制定销售价格，而是通过交易净利润法确定关联交易的合理利润水平。同时，荷兰星巴克制造公司向荷兰星巴克总部直接投资的是星巴克门店销售咖啡豆与其他产品的价格，和向无关联关系的星巴克门店销售价格一致。通过上述转让定价等手段，星巴克实现了在英国、荷兰等国的大额长期避税。

由此可见，星巴克主要通过无形资产安排和混合错配安排两种途径达到了避税的效果，并通过预约定价安排的形式为其避税安排提供了保障。在 BEPS 行动计划发布前，星巴克的避税安排游走于 OECD《跨国企业与税务机关转让定价指南》与独立交易原则的边缘地带，也给了星巴克集团与荷兰政府同欧盟委员会争论的空间。[①] 但是，在 BEPS 行动计划的新形势下，与其类似的避税安排是否还有生存空间值得探讨。

第一，确保税收与经济实质相匹配。BEPS 行动计划第 8~10 项《确保转让定价结果与价值创造相匹配》指出：从转让定价角度而言，无形资产的法律所有权本身并不能使法律所有权人最终享有跨国企业集团利用无形资产而获得的回报。法律所有权人最终所应得的回报取决于其执行的与无形资产开发、价值提升、维护、保护和利用相关的重要价值创造功能、使用的资产和承担的风险，以及跨国企业集团的其他成员通过其执行的功能、使用的资产和承担的风险所作出的贡献。根据 BEPS 行动计划第 8~10 项，虽然星巴克荷兰子公司通过成本分摊协议享有了星巴克无形资产的法律所有权，

---

① 延峰、陆京娜：《非法国家援助——由星巴克避税安排引发的法律诉讼》，载《国际税收》2016 第 1 期，第 38-43 页。

但是，尚无充分信息披露星巴克荷兰子公司是否实际履行无形资产的开发、价值提升、维护、保护和利用相关的重要价值创造功能并承担相关风险，因此由星巴克荷兰子公司享有荷兰星巴克制造公司的所有剩余利润并不符合确保转让定价结果与价值创造相匹配的原则。

第二，提高有关裁定的透明度。单边预约定价安排在内的特定裁定开展强制性自发情报交换，以减少可能造成的事实扭曲，提高有关信息在相关各国的透明度，从而规避税基侵蚀与利润转移方面的风险。根据 BEPS 行动计划第 5 项，荷兰政府应就与荷兰星巴克制造公司签订的单边预约定价安排同包括英国、瑞士、美国在内的相关各国开展强制性自发情报交换，使这些国家的主管税务当局都能够了解荷兰星巴克制造公司的利润流向和这些利润的课税情况，从而避免这些利润发生不征税或少征税的情况。

第三，确保国际税收规则的一致性。BEPS 行动计划第 2 项《消除混合错配安排的影响》对国内法和税收协定提出修订建议，着力消除跨境交易中混合错配安排导致的税基侵蚀影响。一旦被国内法和税收协定采用，这些政策建议将有效消除混合错配安排的影响，切断星巴克利用混合错配安排进行避税的途径。由此可见，在 BEPS 时代更为严格的反避税体系下，与星巴克预约定价安排类似的避税安排已不再能为企业提供确定性及合法避税的机会，企业应当仔细梳理其在整个集团价值链中承担的功能和风险，确保转让定价结果与价值创造相匹配，从而在更为广泛和透明的监管环境中，提高包括转让定价在内的税务安排的合规性和可预见性，有效防范税务风险，并提升整个集团的综合税务效益。

【思考题】

（1）星巴克从英国子公司支付给荷兰母公司的知识产权费用是否合理？有哪些评估标准和方法？

（2）如何理解独立交易原则？星巴克的内部定价是否符合这一原则？

（3）BEPS 行动计划对跨国企业的转让定价策略有何影响？星巴克的避税行为如何体现了 BEPS 行动计划所要解决的问题？

案例二　仙妮蕾德（中国）有限公司不服黄埔海关追缴税款案①

【基本案情】

本案涉及的核心问题是黄埔海关对仙妮蕾德（中国）有限公司（以下简称仙妮蕾德公司）进行的稽查及随后的税款追征行为。本案始于 2002 年 3 月 15 日，黄埔海关向仙妮蕾德公司下发了《稽查通知书》，该通知书指出，海关将对仙妮蕾德公司自 2000 年 1 月以来的一般贸易进口货物的生产、使用情况的真实性与合法性进行稽查。应仙妮蕾德公司的申请，海关将稽查期限扩展为从 1999 年 3 月 16 日至 2002 年 12 月 31 日。

稽查过程中，海关发现自 1997 年起，仙妮蕾德公司与其国际机构签订了多项包括

---

① 丁丽柏：《海关法律实务》，厦门大学出版社 2017 年版，第 75 页。

技术许可和知识产权使用的合同。根据这些合同，仙妮蕾德公司需要根据净销售额支付相应比例的技术提成费和商标使用费。然而，海关发现这些支付的特许权使用费未被纳入进口货物的完税价格中，并据此认定该公司存在未向海关申报并缴纳相应税款的行为。

经核算，2002年该公司进口货物中应计入的专有技术使用费为5733174.7元，商标费为8573934.26元。据此，海关计算出2002年度该公司应补缴的税款为7298528元人民币。2005年2月4日，黄埔海关向仙妮蕾德公司发出了《海关稽查报告征求意见书》，随后仙妮蕾德公司提出了分期缴纳税款的计划，但海关最终在2025年3月22日发出协助执行函，要求广州保税区海关追征税款。

仙妮蕾德公司对此不服，于2005年6月24日向黄埔海关申请行政复议。2025年9月25日，黄埔海关作出行政复议决定，维持了原征税决定。仙妮蕾德公司仍不服，将案件上诉至广州市中级人民法院，请求撤销海关的征税决定。该公司主张，特许权使用费的计入尚未在进口环节明确，故无法申报；即便应计入，也应遵守《海关法》中关于补征时限的规定，而非追征的规定；此外，海关未依法出具《海关补征税款告知书》，故征税决定程序违法。

广州保税区海关则认为，根据《海关法》和《海关进出口货物征税管理办法》，原告支付的特许权使用费应当计入进口货物的完税价格中进行征税。原告未如实向海关申报完税价格，违反了法定的申报义务，造成了少征税款，海关据此有权追征相应的税款。海关延伸稽查期限是基于该公司的申请，该公司始终清楚稽查的起止时间，海关的稽查行为符合法律规定，且追征税款是稽查行为的一部分，不构成独立的具体行政行为。因此，海关认为其行为完全合法，且已通过稽查结论和征求意见书履行了告知义务。

广州市中级人民法院一审裁决，首先，关于特许权使用费纳入完税价格。仙妮蕾德国际机构授权仙妮蕾德公司使用商标和商号，按净销售额支付的商标费和专有技术许可费应计入进口货物的完税价格。依据《海关审定进出口货物完税价格办法》和《海关关于进口货物软件费征免税暂行办法》的规定，确认这些费用属于应计入完税价格的部分。其次，关于追征税款的合法性。仙妮蕾德公司在进口货物时应主动申报特许权使用费，其未申报的行为违反了相关规定。因此，海关有权根据《海关法》对未申报的税款进行追征。最后，关于程序合规性。虽然广州保税区海关在追征税款时存在程序违法（未先发出《海关补征税款告知书》），法院最终决定撤销追征的税款缴款书，认为这一程序违法足以影响仙妮蕾德公司的合法权益。后原告仙妮蕾德公司不服提起上诉，二审法院审理后驳回上诉请求，维持了一审判决。

【主要法律问题】

1. **特许权使用费计入完税价格的适当性**

本案争议焦点是仙妮蕾德公司是否应将支付给关联方的特许权使用费计入其进口货物的完税价格中。海关认为这些费用是货物进口成本的一部分，应纳入完税价格中以正确反映货物的真实价值，从而确保公平征税。

2. **关税申报的准确性**

仙妮蕾德公司未在其进口申报中包含这些特许权使用费。海关认为该公司未履行如实申报的法定责任，故对该公司进行了税款追缴。

3. 追征税款的时效性与程序合法性

仙妮蕾德公司质疑海关追缴税款的时效性和程序，认为应适用补征而非追征的规定，且指出海关在追征税款前未按照法律规定的程序发出《海关补征税款告知书》。

【主要法律依据】

1. 《海关法》(2000)

第24条 进口货物的收货人、出口货物的发货人应当向海关如实申报，交验进出口许可证件和有关单证。国家限制进出口的货物，没有进出口许可证件的，不予放行，具体处理办法由国务院规定。

进口货物的收货人应当自运输工具申报进境之日起十四日内，出口货物的发货人除海关特准的外应当在货物运抵海关监管区后、装货的二十四小时以前，向海关申报。

第55条 进出口货物的完税价格，由海关以该货物的成交价格为基础审查确定。成交价格不能确定时，完税价格由海关依法估定。

进口货物的完税价格包括货物的货价、货物运抵中华人民共和国境内输入地点起卸前的运输及其相关费用、保险费；出口货物的完税价格包括货物的货价、货物运至中华人民共和国境内输出地点装载前的运输及其相关费用、保险费，但是其中包含的出口关税税额，应当予以扣除。

进出境物品的完税价格，由海关依法确定。

第61条 进出口货物的纳税义务人在规定的纳税期限内有明显的转移、藏匿其应税货物以及其他财产迹象的，海关可以责令纳税义务人提供担保；纳税义务人不能提供纳税担保的，经直属海关关长或者其授权的隶属海关关长批准，海关可以采取下列税收保全措施：

（一）书面通知纳税义务人开户银行或者其他金融机构暂停支付纳税义务人相当于应纳税款的存款；

（二）扣留纳税义务人价值相当于应纳税款的货物或者其他财产。

纳税义务人在规定的纳税期限内缴纳税款的，海关必须立即解除税收保全措施；期限届满仍未缴纳税款的，经直属海关关长或者其授权的隶属海关关长批准，海关可以书面通知纳税义务人开户银行或者其他金融机构从其暂停支付的存款中扣缴税款，或者依法变卖所扣留的货物或者其他财产，以变卖所得抵缴税款。

采取税收保全措施不当，或者纳税义务人在规定期限内已缴纳税款，海关未立即解除税收保全措施，致使纳税义务人的合法权益受到损失的，海关应当依法承担赔偿责任。

2. 《海关进出口税则》(1985)

第10条 进口货物在采购地的正常批发价格如果海关未能确定，应当以申报进口时国内输入地点的同类货物的正常批发价格，减去进口关税和进口环节产品税或者增值税以及进口后的正常运输、储存及营业费用作为完税价格。

如果国内输入地点的同类货物的正常批发价格仍未能确定，或者有其他特殊情形时，货物的完税价格由海关估定。

3. **《海关审定进出口货物完税价格办法》(2001，已失效)**

第 4 条 在确定进口货物的完税价格时，下列费用或价值应当计入：

……

（三）与该货物有关并作为卖方向中华人民共和国销售该货物的一项条件，应当由买方直接或间接支付的特许权使用费。

……

前款所述的费用或价值，应当由进口货物的收货人向海关提供客观量化的数据资料。如果没有客观量化的数据资料，完税价格由海关按照本办法第 7 条至第 11 条的规定估定。

第 41 条 本办法下列用语的含义是：

……

"特许权使用费"，指买方为获得与进口货物相关的、受著作权保护的作品、专利、商标、专有技术和其他权利的使用许可而支付的费用。但是在估定完税价格时，进口货物在境内的复制权费不得计入该货物的实付或应付价格之中。

4. **《关于进口货物软件费征免税暂行办法》(1993，已失效)**

第 5 条 为鼓励引进先进技术，对国内企业通过与境外签订的技术许可合同、顾问咨询合同或技术服务合同以及为进行技术改造引进先进技术（包括设计、工艺、诀窍、数据、经验、方法、研究成果等）时按合同规定向境外支付的软件费，按照有关规定，免征进口关税和进口环节代征税。

【理论分析】

本案涉及国际贸易中的一系列复杂问题，尤其是与税基侵蚀和利润转移（BEPS）相关的核心理论。这些问题不仅涉及特许权使用费的计入完税价格，而且触及跨国企业如何在全球范围内通过税务规划最小化其税务负担。

1. BEPS 的概念

BEPS 指的是企业利用国际税收规则中的差异或漏洞，通过各种手段将利润从高税率地区转移到低税率或无税地区，从而减少整体税负。这通常涉及转让定价、特许权使用费的支付、利息和租赁支付等。OECD 和二十国集团为应对 BEPS 问题推出了一系列行动计划，目标是加强国际合作，确保税收透明，并实施更为公平的税收制度，防止税基侵蚀。

2. BEPS 理论视角下的税收管理

一方面，关于转让定价和关税计算。跨国公司常通过内部转让定价机制调整跨境交易的定价，以调整集团内部各实体的利润分配。在本案中，仙妮蕾德公司支付给其关联企业的特许权使用费，如果未正确反映在进口货物的完税价格中，可能导致中国境内实体的税基被人为降低，从而减少了应缴纳的关税和其他相关税费。另一方面，关于国际税收合规与税务筹划。跨国公司在全球范围内的税务筹划需要遵守各国的税法规定。合理的税务筹划是企业财务管理的一部分，但当企业利用规则差异进行激进的税务规避时，就触及 BEPS 问题。① 在本案中，仙妮蕾德公司的税务筹划行为被视为可能侵蚀了中国的税基，因此引发了海关的关注和稽查。

3. 跨国公司和关联企业交易的申报要求

跨国公司经常通过与其关联企业之间的交易来进行全球资源的配置，这包括技术许可费、管理费、专利使用费、商标使用费等。国际税法要求这些交易应以公平市场价值进行，确保交易公正且不被用作避税手段。然而，在实际操作中，确保这些交易符合公平市场价值常常充满挑战，特别是在涉及智力财产和非物质资产的情况下。本案展示了实践中的挑战，包括如何界定特许权使用费、特权使用费应如何计入商品价值、如何监管这些费用的申报，以及如何处理由此引发的税务争议。

【实操分析】

实践中，关于特许权使用费的分摊，② 主要涉及以下三个方面的难题。

1. 费用分摊

费用分摊是对所有应计入完税价格的多项权利费用区分各个不同的权利性质，对相关权利费用的分摊应依据客观可量化的数据按照公认的会计原则来进行核算。

2. 费用分割

费用分割即是在买方所支付的特许权使用费只有部分费用应当计入完税价格的情况下，对不计入的费用进行剥离。在估价实践中，费用分割有两种情况：其一，买方所支付的权利费用只有部分符合法规规定的要件；其二，买方所支付的应计入完税价格的权利费用只涉及部分进口货物。不管哪种情形，海关均应当对买方所支付的费用进行分割。

3. 支付方式导致的时间性差异问题

由于特许权使用费有特定支付条件和计算方法，海关征收关税和进口环节增值税等流转税时，与国内税务的所得税会计规则和财务会计原则有着密切关系。海关税收征管方法和时间都需要有相应的调整规定。

那么，分摊应依据什么样的原则和标准呢？WTO《海关估价协议》第 8 条第 1 款第 3 项规定，作为被估货物销售的一项要件，买方必须直接或间接支付与被估货物有关的特许权使用费，但需以尚未包括在实付或应付价格内的 R/L 为限。③ WTO《海关估价协议》第 4 条规定，加入实付或应付价格中的部分，只应按客观可量化标准根据本条款规定予以计入。根据上述两条的规定，特许权使用费的分摊应当采用客观可量化标准，并根据我国通用的会计原则进行核算，分摊到进口货物税价格中。

第一，客观可量化标准。WTO《海关估价协议》所阐述的客观可量化标准的内涵

---

① 赵国庆：《跨国公司全球避税安排机制研究——基于 OECD "税基侵蚀与利润转移" 报告的分析》，载《国际税收》2014 年第 3 期，第 38-42 页。
② 韩龙：《金融法与国际金融法前沿问题》，清华大学出版社 2018 年版，第 26 页。
③ 邓福光：《WTO 海关估价协议对我国海关估价的影响及对策》，载《中国对外贸易》2001 年第 7 期，第 17-29 页。

主要包括两个方面：其一，要求海关在估价时使用符合市场和商业惯例的客观可量化标准的资料，而不是根据海关关员的个人经验进行主观判断。其二，海关在采用客观可量化标准时，必须符合必然性和客观性的要求，即必须依据采用的估价方法制定具体估价标准。[①] 就特许权使用费的分摊而言，客观可量化标准应当是符合进口国通用会计原则的方法。在这一前提下，特许权使用费的支付金额应当是能够根据有关会计账簿记录和数据资料等，以进口货物为依据客观确定，同时根据客观数据资料所确定的特许权支付金额，合理化并分摊到进口货物中。

第二，通用会计原则。通用会计原则是指一国在某一特定时间内，关于下列内容的公认的一致意见或实质性权威支持：何种经济资源和债务应计为资产和债务，资产和债务的何种变化应予记录，如何衡量资产和债务及其变化，何种信息应予以披露和如何披露，以及应编制何种财务报表等。这些标准可以是普遍适用的概括性准则，也可以是详细的做法和程序。

对我国特许权使用费估价适用的会计原则而言，它应当是在我国所普遍接受的会计准则、会计制度等对无形资产、债务和所有者权益等会计要素的定义，记录计量、摊销和披露等规定、管理制度和方法等。我国现行的主要会计原则是权责发生制，即以实质取得收到现金的权利和支付现金的责任权责的发生为标志来确定本期收入和费用及债权和债务，即收入按现金收入及未来现金收入——债权的发生来确认，费用按现金支出及未来现金支出——债务的发生进行确认，而不是以现金的收入与支付来确认收入费用。与此原则相对应的是现金收付记账法，根据这一会计原则，如特许权使用费分期按进口货物销售额或净利润提成支付时，只有在一个会计期间结束后，进口货物的成本、费用、销售收入和利润才能在相关的应收账款、预期收入和所有者权益等账户中得到体现，因此，特许权使用费的确定和支付通常只能发生在合同的会计期末，即在会计期末特许权使用费才能达到客观可量化标准。

【思考题】

（1）在国际贸易中，哪些费用应计入完税价格？特许权使用费和其他类似费用的计入标准是什么？

（2）跨国企业如何通过税务筹划减少全球税负？这种税务筹划行为如何影响税基侵蚀和利润转移问题？

（3）转让定价如何影响跨国企业的税务安排？仙妮蕾德公司的特许权使用费是否符合公平市场价值原则？

（4）OECD 的 BEPS 行动计划如何应对跨国企业的避税行为？该计划提出了哪些具体措施？

---

① 陈翰麟、苏学敏：《全球转让定价新趋势》，载《中国税务》2010 年第 2 期，第 57-58 页。

第三节 国际税收合作与信息交换

知识要点

一、OECD 框架下的税收信息交换国际合作

OECD 在促进国际税收信息交换国际合作方面发挥了重要作用，其所主导或指导的税收谈判为世界各国的双边、多边税务谈判铺平了道路。特别在税收信息交换领域，OECD 的作用更加突出。如其发布的《关于对所得和财产避免双重征税的协定范本》第 26 条（税收信息交换）、OECD 税收协定范本、《金融账户信息的自动交换标准》（AEOI）、《税基侵蚀和利润转移项目行动计划》等，对世界各国的国际税收交换产生了巨大影响。

第一，避免重复征税视角下的税收信息交换。OECD 自 1955 年以来一直重视税收信息交换在国际税收合作中的作用。自 1958 年起，其前身欧洲经济合作组织起草了避免所得和财产双重课税的协定范本，并于 1977 年形成了结构严谨、可操作的税收协定范本。该范本强调保护居民国的税收管辖权，而对发展中国家的权益考虑较少，因此较易为发达国家接受。相对而言，联合国税收协定范本更注重保护税收源国的权利，强调国际合作中偷漏避税信息的交换，其灵活的条款设计有助于各国根据自身国情制定具体的协议内容。OECD 的协定范本虽规定了信息交换，但未详细说明具体方式，实际上主要适用于特定情况的信息交换。

第二，反有害税收竞争视角下的税收信息交换。OECD 识别的有害税收竞争特征包括缺乏透明度、有效信息交换不足及保障"栅栏利益"。2000 年，OECD 发布报告，支持税务当局为税法实施获取银行信息的需求，同时强调信息的隐私性和安全性。OECD 在 2001 年的进展报告中建议，有效的信息交换应包括确保跨国提供税务信息的机制、实施信息隔离措施保证使用限定性、保护纳税人权利及确保信息保密。[1] OECD 反对避税港的策略中，曾在 2000 年列出涉及有害税收竞争的 35 个避税港，要求它们提升透明度和加强信息交换，否则面临国际制裁。[2] 2010 年，OECD 响应二十国集团号召，将多边税收征管行政互助公约从区域性扩展为全球性，明确了税收行政合作的方式，这标志着全球税收信息交换模式的升级和全球合作的加强。

第三，防止税基侵蚀和利润移转（BEPS）视角下的税收信息交换。OECD 在 2013 年发布了《关于税基侵蚀和利润移转的报告》，指出跨国公司经常将利润从经济活动实际发生地转移至低税区，导致原经济活动地大量税收损失。该报告揭示了三个基本特征：最小化源国税收、实现低预提或无预提所得税、在受益者层面实现低税或无税。为应对这些挑战，国际社会已通过自动情报交换和专项情报交换等方式加强税收信息交换。此外，OECD 进一步推进 BEPS 后续议程，包括更新《CRS 涉税

---

[1] 廖益新、付慧姝：《银行秘密与国际税收情报交换法律问题研究》，载《甘肃社会科学》2007 年第 3 期，第 153—156 页。

[2] 梁若莲：《税收协定解读与应用》，中国税务出版社 2012 年版，第 67 页。

信息交换避税安排和离岸结构强制披露规则 MDR 的框架文件》，以及启动多边税收工具谈判，旨在加强国际税收合作和治理，尤其是帮助发展中国家提升国际税收能力。

二、美国 FATCA 项下的金融信息自动交换机制

《全球海外账户税收合规法案》（FATCA）是美国政府强力规制美国居民海外避税行为的产物。该法案不仅极大地增强了美国政府对其纳税人海外资产配置活动的税收征管能力，还引领着全球金融账户涉税信息自动交换国际合作的发展。

FATCA 主要内容包括：（1）确立美国纳税人账户分级管理制度。区分为原有账户和新建账户、个人账户与实体账户、高价值账户与中低价值账户。不同类型账户需履行不同的调查和报告义务，特别是高价值账户。小额账户，即个人存款不超过 5 万美元或保险合同价值不超过 25 万美元，通常可免除调查和报告。此制度旨在降低美国税务局（IRS）的行政管理成本，但可能增加外国金融机构的遵从成本，导致它们更倾向于采用统一规则简化流程。（2）明确美国纳税义务人等各方的申报义务。① 此法案要求美国纳税人，包括公民和绿卡持有者，申报海外拥有的资产，特别是当资产超过一定金额时。外国金融机构须与美国政府合作，提供其美国客户的信息；同时，与美国有贸易往来的外国企业也须提供主要股东信息。不合作者将面临高达 30% 的惩罚性预提税。此外，美国个人纳税人需逐年填写 8938 表向 IRS 申报其海外资产，不申报或错报将导致重罚。（3）要求外国金融机构向 IRS 提交金融税收信息。FATCA 要求外国金融机构（FFI）与美国政府签订合作协议，成为合作外国金融机构（PFFI），并承诺执行尽职调查及报告美国纳税人账户信息。② FFI 必须向 IRS 直接报告涉及"美国标识"的客户账户信息，包括账户持有人的姓名、地址、税务代码、账户号、账户余额或价值，以及全年的股息、利息和其他支付信息。此外，也须报告账户转移或关闭的详细情况。

需要指出，FATCA 直接指向外国属地的税收事务，引发了系列国际税法争议，主要包括：（1）其超长域外税收管辖权与外国管辖权冲突；（2）与外国金融保密法相冲突，迫使他国修改保密法；（3）实施成本高昂，外国金融机构需进行尽职调查并承担合规成本；（4）惩罚性预提税问题，与许多国家的法律冲突，超过常规双边税收协定的预提税率。此外，FATCA 的双边合作协议虽表面互惠，实则可能使美国获得更多信息，而美国自身却未加入 OECD 的多边自动信息交换协议，加剧了国际的不公平感。

三、BEPS 税收信息强制披露国际合作机制

强制披露机制，是指纳税人在采用自行设计或由代理人机构设计提供的避税交易或安排时，纳税人和代理人机构一方或双方有义务在规定期限内将避税交易或安

---

① 美国税法中的"美国纳税人"，包括美国公民及其税务居民。为了防止偷税，美国税法要求美国纳税人申报多种"信息报表"（infonmation netums），以追踪纳税人在海外的银行账户和海外公司的经营和分配情况等，作为课税依据。"信息报表"虽然不是报税表，但如果不申报，往往会遭到比报税表违法更高的罚款。

② 2012 年出台的 FATCA 实施细则，要求所有的外国金融机构（FFI），包括银行、投资银行、信托公司，以及非美国的非金融机构（Non Financial Foreign Entity，NFFE）鉴别并向美国国税局披露其美国客户（包括美国公民和绿卡持有者）账户的详细信息，并承担代扣代缴义务，否则该机构任何来源于美国的收入款项，以及销售或处分美国证券所得等，都将被加征 30% 的预提税。

排的详细信息报告给税务机关的制度。共同报告标准（CRS）强制披露范本是OECD向各国税务机关提供的一个基于国际最佳实践的BEPS涉税信息强制披露规则框架。与BEPS行动计划第12项一样，该披露规则框架同样包含五类核心要素：（1）应披露的税收筹划的基本特征；（2）披露义务人；（3）披露时间；（4）应披露的信息内容；（5）不遵从的法律责任。①

CRS强制披露范本主要针对避免CRS报告义务的安排。这包括使用特性类似金融账户的资产、转移资金至无报告义务的账户、破坏金融机构的尽职调查程序，以及利用不透明离岸结构隐藏受益所有人身份等手段。在主要内容上，CRS强制披露范本主要针对税务中介，即那些设计或营销规避CRS措施和不透明离岸架构的筹划方。披露义务人包括负责推广这些安排的人，以及基于"合理预期"知道或应当知道这些安排会规避CRS的服务提供者。这些中介在安排成立或提供相关服务后30天内需向其注册或管理所在地的税务机关披露相关信息。所需披露的信息包括相关人员的基本信息、规避CRS的具体详情及实施地点。未遵守披露义务将面临法律责任，以确保规则的有效执行。

此机制在国际上得到广泛实施，美国自1984年起加入，加拿大、南非、英国等国随后加入。这些国家通过强制披露机制，有效获取避税筹划相关信息，②减少对税务审计的依赖，并显著提高对避税筹划安排使用者的识别能力。例如，英国税务机关通过该机制发现大量避税筹划，加拿大则拒绝了大量滥用的税收扣除申请。此外，强制披露具有明显的威慑效果，通过与其他国家税务机关的情报交换，增强了对纳税人的避税行为的制约。

案例一　瑞银集团税务欺诈和洗钱案③

【基本案情】

瑞银集团案件起始于2011年，当时瑞银法国分公司的前市场营销主任斯蒂芬妮·吉博与其他几名前雇员开始举报瑞银集团的操作。他们指控瑞银集团自2004年起派遣业务员到法国境内，针对富裕阶层提供一系列非法避税服务，包括开设代码账户、设立信托、壳公司和基金，以及签订双重合同等，目的是吸引客户在瑞银集团开设未申报的国外账户。

这一系列行为引起了法国司法机关的注意，巴黎检察官办公室随后对瑞银集团及其法国分公司启动了预审调查程序。随着调查的深入，2014年检察官基于掌握的证据要求瑞银集团支付11亿欧元的保证金，以备不时之需。

到了2015年，预审法官针对瑞银集团西欧和法国分公司资产管理部、离岸公司部

---

① 陈虎：《刍议OECD应对"规避CRS方案"措施》，载《税务研究》2018年第6期，第68-71页。
② ATP指南提供的数据显示，在传统的识别避税筹划安排的措施当中，最主要的是税务审计，约占45%；数据分析和报告义务次之，分别占21%和18%。而在实施强制披露机制的加拿大、爱尔兰、南非、英国和美国，42%的恶意筹划安排是通过报告义务发现的，税务审计的识别效果排在第二位。
③ UBS AG and UBS France S. A. v. French Republic. RG 17/05403.

的原高管发出了逮捕令。随后的 2016 年，法国引入了公共利益司法协议（CJIP）程序，检察官试图通过谈判解决此案，但因瑞银集团认为 11 亿欧元罚金数额过高而未能达成协议。

2017 年，瑞银集团因涉嫌"非法招揽罪"和"税务欺诈的加重洗钱罪"被正式起诉至巴黎轻罪法庭。2019 年 2 月，法庭作出了首次判决，认定瑞银集团的罪名成立，处以 45 亿欧元的惩罚性财务处罚，其中包括 37 亿欧元罚金和 8 亿欧元的税收损失赔偿。

瑞银集团不服此判决，提出上诉。2021 年 12 月，巴黎大审法院在上诉审理中虽然维持了对瑞银的罪名认定，但将罚款数额降低至大约 18 亿欧元，这包括 375 万欧元罚金、10 亿欧元的没收违法所得和 8 亿欧元税收损失赔偿。瑞银集团对这一裁决仍然不满，向法国最高法院提出进一步上诉，瑞银集团主张双重犯罪原则，即同一行为不得被重复定性为税务欺诈和洗钱，但法国最高法院认为，税务欺诈的非法所得通过跨境金融工具转移，已构成独立洗钱行为，二者可叠加处罚。2023 年 3 月，法国最高法院对瑞银集团的上诉作出终审判决：第一，维持罪名认定，驳回瑞银对"税务欺诈的加重洗钱罪"的异议，认定其罪名成立；第二，维持罚款金额，支持对瑞银集团罚款约 18 亿欧元。

【主要法律问题】

1. 税务欺诈与洗钱罪的界定

在法国，税务欺诈通常需要通过财政部门的税务犯罪委员会（CIF）的批准后，才能进行刑事追诉。然而，洗钱罪则由司法部门直接处理，无须经过 CIF 的审批。瑞银集团的辩护律师辩称，其行为仅构成对税务欺诈的帮助和教唆，不应视为独立的洗钱行为。检察官则主张，通过在法国以外的地区开设未申报账户的行为已构成洗钱罪，因为这涉及隐藏和转移非法获得的资金。

2. 非法招揽与国际金融合规

瑞银集团被指控在法国进行非法招揽活动，即未经授权在法国境内为潜在客户提供开设未申报账户的服务。这直接违反了法国的银行和金融法律，这些法律要求所有金融服务提供者在法国进行营销活动前必须获得相应的批准。

【主要法律依据】

1. 《法国刑法典》（2013）

第 324-1 条　洗钱行为，转移、转换、隐藏或掩饰犯罪所得收益的行为，包括但不限于：转移资金到不同账户或国家；通过虚假交易掩饰资金来源；使用非法所得资金购买财产，以掩饰资金来源。

第 1741 条　税务欺诈行为包括故意逃避税收义务的行为，包括但不限于通过虚假申报、隐瞒收入或通过其他欺诈手段减少应纳税额的行为。

2. 《法国税收总法典》（2013）

第 1741-1 条　每个纳税人有义务准确、完整地申报其应税收入和财产。任何违反税务申报义务的行为，包括未按规定时间提交申报、提交虚假或不完整申报，均将面临法律制裁。

3.《法国货币及金融法典》（2010）

第 L511-5 条　所有在法国提供金融服务的机构必须获得相关批准。

4.《法兰西共和国与瑞士联邦关于避免对所得和财产双重征税的协定》

第 26 条　信息交换，内容包括缔约方义务、信息范围、保密信息和不得拒绝的情形。

缔约国主管部门应交换与实施本协定或国内税法相关的可预见性信息，包括与防止逃税、避税相关的信息。

信息可涵盖纳税人的银行账户、所有权结构、信托或基金等金融安排，无论相关行为是否构成缔约方的税收违法行为。

所交换的信息应视为机密，仅限用于税收目的，并受接收方国内法律对机密信息的保护约束。

缔约方不得以银行保密或信息仅由第三方（如金融机构）持有为由拒绝提供信息。

5.《萨宾第二法案》[也称"公共利益司法协议"（CJIP）]

第 41-1-2 条　允许公司在不承认法律责任的情况下，通过支付罚款和满足特定条件来解决财务犯罪案件，避免刑事审判。

【理论分析】

1. 国际税收合作的必要性

在全球化经济中，资本和人员的跨境流动日益增加，导致 BEPS 问题日渐严重。这要求国家间增强合作，共同打击避税行为。国际组织如 OECD 和二十国集团推动了多项措施，包括共同报告标准（CRS）和《全球海外账户税收合规法案》（FATCA），旨在通过自动交换信息机制提高透明度，确保税收正义。

2. 税务合规与银行保密之间的张力

一方面，银行有着保密传统。瑞士长久以来的银行保密文化是为了保护客户隐私和资产安全，这在历史上曾帮助瑞士成为全球主要的金融中心之一。另一方面，税收合规要求不断趋严。随着国际社会对避税行为的关注增加，保护纳税人隐私的需要与确保税收合规的需求之间的冲突变得尤为突出。本案就是这种冲突的体现，美国等国家要求更高的透明度和信息交换以打击逃税行为。

3. 信息交换的道德与法律基础

一是透明度原则。透明度被视为现代税收政策的核心原则之一，旨在防止税基侵蚀和促进公平税收。CRS 和 FATCA 等机制通过设置自动信息交换标准，推动了这一原则的实现。二是隐私权保护。必须平衡国家获取税收信息的需要与个人隐私权的保护，这要求制定严格的数据保护措施和合理的信息交换范围。

4. 国家主权与全球治理的平衡

任何关于国际信息交换的讨论都必然涉及国家主权的问题。瑞士长期以来的银行保密法对其金融服务业的繁荣起到了关键作用,但这种保密性也被用作逃税的工具。本案中,法国与瑞士之间的合作,以及瑞士对银行保密法的修改,体现了国家为了响应全球治理要求而在保护金融隐私与合作打击逃税之间寻求平衡。

【实操分析】

本案在国际税收信息交换与合作方面的实际影响深远,不仅对瑞士银行业产生了直接影响,也对全球金融行业和国际税务合规体系产生了重要影响。①

1. 瑞士银行保密制度的调整

传统上,瑞士以其银行保密制度著称,这一制度曾是瑞士金融中心吸引全球资本的主要原因之一。然而,本案暴露了这种保密制度可被用作逃避国际税务监管的工具。作为对案件的回应,瑞士政府不得不重新考量其保密制度,增加了透明度和合作,以符合国际标准,特别是 OECD 推广的信息自动交换标准。② 这标志着瑞士从其长久以来的银行保密传统中发生部分转变。

2. 加强国际税收信息交换

本案发生后,国际社会对加强税收信息交换的呼声愈发高涨。本案凸显了国际合作在打击跨国逃税行为中的重要性,促使更多国家承诺加入 CRS 等国际税收信息交换机制。本案的曝光和后续的法律行动增加了全球对金融机构在国际税务合规上责任的认识,并推动了税收信息交换协议的实施和扩展。

3. 提升全球金融合规标准

本案不仅改变了瑞士,也促使全球金融机构重新审视和加强自身的合规程序,尤其是在处理跨国客户的税务信息和账户管理方面。银行现在更加重视合规风险管理,特别是在客户识别(KYC)和反洗钱(AML)措施上。金融机构现在必须更严格地遵守国际法律和监管要求,避免类似本案的法律风险和声誉损害。

4. 影响国际法律与政策制定

本案在国际舞台上引起了广泛关注,影响了国际法律和政策的制定,尤其是在金融透明度和跨国税务合作领域。本案为各国提供了宝贵的经验,显示了在全球金融系统中实施有效税收合规策略的重要性。此外,本案还强调了打击金融犯罪和增强税务透明度需要国际社会共同努力和持续合作。

【思考题】

(1)瑞银集团的行为是仅构成税务欺诈还是同时构成洗钱罪?税务欺诈与洗钱罪的界定标准是什么?

(2)银行保密与税务合规之间的冲突在本案中如何体现?如何在保护客户隐私和确保税务合规之间找到平衡?

(3)瑞银集团在本案中未能通过公共利益司法协议(CJIP)解决问题,原因是什

---

① 崔晓静:《从"瑞银集团案"看国际税收征管协调机制的走向》,载《法学》2010 年第 12 期,第 46-58 页。
② 向明华、梁若莲:《税收信息交换国际合作法律制度比较研究》,法律出版社 2021 年版,第 56 页。

么？CJIP 的使用在未来有哪些改进空间？

（4）在全球化经济中，为什么国际税收合作变得愈发重要？哪些国际组织和机制在推动国际税收合作方面发挥了关键作用？

 案例二　欧盟委员会对爱尔兰政府、苹果公司的补缴税款裁决案[①]

【基本案情】

本案是一起对跨国公司海外利润进行税收征管的案例，涉及国际税务筹划、国际避税等相关问题。案件起始于 2014 年，欧盟委员会对爱尔兰政府给予苹果公司的税收待遇展开调查，怀疑其构成非法国家援助。这一调查聚焦于苹果公司在爱尔兰的两家主要子公司，这些公司的税务安排使苹果公司的有效税率在某些年份低至 0.005%，远低于爱尔兰已经很低的标准公司税率 12.5%。这一安排涉及的具体策略是"双重爱尔兰加荷兰价税"，一个复杂的税务结构，使苹果公司能够通过在爱尔兰注册的两个公司将利润转移到税率更低或零税率的地区，如百慕大。

欧盟委员会认为，爱尔兰政府的这种税务安排给予了苹果公司不公平的优势，等同于非法国家援助，因为这违反了旨在保障市场公平竞争的欧盟法规。2016 年 8 月 30 日，欧盟委员会作出裁决，认定爱尔兰应当向苹果公司追缴高达 130 亿欧元的税款，这笔税款相当于 2003 年至 2014 年苹果公司在爱尔兰未支付的税款及相应利息。

苹果公司和爱尔兰政府对这一裁决均表示反对，并提出上诉。苹果公司的首席执行官蒂姆·库克公开表示，苹果公司没有要求也没有得到任何税务优惠，他认为欧盟委员会的裁决是一种政治行为，无视国际税法和常规的税务体系。爱尔兰政府也支持苹果公司的立场，主张其与苹果公司的税务协议完全合法，符合国际税收原则，并且爱尔兰政府更倾向于通过吸引外国直接投资来支持经济发展，而不是一次性大额税收。本案的上诉结果将对国际公司的全球税务规划产生长远影响，同时也测试了欧盟委员会在税务合规和反垄断方面的权威和效力。

【主要法律问题】

1. 非法国家援助的界定

欧盟竞争法规定，任何能够扭曲成员之间贸易并影响市场竞争的政府援助均被视为非法。争议在于，爱尔兰政府给苹果公司的税收优惠是否构成了对特定公司的非法国家援助，从而给苹果公司提供了不公平的市场优势。

2. 税收决策的透明性与公平性

欧盟法律要求所有税收协议必须透明并对所有企业公平。欧盟指控称，爱尔兰政府与苹果公司之间的税务协议缺乏透明度，且过度有利于苹果公司，这违背了公平竞

[①] 中国新闻网：《欧洲法院终裁苹果公司须补缴 130 亿欧元税款》，https://www.chinanews.com/gj/2024/09-10/10283668.shtml，2024 年 8 月 24 日最后访问。

争原则。

3. 欧盟的管辖权和成员的财政自主权

爱尔兰政府和苹果公司反驳说,他们的税收协议遵守了爱尔兰和欧盟的法律。他们认为,欧盟委员会的裁决侵犯了爱尔兰作为主权国家制定自己税务政策的权利。

【主要法律依据】

1.《欧盟运行条约》(2009)

第 107 条第 1 款 除本条规定的情况外,不得有任何成员或欧洲联盟成员提供或通过国家资源提供任何形式的有利于某些企业或某些生产性行业的补贴,无论是直接或间接地,超过所必需的程度,以致产生扭曲或有可能扭曲竞争。

第 108 条第 3 款 如果会员国提供的援助未经批准,委员会或任何有关会员国的利害关系方,均有权要求终止此援助,以便符合本条的规定。在这种情况下,欧洲联盟法院对此事提出的任何裁决将相应地适用。

2.《欧盟国家援助条例》(2008)

第 3 条 国家援助的豁免条件

(1) 根据本条例批准的援助计划或个别援助,须满足以下所有条件:须以实现明确的共同利益目标为导向;须符合比例原则,且控制在最低必要限度内;接受援助的企业须根据客观、透明的标准选定;援助不得对成员之间的竞争或贸易造成不当扭曲;援助须具有透明度,特别是关于受益方的身份及援助金额。

(2) 援助须基于明确的法律依据(如法律、法规或行政法令)授予。

(3) 成员须确保援助不得与其他针对同一合格成本的国家援助叠加,若叠加将导致援助强度超过本条例规定的上限。

第 4 条 (1) 计算援助强度时,所使用的所有数据应在扣除税款或其他费用之前进行。若援助形式不是直接拨款,则援助金额应为援助的等值拨款。以多个分期付款形式支付的援助应折现为授予时的价值。用于折现的利率应为授予时适用的参考利率。

(2) 如果援助是通过未来应缴税款的减免或免税形式授予,且需符合以总拨款等值形式定义的特定援助强度要求,则应根据不同时间点税收优惠生效时适用的参考利率对各个援助部分进行折现。

(3) 可接受的费用应有明确且项目化的书面证据支持。

3. OECD《跨国企业与税务机关转让定价指南》(1995)

1.6 对独立交易原则的权威表述,见《OECD 税收协定范本》第 9 条第 1 款。该表述已成为 OECD 成员和越来越多的非成员签订双边税收协定的基础。第 9 条规定:

(当)两个(关联)企业之间商业或财务关系达成或施加的交易条件不同于独立企业之间商业或财务关系达成或施加的交易条件,并且由于这些条件的存在,导致其中一个企业没有取得其本应取得的利润,则可以将这部分利润计入该企业的所得,并据以征税。

独立交易原则通过参照在类似情况下进行可比交易(如在可比非受控交易下)的独立企业之间的条件,对关联企业的利润进行调整。该原则遵循的方法是将跨国企业集团的成员企业视同其作为独立实体开展经营,而非作为单个统一业务所不可分割的部分。由于独立实体法将跨国企业集团的成员企业视为独立的实体,因此,关注的重点在于这些成员企业之间交易的性质,以及其交易条件是否由此与可比非受控交易下的条件不同。这种对受控和非受控交易的分析,被称为可比性分析,是应用独立交易原则的核心。可比性分析的指引见本章 D 节和第 3 章。

1.7 对于可比性的关注是非常重要的,其目的在于强调所采用的方法,需要在方法的可靠性和由此给纳税人和税务机关带来的负担之间实现权衡。《OECD 税收协定范本》第 9 条第 1 款是进行可比性分析的基础,因为其引入了以下的必要步骤:

比较关联企业之间的达成或施加的交易条件(包括价格,但不仅限于价格)与独立企业之间的交易条件,以确定出于计算关联企业纳税义务的目的而对其账务进行的调整,是否符合《OECD 税收协定范本》第 9 条中授权的方法(见第 9 条注释第 2 段);

确定在独立企业之间交易的情形之下本应取得的利润,从而确定账务调整的数额。

1.8 OECD 成员和其他国家之所以采用独立交易原则有几方面原因。其中主要原因是,在独立交易原则下跨国企业集团和独立企业享有广泛平等的税收待遇。因为独立交易原则使关联企业和独立企业在税收方面处于更加平等的地位,因此可以避免出现有可能扭曲关联企业和独立企业中任何一类企业相对竞争地位的税收优势或劣势。独立交易原则由此消除了经济决策中的此类税收考虑,从而促进了国际贸易和投资的增长。

1.9 事实证明,独立交易原则在绝大多数案例中都能有效地发挥作用。例如,在许多涉及商品买卖和资金借贷的案例中,很容易找到可比独立企业在类似情形下进行的可比交易中的价格。也有很多案例中,对相关交易的比较可以在财务指标的层面进行,包括成本加成率、毛利率或净利润指标等。然而,在有些重要的案例中,应用独立交易原则非常困难和复杂。例如跨国企业集团交易中涉及一体化生产高度专业化的产品、独一无二的无形资产以及(或者)提供专门的服务等。处理此类困难案例的解决方案是存在的,其中包括本指南第 2 章第 3 部分所述,运用交易利润分割法是处理此类困难案例最恰当的方法。

1.10 有些人认为独立交易原则存在固有的缺陷,因为独立实体法往往不能完全解释一体化业务所产生的规模经济和各种不同活动之间的相互关系。然而,目前尚无普遍接受的客观标准,以在关联企业间分配因集团成员关系而产生的规模经济或一体化利益。下文 C 节中将讨论可能替代独立交易原则的方法。

1.11 应用独立交易原则所面临的一个实际困难是关联企业可能会从事一些在独立企业之间不会发生的交易。这些交易并不一定是出于避税目的,其之所以会发生是因为跨国企业集团的成员在彼此的交易往来中所面对的商业环境不同于独立企业所面对的商业环境。在关联企业之间进行的某类交易很少在独立企业之间发生的情形下,要应用独立交易原则很困难,因为很难找到或没有直接证据显示独立企业之间在进行该交易时会构成何种条件。仅仅独立企业之间不会发生某交易这一事实本身并不表示该受控交易不符合独立交易原则。

1.12 在一些案例中,应用独立交易原则时需要对大量的各种类型的跨境交易进行评估，可能会给纳税人和税务机关双方带来管理方面的负担。尽管关联企业通常在交易进行的时点确定交易的条件，但在将来的某一时刻，企业可能会被税务机关要求证明该受控交易符合独立交易原则（参见第 3 章 B 节和 C 节对时效性和遵从问题，以及第 5 章对转让定价文档的论述）。税务机关也可能不得不在受控交易发生数年之后，对该受控交易是否符合独立交易原则进行验证。在这一过程中，税务机关会审阅由纳税人准备的所有证明其受控交易符合独立交易原则的支持性文档。同时，税务机关也可能会需要针对大量的、各种类型的受控交易，收集关于交易发生时的可比非受控交易、市场条件等信息。这些工作通常会随着时间的推移变得越来越困难。

1.13 税务机关和纳税人双方常常难以获得足够的信息以应用独立交易原则。因为应用独立交易原则时，通常要求纳税人和税务机关评估非受控交易以及独立企业的业务经营活动，并将这些交易和活动与关联企业之间进行的交易和活动进行比较，这可能需要大量的数据和信息。一些容易取得的信息可能不完整、难以解释；而另外一些信息，即使存在，也可能会因为该信息或该信息持有人所在地理位置的原因而很难获得。此外，由于保密性问题，可能很难从独立企业那里获取信息。在其他的一些案例中，独立企业相关信息可能根本就不存在，或者可能没有可比的独立企业，例如，假若该行业已达到了较高程度的垂直一体化状态。重要的是不应忽视以下目的：要基于可靠的信息找出符合独立交易原则结果的合理估计。在这里需要重申的是，转让定价不是一门精确的科学，因此确实需要税务机关和纳税人做出判断。

1.14 虽然认可了上述考虑，OECD 成员继续持以下观点：应秉承独立交易原则以评估关联企业之间的转让定价问题。独立交易原则在理论上具有合理性，因为在对关联企业之间资产（如货物、其他类型的有形资产或无形资产）的转让或服务的提供进行分析时，它能提供最接近于公开市场运作方式的近似结果。虽然独立交易原则在实践中的运用可能并不总是那么简单，但它在一般情况下确实能够给出跨国企业集团成员企业之间适当的所得水平，并为税务机关所接受。它反映了受控纳税人在特定事实和环境之下的经济实质，并采用市场的正常运作情形作为基准。

1.15 背离独立交易原则将会舍弃上述正确的理论基础，并对这一国际共识构成威胁，从而大大增加双重征税的风险。独立交易原则的实践已积累了十分广泛和细致的经验，并在企业界和税务机关之中建立了大量的共识。这一共识，对于实现保障各个税收管辖区的税基恰当、避免双重征税的目标，有着重大的现实价值。应当借助这些实践，进一步充实独立交易原则，改善其应用，并通过向纳税人提供更明确的指引和更及时的检查以改进其管理。总之，OECD 成员将继续大力支持独立交易原则，事实上，合理的或者现实可行的可以替代独立交易原则的方法尚未出现。有时，全球公式分配法作为一个可能的替代方法被提及，但在理论、执行或实践中无法被接受（见本章 C 节中对全球公式分配法的讨论）。

1.33 如第 1.6 条所述，"可比性分析"是应用独立交易原则的核心。独立交易原则的应用通常建立在对受控交易中的条件和可比情形下独立企业间可比交易的条件进行比较的基础之上。"可比性分析"包含两个关键环节：第一个环节是通过识别关联企业间的商业或财务关系、交易条件及相关经济特征，以准确界定受控交易；第二个环节是将准确界定的受控交易的交易条件和相关经济特征与独立企业在可比交易中的交易条件和相关经济特征进行比较。第1章为识别关联企业间的商业或财务关系以及准确界定受控交易提供了指引。与第一个环节截然不同，第二个环节旨在根据独立交易原则考量受控交易的定价。第2章和第3章针对可比性分析的第二个环节提供了指引。根据本节内容确定的有关受控交易的信息与第3.4条中所阐述的典型可比性分析过程的第2步和第3步紧密相关。

4.《爱尔兰税收整编法案》(1997)①

第25条 （1）非居民（公司）如果通过在爱尔兰的分支机构或代理机构从事贸易，其归属于该分支机构或代理机构的所有应税利润应缴纳公司税。应税利润包括通过该分支机构或代理机构开展的贸易活动产生的任何贸易收入，以及用于或为该分支机构或代理机构目的持有的财产或权利所产生的收入。

（2）任何由该分支机构或代理机构用于其贸易活动的财产或权利所产生的收入，均视为该分支机构或代理机构的应税利润的一部分。

（3）分支机构或代理机构的利润应按照适用于本地公司（居民公司）的原则计算，确保能够公平地反映该分支机构或代理机构所进行的活动所产生的利润。

【理论分析】

1. 利用避税港的法律与战略

"双重爱尔兰加荷兰夹心三明治"策略：这种策略涉及在低税率国家设立两家爱尔兰公司（B1和B2）和一家荷兰公司（C），以利用税收条约和差异化的国家税率，将利润转移到几乎无税或低税的管辖区（如百慕大）。② 通过这种结构，苹果公司能够将利润从高税区（如美国或其他欧洲国家）转移到低税区，同时通过复杂的内部费用结构（如知识产权费用）来减少在某些国家的应纳税利润。

2. 国际税收合规与规避

BEPS行动计划旨在防止公司利用国家间的税收制度差异进行税基侵蚀和利润转移。本案正好揭示了跨国公司如何利用现有税法漏洞进行避税。BEPS行动计划关于中性化混合机制的不当使用，尤其针对通过特定国家的金融工具或实体进行的税收规避策略，这与苹果公司使用的"双重爱尔兰加荷兰夹心三明治"策略类似。

3. 国家援助和欧盟竞争法

《欧盟运行条约》第107条和第108条规定，任何可能扭曲市场竞争的政府支持均可视为非法国家援助。本案中，爱尔兰政府的税收安排被视为提供了不公平的竞争优势，因此可能违反了这一规定。这些法规的核心是保证欧盟内部市场的公平竞争，防止成员通过财政优惠吸引或保留企业，从而影响整个欧盟的经济均衡。

---

① Chartered Accountants Ireland. "Section 25-Non-resident Persons Trading in the State through a Branch or Agency." TaxSource Total, August 2020. Accessed October 24, 2024. https://www.charteredaccountants.ie/taxsourcetotal/taxpoint/digest/2020/08/2020-08-1.html.

② 王丰国：《跨国公司转移定价中的避税与反避税分析》，载《商业研究》2006年第2期，第51-55页。

4. 金融账户信息的自动交换标准（AEOI）和共同报告标准（CRS）

国际社会越来越多地采用 AEOI 来增强税务透明度和合作，以应对像苹果公司这样的跨国公司的复杂税务结构。这些机制旨在确保税务当局能获取必要的信息，以正确评估跨国公司的税务责任。欧盟也已经实施了多种措施，以增强成员之间及与第三国之间的税收信息交换，从而更有效地打击避税和逃税行为。

通过本案，国际税法的复杂性和全球经济中国家间的互动变得非常明显。这不仅涉及对法律和财政政策的理解，还涉及道德和政治因素，如何平衡国家的财政自主与维护公平竞争的国际义务。[①] 此外，本案还展示了在全球化和数字化时代下，现有国际税法体系在应对快速变化的商业模式和利润转移策略方面面临的挑战。

【实操分析】

爱尔兰政府采取的税收优惠政策吸引了包括苹果公司在内的诸多跨国公司前往投资，这些跨国公司将海外总部、利润放在爱尔兰，从而只需要在爱尔兰承担较轻的税负。苹果公司及其他美国公司的"双重爱尔兰加荷兰夹心三明治"策略在美国国内早已引起争议，但是仅仅依靠现行税法很难对该问题采取具有约束力的措施。欧盟委员会的裁决是在美国和爱尔兰之间的税务问题尚未解决之前作出的，该裁决并未得到爱尔兰政府的积极回应。相反，爱尔兰政府和苹果公司一同提起了上诉。爱尔兰政府认为，自身税收政策没有错，也没有针对苹果公司采用特殊的优惠政策，不构成非法国家援助，而且苹果公司是在爱尔兰缴纳税款最多的纳税人之一。

苹果公司海外利润的税收之争本来只是美国居民税收管辖权和所得来源地税收管辖权之争，由于有了爱尔兰政府的优惠税收制度，这一问题从表面上看就从上述两方之争转化为美国和爱尔兰的税收利益之争。欧盟委员会的参与和裁定，让税收利益之争遇到了第四方力量，使问题呈现更加复杂的局面。作为第四方力量的欧盟委员会，旨在维护区域经济一体化的公平市场秩序。出于对区域内公平竞争的维护，欧盟委员会意在纠正不合理的税收竞争，因此欧盟委员会要求苹果公司将未缴纳的税款还给爱尔兰政府。但是，爱尔兰政府却认为这笔钱是一个烫手山芋：一旦收下这笔钱，就意味着爱尔兰政府的税收优惠政策不再具备像过去一样的吸引力，意味着跨国公司将爱尔兰作为低税地的税务战略安排不能再持续。对于苹果公司来说，上交这笔钱，则意味着公司的海外利润分配制度失利。可以试想，如果爱尔兰政府最终不得不执行欧盟委员会的裁定，苹果公司将可能不再把全部或部分利润放在爱尔兰，这对爱尔兰吸引海外投资、创造就业是极为不利的。

自 2015 年以来，欧盟对跨国公司的返税裁定越来越多，而跨国公司对于欧盟税收判决的上诉也逐渐增多。2015 年，欧盟委员会首次命令卢森堡和荷兰向菲亚特克莱斯勒公司、星巴克公司追缴税款，要求卢森堡向亚马逊公司追缴 2.5 亿欧元税款，还要求比利时向 35 家公司追缴高达 7 亿欧元的税款。由此可见，未来国际税收制度的具体安排将对跨国公司的运作产生直接影响。如果此次欧盟委员会对爱尔兰政府和苹果公司的裁决能最终落实，那么欧盟地区的类似税收竞争问题将会得到有效抑制，这也会

[①] 郭月梅、肖月丽：《我国完善避税地监管的路径选择》，载《税务研究》2016 年第 10 期，第 64-69 页。

对拟赴欧盟投资的跨国公司产生相应影响。如果苹果公司能找到不受欧盟或类似国际组织裁决约束的国家或地区，那么类似苹果公司的国际税收利益之争仍然会存在。而事实上要找到这样的地方，并不会太难。如此一来，苹果公司将不会以把海外利润汇回美国缴税而告终。跨国公司的海外利润分配会不断遇到新的约束条件，需要在新条件下寻找新的制度安排，而各国政府也将继续积极探索，争取有效管治国际避税行为。

【思考题】

（1）如何界定政府税收优惠是否为特定公司提供了不公平的市场优势？爱尔兰政府与苹果公司之间的税务协议在这方面有哪些具体问题？

（2）欧盟法律要求所有税收协议必须透明并对所有企业公平。爱尔兰政府与苹果公司之间的税务协议是否缺乏透明度？具体表现是什么？

（3）什么是"双重爱尔兰加荷兰夹心三明治"策略？苹果公司是如何通过这种策略实现低税率的？

（4）OECD的共同报告标准（CRS）在打击国际避税中的作用是什么？在本案中，CRS是如何帮助揭示苹果公司的避税行为的？

第九章

国际经济贸易争端解决

在全球化的经济环境中,国际贸易和经济活动变得非常活跃,随之而来的是不可避免的争端和纠纷。这些争端可能涉及不同国家的公民、东道国与外国投资者,或者发生于不同国家之间。面对这种复杂多样的国际经济关系,需要有相应的机制来解决争端。

本章详细介绍了几种国际经济贸易争端的解决方式,包括国际商事仲裁、国际民商事诉讼、国家与外国投资者之间的投资争端解决机制,以及世界贸易组织(WTO)的争端解决机制。这些方式为处理国际经济活动中的纠纷提供了有效的途径。

第一节 国际商事争端解决方式

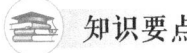 知识要点

一、国际商事仲裁

国际商事仲裁是指双方当事人通过合意自愿将有关争议提交第三者即仲裁人或公断人(arbitrator, referee)审理,由其依据法律或依公平原则作出裁决,并约定自觉履行该裁决所确定的义务的一种制度。这种形式的仲裁具有以下特点:(1)选择性。当事人可以根据合同的约定选择仲裁作为解决争议的方式,而不是诉诸国际法院。这种选择性使当事人可以根据实际情况和需要,灵活选择解决争议的方式。(2)独立性和中立性。仲裁庭由当事人共同选择或者根据合同约定的程序选定,保证了仲裁裁决的独立性和中立性。(3)国际性质。国际商事仲裁通常涉及跨越国界的商事纠纷,仲裁庭可以由来自不同国家的仲裁员组成,解决双方国际商事合同中的争议。(4)程序弹性。与传统的法院诉讼相比,仲裁程序通常更加灵活,当事人可以根据具体情况和需要,约定仲裁程序的具体细节,包括证据提交、听证程序等。(5)保密性。仲裁程序通常更加保密,当事人可以要求仲裁程序和裁决保密,以保护商业秘密和商誉。(6)最终裁决。仲裁裁决具有最终性和强制执行性,一旦仲裁裁决作出,当事人通常需要履行裁决,且裁决可以在国际范围内得到有效执行。国际商事仲裁一般通过国际商事仲裁机构进行工作,国际商事仲裁机构可以提供仲裁服务,这些机构通常拥有专业的仲裁员和完善的仲裁规则,以确保争议得到公正、高效和专业的解决。知名的国际商事仲裁机构如国际商会国际仲裁院(ICC)、伦敦国际仲裁院(LCIA)、新加坡国际仲裁中心(SIAC)、瑞士国际仲裁院(SCAI)。中国受理涉外经济争端的常设仲裁机构是中国国际经济贸易仲裁委员会(CIETAC)。

CIETAC 成立于1956年，根据中国《仲裁法》的规定，CIETAC 作出的裁决，与法院判决具有同等的效力，并且得到中国法院的支持和执行。

国际商事仲裁协议是商事主体之间就其未来或现有争议提交仲裁解决所达成的一种契约，既可以在争议发生之前也可以在争议发生之后达成。这类协议可以是合同中的一部分，即仲裁条款，也可以是独立于合同之外的专门仲裁协议书。一个典型的国际商事仲裁协议通常明确了各方同意仲裁的意愿、争议的具体范围及选择的仲裁机构。仲裁协议的有效性和效力是国际商事仲裁过程中的核心问题，直接影响仲裁程序的有效进行和裁决的承认与执行。仲裁条款的独立性原则是国际商事仲裁中的一个基本原则，它表明即使主合同无效或终止，仲裁条款仍然可以独立存在并具有效力。这一原则基于当事人意思自治的理念，即双方一旦就仲裁达成共识，该共识不应随主合同的状态而改变。当然，仲裁条款的有效性还需根据适用的法律来确定，可能是当事人选择的法律或仲裁地法律。在确定仲裁协议的有效性时，应考虑适用的法律，这通常是根据国际私法原则和规则来决定。如果当事人在仲裁协议中明确选择了适用的法律，那么应优先考虑这一选择。如果没有明确选择，通常会根据最密切联系原则来确定适用的法律，通常为仲裁地的法律。

随着经济全球化的发展，仲裁协议的有效性越来越受到重视，仲裁机构和法院在评估仲裁协议有效性时，倾向于采取一种宽松的态度，尽量使仲裁协议有效，以满足当事人通过仲裁解决争议的意愿。有效的仲裁协议通常需要满足一定的条件，包括当事人具有签订仲裁协议的行为能力，意思表示真实，协议形式符合法律规定，以及协议内容合法且不违反任何强制性法律规定和公共政策。在中国，某些事项是不可仲裁的，如婚姻、继承等，这些事项的争议不能通过仲裁来解决。

二、国际民商事诉讼

国际民商事诉讼是指在国际民事和商事交往中，当事人之间因合同、侵权或其他财产权益纠纷而发生的诉讼，涉及不同国家的当事人或与国际因素有关的诉讼活动。这类诉讼通常涉及跨国的法律问题，包括但不限于合同争议、财产权益、知识产权侵权等。国际民商事诉讼的特点包括涉外性、跨国执行问题及可能涉及多个国家的法律体系。在处理国际民商事诉讼时，通常会涉及国际私法的原则，包括法律适用法、司法管辖权问题、外国判决和裁决的承认与执行等。

国际民商事诉讼的法院管辖权确定涉及一系列原则，这些原则反映了国家司法主权的行使及对跨国案件的司法管理。在没有统一国际标准的背景下，各国根据自身法律体系制定相关规则。法院对国际民商事诉讼的管辖权通常基于以下几种原则来确定：（1）属人管辖原则。强调与本国国民的联系，即如果诉讼至少涉及一名本国国民，无论纠纷发生地在哪个国家，本国法院都可行使管辖权。（2）属地管辖原则。侧重于案件与国家领土的联系，不问当事人国籍，只要案件与国家地域有关联，如法律事实的发生地、诉讼标的物所在地、被告住所地或财产所在地等，本国法院就拥有管辖权。（3）专属管辖原则。涉及对特定法律关系或领域的排他性管辖权，通常是为了保护国家公共利益或因调整某类民商事关系的特殊需要而设立，如不动产、知识产权、法人组织相关案件等。（4）协议管辖原则。这体现了当事人意思自治，允许当事人通过协议选择争议提交的法院，这种选择可以是明确的，如在合同中订立的管辖权条款，或者是默示的，如一方当事人向某国法院提起诉讼，另一方未提出异议并参与诉讼。这些原则共同构成了国际民商事诉讼中法院管辖权的基础，法院在处理案件时需要综合考虑这些因素，以确定是否具有管辖权。同时，国际条约和国际惯例也可能对管辖权的确定产生影响。在实际操作中，法院管辖权的确定是一个复杂的过程，需要细致分析案件的具体情况及相关的法律规则。

在国际民商事案件中，由于不同国家对管辖权确定的依据存在差异，管辖权冲突成为实践中不可避免的问题。这种冲突可能表现为多个国家积极主张对同一案件的管辖权，也可能表现为没有国家愿意对案件行使管辖权。在这些冲突中，平行管辖和平行诉讼问题尤为突出。平行管辖是指两个或两个以上国家的法院均主张对同一国际民商事案件拥有管辖权，且不否认其他国家法院的管辖权。由此引发的平行诉讼，即当事人在两个以上国家的法院就同一争议提起诉讼，进一步加剧了问题的复杂性。平行诉讼分为两种情况：（1）重复诉讼，即原告向多个国家的法院提起相同原告、被告和事实的诉讼；（2）对抗诉讼，即双方当事人在不同国家的法院分别提起诉讼，针对相同的争议事实。为解决平行诉讼问题，各国主要依赖相关的国际公约和国内民事诉讼法。欧洲国家通过建立"布鲁塞尔和卢加诺体制"来规范这一问题，其法律基础包括《关于民商事案件管辖权判决执行的公约》（以下简称《布鲁塞尔公约》）和《关于民商事案件管辖权和判决执行的公约》（以下简称《卢加诺公约》）。这两个公约为成员之间的民商事案件管辖权划分提供了标准，有效避免了成员内部的平行诉讼。解决平行诉讼问题时，各国遵循的主要原则包括国际礼让原则、当事人意思自治原则、承认先行受理法院管辖权原则、不方便法院原则。这些原则共同构成了解决国际民商事案件平行诉讼问题的基础，旨在通过国际合作和法律协调，减少管辖权冲突，提高诉讼效率，保护当事人的合法权益。

一国对外国法院判决的承认和执行，是根据该国的国内法律或国际公约，对外国民商事判决在本国的法律效力予以确认并实施强制执行的过程。承认判决是执行判决的必要条件，但并不自动导致执行，实际执行还须满足国内法所规定的特定条件。

在承认和执行外国法院判决方面，大多数国家通过其民事诉讼法、国际私法或特定法规明确了相关原则和条件。此外，国家间通过签订双边或多边的国际条约来规范相互承认和执行法院判决的程序，如1968年欧洲共同体成员缔结的《布鲁塞尔公约》、1971年在海牙签订的《关于承认与执行外国民事和商事判决的公约》等，这些公约为跨国界的判决承认和执行提供了国际法基础。

案例一 西门子国际贸易（上海）有限公司与上海黄金置地有限公司申请承认和执行外国仲裁裁决案[①]

【基本案情】

西门子国际贸易（上海）有限公司（以下简称西门子公司）与上海黄金置地有限

[①] 中国法院网：《西门子国际贸易（上海）有限公司与上海黄金置地有限公司申请承认和执行外国仲裁裁决案》，https://www.chinacourt.org/article/detail/2017/05/id/2863098.shtml，2024年8月24日最后访问。

公司（以下简称黄金置地公司）之间的合同争议提交给了新加坡国际仲裁中心（SIAC），并最终由该仲裁中心作出裁决。

2005年9月23日，黄金置地公司与西门子公司签订了一份货物供应合同，约定西门子公司应于2006年2月15日之前将设备运至工地，合同中明确如发生争议须提交SIAC进行仲裁解决。在合同履行过程中，双方产生争议，黄金置地公司向SIAC提起仲裁，要求解除合同、停止支付货款；西门子公司则提出反请求，要求黄金置地公司支付全部货款、利息并赔偿其他损失。2011年11月，SIAC作出裁决，驳回了黄金置地公司的全部仲裁请求，并支持了西门子公司的仲裁反请求。根据裁决，黄金置地公司应当向西门子公司支付相关款项。

黄金置地公司支付了部分款项后，西门子公司依据《承认及执行外国仲裁裁决公约》（也称《纽约公约》），向上海市第一中级人民法院请求承认和执行SIAC作出的仲裁裁决。黄金置地公司抗辩认为，由于双方当事人均为中国法人，合同履行地在国内，故案涉民事关系不具有涉外因素，仲裁条款无效，且承认与执行该仲裁裁决有违中国的公共政策。

上海市第一中级人民法院经逐级报告至最高人民法院并获答复后，认为根据《纽约公约》的规定，裁定承认和执行涉案仲裁裁决。法院认为，本案合同关系具有涉外因素，合同中的仲裁条款依法有效，且仲裁裁决不存在有违中国公共政策的情形。因此，西门子公司的请求得到了支持。

【主要法律问题】

1. 合同中的仲裁条款是否有效，能否作为解决争议的依据

关于意思自治，根据国际私法的原则，当事人有权自由选择解决争议的方式，包括通过仲裁解决。关于书面形式的要求，《纽约公约》第2条要求仲裁协议必须以书面形式存在。在本案中，合同中的仲裁条款满足书面形式的要求。关于涉外因素，本案合同当事人均为中国法人，但合同约定了外国仲裁机构（SIAC）作为解决争议的机构，且合同的履行涉及跨国因素，这构成认定合同具有涉外性的依据。

2. SIAC的仲裁裁决是否应在中国得到承认与执行

（1）《纽约公约》的适用。中国是《纽约公约》的缔约国，根据该公约，外国仲裁裁决在中国可以得到承认与执行。（2）承认与执行的条件。根据《纽约公约》第3条和第5条，承认与执行外国仲裁裁决是原则，拒绝承认与执行是例外，且必须符合该公约明确规定的条件。（3）公共政策的考量。如果承认与执行外国仲裁裁决将违反执行地国（中国）的公共政策，则可能拒绝执行。在本案中，法院认为执行该裁决不违反中国的公共政策。

3. 黄金置地公司提出的抗辩理由是否成立

从仲裁条款效力的角度来看，黄金置地公司认为合同不具有涉外因素，仲裁条款无效。但法院认为合同关系具有涉外因素，仲裁条款有效。从公共政策角度来看，黄金置地公司认为执行该裁决违反中国的公共政策，但法院未接受此抗辩，认为执行裁决不会违反中国的公共政策。

【主要法律依据】

1. 《承认及执行外国仲裁裁决公约》(《纽约公约》)

第 1 条　一、仲裁裁决，因自然人或法人间之争议而产生且在申请承认及执行地所在国以外之国家领土内作成者，其承认及执行适用本公约。本公约对于仲裁裁决经申请承认及执行地所在国认为非内国裁决者，亦适用之。

二、"仲裁裁决"一词不仅指专案选派之仲裁员所作裁决，亦指当事人提请仲裁之常设仲裁机关所作裁决。

三、任何国家得于签署、批准或加入本公约时，或于本公约第 10 条通知推广适用时，本交互原则声明该国适用本公约，以承认及执行在另一缔约国领土内作成之裁决为限。任何国家亦得声明，该国唯于争议起于法律关系，不论其为契约性质与否，而依提出声明国家之国内法认为系属商事关系者，始适用本公约。

第 2 条　一、当事人以书面协定承允彼此间所发生或可能发生之一切或任何争议，如关涉可以仲裁解决事项之确定法律关系，不论为契约性质与否，应提交仲裁时，各缔约国应承认此项协定。

二、称"书面协定"者，谓当事人所签订或在互换函电中所载明之契约仲裁条款或仲裁协定。

三、当事人就诉讼事项订有本条所称之协定者，缔约国法院受理诉讼时应依当事人一造之请求，命当事人提交仲裁，但前述协定经法院认定无效、失效或不能实行者不在此限。

第 5 条　二、倘声请承认及执行地所在国之主管机关认定有下列情形之一，亦得拒不承认及执行仲裁裁决：

（甲）依该国法律，争议事项系不能以仲裁解决者；

（乙）承认或执行裁决有违该国公共政策者。

2. 《民事诉讼法》

第 297 条　人民法院作出的发生法律效力的判决、裁定，如果被执行人或者其财产不在中华人民共和国领域内，当事人请求执行的，可以由当事人直接向有管辖权的外国法院申请承认和执行，也可以由人民法院依照中华人民共和国缔结或者参加的国际条约的规定，或者按照互惠原则，请求外国法院承认和执行。

在中华人民共和国领域内依法作出的发生法律效力的仲裁裁决，当事人请求执行的，如果被执行人或者其财产不在中华人民共和国领域内，当事人可以直接向有管辖权的外国法院申请承认和执行。

第 299 条　人民法院对申请或者请求承认和执行的外国法院作出的发生法律效力的判决、裁定，依照中华人民共和国缔结或者参加的国际条约，或者按照互惠原则进行审查后，认为不违反中华人民共和国法律的基本原则且不损害国家主权、安全、社会公共利益的，裁定承认其效力；需要执行的，发出执行令，依照本法的有关规定执行。

【理论分析】

1. 案件中涉及的仲裁协议

本案中的仲裁协议是双方当事人意思自治的体现,这是国际商事仲裁的基石。根据国际法原则,当事人有权选择解决争议的方式,包括仲裁。在本案中,双方明确约定了将争议提交至 SIAC,这一选择不仅体现了当事人的自主意愿,也符合国际商事仲裁实践中对高效、专业解决跨境争议的需求。

2. 关于仲裁地和仲裁机构的选择

SIAC 作为国际商事仲裁的权威机构,其仲裁规则被广泛认为是公正和高效的。选择 SIAC 进行仲裁,意味着双方接受了新加坡法律对仲裁程序的监督和指导,同时也表明了双方对于仲裁程序国际化和专业化的追求。

3. 就国际商事仲裁裁决的承认与执行而言,本案中 SIAC 的裁决需要在中国得到承认和执行

根据《纽约公约》,中国作为缔约国,有义务承认和执行在其他缔约国领土内作出的仲裁裁决,除非存在该公约规定的拒绝承认和执行的情形。在本案中,没有证据表明存在这些情形,因此,西门子公司的请求在中国法院得到了支持。

【实操分析】

1. 涉外合同的识别

本案中,合同双方虽然都是中国法人,但西门子公司是外商独资企业,且合同履行涉及自贸试验区的保税监管和国际货物买卖特征。这表明合同具有涉外因素,根据《最高人民法院关于适用〈中华人民共和国涉外民事关系法律适用法〉若干问题的解释(一)》的相关规定,涉外合同中的仲裁条款是有效的。

2. 外国仲裁裁决在中国的承认与执行

中国是《纽约公约》的缔约国,根据该公约,中国法院应当承认和执行在其他成员国作出的仲裁裁决,除非存在该公约规定的拒绝承认与执行的情形。西门子公司向上海市第一中级人民法院提交了符合《纽约公约》规定的文件,包括仲裁裁决及双方之间的仲裁协议,满足了在中国法院申请承认和执行外国仲裁裁决的形式要求。

3. 公共政策的适用

在承认和执行外国仲裁裁决的过程中,法院需要考虑该裁决是否违反了中国的公共政策。在本案中,上海市第一中级人民法院经审查认为,仲裁裁决的内容没有与中国的公共政策相抵触,因此黄金置地公司关于违反公共政策的主张不能成立。

4. 仲裁裁决的审查范围

根据《纽约公约》,执行地法院在承认与执行外国仲裁裁决时,只能对该公约第5条规定的程序性事项及公共利益进行审查,而不能对仲裁裁决的实体内容进行审查。因此,黄金置地公司关于仲裁裁决实体错误的主张不属于执行地法院的审查范围。

案例二　香港锦程投资有限公司与山西省心血管疾病医院、第三人山西寰能科贸有限公司中外合资经营企业合同纠纷案[①]

【基本案情】

香港锦程投资有限公司（以下简称锦程公司）与山西省心血管疾病医院（以下简称心血管医院）于"2006年山西（香港）投资洽谈会"上就"山西省心血管医院及老年养老、康复项目"（以下简称合作项目）签订了《合作意向书》。同年11月18日，锦程公司根据心血管医院的要求和提供的设备清单与香港宝和集团有限公司（以下简称宝和公司）签订了订购医疗设备的合同，并在随后支付了4512.28万港元的佣金和预付款。同年11月，锦程公司与心血管医院及第三人山西寰能科贸有限公司（以下简称寰能公司）签订了《中外合资经营企业合同》（以下简称《合资合同》）和《中外合资经营企业章程》（以下简称《合资章程》）。同年12月，经山西省人民政府相关职能部门审核批准，合资三方共同组建了中外合资经营企业山西九方健康产业发展有限公司（以下简称合资公司）。

《合资合同》的主要内容为：（1）合营方的投资方式系心血管医院出资人民币6750万元，以等值的土地面积作价置换。锦程公司出资人民币6000万元，其中现金人民币3000万元，设备人民币3000万元。寰能公司出资现金人民币2250万元。三方股东分期出资的最后期限是合资公司注册后18个月内。（2）任一合资方未按合同规定依期按数投资时，从逾期第30个银行日算起，每逾期1日，违约方应缴付投资额0.5‰的违约金。（3）各方签订本合同后，心血管医院如未能如期办理完成土地作价入股手续使合资公司无法注册，视为违约，应返还锦程公司已投入的人民币300万元及设备订购的损失。（4）本合同及其附件的修改必须经合资三方签署书面协议，并报原审批部门批准方能生效；合资公司由于某种原因出现连年亏损，无力继续经营，经董事会一致通过并报原审批部门批准，可提前终止合资期限或解除合同。

2007年1月，合资公司领取了《企业法人营业执照》。同年2月25日，合资三方共同签署《备忘录》约定心血管医院加快办理有关土地作价入资手续，并在2007年6月前完成。但心血管医院没有完成此项义务，于同年9月底口头通知锦程公司合作项目和合资公司停止运行，并经锦程公司要求于同年11月16日发函以土地手续无法落实为由终止了合作项目的执行。2008年1月22日，心血管医院与第三人寰能公司签订了《关于返还山西寰能科贸有限公司投资款备忘录》，认定心血管医院单方面终止项目合作并返还其投资款人民币2619700元。由于心血管医院违约，锦程公司与宝和公司的买卖合同无法继续履行。经协商未果，宝和公司在香港特别行政区高等法院提起诉讼，要求锦程公司承担违约责任，香港特别行政区高等法院最终判令锦程公司向宝和公司支付23622800港元的赔偿金。在心血管医院的违约事实发生后，锦程公司多次向其提

[①] 中华人民共和国最高人民法院公报：《香港锦程投资有限公司与山西省心血管疾病医院、第三人山西寰能科贸有限公司中外合资经营企业合同纠纷案》，http://gongbao.court.gov.cn/Details/5a2e1c9ccd834cd9f001d6562ab094.html，2024年8月24日最后访问。

出合作项目终止后善后事宜的处理，特别是锦程公司的损失如何赔偿等问题，但心血管医院采取推诿、消极的态度，导致各方无法沟通，未能达成一致意见。锦程公司最终采取诉讼方式寻求救济。

【主要法律问题】

1. 《合资合同》及《合资章程》的效力

锦程公司、心血管医院及第三人寰能公司签订的《合资合同》和《合资章程》，系合资三方的真实意思表示，其内容不违反法律规定，并报经相关审批机关进行了审批，依法应认定其合法有效。

2. 《备忘录》的效力

关于2007年2月25日《备忘录》的效力，即锦程公司能否依据各方另行签订但没有报批的《备忘录》主张心血管医院的责任。

在签订《合资合同》及《合资章程》之后，锦程公司、心血管医院和第三人寰能公司于2007年2月25日签订了一份有关合资公司的《备忘录》，对《合资合同》中合资各方出资的时间及额度进行了调整，即心血管医院在同年6月前完成相关土地手续，锦程公司根据项目的实际运作情况办理设备的进口报关及根据土地办理情况适时注入资金，寰能公司根据项目进展和合资公司运作的实际需要分阶段注入资金确保公司的前期运作。考虑经审批的《合资合同》已对各方出资做了明确约定，合资三方在《备忘录》中还特别约定"均同意根据甲方（心血管医院）土地手续办理的实际情况调整合资公司各方出资的时间及额度，按照上述原则实施，各方均等同于履行了出资义务"。但因该《备忘录》未报经有关审批机关批准，故锦程公司与心血管医院对其效力各执一词。最高人民法院认为，《备忘录》确实变更了《合资合同》约定的出资时间及额度，但三方签订《备忘录》的背景系因心血管医院以土地使用权作价入资需要办理规划、财政、土地等报批手续，其目的并非刻意规避或者改变审批机关的审批事项，而是更合理地调整各方出资时间、额度及先后顺序，《备忘录》约定的事项并非必须报经审批机关审批之事项，无须再行报批。《备忘录》系合资三方在平等、自愿、协商一致的基础上达成的，其对各方出资所做的调整是必要和合理的，其内容反映了合资各方的真实意思表示，依法应当认定其合法有效，对合资各方均具有约束力。心血管医院在本案诉讼之前从未对《备忘录》及其效力提出过异议，在诉讼之后主张《备忘录》实质上修改了《合资合同》和《合资章程》有关出资期限的规定且因未经审批机关审批应认定未生效，与事实及相关法律规定不符。

【主要法律依据】

1. 《合同法》（已失效）

第119条 当事人一方违约后，对方应当采取适当措施防止损失的扩大；没有采取适当措施致使损失扩大的，不得就扩大的损失要求赔偿。

当事人因防止损失扩大而支出的合理费用，由违约方承担。

2. 《民事诉讼法》(2007)

第244条　因在中华人民共和国履行中外合资经营企业合同、中外合作经营企业合同、中外合作勘探开发自然资源合同发生纠纷提起的诉讼，由中华人民共和国人民法院管辖。

【理论分析】

1. 补充协议效力问题

本案中达成的补充协议虽然属于对原合同的修改，但其效力应当结合案情全面加以分析。如果补充协议内容不涉及必须报经审批机关审批的事项，对于已获批准的合营企业协议不构成实质性变更的，一方当事人仅以补充协议未经审批机关审批为由主张协议内容无效的，不予支持。

2. 管辖权与准据法事项

本案中双方当事人在已达成的协议中约定，因执行合同所发生的或与合同有关的一切争议协商不成的，按照中华人民共和国有关法律程序，提交有关司法部门裁决，依据当事人的上述约定和我国《民事诉讼法》有关管辖的规定行使管辖权并无不当。

本案为涉港合资经营企业合同纠纷，应当参照确定应适用的准据法。锦程公司、心血管医院及寰能公司签订的《合资合同》约定：本合同的订立、效力、解释、履行和争议的解决均受中华人民共和国法律的管辖。该约定符合我国《中外合资经营企业法实施条例》(2001)第15条的规定，因此，应适用我国内地的法律解决。

【实操分析】

1. 合同的订立与效力

锦程公司、心血管医院及寰能公司签订的《合资合同》和《合资章程》是合资三方真实意思表示的结果，内容不违反法律规定，并已获得相关审批机关的审批，因此被认定为合法有效。

2. 违约责任的确定

心血管医院未能履行办理土地使用权作价入股的义务，导致合作项目及合资公司无法继续运作，被认定为构成违约。心血管医院对寰能公司承认单方面违约并偿还投资款，但对锦程公司拒不承认违约并拒绝赔偿损失，这种做法对锦程公司不公平。

3. 合同条款的解释与适用

《合资合同》第14.3条约定了心血管医院未能如期办理土地作价入股手续时的违约责任。尽管合资公司已注册成立，但心血管医院的根本违约行为导致合资目的无法实现，因此，心血管医院仍须依法承担违约责任。

第二节 世界贸易组织的争端解决机制

 **知识要点**

一、世界贸易组织争端解决机制

世界贸易组织（WTO）的纠纷解决程序是依据 WTO 法规解决成员之间贸易争端的一套特定机制。得益于其专业性、系统性和一致性等显著特征，该程序已成为 WTO 体系中的关键环节。它是确保 WTO 成员遵守条约承诺、支持并推动多边贸易体系发展的基本制度安排。1947 年的《关税及贸易总协定》（GATT）通过其第 22 条和第 23 条，奠定了 WTO 争端解决机制的基础。根据 GATT 第 22 条的规定，当一成员对影响本协定执行的任何事项向另一成员提出要求时，另一成员应给予同情的考虑，并应给予适当的机会进行协商。经一成员提出请求，全体成员对经本条第 1 款协商但未达成圆满结论的任何事项，可与另一成员或另几个成员进行协商。GATT 第 23 条则提供了解决争端的进一步机制。一成员可以通过向相关成员提出书面建议或请求，以期改变措施的方式来解决争端。如果在合理的时间内问题仍未得到解决，争端可以提交给全体成员进行处理。全体成员应立即对此事进行审议，并向相关成员提出适当的建议，或在必要时对该问题作出裁决。在情况极为严重时，全体成员有权批准成员根据实际情况暂停对其他成员实施 GATT 规定的减让或其他义务。这两个条款构成了 GATT 争端解决规则的核心，为后续 WTO 争端解决机制的发展奠定了基础。

二、争端解决程序

乌拉圭回合达成的《关于争端解决规则与程序的谅解》（DSU）是 WTO 协议的重要组成部分，也是 WTO 争端解决机制的核心内容。DSU 不仅包括如何解决 WTO 成员在履行 WTO 各协议过程中的争端，而且增加了 WTO 对争端解决结果的执行机制与监督机制。其主要内容包括以下几个方面：（1）提交申诉。DSU 规定了提交申诉的程序，即当一个成员认为另一个成员采取了违反 WTO 协议的行为时，可以向争端解决机制提交申诉。申诉应该包括对违规行为的详细描述、所受影响及所请求的补救措施等信息。（2）成立争端解决小组。DSU 规定了成立争端解决小组的程序，一般在提交申诉后的 30 天内成立。争端解决小组由具有相关专业知识的成员组成，负责调查申诉，并在一定期限内提交调查报告。（3）争端解决小组调查。争端解决小组会就申诉所涉及的问题进行调查和听证，并征求相关各方的意见和证据。调查结束后，该小组将提交调查报告，其中包括对争端事项的事实和法律分析。（4）争端解决机构裁决。根据 DSU 设置了争端解决机构（DSB），如果争端解决小组的调查报告认定某一成员违反了 WTO 协议，DSB 将根据该报告作出裁决。裁决可以包括要求违规成员取消违反行为、支付补偿、采取其他补救措施等。（5）上诉机构。DSU 还规定了上诉机构的程序，即成员可以对争端解决机构的裁决提起上诉。上诉机构将对裁决进行审查，并在一定期限内作出终审裁决，对于争端解决机构的裁决具有最终的法律约束力。

WTO 争端解决机制相较于 GATT 具有几个突出特点：首先，WTO 拥有一个统一的争端解决机制,适用于 WTO 下所有协议和规则,包括货物贸易、服务贸易、与贸易有关的投资措施和知识产权等。WTO 设立了专门的争端解决机构(DSB),由所有成员代表组成,负责设立专家组、上诉机构,并监督报告的执行和授权报复等,确保了解决成员争端的专属性和统一性。其次,WTO 争端解决机制对成员间因 WTO 相关协定产生的争端具有强制管辖权。这意味着,任何成员就此类争议只能通过 WTO 争端解决机制解决,排除了单边或双边解决方式,有效预防了贸易战的发生。再次,WTO 建立了一个更为司法化的"两级审案"体系,包括专家组和上诉机构。专家组负责初步审理,而上诉机构则作为终审机构,专注于法律问题。这一体系确保了争端解决的专业性与公正性。最后,WTO 争端解决程序具有自动性,即反向一致原则(negative consensus),申诉方一旦发起程序,除非全体成员一致反对,否则程序将自动推进,包括专家组和上诉机构报告的通过及对中止减让和其他义务的授权,这样的决策机制提高了争端解决机制的效率和执行力。

三、中国在 WTO 争端解决程序中的立场与实践

中国在 WTO 争端解决程序中的立场和实践体现了其对多边贸易体系的支持与积极参与。中国通过 WTO 争端解决机制处理与其他成员的经贸争议,尊重并认真执行 WTO 的裁决。中国在执行 WTO 裁决过程中,完全以事实为依据、以多边贸易规则为准绳,赢得了 WTO 广大成员的普遍赞誉。当中国对 WTO 其他成员的一些经济与贸易做法存有异议时,不是用单边力量去向对方施压,而是选择到 WTO 争端解决机构,利用多边规则解决问题。对于中方胜诉的案件,中国会要求对方履行义务,即使在有些案件中国没有赢,中国也接受 WTO 的裁决。例如,在 2009 年 7 月,中国起诉欧盟紧固件反倾销措施案,后来 WTO 判中方胜诉后,欧盟对有关条例进行了修改,继续对中国相关产品实施反倾销措施,随后中国再将欧盟做法诉诸 WTO,并终于在 2016 年得到了 WTO 的公正裁决,欧盟最终撤销了对中国相关产品征收反倾销税的措施。中方合法主张得到了彻底执行,维护了自身正当贸易权利和产业利益。

此外,中国在 WTO 争端解决机制中也面临着挑战。例如,WTO 上诉机构因法官人数不足而面临停摆的困境,这对争端解决机制的权威性和有效性构成威胁。中国一直支持 WTO 争端解决上诉机构尽快补充法官人选,呼吁个别成员放弃单边主义做法,遵守 WTO 规则,与其他成员尽快就此问题达成一致,尽快补齐人员,使上诉机构能正常开展裁决工作。中国在 WTO 争端解决实践中,不仅维护了自身的合法权益,也为推动争端解决机制的改革和完善,维护多边贸易体系的稳定和发展作出了积极贡献。

案例一 土耳其药品案①

【基本案情】

欧盟对土耳其的某些政策提出异议,认为这些政策违反了 WTO 的非歧视原则。具体来说,土耳其的政策要求外国药品生产商将生产转移到土耳其本土,以便在土耳其

---

① Turkey-Certain Measures concerning the Production, Importation and Marketing of Pharmaceutical Products, DS583.

的社会保障计划下，土耳其消费者在药店购买这些药品时能获得报销。这样的措施被视为对外国医药产品的歧视，因为它并非政府统一采购医药产品的形式，也不符合WTO 的规则。2019 年 4 月，当时欧盟对土耳其的药品相关措施提出磋商请求，磋商未能解决争端后，欧盟请求 WTO 成立专家组。专家组成立后，经过审理，于 2021 年 11 月向当事方提交了最终报告。报告中，专家组认为土耳其的本地化要求违反了国民待遇原则，并不符合 GATT 第 3 条第 8 款（a）项所规定的政府采购限缩，也不符合 GATT 第 20 条（b）项和（d）项的例外条款。

土耳其对专家组的报告表示不满，决定提起上诉。由于 WTO 上诉机构无法运作，土耳其与欧盟根据 DSU 第 25 条达成了双边仲裁协议，选择通过仲裁程序解决争端。仲裁庭的成立和运作遵循了双方同意的程序，包括对仲裁员的选择、审理过程和时间框架等都做了详细规定。仲裁员从前上诉机构成员和多方临时上诉仲裁安排（Multi-Party Interim Appeal Arbitrtion Arrangement，MPIA）仲裁员中随机抽选，以确保审理的公正性和专业性。

在审理过程中，仲裁庭对 GATT 第 3 条第 8 款（a）项、第 20 条（b）项和（d）项的法律问题进行了深入分析。仲裁庭首次对 GATT 第 3 条第 8 款（a）项中的"products purchased"进行了解释，认为购买者并未被限定为"governmental agencies"，从而认定专家组报告存在错误。然而，结合案件事实，仲裁庭最终支持了专家组的结论，即本地化要求不属于 GATT 第 3 条第 8 款（a）项范围。

此外，仲裁庭对 GATT 第 20 条（b）项和（d）项的例外条款进行了详细分析，认为土耳其的措施不符合这些例外条款的条件。仲裁庭的这些分析和结论，不仅对本案有重要影响，也为未来类似案件的审理提供了指导。

2022 年 7 月 25 日，WTO 公布了本案的上诉仲裁裁决，要求土耳其取消或修改其本地化要求和优先化措施，以符合 WTO 规则。本案是 WTO 上诉机构停摆后的第一个上诉案件，采用了仲裁模式来解决争端。这一创新的争端解决方式展示了 WTO 成员在现有框架内寻求替代解决方案的能力。

【主要法律问题】

1. 土耳其的本地化要求是否违反了国民待遇原则

GATT 第 3 条规定了国民待遇原则，要求 WTO 成员对进口产品给予不逊于国内同类产品的待遇。在本案中，土耳其的本地化要求被指控违反了这一原则。本地化要求实际上为国产药品提供了价格优势，因为非本地化的药品可能无法获得土耳其社会保障机构（SSI）的报销，或报销额度较低。这种政策导致了市场上对国产药品的偏好，减少了进口药品的市场份额，从而对进口药品构成了不公平的待遇。专家组的报告支持了这一观点，认为土耳其的做法构成了对进口药品的歧视。

2. 本地化要求是否属于政府采购限缩

GATT 第 3 条第 8 款（a）项规定了国民待遇义务的一个例外，即政府采购。然而，要适用这一限缩，必须满足特定条件，包括采购必须是为了政府目的，并且不是为了商业转售或用于生产商品的商业销售。土耳其声称其本地化措施属于 GATT 第 3 条第 8

款（a）项所规定的政府采购限缩。然而，专家组报告认为，土耳其的措施并不符合政府采购的定义，因为药品的购买并非直接由政府机构进行，而是由私人药店和消费者在政府的报销体系下完成。此外，政府采购限缩不适用于非政府机构的购买行为，因此土耳其的本地化要求不适用 GATT 第 3 条第 8 款（a）项的政府采购限缩。

3. **本案件是否可以适用 GATT 第 20 条（b）项和（d）项例外条款**

GATT 第 20 条包含了几个一般例外条款，允许成员在特定情况下采取与 GATT 义务不一致的措施。土耳其可能主张其本地化措施符合第 20 条（b）项和（d）项的例外，即为了保护人类、动物或植物的生命或健康，或为了遵守法律和法规所必需的措施。然而，专家组报告指出，土耳其的措施并不符合这些例外条款的要求。为了援引这些例外条款，措施必须满足"必要性测试"，即该措施是实现合法目标的必需手段，并且不得对贸易造成不合理的限制。专家组认为土耳其的本地化要求未通过这一测试，因为存在其他较少限制贸易的方式可以实现土耳其的公共健康目标。

【主要法律依据】

1. **《关税与贸易总协定》（GATT）**

第 3 条第 1 款 各成员认为：本地税和其他本地费用，影响产品的本地销售、兜售、购买、运输、分配或使用的法令、条例和规定，以及对产品的混合、加工或使用须符合特定数量或比例要求的本地数量限制条例，在对进口产品或本地产品实施时，不应用来对本地生产提供保护。

2. **《关于争端解决规则与程序的谅解》（DSU）**

第 25 条第 1 款 涉及仲裁程序，作为争端解决的替代手段，允许成员在上诉机构无法运作时通过仲裁解决争端。

3. **《与贸易有关的投资措施协议》（TRIMs）**

第 2 条第 1 款 在不妨碍 GATT 1994 规定其他权利和义务的情况下，各成员不得实施任何与 GATT 1994 第 3 条或第 11 条规定不一致的投资措施。

【理论分析】

1. **国民待遇原则的适用问题**

大多成员的国民待遇并不是完全的，一般情况下，成员都会在不同程度上对国民待遇原则的适用设定实施条件与范围。根据 GATT 第 3 条，国民待遇原则要求成员对进口产品给予不逊于国内同类产品的待遇。在本案中，土耳其的药品本地化措施被指控为对外国药品生产商不公平，因为这些措施通过社会保障报销系统为本地生产的药品提供了优势，从而对进口药品构成了歧视。

2. **上诉机构的角色和功能**

WTO 上诉机构的传统角色是对专家组的法律问题进行审查，提供终审判决。在本案中，由于上诉机构在 2019 年底停止运作，该案成为 WTO 成员之间第一起通过仲裁解决的上诉案件。这一变化凸显了上诉机构在 WTO 争端解决机制中的核心作用。上诉机构的缺失不仅影响了争端解决的最终性,也对成员遵守 WTO 规则的信心造成了影响。然而,本案中通过仲裁程序的成功解决,显示了 WTO 成员在现有框架内寻求替代方案以维持争端解决机制运作的意愿和能力,这对于保持 WTO 争端解决机制的活力和有效性至关重要。

3. 仲裁作为争端解决的替代手段

在上诉机构停摆的背景下,仲裁作为争端解决的替代手段在本案中发挥了关键作用。根据 DSU 第 25 条,当上诉机构无法运作时,争端双方可以同意通过仲裁来解决上诉问题。在本案中,土耳其与欧盟签订了仲裁协议,选择了这一替代手段。这一做法不仅体现了成员对 WTO 争端解决机制的承诺,也展示了在现有规则框架下解决实际问题的灵活性和创新性。仲裁程序的成功完成,为未来可能出现的类似情况提供了重要的先例,同时也为 WTO 争端解决机制的改革和发展提供了实践基础。

【实操分析】

WTO 争端解决机制具体包括:

(1) 磋商阶段:实操分析从磋商阶段开始,欧盟与土耳其之间的磋商未能解决争端,导致欧盟正式向 WTO 争端解决机构 (DSB) 提出设立专家组的请求。

(2) 专家组审理阶段:欧盟在专家组审理阶段提出,土耳其的措施违反了 GATT 1994 中的国民待遇原则(第 3 条)和取消数量限制原则(第 11 条)。专家组审理过程中,土耳其须证明其措施符合 GATT 的例外条款,尤其是关于公共健康保护的第 20 条 (b) 项。

(3) 证据收集与法律论证:欧盟须收集相关证据,包括土耳其药品市场的运作方式、社会保障机构的报销政策及本地化要求对进口药品的影响等,以支持其主张。土耳其则须提供证据,证明其措施是为了实现公共健康目标,并且是必要的。

(4) 专家组报告:专家组发布的报告中,分析了土耳其措施与 GATT 义务的一致性,并得出结论认为土耳其未能证明其措施符合 GATT 的例外条款。

(5) 上诉阶段:由于 WTO 上诉机构的瘫痪,双方同意通过仲裁程序解决上诉问题。这是 WTO 历史上首次根据 DSU 第 25 条进行的上诉仲裁裁决。

(6) 仲裁裁决:仲裁庭维持了专家组的大部分结论,认为土耳其的本地化要求违反了 GATT 国民待遇原则,并且没有资格享受 GATT 第 3 条第 8 款 (a) 项的政府采购豁免。

(7) 裁决执行:土耳其在接到裁决后,需采取具体措施以遵守 WTO 的裁决,可能包括修改其药品报销政策、调整本地化要求等。

(8) 政策调整与市场反应:土耳其可能需要重新评估其药品市场政策,以确保符合 WTO 规则,同时平衡国内产业的发展和公共健康需求。

案例二　中国出版物和视听产品案①

【基本案情】

中国对出版物（包括书本、报纸、期刊、电子出版物）、家庭娱乐视听产品（如录像带、录像光盘、数字视频光盘）、录音制品（如录制的录音带）及供影院放映的影片的进口、分销和相关服务提供了限制措施，美国对该一系列措施提出疑问，认为这些措施违反了WTO的相关规定，特别是关于贸易权和分销服务的承诺。美国认为，中国的这些措施限制了外国企业在中国市场上分销和销售这些产品的能力，违反了中国在加入WTO时所作出的承诺，特别是关于贸易权的开放和国民待遇的义务。在WTO争端解决机制下，美国于2007年4月10日提出磋商请求，随后欧盟等其他WTO成员也表达了关注并参与磋商。磋商未能解决争端后，美国正式要求WTO成立专家组审理此案。专家组成立后，经过审理，于2009年发布了专家组报告，认为中国的措施违反了中国在《中华人民共和国加入WTO议定书》中的承诺及GATT规定的义务。中国对专家组的裁决提出上诉，但上诉机构在2010年的报告中维持了专家组的裁决，认为中国未能证明其措施符合GATT第20条（a）规定的"公共道德"例外条款。上诉机构特别指出，尽管中国的措施可能与保护公共道德有关，但这些措施并不是保护公共道德所"必需"的，因为存在对贸易限制作用更小的替代措施。此外，上诉机构还认为，中国关于"录音制品分销服务"的承诺包括录音制品的电子分销，因此中国禁止外资从事网络音乐服务的措施违反了该承诺。该案件的裁决对中国的文化产业产生了重要影响，要求中国调整其国内政策，以符合WTO的规则。中国在WTO确定的合理执行期限内采取了措施以执行WTO的裁决，包括修改相关的法律法规，以确保其符合WTO的规则。

【主要法律问题】

1. **贸易权承诺的违反问题**

本案中，美国提出中国限制了某些出版物和视听娱乐产品的进口权，这违反了中国在加入WTO时所作出的承诺。具体而言，美国认为中国仅允许国有独资企业进口供影院放映的电影、出版物、家庭视听娱乐产品和录音制品，而没有给予外资企业相同的进口权。这种做法被认为违反了《中华人民共和国加入WTO议定书》中关于贸易权的承诺，该承诺要求中国在一定期限内逐步放宽贸易权的获取和范围，以允许在中国的所有企业都能从事所有货物的贸易。

2. **市场准入与国民待遇承诺的违反问题**

专家组审查了中国在《服务贸易总协定》（GATS）框架下的承诺，特别是关于"录音制品分销服务"的承诺。美国认为中国禁止外资企业从事录音制品的电子分销违反了国民待遇原则。专家组和上诉机构根据《维也纳条约法公约》第31条对承诺表进

---

① China-Measures Affecting Trading Rights and Distribution Services for Certain Publications and Audiovisual Entertainment Products，DS363.

行解释，认为"录音制品分销服务"应包括电子分销，因此中国的措施限制了外资企业的市场准入，违反了 GATS 第 16 条（市场准入）和第 17 条（国民待遇）的规定。

3. GATT 例外条款的适用范围

中国尝试使用 GATT 第 20 条（a）项（公共道德）作为其限制措施的辩护。然而，专家组和上诉机构裁定，中国的措施不符合 GATT 第 20 条（a）项下的必要性要求。即尽管措施可能与公共道德保护相关，但因为存在对贸易限制作用更小的替代措施，所以不能认为这些措施是"必需"的。这一点体现了 WTO 争端解决机构在评估成员提出的例外条款辩护时所持的严格标准。

4. 条约解释问题

在解释中国服务贸易减让表中的承诺时，专家组和上诉机构采用了《维也纳条约法公约》第 31 条所规定的解释方法。这种方法强调了对条约文本的通常含义、上下文、目的和宗旨的考虑。专家组和上诉机构认为，中国关于"录音制品分销服务"的承诺应当包括电子分销，因为服务贸易减让表并未明确限定于有形货物的分销。这一解释扩展了服务贸易减让表的适用范围，从而认为中国的措施与承诺不符。

【主要法律依据】

1.《关税与贸易总协定》（GATT）

第 3 条第 1 款 各成员认为：本地税和其他本地费用，影响产品的本地销售、兜售、购买、运输、分配或使用的法令、条例和规定，以及对产品的混合、加工或使用须符合特定数量或比例要求的本地数量限制条例，在对进口产品或本地产品实施时，不应用来对本地生产提供保护。

2.《服务贸易总协定》（GATS）

第 16 条第 1 款 在第 1 条所确定的服务提供方式的市场准入方面，每个成员给予其他任何成员的服务和服务提供者的待遇，不得低于其承诺表中所同意和明确的规定、限制和条件。

第 17 条第 1 款 在列入其承诺表的部门中，在遵照其中所列条件和资格的前提下，每个成员在所有影响服务提供的措施方面，给予任何其他成员的服务和服务提供者的待遇不得低于其给予该成员相同服务和服务提供者的待遇。

3.《中华人民共和国加入 WTO 议定书》

第 5 条第 1 款 在不损害中国以与符合 WTO 协定的方式管理贸易的权利的情况下，中国应逐步放宽贸易权的获得及其范围，以便在加入后 3 年内，使所有在中国的企业均有权在中国的全部关税领土内从事所有货物的贸易，但附件 2A 所列依照本议定书继续实行国营贸易的货物除外。此种贸易权应为进口或出口货物的权利。对于所有此类货物，均应根据 GATT 1994 第 3 条，特别是其中第 4 款的规定，在国内销售、许诺销售、购买、运输、分销或使用方面，包括直接接触最终用户方面，给予国民待遇。对于附件 2B 所列货物，中国应根据该附件中所列时间表逐步取消在给予贸易权方面的限制。中国应在过渡期内完成执行这些规定所必需的立法程序。

4. 《关于争端解决规则与程序的谅解》(DSU)

第 21 条第 1 款 为所有成员的利益而有效解决争端,迅速符合 DSB 的建议或裁决是必要的。

5. 《维也纳条约法公约》

第 31 条 一、条约应依其用语按其上下文并参照条约之目的及宗旨所具有之通常意义,善意解释之。

二、就解释条约而言,上下文除指连同序言及附件在内之约文外,并应包括:

(甲) 全体当事国间因缔结条约所订与条约有关之任何协定;

(乙) 一个以上当事国因缔结条约所订并经其他当事国接受为条约有关文书之任何文书。

【理论分析】

1. 国民待遇原则的适用性与限制

国民待遇原则是 WTO 法律体系中的一个基石,旨在确保成员对外国商品提供与国内商品相同的待遇。国民待遇原则强调内国与外国的人、物法律地位的平等,强调经济自由开放、平等竞争的理念,从而成为 WTO 基本原则之一。在本案中,美国指控中国违反了 GATT 第 3 条,因为中国的政策限制了外国企业在中国分销和销售出版物和视听产品的能力。中国的政策仅允许国有独资企业进口某些出版物和视听产品,这种做法被认为对外国产品构成了歧视。本案的裁决认为,中国的措施与国民待遇原则不符,因为这些措施在没有合理理由的情况下,对外国产品施加了额外的负担。

2. 市场准入承诺的具体内容

GATS 第 16 条要求成员允许外国服务提供者进入其市场。市场准入和国民待遇是 GATS 的两个核心条款,关乎 GATS 成员服务贸易市场的开放程度与开放水平。本案中,专家组和上诉机构审查了中国在服务贸易减让表中的承诺,特别是"录音制品分销服务"是否包括电子分销。中国主张其承诺仅限于物理形式的录音制品分销,而不包括电子分销。然而,专家组和上诉机构根据《维也纳条约法公约》第 31 条对承诺表进行解释,认为"录音制品分销服务"应包括电子分销。这一解释扩展了服务贸易减让表的适用范围,从而认为中国的措施限制了外国服务提供者的市场准入,违反了 GATS 的规定。

3. GATT 例外条款的解释与应用

中国试图依据 GATT 第 20 条 (a) 项公共道德例外条款为其措施辩护。GATT 第 20 条被称为 WTO 的一般例外规定,此条款旨在对缔约国因在某种特殊情况下违反 GATT 的规定,作出的国内行为加以豁免,该规定确立的义务不是积极规定,而且构成了 GATT 的一系列义务的一般例外规定。该条款允许成员在保护公共道德所必需的情况下,采取偏离 GATT 义务的措施。然而,本案中,专家组和上诉机构认为,中国的措施并未满足必要性测试,即中国的措施对国际贸易造成了不必要的限制,因为存在对贸易限制作用更小的替代措施可以实现公共道德保护的目的。上诉机构特别指出,中国的国有要求和国家规划要求并未证明对保护公共道德具有实质性贡献，且未提供充分证据表明这些措施是保护公共道德所"必需"的。

【实操分析】

1. 政策调整的具体内容

根据 WTO 的裁决，中国需要对其出版物和视听产品的市场准入政策进行具体调整。这可能包括取消对外资企业在特定领域（如出版物分销、网络音乐服务等）的进入限制，以及放宽对外国出版物和视听娱乐产品的进口限制。

2. 合规性的重要性

合规性是中国调整政策时必须考虑的关键因素。中国需确保新政策不仅符合 WTO 的裁决，还要与 GATS 下的市场准入和国民待遇原则保持一致。这意味着所有在中国的企业，无论是国有还是私营，无论是内资还是外资，都应享有平等的市场准入机会。

3. 必要性测试的标准

在实施贸易限制措施时，中国必须通过所谓的"必要性测试"。这要求中国证明其措施是为了保护公共道德所"必需"的，并且这些措施是实现该目标的最少贸易限制性手段。换句话说，如果存在对贸易限制作用更小的替代措施，那么当前的措施就不能被认为是"必需"的。

4. 替代措施的探索

中国在设计和实施政策时，需要探索和评估可能的替代措施。这些替代措施应该能够在保护公共道德的同时，将对国际贸易的限制降到最低。例如，可以采用内容审查和监管机制，而不是完全禁止外资企业进入特定市场。

案例三　中国取向电工钢反补贴和反倾销案①

【基本案情】

取向电工钢作为一种重要的软磁材料，在电力工业中扮演着不可或缺的角色。随着中国经济的快速发展，国内对取向电工钢的需求日益增长，促使中国企业在这一领域加大研发投入，提高生产能力。然而，2008 年前后，美国和俄罗斯的取向电工钢产品大量进入中国市场，这些产品以较低的价格销售，对中国本土产业造成了巨大冲击。在这种情况下，中国的武汉钢铁集团和宝山钢铁股份有限公司等企业开始收集相关证据，并在 2009 年向中国商务部提出反倾销和反补贴调查的申请。商务部对这一申请进行了认真审查，并在同年 6 月正式发布立案公告，决定对产自美国的进口取向电工钢产品发起反倾销反补贴调查，对产自俄罗斯的进口取向电工钢产品发起反倾销调查。

---

① China-Countervailing and Anti-Dumping Duties on Grain Oriented Flat-rolled Electrical Steel from the United States, DS414.

在调查过程中,中国调查机关严格遵守中国法律和WTO规则,坚持公正、合理、程序正当和透明度原则,依照法律和事实进行调查。2009年12月,中国商务部发布初裁公告,裁定产自美国和俄罗斯的进口取向电工钢存在倾销,同时美国公司在"购买美国货项目"等补贴项目中受益。基于这些裁定,中国对美俄产品采取了保证金措施,以保护国内产业免受不公平贸易行为的影响。

然而,美国对中国的"双反"措施表示不满,并在2010年9月向WTO提出磋商请求,将争端诉诸WTO争端解决机制。经过磋商未能达成一致后,美国请求WTO设立专家组审理此案。2012年6月,WTO专家组发布了报告,支持了美国的部分主张,认为中国在发起反补贴调查时未提供充分证据,对价格影响的分析不够客观。中国商务部对专家组报告中的若干法律问题和法律解释提出上诉。2012年10月,WTO上诉机构发布了裁决报告,支持了专家组的裁决,认为专家组在适用法律规定和法律解释方面并不存在错误。尽管如此,上诉机构也支持了中方关于价格影响评估中不需要证明价格影响与倾销或补贴进口之间具有因果关系的观点。

【主要法律问题】

1. 是否认定为倾销和补贴

该案件涉及的核心问题是倾销和补贴的认定。倾销指的是出口国以低于成本或低于国内价格的方式向另一国市场销售商品,从而对进口国的同类产品产业造成损害。补贴则是指出口国政府对本国生产者提供的财政资助或利益,可能使产品能够以不公平的价格进入市场。依据我国《对外贸易法》第41条、第43条,中国对于反倾销措施的适用条件规定为倾销和损害的存在,即在正常贸易过程中,进口产品以低于正常价值的出口价格进入到中国市场,对已建立的国内产业造成实质损害或产生实质损害威胁,或者对建立国内产业造成实质阻碍。在本案中,中国企业主张美国和俄罗斯的取向电工钢生产商存在倾销行为,并且美国生产商接受了不公平的补贴。根据WTO的《补贴与反补贴措施协定》(SCMA),补贴的存在及其专向性是反补贴措施合法性的关键。本案中,专家组和上诉机构需要评估美国政府对取向电工钢提供的补贴是否具有专向性,以及是否对中国市场造成了影响。

2. 案件涉及如何确定正常价值和倾销幅度

正常价值通常是指在出口国国内市场销售的同类产品的价格,或者是根据第三方国家市场的价格来确定。倾销幅度则是出口价格与正常价值之间的差额。在本案中,中国调查机关需要对涉及产品的正常价值进行准确评估,并据此确定倾销幅度。WTO的《关于实施1994年关税和贸易总协定第6条的协定》(ADA)规定了倾销的确定方法。本案需要确定的是,原产于美国和俄罗斯的取向电工钢是否以低于正常价值的价格出口到中国市场,从而构成倾销。

【主要法律依据】

1.《反倾销条例》

第48条 反倾销税的征收期限和价格承诺的履行期限不超过5年;但是,经复审确定终止征收反倾销税有可能导致倾销和损害的继续或者再度发生的，反倾销税的征收期限可以适当延长。

2.《关税与贸易总协定》(GATT)

第6条第1款　各成员认为：用倾销的手段将一成员产品以低于正常价值的办法挤入另一成员贸易内，如因此对某一成员领土内已建立的某项工业造成重大的损害或产生重大威胁，或者对某一成员内工业的新建产生严重阻碍，这种倾销应该受到谴责。

……

第16条　1. 任何成员如果给予或维持任何贴补，包括任何形式的收入支持或价格支持在内，以直接或间接增加从它的领土输出某种产品或减少向它的领土输入某种产品，它应将这项贴补的性质和范围、这项贴补对输出入的产品数量预计可能产生的影响以及使得这项贴补成为必要的各种情况，书面通知全体成员。如这项贴补经判定对另一成员的利益造成严重损害或产生严重威胁，给予贴补的成员，应在接到要求后与有关的其他成员或全体成员讨论限制这项贴补的可能性。

2. 成员认为：一成员对某一出口产品给予贴补，可能对其他的进口方和出口方造成有害的影响，对它们的正常贸易造成不适当的干扰，并阻碍本协定的目标的实现。

3.《对外贸易法》

第41条　其他国家或者地区的产品以低于正常价值的倾销方式进入我国市场，对已建立的国内产业造成实质损害或者产生实质损害威胁，或者对建立国内产业造成实质阻碍的，国家可以采取反倾销措施，消除或者减轻这种损害或者损害的威胁或者阻碍。

【理论分析】

1. 反补贴和反倾销措施的合法性

理论上，WTO允许其成员在特定条件下采取反补贴和反倾销措施。根据WTO的SCMA和ADA，成员可以对造成损害的补贴或倾销行为采取行动。反补贴和反倾销措施是否合法，关键在于确定补贴或倾销行为是否存在，以及是否对国内产业造成了实质性损害或威胁。

2. 非机密信息披露

机密信息是成员或利益相关方在启动反补贴调查过程中需要向调查机构披露但该信息的披露会对信息披露方产生一系列不利影响的信息。因此，SCMA规定，披露此类信息时必须提供非机密摘要，以保障调查的顺利进行。不过，成员或利益相关方在特定情况下可以不提供摘要，但需要给出合理的解释。在本案中，申请人向中国商务部申请了对申请书第二部分中多个类别信息的保密处理，并获得了批准。中国认为第二部分的信息并不构成非机密摘要，而是在申请书的第一部分提供了部分非机密摘要，并在中国商务部的裁定及利益相关方提交给中国商务部的材料中补充了额外的非机密摘要。中国没有引用SCMA第12.4.1条关于"特殊状况"的规定，而是认为非机密摘要的充分性应根据调查的具体情况来确定。

美国则认为第二部分应当被视为非机密摘要，申请人试图将申请书的第二部分作为修改后信息的非机密摘要。美国认为中国试图通过引用"特殊状况"来逃避提供这些信息的非机密摘要的责任,但中国在调查过程中并未就此作出声明。美国还指出,申请书第二部分的标题虽然为"非机密摘要",但所包含的非机密摘要内容"远远不够",无法充分反映提交的机密信息的本质。

3. 因果关系

在 SCMA 的第 15.1 条和第 15.5 条中,因果关系被特别定义为补贴与损害之间的联系。与 SCMA 第 15 条其他部分的因果关系规定不同,第 15.5 条要求对所有可能导致损害的因素进行详尽的分析,以排除其他原因。这意味着调查机构需要对所有可能引起国内产业损害的因素进行逐一的排除性分析,以确保对损害原因的全面评估。

同时,第 15.1 条强调了审查过程中必须遵循肯定性证据和客观审查的原则。专家组在评估中发现,国内产能和产量的增长对 2008 年和 2009 年第一季度的库存积累至少负有部分责任。基于此,专家组认为美国已经建立了初步证据确凿的案件,而中国商务部关于国内产业产能和产量增长不是损害原因的裁定存在缺陷。

针对初步证据确凿的案件,中国并未提出抗辩。因此,中国商务部未能适当审查除被调查产品外的其他已知因素,这些因素可能正在对国内产业造成损害。这违反了 ADA 第 3.5 条的第三句以及 SCMA 第 15.5 条的第三句的规定。

【实操分析】

首先,中国需要对现有的反补贴和反倾销措施进行全面审视,确保其与 WTO 的相关规则保持一致。这可能涉及对国内法律法规的修订,以及对特定政策执行情况的重新评估。在此过程中,中国必须确保所有措施都基于透明的标准和程序,同时为国内产业提供必要的保护,避免不公平的贸易行为。其次,中国应当加强与 WTO 成员的沟通与磋商,特别是在争端解决过程中。通过积极的外交手段,中国可以更好地阐述自己的立场,争取理解和支持。同时,中国也需要准备好参与专家组的审理过程,提供充分的证据来支持其政策的合法性。在应对 WTO 专家组和上诉机构的审理时,中国需要组建一个由法律专家、贸易政策顾问和行业代表组成的专业团队。该团队将负责分析案件的法律问题,制定应对策略,并在必要时进行上诉。此外,团队还需要关注 WTO 争端解决机构的动态,及时响应任何裁决或建议。此外,中国还需要制定应对可能的贸易报复措施的计划。如果 WTO 裁决对中国不利,中国应评估裁决对国内产业的影响,并探索减轻负面影响的方法。这可能包括寻找新的市场、调整出口策略或提供临时的财政支持。长期来看,中国应当利用此次案件作为一个机会,加强国内贸易政策与 WTO 规则的一致性。这不仅涉及法律规则的一致,还包括提高政府官员、企业和公众对国际贸易规则的认识。通过教育和培训,可以提升整个社会对国际贸易争端解决机制的理解和争端应对能力。

【思考题】

(1) 在 WTO 争端解决中,专家组和上诉机构如何平衡成员对规则的主权解释权与 WTO 规则的统一性?

(2) 在未来的 WTO 争端中,如何界定反补贴措施中的"公共机构"和"专向性"?这将如何影响 WTO 成员的补贴政策?

第三节 国家与他国国民间投资争端的解决

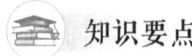
知识要点

一、国家与他国国民间投资争端解决的方式

在国际投资领域,外国投资者可能会与东道国的私人投资者或政府发生争端,这些争端因主体和性质的不同而需要采取不同的解决方式。私人投资者之间的争端通常基于合同,涉及平等的法律主体,可以通过国际商事争端解决机制来处理。相比之下,投资者与东道国政府之间的争端更为复杂:第一,主体地位不同,东道国作为国际法主体,与外国投资者的法律地位不平等;第二,争端性质多样,争端可能源自双方签订的协议(契约性争端),也可能由于东道国政府的管理、监督等公权力行为(非契约性争端);第三,涉及利益广泛,争端不仅关系投资者在东道国的财产和合同权利,还涉及东道国的管理权、征收权和自然资源控制权等主权利益,牵涉国内法和国际法问题;第四,后果影响重大,如果争端处理不当,可能导致投资者权益受损或东道国权益受害。因此,投资者与东道国之间的争端需要特殊的解决机制,以确保双方权益得到妥善保护和平衡。

投资者与东道国之间的争端的解决方法通常包括:(1)协商谈判。双方就争端问题进行沟通商谈,力求达成一致解决方案。然而,这类解决方案并不具备强制执行效力,一旦一方拒绝履行,另一方无法通过法院强制执行,只能通过其他途径解决争端。(2)当地救济。投资者可在东道国法院提起诉讼,依据东道国的程序和法律进行解决。这种方式能够利用当地法律体系来解决争端。(3)外交保护。投资者母国可通过外交途径与东道国协商解决争端。然而,这种方式目前较少采用。(4)国际仲裁。双方可以同意将争议提交仲裁机构解决。国际仲裁更能充分体现当事人的自主意愿,并提供相对独立、中立的解决方案。解决投资争端的主要平台之一是国际投资争端解决中心(ICSID)。

二、国际投资争端解决中心

ICSID 成立于 1965 年,是世界银行集团的一个组成部分,但是独立于世界银行的其他部门,拥有自己的管理机构和独立的财务体系。ICSID 为投资者和成员提供争端解决服务,特别是针对国际投资条约所涉及的争端。投资者可以向 ICSID 提起仲裁,解决投资国与东道国之间的争端。ICSID 的裁决具有强制执行力,并且在全球范围内得到承认。目前,ICSID 有 150 多个成员,几乎涵盖了全球所有主要的投资国和投资目的地国。中国于 1990 年 2 月签署了《华盛顿公约》,该公约于 1993 年 2 月 6 日在中国正式生效。ICSID 的核心是《国际投资争端解决公约》,通常简称为《ICSID 公约》。该公约为投资者和成员之间的争端解决提供了法律框架,旨在为投资者和东道国提供调解和仲裁投资争端的平台。ICSID 作为解决国际投资争端的主要机构,为投资者和东道国提供了一个公正、有效和可预测的争端解决机制。

根据《华盛顿公约》,投资争端提交 ICSID 调解或仲裁需满足以下三个要件:主体要件、主观要件与客体要件。首先,在主体要件方面,根据《华盛顿公约》第 25

条，争端的一方需为《ICSID 公约》的缔约国，或该缔约国的任何组成部分或机构。缔约国必须在同意提交争端给 ICSID 时或争端提起时，已成为公约的正式成员。缔约国包括该国政府及其"组成部分或机构"。若缔约国的"组成部分或机构"为争端一方，需由该缔约国指派给 ICSID，并在该"组成部分或机构"同意接受管辖的前提下，由缔约国批准，除非该国已通知 ICSID 无须批准。其次，在主观要件方面，争端的另一方必须是另一缔约国的国民，包括自然人和法人。根据《ICSID 公约》第 25 条第 2 款，作为争端当事方的自然人和法人应具有非东道国的另一缔约国国籍。但如果双方达成共识，且为公约目的，一个法人虽然具有东道国（该国为缔约国）国籍，但若其直接受另一缔约国控制，则该法人可被视作"另一缔约国国民"。最后，在客体要件方面，争端必须直接涉及投资，即与投资有关的权利和利益。这意味着，即使外国投资者在东道国成立了具有该国国籍的公司，只要符合该公约规定条件，该公司也可以将与投资相关的争端提交 ICSID 进行调解和仲裁。这样的规定为跨国投资争端提供了一种有效的解决途径。依据《华盛顿公约》第 26 条和第 27 条的规定，一旦投资者与东道国选择通过 ICSID 进行仲裁，除非双方另有明确协议，这通常意味着他们排除了其他所有争端解决途径。这些排除的途径包括：在东道国当地法院的诉讼、在外国法院的诉讼、其他仲裁程序、投资者母国的外交保护。然而，东道国有权将用尽当地救济作为其同意根据《华盛顿公约》提交仲裁的条件。换句话说，东道国可以要求投资者首先尝试并穷尽东道国的当地救济途径，然后将争端提交给 ICSID 进行仲裁。这种要求可以确保争端在提交国际仲裁之前，先经过东道国的法律体系处理。据此《ICSID 公约》颠覆了传统国际法中默示不构成放弃的观念，规定了成员来明确要求将争端诉诸 ICSID 前需要用尽当地救济，否则视为成员放弃了有关用尽当地救济规则的要求。

ICSID 提供调解和仲裁两种解决国际投资争端的机制：(1) 调解。作为一种独立的程序，调解允许争端双方在调解委员会的协助下寻求友好解决争端的途径。如果调解未能达成协议，双方可以转向仲裁程序。调解过程遵循 ICSID 的《调解和仲裁的启动程序规则》及专门的《调解程序规则》。(2) 仲裁。仲裁是 ICSID 最常采用且最为关键的争端解决方式，适用于调解失败或直接由双方同意提交的争端。仲裁程序遵循 ICSID 的《调解和仲裁的启动程序规则》及《仲裁程序规则》，确保争端的解决既公正又高效。

ICSID 仲裁在确定适用法律时遵循的原则包括：第一，当事人选择的法律。首选的是当事人协商一致选择的法律体系，这可以是任何国内法或国际法规则。在实践中，当事人常常选择东道国的法律。第二，未选择法律时的适用规则。如果当事人未明确选择适用的法律，则仲裁庭应适用争端当事国（即东道国）的国内法，包括其冲突法规则，同时考虑相关的国际法规则，这些国际法规则应为东道国所接受且与争端相关。第三，禁止拒绝裁判原则。根据《华盛顿公约》第 42 条第 2 款，仲裁庭在确定了适用的法律后，如果该法律没有具体规定或存在不明确之处，仲裁庭不能因此拒绝作出裁决。在这种情况下，仲裁庭可以依据国内法和国际法中提炼的一般法律原则和规则，或者依据公平交易原则进行裁决。第四，公允善良原则。根据《华盛顿公约》第 42 条第 3 款，无论是否存在法律依据或法律规定是否明确，只要当事人授权，仲裁庭可以根据公允善良原则作出裁决。然而，适用这一原则的前提是当事人的明确授权,如果仲裁庭在没有获得授权的情况下适用公允善良原则,可能会构成越权,导致裁决被撤销。

ICSID 仲裁裁决的承认与执行是解决投资争端的关键环节。根据《华盛顿公约》第 53 条,仲裁裁决对争端双方具有终局性和约束力,不允许上诉或采取该公约规定之外的其他补救措施。除该公约允许的情况外,各方都应遵守并履行裁决。

依据《华盛顿公约》第 54 条,各缔约国承诺承认并执行 ICSID 的仲裁裁决。每个缔约国都应将依据公约作出的裁决视为具有约束力,并在本国领土内执行裁决规定的财政义务,就如同是本国法院的最终判决。缔约国的法院无权对 ICSID 的裁决进行程序性或实质性的审查,执行裁决应遵循该国现行的执行判决法律。

如果投资者未自动履行裁决,另一方(通常是东道国)可以在本国或任何其他缔约国请求承认和执行该裁决。反之,如果东道国未遵守裁决,其将违反国际义务并承担国际责任。在这种情况下,投资者的母国可以依据《华盛顿公约》第 27 条第 1 款重新行使外交保护权或提出国际请求,或者根据《华盛顿公约》第 64 条向国际法院提起诉讼。

案例一　海乐公司诉中国政府案[①]

【基本案情】

海乐公司是一家德国的香料和食品加工剂制造商,其子公司济南海乐·西亚泽食品有限公司(以下简称 JHSF)在中国济南设有厂房。2014 年,济南市政府发布公告,决定对华山片区进行改造,征收该区国有土地上的房屋,包括 JHSF 的厂房。在海乐公司看来,济南市政府的征收决定未给予其合理的补偿,这不仅违背了公平和公正的补偿原则,也侵犯了其作为投资者的合法权益。因此,海乐公司首先将争议提交至中国国内法院,希望通过国内法律途径解决问题。然而,经过一审和二审,中国法院均驳回了海乐公司的诉讼请求,维持了政府的征收决定。海乐公司决定依据《中德双边投资协定》(以下简称《中德 BIT》)向国际投资争端解决中心(ICSID)提起仲裁,这是中国作为被申请人参与的第三起国际投资仲裁案件。海乐公司认为,中国政府未能依照《中德 BIT》提供公正和公平的投资环境,未能给予其投资充分的保护和安全,因此请求 ICSID 仲裁庭对中国政府进行审查。在 ICSID 的仲裁程序中,中国政府提出了管辖权异议,认为海乐公司的诉求并不直接起因于投资,且海乐公司作为在中国设立的公司,并非《中德 BIT》中所定义的投资者。此外,中国政府还指出,根据《中德 BIT》及《中德议定书》的相关规定,海乐公司在已经通过中国法院作出终审判决的情况下,不应再向国际仲裁庭提出相同的争议。仲裁庭在审理过程中,面对的主要法律问题包括:投资者与东道国间争端解决机制的适用性、国内法院诉讼与国际仲裁之间的关系、《ICSID 公约》和《中德 BIT》的具体条款解释等。这些问题触及了国际投资法的核心,即如何在保护投资者合法权益和尊重东道国政府主权之间找到平衡点。海乐公司在仲裁程序中主张,尽管其子公司 JHSF 在中国设立,但作为母公司的海乐公司

---

① ICSID Case: No. ARB/17/19.

也是《中德 BIT》的受益者，因此有权提起仲裁。海乐公司进一步认为，中国法院的判决未能给予其公正的补偿，故而向 ICSID 寻求救济是合理的。该案件仍在仲裁过程中，最终裁决将对国际投资争端解决实践产生影响，也可能对类似情形下的国际投资争端提供先例。

【主要法律问题】

1. **管辖权问题**

属物管辖权关注的是争端是否与投资相关。对 ICSID 仲裁庭而言，《华盛顿公约》第 25 条将其管辖权限定为"直接因投资而产生的法律争端"，非因投资而产生的争端不在其内。在本案中，海乐公司主张其子公司 JHSF 在济南的厂房被征收且补偿不公，这直接关系其在中国的投资。根据《中德 BIT》，如果一项争端因投资活动而产生，ICSID 仲裁庭就可能拥有管辖权。仲裁庭需要评估海乐公司的投资是否符合《中德 BIT》中"投资"的定义，以及征收行为是否构成了对该公司投资的不公平对待。

2. **用尽当地救济原则问题**

该原则要求投资者在寻求国际仲裁之前，应先尝试利用东道国的行政和司法救济程序。在本案中，JHSF 已经通过中国法院系统寻求救济，经历了一审和二审，但均未能获得满意的结果。这表明 JHSF 已经用尽了当地的救济手段，从而满足了用尽当地救济原则的要求，为仲裁庭的介入提供了前提。

3. **仲裁庭的管辖权和可受理性异议问题**

中国政府可能会对仲裁庭的管辖权提出异议，认为仲裁庭无权审理此案。仲裁庭需要确定其是否具有管辖权，包括评估是否存在有效的仲裁协议、争端是否属于仲裁庭的管辖范围，以及是否满足用尽当地救济原则等。同时，仲裁庭还需处理可受理性问题，即争端是否适合由仲裁庭审理，这可能涉及对既判力问题的考量。

4. **法律适用问题**

在确定法律适用时，仲裁庭通常会首先考虑《中德 BIT》的条款，因为它是争端双方同意的法律框架。此外，仲裁庭还可能参考中国法律（作为东道国法律）、国际法原则和习惯，以及可能的合同条款。在本案中，仲裁庭需要解释和适用这些法律规则来裁决争端，同时还需考虑国际投资法的实践和先例。

【主要法律依据】

1. **《ICSID 公约》**

第 46 条　除非双方另有协议，如经一方请求，仲裁庭应对争端的主要问题直接引起的附带或附加的要求或反要求作出决定，但上述要求应在双方同意的范围内，或在中心的管辖范围内。

2. **《ICSID 仲裁规则》**

第 40 条　附带请求

除非双方另有约定，一方可以直接就争议提出附带请求、附加请求或反请求（"附带请求"),该请求应属于双方同意中心管辖的范围之内,并且直接源于争议的标的,条件是此类附带请求应在该方首次提出其主要请求的诉状中提出,除非仲裁庭另有命令。

【理论分析】

1. 属物管辖权

属物管辖权是仲裁庭处理案件的基础,它要求争端必须与"投资"直接相关。在国际投资法中,"投资"的定义可能非常广泛,包括但不限于股权、债权、知识产权及其他形式的资产。在国际投资协定文本的缔结实践中,主要的投资定义方式包括"以资产为基础"(asset-based)的定义、"以企业为基础"(enterprise-based)的定义。确定属物管辖权时,仲裁庭通常会考虑以下几个要素:争端双方的同意、投资的存在、争端的性质及是否违反了投资协定的条款。争端双方的同意通常通过双边或多边投资协定(BITs/MITs)来表达,这些协定可能包含关于投资争端解决的专门条款。此外,仲裁庭还需考虑争端是否涉及东道国的公共政策或核心利益,这些因素可能影响属物管辖权的行使。

2. 用尽当地救济原则

用尽当地救济原则要求投资者在寻求国际仲裁之前,应首先尝试利用东道国的法律和司法体系解决争端。这一原则体现了对东道国司法主权的尊重,并鼓励通过国内途径解决争端。用尽当地救济原则的适用可能导致对"合理期限"和"有效救济"等概念的解释和应用。合理期限指的是投资者在不致损害其权利的前提下,应在国内救济程序中等待的合理时间。有效救济则要求东道国提供的救济途径能够实际解决争端,而不是仅形式上存在。如果投资者未能用尽当地救济,仲裁庭可能会拒绝行使管辖权。

3. 仲裁庭的管辖权和可受理性异议

仲裁庭在确定其对特定争端的管辖权时,需要考虑争端双方是否已同意将争端提交仲裁,以及争端是否属于仲裁庭的职权范围。可受理性异议通常涉及对争端的既判力问题的考量,即先前裁决对后续程序的影响。如果争端已经被东道国法院审理并作出终审判决,仲裁庭可能需要考虑是否应避免与国家司法主权冲突。此外,仲裁庭还需处理与仲裁程序本身相关的异议,如仲裁协议的有效性、仲裁程序的透明度及仲裁员的独立性和公正性。

4. 法律适用问题

在国际投资仲裁中,法律适用问题涉及仲裁庭应适用哪些法律规则来裁决争端。适用的法律通常包括:双边或多边投资协定、东道国法律、国际法原则和习惯法等。仲裁庭在解释和适用这些法律时,需考虑国际法的原则和习惯,包括公平公正待遇、全面保护和安全及非歧视原则。仲裁庭还需考虑如何协调和解释不同法律文本之间的潜在冲突,以及如何平衡投资者权利与东道国的监管权。在某些情况下,仲裁庭可能需要参考国际投资法的先例和学说,以确保其裁决的一致性和可预测性。

【实操分析】

1. 国内诉讼与国际仲裁的竞合问题

在 ICSID 仲裁程序启动前，海乐公司的子公司 JHSF 已将有关争议提交中国国内法院。一审法院驳回了 JHSF 的诉请，二审法院维持原判。随后，海乐公司根据《中德BIT》向 ICSID 提起仲裁。这一行为引发了关于国内诉讼程序与国际仲裁程序之间竞合问题的讨论。

2.《中德 BIT》及其议定书的适用

根据《中德 BIT》及其议定书，投资者在用尽当地救济后，可以将争议提交国际仲裁。然而，海乐公司在二审终审后提出仲裁请求，这是否符合《中德 BIT》第 6 条的规定①，成为案件的关键点。

3. ICSID 仲裁程序

ICSID 仲裁庭在审理过程中，中国政府提出了管辖权和可受理性异议。中国政府认为，由于海乐公司未能在二审判决前提出国际仲裁，因此 ICSID 不应受理该案。仲裁庭最终驳回了海乐公司的临时措施申请，并对其仲裁请求的可受理性进行了审查

案例二 中国平安诉比利时王国投资条约仲裁案②

【基本案情】

中国平安是中国领先的保险及金融服务集团。2007 年，中国平安通过一系列交易收购了比利时富通集团（Fortis Group）的股份，成为其主要股东之一。然而，2008 年国际金融危机的爆发严重冲击了富通集团，导致其股价暴跌。比利时政府为了挽救富通集团，采取了一系列措施，包括增资、收购股权、拆分出售等。后比利时政府建立一个基金作为对该集团股东的补偿，但只限于欧盟国家的机构股东，作为第一大股东的中国平安被排除在外。中国平安认为，比利时政府的这些行为实质上构成了对其投资的征收，且未给予适当的、公平的补偿，从而违反了中比双边投资协定。

在与比利时政府协商未果后，中国平安于 2012 年向国际投资争端解决中心（ICSID）提起仲裁，在仲裁程序中，比利时政府对 ICSID 仲裁庭的管辖权提出了异议，主要包括属时管辖权异议和属事管辖权异议。属时管辖权异议关注的是争端发生的时间问题，中国与比利时分别于 1986 年和 2009 年签订两个双边投资协定，即《中华人民共和国政府和比利时-卢森堡经济联盟关于相互鼓励和保护投资协定》（以下简称《1986 年协定》）和《中华人民共和国政府和比利时-卢森堡经济联盟关于相互促进和

---

① 《中德 BIT》第 6 条规定："关于在中华人民共和国的投资，德意志联邦共和国的投资者仅在下列情况下可以将争议提交仲裁：（一）投资者已经根据中国法律把争议提交行政复议程序；（二）投资者把争议提交复议程序三个月后，争议仍然存在；（三）如果争议已经被提交至中国的法院，投资者可以根据中国法律撤回。"

② ICSID Case：No. ARB/12/29.

保护投资的协定》（以下简称《2009年协定》），后者系对前者的重新签订。中国平安主张应适用《2009年协定》，比利时政府认为争端发生在该协定生效之前，因此不应适用该协定。属事管辖权异议则涉及争端的性质和仲裁庭的职权范围，比利时政府认为，即使根据《2009年协定》，仲裁庭也无权审理此案。本案的核心争议之一是条约的适用问题。中国平安主张应适用《2009年协定》，而比利时政府则认为应适用《1986年协定》。《2009年协定》较之《1986年协定》在争端解决机制上更为宽松，允许投资者在更多情况下将争端提交国际仲裁。仲裁庭首先需要确定哪个协定适用于本案。

经过审理，ICSID仲裁庭于2015年作出裁决，支持比利时政府的属时管辖权异议，认为《2009年协定》不适用于在其生效前已经发生的争端。因此，仲裁庭裁定对此案无管辖权，并驳回了中国平安的所有请求。这一裁决对中国平安而言是一次重大的挫折，也反映了国际投资争端解决中的法律风险和不确定性。

【主要法律问题】

1. 条约适用问题

中国平安和比利时王国之间的争端核心在于应适用哪一份双边投资协定：《1986年协定》还是《2009年协定》。《1986年协定》并未提供ICSID仲裁机制，而《2009年协定》提供了这一机制。中国平安主张应适用《2009年协定》，因为其提供了更为有利的争端解决条款。然而，比利时政府则主张应适用《1986年协定》，因为争端发生在《2009年协定》生效之前。

2. 属时管辖权问题

属时管辖权问题关注的是ICSID仲裁庭是否对争端发生时尚未生效的协定具有管辖权。根据国际法原则，特别是《维也纳条约法公约》第28条，条约一般不溯及既往，即条约不对生效前发生的行为或事实产生效力。在本案中，争端的事实发生在《2009年协定》生效之前，因此，仲裁庭需要确定《2009年协定》是否对生效前的争端具有追溯力。

3. 过渡条款的解释问题

《2009年协定》中的过渡条款是解释的关键。中国平安认为，《2009年协定》的条款应被解释为适用于协定生效前的争端。而比利时政府则认为，《2009年协定》的条款明确指出，它不适用于生效前已进入司法或仲裁程序的任何争议。仲裁庭在解释过渡条款时，需要考虑条约的文本、上下文、目的及双方的意图。

4. 仲裁庭的管辖权异议问题

比利时政府对ICSID仲裁庭的管辖权提出了异议。主要异议点在于争端发生在《2009年协定》生效之前，因此仲裁庭无权审理。仲裁庭在审议这些异议时，需要分析协定的条款、相关的国际法原则及先前的判例。仲裁庭的裁决将基于对这些因素的综合考量。ICSID仲裁庭最终裁定，《2009年协定》不适用于在其生效前已经发生的争端，因此仲裁庭对本案没有管辖权。仲裁庭的这一裁决基于以下几个理由：（1）条约文本：《2009年协定》的文本并未明确表明其适用于生效前的争端。（2）条约目的：

《2009年协定》的目的在于鼓励和保护未来的投资,而不是为过去的争端提供解决机制。(3)条约不溯及既往原则:根据《维也纳条约法公约》第28条,条约不对生效前的事件产生效力,除非有明确的相反意图。

【主要法律依据】

《维也纳条约法公约》

第28条 条约不溯既往

除条约表示不同意思,或另经确定外,关于条约对一当事国生效之日以前所发生之任何行为或事实或已不存在之任何情势,条约之规定不对该当事国发生拘束力。

【理论分析】

1. 条约的解释

条约解释是国际投资争端解决的逻辑起点。根据《维也纳条约法公约》第31条,条约应按照其用语的通常意义、上下文及目的和宗旨进行解释。这要求仲裁庭在解释条约时,不仅要考虑文字表述,还要考虑缔约国的意图、相关辅助性文件及国际法的基本原则。在实践中,条约解释的挑战在于如何平衡文字意义与缔约国意图、如何协调不同条款之间的关系及如何适应国际法的发展变化。正确的条约解释能够确保争端解决的公正性和合法性,而错误的解释可能导致不公正的结果,甚至引发新的争端。

2. 仲裁庭的管辖权

仲裁庭的管辖权是其审理争端的基础。管辖权的确定通常涉及属事管辖和属时管辖两个方面。属事管辖关注争端事项是否属于仲裁庭有权处理的事项,而属时管辖则关注争端发生的时间是否在仲裁庭的管辖范围之内。在实践中,仲裁庭只有确保所有前提条件得到满足,包括用尽当地救济原则等,才能合法有效地行使管辖权。管辖权的争议往往涉及对条约条款的不同理解、对事实的不同认定及对法律的不同适用,因此,仲裁庭在确定管辖权时必须谨慎行事,确保其决定的合法性和正当性。

3. 用尽当地救济原则

用尽当地救济原则要求投资者在诉诸国际仲裁前,应首先尝试利用东道国的行政和司法救济程序。这一原则体现了对东道国司法主权的尊重,并有助于通过国内途径解决争端。在实践中,在判断是否用尽了当地救济时,往往需要综合考量多种因素,包括救济的有效性、可访问性及救济程序的合理性等。用尽当地救济原则的适用有助于确保争端解决机制的适当性和必要性,避免国际仲裁机制的滥用。

4. 最惠国待遇条款的应用

最惠国待遇条款在投资协定中常见,其要求一方给予另一方投资者的待遇不得低于给予任何第三国投资者的待遇。在实践中,最惠国待遇条款可能被用来主张更有利的争端解决条款,但其适用范围和条件往往成为争议焦点。仲裁庭在解释和适用最惠国待遇条款时,需要平衡投资者权益保护和东道国的主权权利。最惠国待遇条款的正确适用能够促进国际投资的公平性和透明度,而错误的适用可能导致利益失衡,损害投资双方的权益。

【实操分析】

1. 仲裁庭管辖权问题

中国平安依据《2009年协定》提起仲裁，而比利时政府主张仲裁庭对《2009年协定》生效前的争议无管辖权。仲裁庭最终以缺乏管辖权为由驳回中国平安的诉求。

2. 条约适用与时际法问题

本案核心争议在于新旧双边投资协定的适用性问题。中国平安认为，尽管争议发生在《2009年协定》生效前，但根据《2009年协定》的规定，ICSID对本案有管辖权。仲裁庭则认为，《2009年协定》对生效前的争议不具有管辖权，这一决定引发了对时际法在国际投资仲裁中应用的广泛讨论。简言之，时际法是解决法律在时间上的冲突的法律。

3. 仲裁程序中的策略与失误

中国平安在仲裁过程中存在一些策略上的失误，包括对仲裁前置程序的认识不足、在仲裁通知上的时间安排问题，以及在庭审中对关键问题的让步等。这些问题可能影响了仲裁庭对中国平安立场的接受度。

4. 仲裁员指定与法律代表问题

中国平安在仲裁员的指定和法律代表的选择上也存在值得商榷之处。例如，仲裁庭的组成较为"亲欧"，可能影响了对案件的中立判断。同时，中国平安指定的仲裁代理人与仲裁员之间的密切关系也可能对案件产生不利影响。

案例三　新加坡亚化集团有限公司和西北化工公司诉中国政府投资仲裁案[①]

【基本案情】

新加坡亚化集团有限公司（以下简称亚化集团）是一家在新加坡注册的公司，其在中国四川进行了矿业投资。根据公开信息，亚化集团在中国的投资涉及两处磷矿的运营。2017年6月，亚化集团收到四川省绵竹市环保部门的通知，被要求终止两处磷矿的运营并进行水土保持计划审批。同年，四川省绵竹市政府发出通知，要求亚化集团撤离并修复矿场，理由是矿场位于四川省九顶山自然保护区内。到了2018年，亚化集团的采矿权期限届满，四川省有关部门以矿场位于大熊猫国家公园区域内为由，拒绝了投资者的采矿权续期申请。

亚化集团认为，中国政府的这些行为构成了对其投资的非法征收，亚化集团主张中国政府的拒绝续期行为违反了双边投资协定中关于公平和公正待遇、征收补偿等相关条款，违反了《中国—新加坡双边投资协定》以下简称《中新BIT》中规定的义务。根据该协定，投资不应受到非法征收，且任何征收行为都应伴随及时、充分、有效的

---

① ICSID Case：No. ADM/21/1.

补偿。亚化集团及其全资子公司西北化工公司据此提起仲裁，希望通过国际仲裁的方式解决争端。仲裁庭的组成和程序遵循了《联合国国际贸易法委员会仲裁规则》（UNCITRAL Arbitration Rules），这是一个广泛用于解决国际商事争端的规则体系。在仲裁过程中，双方有机会提出自己的论点和证据，仲裁庭则需要对这些信息进行综合考量，以确定是否存在违反双边投资协定的行为，并据此作出裁决。2023年2月16日，仲裁庭发布了最终裁决，驳回了亚化集团和西北化工公司的仲裁请求。

【主要法律问题】

1. 争端解决机制的选择与适用

国际投资争端解决机制的选择通常在双边或多边投资协定中预先设定。在本案中，争端双方选择了国际投资争端解决中心（ICSID）作为解决争端的机构。ICSID是根据《华盛顿公约》设立的，专门处理外国投资者与东道国之间的投资争端。选择ICSID作为争端解决机构，意味着双方接受了其规则和程序，包括对仲裁庭裁决的最终性和约束力的认可。

2. 管辖权问题

管辖权是仲裁庭能否审理争端的前提。管辖权的确定通常基于几个方面：首先，争端是否涉及投资协定覆盖的投资；其次，争端是否符合协定中关于可仲裁性的规定；最后，是否存在任何可能排除管辖权的先决条件或例外情况。仲裁庭需要对这些条件进行评估，以确定其是否具有审理案件的权力。

3. 投资协定的解释与适用问题

双边投资协定（BIT）是国际投资争端解决的主要法律依据。在本案中，仲裁庭需要解释和适用《中新BIT》的条款。这包括对协定中的公平与公正待遇、征收补偿、转让自由等条款的解释。解释过程中，仲裁庭会考虑协定的文本、目的和宗旨，以及国际法的一般原则。此外，仲裁庭还会参考以往的判例和学说，以确保解释的一致性和可预测性。

【主要法律依据】

《中国—新加坡双边投资协定》（《中新BIT》）

第6条第1款 缔约任何一方不应对缔约另一方的国民或公司的投资采取征收、国有化措施或其效果相当于征收、国有化的其他措施，除非这种措施是为法律所准许的目的、是在非歧视性基础上、是根据其法律并伴有补偿，该补偿应能有效的实现，并不得无故的迟延。补偿应受缔约一方法律的制约，应是在采取征收、国有化或其效果相当于征收、国有化的其他措施前一刻的价值。补偿应自由兑换和转移。

第13条 一、缔约一方的国民或公司与缔约另一方之间就在缔约另一方领土内的投资产生的争议应尽量由当事方友好协商解决。

二、如果争议在六个月内未能协商解决，当事任何一方有权将争议提交接受投资的缔约一方有管辖权的法院。

三、第6条关于由征收、国有化或其效果相当于征收、国有化的其他措施发生的补偿款额的争议，有关的国民或公司在诉诸本条第 1 款的程序后六个月内仍未能解决，可将争议提交由双方组成的国际仲裁庭。

如果有关的国民或公司诉诸了本条第 2 款所规定的程序，本款规定不应适用。

【理论分析】

1. 如何认定征收行为是否合法

（1）国家机构的行为：根据《国家对国际不法行为的责任条款草案》第 4 条，任何国家机构的行为，无论其职能是立法、行政还是司法，都应被视为国家行为。这意味着，如果征收行为是由国家机构实施的，那么该行为可以归咎于国家。

（2）越权行为的认定：即使国家机构或授权行使政府职能的人员或实体超越权限或违背指示行事，只要其在其职权范围内行使其职能，该行为在国际法下仍被视为国家行为。

（3）国家指示或控制的行为：如果个人或组织是在一国的指示或控制下作出相关行为的，该行为可以认定为国际法项下的国家行为。这包括国家通过招募或教唆私人或私营组织作为"附属机构"来协助其行使政府职能的情况。

（4）公共目的性：合法征收通常需要是为了公共利益。如果东道国的措施具有实体上或程序上的违法情形，即使声称是为了公共利益，也可能被认定为非法征收。

（5）非歧视性：征收措施需要满足非歧视性原则，即不应仅针对外国投资者而不涉及本国投资者。如果征收措施导致外国投资者受到不公正的对待，则可能违反非歧视原则。

（6）正当法律程序：征收应当遵循正当法律程序，包括事先通知、公平审理等，确保外国投资者有合理的机会来主张其权利并得到审理。

（7）补偿问题：合法征收要求给予充分的补偿。如果东道国未给予补偿或补偿不充分，可能导致征收行为被认定为非法。

（8）紧急状态抗辩：东道国可能以国际法上的紧急状态为由进行抗辩，要求降低补偿数额。然而，大多数情况下，东道国以紧急状态为由请求免除其条约义务都没有得到支持。

2. 投资自由化与东道国的监管权协调问题

投资自由化与监管权是国际经济法中的关键议题，特别是在全球化背景下，资本跨国流动的自由化与东道国对投资活动的监管权之间需要找到平衡。投资自由化强调的是减少对外国投资的限制，提供平等的市场准入机会，以及确保外国投资者与本国投资者享有同等的待遇。然而，投资自由化不应无限制地损害东道国的公共利益，包括环境保护、公共健康、文化多样性及国家安全等。

东道国的监管权是指其为了保护公共利益而对外国投资进行管理和控制的权力。这包括对外国投资进行审查、设定条件，以及在必要时进行限制或禁止。在国际投资协定中，东道国的监管权通常受到认可，但也要求这种监管应当是透明的、非歧视的，并且符合国际法的相关规定。

投资自由化与监管权之间的平衡是国际投资法发展中的一个重要趋势。一方面，国际社会鼓励投资自由化，以促进资本流动和经济增长；另一方面，也需要确保东道国有足够的空间行使其监管权，以保护其合法的公共政策目标。这种平衡往往通过国际投资协定中的相关条款来体现，如公平与公正待遇、征收补偿，以及可持续发展等规定。

【实操分析】

在仲裁程序中，亚化集团和中国政府各自提出了自己的主张和证据。亚化集团主张中国政府的行为实质上剥夺了其投资的价值和使用权，构成了非法征收，而中国政府则辩称其行为是基于合法的公共政策目的，符合国际法和国内法的规定，并未违反双边投资协定。仲裁庭在审理过程中，需要对双方的主张进行细致的分析和评估，特别是对于如何解释和适用双边投资协定中的"公平与公正待遇"标准，以及如何界定"非法征收"行为等问题。仲裁庭的独立性和专业性对于确保案件的公正审理至关重要。最终，仲裁庭驳回了亚化集团和西北化工公司的全部请求，并支持了中国政府的立场。仲裁庭认为，中国政府的措施是基于合法的公共利益目的，并未违反双边投资协定的规定。此外，仲裁庭还支持了中国政府关于管辖权等重要问题的立场。

【思考题】

（1）如何确定 ICSID 管辖权？
（2）ICSID 仲裁的主要程序是什么？

参考文献

一、图书著作

[1] 向明华,梁若莲. 税收信息交换国际合作法律制度比较研究[M]. 北京:法律出版社,2021.

[2] 王建文. 证券法研究[M]. 北京:中国人民大学出版社,2021.

[3] 万学思. 浅析我国外商投资国家安全审查制度[C]//《上海法学研究》集刊(2021年第11卷,总第59卷)——上海市法学会法学期刊研究会文集,2021.

[4] 张建. 国际投资仲裁法律适用问题研究[M]. 北京:中国政法大学出版社,2020.

[5] 《国际经济法学》编写组. 国际经济法学:第2版[M]. 北京:高等教育出版社,2019.

[6] 吴汉东. 知识产权法:第5版[M]. 北京:北京大学出版社,2019.

[7] 韩龙. 金融法与国际金融法前沿问题[M]. 北京:清华大学出版社,2018.

[8] 丁丽柏. 海关法律实务[M]. 厦门:厦门大学出版社,2017.

[9] 《国际经济法学》编写组. 国际经济法学[M]. 北京:高等教育出版社,2016.

[10] 李双元,谢石松,欧福永. 国际民事诉讼法概论:第3版[M]. 武汉:武汉大学出版社;2016.

[11] 章宪章. 国际投资争端解决机制研究[M]. 大连:东北财经大学出版社,2014.

[12] 余劲松,吴志攀. 国际经济法:第4版[M]. 北京:北京大学出版社;北京:高等教育出版社,2014.

[13] 葛壮志. WTO争端解决机制法律和实践问题研究[M]. 北京:法律出版社,2013.

[14] 梁若莲. 税收协定解读与应用[M]. 北京:中国税务出版社,2012.

[15] 韩龙. 国际金融法前沿问题[M]. 北京:清华大学出版社,2010.

[16] 史晓丽,祁欢. 国际投资法[M]. 北京:中国政法大学出版社,2009.

[17] 廖益新. 国际税法学[M]. 北京:高等教育出版社,2008.

[18] 徐冬根. 国际金融法[M]. 北京:高等教育出版社,2006.

[19] 曹建明,贺小勇. 世界贸易组织:第2版[M]. 北京:法律出版社,2004.

[20] 曾令良. 国际法学[M]. 北京:人民法院出版社;北京:中国社会科学出版社,2003.

[21] 李双元,李先波. 世界贸易组织(WTO)法律问题专题研究[M]. 北京:中国方正出版社,2003.

[22] 李万强. ICSID仲裁机制研究[M]. 西安:陕西人民出版社,2002.

[23] 王泽鉴. 侵权行为法[M]. 北京:中国政法大学出版社,2001.

[24] 陈本寒. 担保法通论[M]. 武汉:武汉大学出版社,1998.

[25] 张向东. 对外担保[M]. 北京:中国对外经济贸易出版社,1992.

[26] 陈彪如. 国际货币体系 [M]. 上海：华东师范大学出版社，1990.

[27] OECD. Aclion Plan on Base Erosion and Profit Shifing [M]. OECD Publishing，2013.

[28] Brian J. Amold, Michael J. McIntyre. International Tax Primer：2nd Edition [M]. Hague：Kluwer Law International，2002.

[29] Arthor Nussbaum. Money in the Law：National and International，Brooklyn：The Foundation Press，1950.

二、翻译图书

[1] 国际货币基金组织. 国际货币基金组织文献选编：2010—2013 第二辑 [M]. 中国人民银行国际司编译. 北京：经济科学出版社，2014.

[2] 经济合作与发展组织. OECD 税收协定范本及注释 [M]. 国家税务总局国际税务司组织翻译. 北京：中国税务出版社，2007.

[3] [英] 菲利普·伍德. 国际金融的法律与实务 [M]. 姜丽勇，许懿达译. 北京：法律出版社，2011.

[4] [西班牙] 戈西马丁·阿尔弗雷泽. 跨境上市：国际资本市场的法律问题 [M]. 刘轶，卢青译. 北京：法律出版社，2010.

三、期刊

[1] 郭宇慧. GATT 1994 第 20 条及中国援引策略分析 [J]. 现代商贸工业，2024，45（10）：50-52.

[2] 周翔宇. WTO 争端解决机制和上诉仲裁程序问题之辨 [J]. 审计与理财，2024（3）：38-40.

[3] 赵宏. 国际争端解决的发展进路与 WTO 争端解决机制改革 [J]. 社会科学文摘，2024（2）：109-111.

[4] 杨国华. WTO 上诉仲裁第一案——"土耳其药品案" [J]. 上海对外经贸大学学报，2022，29（6）：5-17.

[5] 闫旭. 国际投资协定中国民待遇原则的扩张与限制适用问题研究 [J]. 未来与发展，2021，45（4）：72-77.

[6] 林广海，秦元明，马秀荣. 涉外定牌加工商标侵权的法律适用——兼谈"本田案"最高人民法院再审判决的意蕴 [J]. 人民司法，2021（16）：52-60.

[7] 龚柏华，施时栩，龚文娜. 中国诉美国对来自中国某些货物的关税措施（301 条款）案评析 [J]. 国际商务研究，2021，42（1）：97-108.

[8] 张军旗. 301 条款、301 调查及关税措施在 WTO 下的合法性问题探析——以中美贸易战中的"美国——关税措施案"为视角 [J]. 国际法研究，2021（4）：43-63.

[9] 李伟群，方乐. 双循环新发展格局下海外投资政治风险及防范——以海外投资保险制度为切入口 [J]. 南方金融，2021（9）：78-87.

[10] 张雅宁，郭金龙. 我国海外投资保险制度的短板与应对 [J]. 银行家，2020（7）：101-103.

[11] 徐程锦. WTO 安全例外法律解释、影响与规则改革评析——对"乌克兰诉俄罗斯与转运有关的措施"（DS512）案专家组报告的解读 [J]. 信息安全与通信保密，2019（7）：38

-51.

[12] 张乃根. 试析美欧诉中国技术转让案 [J]. 法治研究, 2019 (1): 126-138.

[13] 蔡高强, 唐熳婷. 国际货物买卖合同根本违约的认定——蒂森克虏伯冶金产品有限责任公司与中化国际（新加坡）公司国际货物买卖合同纠纷案评述 [J]. 法律适用, 2019 (14): 41-48.

[14] 叶辅靖, 原倩. 我国金融开放的历程、现状、经验和未来方向 [J]. 宏观经济管理, 2019 (1): 21-27.

[15] 谈晨逸. 国际税收协定解释规则研究 [J]. 国际税收, 2019 (3): 42-46.

[16] 彭岳. 国内法院对税收协定的解释: 一个体系整合的视角 [J]. 法治研究, 2018 (1): 142-147.

[17] 彭岳. 多元体制下防御性税收措施的合法性困局——基于阿根廷金融服务案的考察 [J]. 当代法学, 2018, 32 (3): 137-148.

[18] 师华, 周姣, 张佩. WTO (DS542) 中国有关国际技术转让规定的合法性研究 [J]. 山西大学学报（哲学社会科学版）, 2018, 41 (4): 124-132.

[19] 陈虎. 刍议OECD应对"规避CRS方案"措施 [J]. 税务研究, 2018 (6): 68-71.

[20] 崔晓静. 后BEPS时代常设机构定义的新发展 [J]. 法学评论, 2017, 35 (5): 43-57.

[21] 王太平. 从"无印良品"案到"PRETUL"案: 涉外定牌加工的法律性质 [J]. 法学评论, 2017, 35 (6): 176-187.

[22] 彭岳. 税收协定的国内适用——基于《企业所得税法》第58条的考察 [J]. 北方法学, 2016, 10 (6): 150-157.

[23] 崔晓静, 丁颖. WTO非歧视原则在国际税法领域的适用——评阿根廷金融服务案 [J]. 国际税收, 2016 (8): 42-46.

[24] 李本贵. 税基侵蚀与利润转移原因分析及对策 [J]. 税务研究, 2016 (7): 80-84.

[25] 郭月梅, 肖月丽. 我国完善避税地监管的路径选择 [J]. 税务研究, 2016 (10): 64-69.

[26] 延峰, 陆京娜. 非法国家援助——由星巴克避税安排引发的法律诉讼 [J]. 国际税收, 2016 (1): 38-43.

[27] 谭畅. "一带一路"战略下中国企业海外投资风险及对策 [J]. 中国流通经济, 2015 (7): 114-118.

[28] 陈雨松. VISA诉银联, 究竟谁赢了?——美国诉中国电子支付WTO争端案评析 [J]. 金融法苑, 2014 (1): 276-295.

[29] 赵国庆. 跨国公司全球避税安排机制研究——基于OECD"税基侵蚀与利润转移"报告的分析 [J]. 国际税收, 2014 (3): 38-42.

[30] 韩月. 浅析WTO国民待遇原则的适用问题 [J]. 法制与社会, 2014 (26): 21-22.

[31] 汤晓峰, 李志文. GATS框架下市场准入与国民待遇的冲突与衡平——兼评GATS第16条和第17条 [J]. 武汉大学学报（哲学社会科学版）, 2014, 67 (1): 52-56.

[32] 李晓玲. GATS下服务与服务提供者的"同类性"研究 [J]. 上海对外经贸大学学报, 2014, 21 (4): 5-15, 38.

[33] 张伟君, 魏立舟, 赵勇. 涉外定牌加工在商标法中的法律性质——兼论商标侵权构成的判定 [J]. 知识产权, 2014 (2): 33-39.

[34] 封永平. 中国企业境外投资的政治风险及规避策略 [J]. 学术论坛, 2013, 36 (2): 125-129.

[35] 杨国华. "中国电子支付服务案"详解 [J]. 世界贸易组织动态与研究, 2013, 20 (2): 47-67.

[36] 李雪平. 简析 WTO 协定下贸易权的绝对性与相对性 [J]. 世界贸易组织动态与研究, 2012, 19 (5): 5-11.

[37] 杨势如. 国际贷款合同之若干法律问题 [J]. 理论界, 2011 (7): 49-53.

[38] 崔晓静. 从"瑞银集团案"看国际税收征管协调机制的走向 [J]. 法学, 2010 (12): 46-58.

[39] 陈翰麟, 苏学敏. 全球转让定价新趋势 [J]. 中国税务, 2010 (2): 57-58.

[40] 刘贵祥. 外商投资企业纠纷若干疑难问题研究 [J]. 法律适用, 2010 (1): 10-17.

[41] 赵秀文. 《纽约公约》与国际商事仲裁协议的效力认定 [J]. 河北法学, 2009, 27 (7): 6-10.

[42] 梁咏. 间接征收与中国海外投资利益保障——以厄瓜多尔征收99%石油特别收益金为视角 [J]. 甘肃政法学院学报, 2009 (5): 143-147.

[43] 梁咏. 石油暴利税与中国海外投资安全保障: 实践与法律 [J]. 云南大学学报 (法学版), 2009, 22 (6): 127-133.

[44] 董兵, 尹佐海. 涉外商投资企业纠纷案件审判实务研究 [J]. 山东审判, 2009, 25 (3): 22-32.

[45] 张敏, 杜欣苡. 试论股东出资瑕疵情况下股权转让合同的效力 [J]. 陕西师范大学学报 (哲学社会科学版), 2009 (S1): 77-79.

[46] 黄加宁, 谢颖. 外商投资企业股权转让法律问题研究——评宁波金国宝酒店有限公司股权转让纠纷案 [J]. 法治研究, 2009 (11): 52-56.

[47] 朱伟东. 国际商事仲裁裁决承认和执行中的公共政策问题 [J]. 河北法学, 2007 (5): 132-136.

[48] 廖益新, 付慧姝. 银行秘密与国际税收情报交换法律问题研究 [J]. 甘肃社会科学, 2007 (3): 153-156.

[49] 王国松, 杨扬. 我国国际资本流动影响因素的实证研究 [J]. 国际贸易问题, 2006 (5): 100-107.

[50] 王丰国. 跨国公司转移定价中的避税与反避税分析 [J]. 商业研究, 2006 (2): 51-55.

[51] 陈延忠, 任婕茹. 从泛美卫星公司税案看国际税收协定的解释 [J]. 涉外税务, 2005 (10): 36-41.

[52] 苏浩. 泛美卫星公司税案与跨国营业利润和特许权使用费的界分 [J]. 武大国际法评论, 2004 (2): 318-333.

[53] 法悟. 美国泛美卫星公司是否应向中国纳税 [J]. 中国经济快讯, 2003 (8): 30-32.

[54] 蔡剑波. WTO 争端解决机制的"反向协商一致"规则研究 [J]. 当代法学, 2003 (1): 53-57.

[55] 张庆麟. 电子货币的法律性质初探 [J]. 武汉大学学报 (社会科学版), 2001, 54 (5): 544-549.

[56] 邓福光. WTO 海关估价协议对我国海关估价的影响及对策 [J]. 中国对外贸易, 2001 (7): 17-21.

[57] 徐伟功. 从自由裁量权角度论国际私法中的最密切联系原则 [J]. 法学评论, 2000 (4): 34-39.

[58] 邱永红. 证券跨国发行与交易中的若干法律问题 [J]. 中国法学, 1999 (6): 130-138.

[59] 陈治东, 沈伟. 国际商事仲裁裁决承认与执行的国际化趋势 [J]. 中国法学, 1998 (2): 113-124.

[60] 陈治东,沈伟. 我国承认和执行国际仲裁裁决的法律渊源及其适用 [J]. 法学,1997 (4):44-49.

[61] Amir N. Lichta. Interational Diversity in Securities Regulation:Roadblock on the Way to Convergence. Cardozo Law Review,1998 (20):227-230.

四、学位论文

[1] 瞿洁. 国际投资争端中条约解释一致性的路径研究——以《维也纳条约法公约》为视角 [D]. 成都:西南财经大学,2022.

[2] 刘罡. 有关 GATT 安全例外条款条约解释的若干问题研究 [D]. 北京:外交学院,2022.

[3] 续阳. WT/DS414"双反"案所涉法律问题研究 [D]. 上海:华东政法大学,2014.

[4] 欧阳琼. 中国对美国同时适用"两反"措施法律问题研究 [D]. 重庆:西南政法大学,2012.

[5] 高珏. 国际货物买卖中风险转移问题研究 [D]. 上海:上海海事大学,2004.

[6] 刘晓红. 国际商事仲裁协议的法理与实证研究 [D]. 上海:华东政法学院,2004.